쉽고
정확한

논어
論語

上

논어 上

발행일	2024년 1월 1일
지은이	김준곤
펴낸곳	도서출판 아우룸
주소	서울특별시 마포구 월드컵로8길 72
이메일	aurumbook@naver.com
전화	02-383-9997
팩스	02-383-9996
블로그	http://blog.naver.com/aurumstory
H.P	www.aurumbook.com

ISBN 979-11-91184-87-7

이 책은 저작권법에 의해 보호를 받는 저작물이므로 무단 전재와 복제를 금합니다.
잘못된 도서는 구입한 곳에서 교환해드립니다.

쉽고
정확한

논 어 論 語

上

김준곤

지음

머리말

미국의 지정학자이자 아시아 전문가인 마이클 오스린(Michael R. Auslin)은 2017년에 발간된 『아시아 세기의 종말』에서 한국은 낮은 출산율, 양극화에 따른 사회불만 고조, 그리고 북한의 전쟁 위협에 의해서, 중국은 노동인구의 감소와 국영기업의 부실 등 경제개혁의 실패로, 그리고 일본은 장기적인 경제침체로 경제적인 힘과 신망을 동시에 잃어버림으로써, 서구인들이 지구에서 번영의 축이 서구에서 동아시아로 이동한다는 의미로 명명한 '아시아의 세기'는 끝났다고 진단했다.

그러나 여전히 동아시아 제국의 GDP 합계는 미국과 캐나다 등 북미 전체와 비슷하며 유럽대륙보다 큰데 이 경제적 비중은 당분간 변하지 않을 것으로 예상되고 특히 최근 들어 일본, 중국에 이어 서구사회에 큰 문화적 충격을 던지고 있는 한류의 유행까지 고려한다면, 오스린의 '아시아의 세기'의 도래 여부에 대해서는 논란의 여지가 있지만 만약에 도래했다고 한다면 적어도 지금 시점에서 '끝났다'라고 단언하기는 어려울 것으로 보인다.

오늘날 지구상에서 동아시아 사회는 경제 규모나 1인당 국민소득, 그리고 역사나 문화 수준 등 여러 가지 점에서 유럽과 북미 등 서구사회에 견줄 수 있는 유일한 지역이라고 할 수 있을 것이며, 만약에 서구사회를 하나로 묶는 코드가 기독교라고 한다면 동아시아 사회를 하나로 묶는 코드는 역시 유교가 가장 유력하게 거론될 수밖에 없다고 본다.

개인보다는 집단을 우선시하며 가족이나 혈연을 중히 여기고 손님을 후하게 대접하는 한편, 학문과 지식을 존경하며 남의 시선을 과도하게 의식하는 체면 중시의 문화 등은 서구사회와는 다른 동아시아 특유의 문화적 특성이며 이러한 문화적 특성의 핵심에 공자와 그 가르침인 유교가 있는 것이다.

이처럼 동아시아 사회가 타 지역사회와 구분되는 문화 코드라고 할 수 있는 공자와 유교에 대해서 우리는 얼마나 알고 이해하고 있는가? 통상 춘추전국시대 제자백가의 하나로 등장한 유가儒家가 한 제국의 지배적 이데올로기가 되고 난 시점부터는 공자의 가르침이라는 의미로 유학이라고 부르다가 송나라 때 주자학의 등장으로 이념성이 강화되어 점차 종교적인 성격도 가미되어 유교라고도 부르게 되었다.

우리나라에 유학이 처음 전해진 것은 기원전 3세기 무렵 위만조선과 한사군 시대까지로 소급되며, 이후 삼국시대나 고려, 조선시대를 거쳐 근 이천년에 가까운 세월 동안 유교는 우리나라의 기본질서나 생활 규범의 하나로써 작용해 왔으므로 싫든 좋든 유교는 이미 우리 사고나 의식 일부를 지배하고 있다고 보아도 무방할 것이다.

그러다가 조선말, 문화적으로나 경제적으로 한 수 아래라고 생각하던 이웃 일본에 의해 나라가 망하게 돼 당시에 주류사상을 이루던, 주자학으로 대표되는 유교가 우리의 모든 약성弱性과 무기력, 열등의 근본 원인으로 지목되고 그 위에 우리 사회에서 병폐라고 할 만한 나쁜 점들이 모두 유교 탓으로 돌려져 유교 사상은 하루속히 버려야 할 대표적인 구시대적 폐해로 여겨지게 되었다.

그러나 최근 들어 중국의 부상과 한국, 대만 등의 경제적 약진과 더불어 동아시아 지역의 급격한 경제발전의 원인에 대해 관심이 쏠리면서 이 지역에 광범위하게 퍼져있는 교육 중시, 지식인에 대한 존경 등의 사회적인 특성을 유교와 연관하여 고찰하게 되어 유교는 동아시아 지역의 독특한 문화 코드로 주목받게 되었다.

오늘날 우리 사회는 빠른 경제 성장으로 유례없이 짧은 기간에 괄목할 만한 물질적 성과를 이루었다 하지만 사회적으로는 우울증의 급증, 높은 자살률, 결혼 기피로 인한 인구감소, 빈부격차로 인한 상대적 박탈감, 보수와 진보적 가치관의 극단적인 대치, 안전의식 미흡으로 인한 대형사고 빈발, 서구적 가치관의 무비판적 수용에 따른 정체성 혼란 등 많은 문제점을 동시에 가지고 있다.

이러한 문제점의 저변에 있는 우리의 정서는 유교적인 것과 분리하기가 어려우므로 유교의 핵심에 해당하는 논어에 대한 포괄적인 이해는 우리가 가진 현재 정서를 분석·점검하는데 긴요하다고 생각되며 우리의 현재 정서들의 연원을 밝혀야 그 문제점을 제대로 인식할 수 있으며 그 문제점을 제대로 인식한 토대 위에서야 제대로 된 개선 방안을 설계할 수 있다고 생각한다.

논어는 공자와 그 제자들의 말이나 대화를 기록한 책이다. 그러나 몇 가지 이유로 그 말이나 대화의 명확한 뜻을 알기가 쉽지 않은 경우도 적지 않다.

첫째는, 어떤 상황에서 한 말과 대화인지를 잘 알 수가 없어 문자 그대로의 해석만으로는 뜻이 명확하지 않은 경우가 많다. 같은 '아!' 라 해도 이것이 좋아서 감탄한 말인지, 고통스러워서 내뱉은 신음인지는 상황에 따라 다르게 해석되기 때문이다.

둘째, 오탈자가 있는 경우이다. 오랜 세월 동안 대나무로 만든 죽간 형태인 필사본으로 전해지다 보니 죽간의 순서가 바뀌거나 빠져버리기도 하고 또는 옮겨 적는 이가 잘못 옮겨 적거나 내용을 빠뜨린 채 옮겨 적은 경우가 있어 문맥이 서로 연결되지 않는 경우가 상당수 있기 때문이며,

셋째, 해석하는 사람이 자신의 철학이나 주장, 경험에 함몰되어 논어의 말을 왜곡되게 해석하는 경우이다. 중국의 송나라 이후 주자학이 주류를 이루었을 때 논어의 모든 내용이 주자학의 논리 체계에 맞게끔 해석하게 되어 처음의 뜻과는 다르게 해석된 경우 등을 들 수 있다.

논어는 해석하는 사람의 수만큼 존재한다고 한다. 그만큼 해석하는 사람의 성향이나 시대 상황에 따라 다르게 풀이되기 때문이다. 논어가 세상에 나온 이래로 수많은 사람이 논어를 해석하여 그 뜻을 세상에 알리고자 했지만, 여전히 논어는 일정 수준 이상의 명확성을 사람들에게 허용하지 않는다.

현대는 다양성의 시대이다. 논어 역시 수많은 철학과 인문 교양서적의 하

나일 뿐이며 논어에 나오는 모든 말을 금언으로 받들어야 할 필요도 없지만 유독 논어만을 배척해야 할 필요도 없다. 우리가 현재 시각에서 그 장점을 취하고 단점을 버리고 적절히 취사선택하여 소화하면 그뿐이다. 그것이 자유민주주의 시대에 사는 우리가 가져야 할 바람직한 사고방식일 것이다.

끝으로, 이 책이 출간되기까지 물심양면으로 애를 써준 출판사 관계자 여러분께 깊이 감사드리며 어려운 여건 속에서도 늘 힘이 되어 준 가족, 친지 여러분에게도 이 지면을 빌어 깊이 감사드린다.

2024년 1월 1일
龍谷 김준곤 씀

공자와 논어

1. 공자에 대하여

공자에 대한 최초의 공식적 기록이라 할 수 있는 사마천의 『사기』공자세가孔子世家에 따르면 공자는 노나라 양공 22년(BC 551년) 노나라 창평향 추읍陬邑에서 태어났다고 한다. 그의 선조는 원래 송나라 사람으로 공방숙孔防叔이라고 하는데, 방숙이 백하伯夏를 낳고, 백하는 다시 숙양흘叔梁紇을 낳았다. 흘이 안씨顔氏의 딸과 야합野合하여 니구산에서 기도를 드리고 공자를 낳았다고 한다.

공자는 태어났을 때 머리 꼭대기 가운데가 푹 꺼져 있었기 때문에 이름을 언덕이라는 의미로 구丘라 했다. 자는 중니仲尼인데 공구가 태어나고 얼마 뒤 아버지인 숙양흘이 죽어서 노나라 동쪽에 있는 방산防山에 묻었다. 그러나 공자는 아버지의 무덤이 어딘지 몰랐고 어머니도 그것을 말하기를 꺼려했다.

공자는 어린아이 때부터 늘 제기를 늘어놓고 제사를 드리는 것처럼 하고 놀았다. 공자는 어머니가 죽자 오보구五父衢라는 곳에 빈소를 마련해 놓고 봉분을 덮는 것은 신중을 기했다. 추읍 사람인 만보輓父의 어머니가 공자에게 아버지의 묘를 가르쳐 준 다음에야 아버지 묘가 있는 방산에 어머니를 합장했다.

이상의 기록이 공자의 출생과 관련하여 사마천의 『사기』에 수록된 내용이다. 『사기』에는 제후는 '세가'에 나머지 사람들은 모두 '열전'에 기록하고 있다. 사마천은 공자는 제후가 아님에도 불구하고 제후의 예에 따라 '세가'에 공자의 일대기를 수록하는, 대단히 특별한 예우를 하고 있다. 공자를 제외한 다른 제자백가, 즉 노자나 묵자 등은 모두 『사기』의 '열전'에 수록되어 있다. 그런데 그런 사마천이 유독 공자의 출생과 관련해서는 "숙량흘이 안씨의 딸과 야합했다"라고 하는, '세가'에서 보인 파격적인 특별예우와는 딴판으로 격이 떨어지는 '야합'이라는 용어를 쓰고 있어 큰 의문을 갖게 한다.

생각건대 『사기』의 공자출생 기술에는 몇 가지 의문점이 있다.

첫째는, 공자의 아버지라고 하는 숙량흘과 안씨녀의 야합이다. 숙량흘은 노양공때 추읍의 대부가 되었는데, 용감하고 힘이 세서 양공 10년에 진晉나라가 노나라의 핍양偪陽을 공격해 왔을 때 핍양성의 갑문이 갑자기 내려앉았는데 숙량흘이 혼자서 그 문을 들어 올려 군사들을 빠져나가게 했으며, 양공 17년에 제나라의 고후高厚가 처들어 왔을 때 숙양흘의 상관인 장흘臧紇이 방防 땅에서 포위되었는데 숙양흘이 포위를 뚫어 장흘을 안전한 곳까지 호송한 후에 자신은 다시 방防 땅으로 되돌아가 그곳을 지켰다고 한다.

그 정도로 용맹으로 이름나고 신분이 확실한 무장이 후처나 첩을 맞을 때는 주변 사람들의 눈을 봐서라도 당연히 약식으로나마 예를 갖추어 맞이하는 것이 당연할 텐데 왜 밑바닥 신분의 남녀처럼 몰래 '야합'하여 자기 자식을 낳게 했을까? 하는 의문이다.

둘째는, 일본의 시라카와 시즈카가 지적하듯이 숙량흘 자체에 대한 의문이다. 숙량흘이 공자의 아버지라면 그 전에 공자가 편찬했다는 춘추라던가 다른 기록에 공자의 아버지라는 언급이 있어야 하는데 『사기』이전의 어떠한 기록에도 숙량흘과 그 선조 공방숙이 공자와 관련이 있다는 언급이 없고 오직 『사기』에서만 숙량흘의 아들로 나와 있어 사마천이 공자가 숙량흘의 아들이라는 사실을 알게 된 근거가 아무 데도 없다는 것이다.

셋째는, 공자가 어머니의 상을 당했을 때 아버지의 무덤이 어딘지 몰라 임시로 가매장을 하고 아버지 묘를 아는 사람을 기다려 '추읍 사람인 만보輓父의 어머니가 공자에게 아버지의 묘를 가르쳐 준 다음에야 아버지 묘가 있는 방산에 어머니 묘를 합장'했다는 사실이다. 숙량흘 정도의 이름난 무장의 무덤쯤은 당시 노나라에서는 많은 사람이 알고 있었을 것이다. 그러므로 공자가 비록 숙량흘의 본가에서 인정받지 못했다 하더라도 정말로 공자가 숙량흘의 아들이었다면 공자는 어머니의 죽음에 즈음하여 아버지 무덤쯤은 어떤 방식이든지 알 수 있었을 것이다.

그러나 공자가 어머니를 아버지 무덤에 합장하기 위하여 시신을 가매장하고 며칠이나 기다릴 정도로 아버지인 숙량흘의 무덤 위치를 아는 데 시간이 걸렸다면 이는 공자의 아버지가 특별히 여러 사람에게 알려진 사람이 아니며, 따라서 숙량흘이 아니라는 사실을 강하게 추측하게 한다.

넷째는, 공자는 자한편 6장(9-6장)에서 "내가 젊을 때는 천했기 때문에 속되고 하찮은 일을 잘할 수밖에 없었다." 라고 말하고 있다. 숙량흘의 아들로서 본가에서 인정받지 못해 재정적인 지원이 없어 가난했을 수는 있었겠지만 적어도 숙량흘의 아들이라면 스스로 '천하다'는 표현을 쓰는 것은 이치에 맞지 않는 이야기가 된다. 이 역시 공자의 아버지가 숙량흘이 아니라는 사실을 반증하고 있다고 본다.

이상의 네 가지 점을 고려해 볼 때 공자는 숙량흘의 아들로 보기는 어려우며, 공자의 실제 아버지는 아마도 추읍 출신으로 이름없는 공씨였을 것이다. 사마천은 공자를 마침 그 무렵에 명망이 있는 추읍 출신의 무장인 숙량흘과 연결시키고 이 연결이 어딘가 미심쩍다고 보고 이를 "야합" 이라는 용어로 상황을 얼버무린 것이 아닌가 한다.

어쨌든 공자는 어머니의 상을 당해서도 아버지의 무덤을 일러주는 친척이 없었을 정도로 아버지나 아버지 쪽의 친지와는 무관한 삶을 살아왔던 것으로 보인다. 그러므로 공자는 하찮은 일로 생계를 이어갈 수밖에 없었으며 그 하찮은 일이 무엇인가에 대해서도 자세히는 알 수가 없다. 다만『사기』에서 말하는 "늘 제기를 늘어놓고 제사를 드리는 것처럼 하고 놀았다." 라는 것은 공자의 유년기나 청소년기의 생활 여건과 관련이 있다고 본다.

공자는 아버지의 보살핌이 없는 어린 시절을 보내면서 생계를 위해서 상갓집을 돌아다니면서 상례를 도와주는 일을 하면서 점차 상례를 중심으로 혼례, 제사 등 각종 의식에서의 예禮에 관하여 이론적으로 공부하고 실제 현장에서 여러 가지 예를 진행하면서 자연히 예를 익히게 된 것으로 보인다.

공자는 열다섯 살에 학문에 뜻을 두었다고 하는데, 아마도 그 학문은 각종 의식에서의 예를 중심으로 하여 상서尙書를 비롯한 시경, 주역 등 각종 서적에 관한 보다 심층적인 공부였을 것으로 생각되며 스무살 즈음에는 계손씨의 창고를 관리하거나 가축을 돌보는 일을 하게 되는데 이 무렵 결혼을 하여 아들 리鯉를 두게 된다.

서른 살 무렵에는 공자의 학문도 육예六藝, 즉 예禮·악樂·사射·어御·서書·수數 등 여섯 종류의 기예로 확대되는데, 예는 예절, 악은 음악, 사는 궁술, 어는 마술馬術, 서는 상서尙書를 비롯한 시경, 주역 등 각종 서적 공부를 뜻하며, 수는 산수를 말하는데 공자는 이 육예에 어느 정도 통달하여 상당수의 제자를 두게 된 것으로 보인다.

공자가 지금의 산동성 문상현汶上縣의 서쪽에 있는 중도中都라는 읍의 장이 된 것은 당시 노나라의 정권을 농단하던 양호가 쿠데타에 실패하여 제나라를 거쳐 진晉나라로 도망간 후인 기원전 501년이며, 공자가 51세 되던 해였다. 그 이듬해 공자는 노나라의 사구司寇가 되었고, 제나라와 협곡夾谷에서 회담을 할 때 공자가 정공을 도와 제나라에 빼앗겼던 영토를 찾아오는 공을 세우게 된다.

기원전 497년, 공자가 55세가 되던 해에 삼환의 세력을 약화시켜 노나라의 권력을 임금에게로 되돌려주려는 공자의 계획이 실패하여 노나라에 공자가 계속 머무르기가 곤란해진 차에 제나라 사람들이 노나라에 여자 악단을 보내주어 계환자가 이를 받고 삼일 동안이나 조회를 하지 않자 이에 실망한 공자가 노나라를 떠나 위나라로 가면서 14년간에 걸친 공자의 유랑생활이 시작된다. 공자는 이후 14년 동안 위나라를 비롯, 진陳, 송, 정, 채蔡,

초 등 여러 나라를 돌아다니며 관직을 얻어 자신의 정치적 이상을 실현하려고 하였으나 어디에도 공자를 받아주지 않았다.

노 애공 11년인 기원전 484년, 공자가 68세 되던 해에 제자 염유가 계씨의 가신으로 제나라와의 전쟁에 참여, 승리하는 데 큰 공을 세워 이를 기화로 염유가 계강자에게 공자의 귀국을 청원하고 계강자가 염유의 청을 들어주어 마침내 공자는 위나라에서 노나라로 돌아오게 되었다.

69세 때에 공자의 아들인 공리가 죽고 다음 해에는 제자인 안회가 젊은 나이로 일찍 죽었다. 73세 때인 기원전 479년, 애공 16년 여름에 공자가 죽게 된다. 공자세가에 의하면, "공자는 노나라 수도 북쪽 사수泗水 언덕에 묻혔다"라고 하였는데, 공자의 무덤은 지금의 중국 산동성 곡부시의 공림孔林 안에 있다.

공자는 14년간이나 각국을 돌아다니며 어디서든 자신의 정치적 이상을 실현하려고 노력했지만 당시 열국의 제후들은 아무도 그에게 기회를 주지 않았다. 공자가 살았던 춘추시대 말은 각 나라의 위정자 모두가 부국강병에 대한 열망으로 조급해 있을 때였다. 공자가 말하는 도덕정치의 이상은 지나치게 느리고 우회적인 것으로 비춰졌을 것이다. 그러나 공자는 자신의 이상을 실현할 수 있는 기회를 잡지 못하였기에 그의 이상은 더욱 고결하게 남아있을 수가 있었다.

만약에 공자가 그럴듯한 혈통을 가진 명문가의 후예였다면 그의 생애에 걸친 학문에의 갈망은 아마도 없었을 거나 아니면 훨씬 약했을 것이며, 노나라를 떠나 천하를 떠돌 때 어떤 나라에서 공자를 등용해서 정치에 임할 기회를 얻었더라면 공자는 아마도 훌륭한 춘추시대 정치가의 한사람으로 이름을 남겼겠지만 우리가 아는 공자는 존재하지 않았을 것이다.

2. 『논어』에 대하여

『논어』는 공자와 그 제자들이 서로 논의한 이야기를 수록한 책이다. 그러나 누가 『논어』를 편집했는가에 대해서는 확실한 기록이 전해지지 않는다. 공자 사후에 여러 제자들이 각자 나름대로 공자의 어록을 자기 문인들에게 전하였을 것이며 이러한 기록들이 각 지역별로 제자들에 의해 산재하여 전해졌지만 이를 종합 정리하여 편집하려는 노력이 한나라 이전에는 거의 없었던 것으로 보인다.

공자의 정통을 이었다는 맹자조차도 공자의 말을 '공자왈' '중니왈' 등으로 인용하였을 뿐이며 그 인용이 현재의 『논어』에 수록된 것과 반드시 같은 것도 아니었고, 맹자보다 후대의 순자荀子도 맹자와는 다른 말들을 공자의 말로 인용하고 있어 한나라 이전에는 서로 다른 이질적인 어록들이 공자의 말이라고 전해지고 있었음을 알 수 있다.

공자 사후 공자의 고향인 노나라에 가장 많은 수의 제자들이 남아있었으므로 당연히 노나라에 공자의 어록이 가장 체계적으로 정리가 되어 있었을 것이다. 이것이 노론魯論의 원형을 이루는 최초의 논어였을 것이고 당연히 노나라 출신 제자들의 기록이 중요하게 다루어졌을 것이다.

한무제(BC 141~87년) 때 동중서가 유학을 본격적으로 장려하여 오경박사를 두고 태학을 설립하는 등 한나라가 유학을 국가에서 관리하는 관학화의 계기를 만들었는데, 여기서 오경이란 『역경』, 『시경』, 『서경』, 『예기禮記』, 『춘추』를 말한다. 『논어』라는 명칭이 처음 나타난 것은 바로 『예기』라는 책에서이다. 그러나 이때에도 옛 노나라 지역에서 전해진 노론魯論 20편과 옛 제나라 지역에서 전해진 제론齊論 22편이 따로 있었고 따로 공자의 옛집의 벽 속에서 발견된 고론古論 21편이 있는 등 서로 난립하여 통일된 형태의 『논어』라는 책이 존재하지는 않았다.

뒤에 한나라 성제 때 재상을 지냈던 장우張禹가 노·제 양론을 정리하여 『장후론張侯論』 20편을 만들었고, 이어 후한 말기의 정현鄭玄이 노론, 제론, 장후론과 고론을 합쳐 정현본鄭玄本 『논어』를 만들었고 이 정현본을 바탕으로 삼국시대 위魏나라의 하안何晏이 『논어집해論語集解』라는 해설서를 저술하자 이 정현본 『논어』가 현존하는 『논어』의 원문으로 확정되었다. 따라서 오늘날 우리가 보는 『논어』의 원문은 대체로 노론魯論을 중심으로 하여 제론과 고론이 적절히 가미된 형태라고 생각된다.

상권 목차

머리말 ··· 5
공자와 논어 ··· 10

제1편 학이(學而) ································ 21
제2편 위정(爲政) ································ 59
제3편 팔일(八佾) ······························ 111
제4편 이인(里仁) ······························ 169
제5편 공야장(公冶長) ························ 221
제6편 옹야(雍也) ······························ 287
제7편 술이(述而) ······························ 351
제8편 태백(泰伯) ······························ 437
제9편 자한(子罕) ······························ 487
제10편 향당(鄕黨) ···························· 555

제1편
학이(學而)

【제1편. 학이(學而)】

제1장

공자께서 말씀하셨다.

"배우고 때때로 그것을 익히면 기쁘지 아니한가? 친구가 멀리서 찾아오면 즐겁지 아니한가? 사람들이 나를 알아주지 않아도 노여워하지 않으면 군자다운 것이 아닌가?"

原文

子曰: "學而時習之, 不亦說乎? 有朋自遠方來,
자 왈　　　학 이 시 습 지　불 역 열 호?　유 붕 자 원 방 래

不亦樂乎? 人不知而不慍, 不亦君子乎?"
불 역 낙 호?　인 부 지 이 불 온,　불 역 군 자 호?

子(자) 선생님이라는 뜻. 논어에서는 子(자)가 단독으로 쓰일 경우는 모두 공자를 뜻함. | 而(이) 시간이나 상황의 전후를 연결해주는 접속사 | 習(습) 익히다. | 不亦~乎(불역~호) ~하지 아니한가 | 乎(호) 의문의 뜻을 나타내는 어조사 | 說(열) 통상은 '설'로 읽고 '말하다'라는 뜻이나 여기서는 기쁘다는 뜻으로 '열'로 읽음. | 自(자) '~으로부터'라는 뜻의 전치사, 여기서는 自遠方이 되어 '멀리서 부터'라는 의미가 됨 | 有朋(유붕): 어떤 친구. 여기서 有는 있다는 의미가 아니라 '어떤' 이라는 뜻 | 人(인) 다른 사람, 일반적인 사람 | 慍(온) 따뜻할 온, 여기서는 화내다, 노여워하다 라는 뜻

해 설

　공자 당시의 학문은 대체로 주나라 이래의 육예六藝, 즉 여섯 종류의 기예로서 서(書, 글 읽기와 쓰기), 사(射, 활쏘기), 예(禮, 예절), 어(御, 마차 몰기), 악(樂, 음악), 수(數, 셈) 등이었다.

　공자는 "열 집이 사는 작은 마을에도 반드시 나만큼 성실하거나 믿음직한 사람은 있겠지만, 나만큼 배우기를 좋아하는 사람은 아마 없을 거다."(공야장편 5-27장) 라고 할 정도로 배우는 것을 좋아했으며 또한 배운 것을 실제로 행할 수 있도록 따로 익혀서 자신이 나날이 발전하면 그것이 기쁘지 않느냐고 반문한다.

　배움이란 내 마음의 어두움을 없애고 밝음으로 나아가는 것이다. 나 하나부터 밝아져야 주위 사람도 밝아질 수 있으며 사람이 밝아져야 세상이 밝아질 수 있는 것이다. 따라서 논어를 편찬하는 사람들은 세상을 밝히는 첫걸음으로 배움에 관한 공자의 말씀을 논어의 첫 편, 첫 장의 첫마디에 배열 하였다.

　원래 습習이라는 글자는 새가 해가 떠서 눈부시게 하얀 하늘을 나는 모습을 형상화한 것이다. 새가 날기 위해서는 끊임없는 연습과 노력으로 마침내 하늘을 자유롭게 날듯이 사람도 배운 것을 자유롭게 실천하기 위해서는 끊임없이 복습하여 익혀야 한다는 것이다. 실천하지 않거나 할 수 없는 앎은 알지 못한 것과 같다.

　또 사람은 누군가와 관계를 맺으며 더불어 살 때 행복을 느끼는 존재이다. 함께 도의 길을 가는 친구가 먼 거리에서 달려와 만나면 삶의 충실감과 즐거움은 더할 나위 없을 것이니 이 뿌듯한 즐거움을 논어의 편찬자들은 역시 첫 편 첫 장에 배열하였다.

그리고 사람은 다른 사람들이 나를 인정해 줄 때 자부심과 기쁨을 느끼겠지만 남들이 나를 알아주지 않는다 해도 노여워하지 않고 끊임없이 배우고 익히며 자신의 발전을 꾀하여야 한다. 공자는 이런 자세야말로 군자가 가져야 할 마음가짐이라고 하고 그것이 군자와 그렇지 못한 사람들과의 차이라고 한다.

배우고 때때로 익히는 것, 사람들과 즐거운 관계를 맺는 것, 남이 나를 알아주지 않아도 노여워하지 않고 끊임없이 자신을 닦는 것 등 세 가지는 군자를 지향하는 선비로서 가져야 할 기본이자 가장 중요한 덕목이므로 논어를 편찬한 사람들은 이 세 가지를 논어의 첫머리로 한 것이다.

제2장

유자[1]가 말했다.

"그 사람됨이 효성스럽고 형제간에 우애가 있으면서도 윗사람을 거스르는 것을 좋아하는 사람은 드물다. 또, 윗사람을 거스르는 것을 싫어하면서 난을 일으키는 것을 좋아하는 사람은 아직 없었다. 군자는 근본에 힘써야 하고 근본이 서야 도가 생기므로 효와 우애는 아마도 인을 행하는 데 있어 근본이 된다고 할 것이다."

原文

有子曰: "其爲人也孝弟, 而好犯上者, 鮮矣. 不好犯上,
유 자 왈   기 위 인 야 효 제   이 호 범 상 자   선 의   불 호 범 상
而好作亂者, 未之有也 君子務本, 本立而道生, 孝弟也者,
이 호 작 란 자   미 지 유 야   군 자 무 본   본 립 이 도 생   효 제 야 자
其爲仁之本與."
기 위 인 지 본 여

其(기) 그 | 爲人(위인) 사람의 됨됨이 | 也(야) 말을 잠깐 끊음으로 말하는 사람이나

---

[1] 유자(有子): 이름은 유약(有若)이며 자는 자유(子有)이다. 공자보다 43세 적다(史記). 공자 사후에 외모가 공자와 비슷하다 하여 제자들이 공자가 살아있을 때처럼 스승의 자리에 모셨으나 제자들의 질문에 적절히 답할 능력이 없어 그 자리에서 쫓겨났다고 한다. 그러나 논어에서 증삼이 증자로 존칭되는 것과 마찬가지로 유약도 유자라고 존칭되는 것으로 미루어 상당한 덕망을 갖추었다는 설도 있으나 유약의 제자들이 논어의 편찬에 참여하여 자신들의 스승인 유약을 유자라고 높였을 가능성이 더 크다.

듣는 사람의 주의를 환기시키거나 앞의 말을 강조하는 어조사 | 弟(제) 아우. 여기서는 형에 대한 아우나 연장자에 대한 연하자의 덕목으로 '공손하다'라는 뜻 | 而(이) 통상은 '그리고'라는 순접의 접속사로 쓰이나 여기서는 '그럼에도 불구하고'라는 역접의 접속사로 사용 | 犯上(범상) 윗사람에게 거스르다, 반항하다 | 鮮(선) 보통은 '선명하다'라는 뜻이나 여기서는 '드물다, 적다'라는 의미 | 作亂(작란) 난을 일으키다 | 未之有(미지유) 아직 없다 | 務(무) 힘쓰다 | 本(본) 근본 | 孝弟也者(효제야자) 효제라는 것이 | 也(야) 음절을 구분하여 강조하는 어기사 | 者(자) ~하는 것 | 其~與(기~여) 아마도 ~일 것이다

해 설

유자는 그 본명을 유약이라 한다. 유약은 부모에 대한 효도와 형제 간의 우애를 인을 행하는 근본이라 하여 대체로 윗사람에 대한 아랫사람의 의무만을 강조한다. 논어 전체에서 공자가 말하는 인仁은 사람 상호간에 행해야 할 덕목으로 거론하고 있으나 유약은 인을 실천하는 근본으로 자식의 부모에 대한 효도와 형제 특히 동생으로서 형에 대한 공경을 강조하는 등 아랫사람의 의무를 강조하여 결과적으로 사람들을 위정자가 다루기 쉬운 유형으로 만들려 했다는 비판을 받는다.

논어에서는 공자와 그 제자와의 문답이 대단히 중요한 부분을 차지한다. 그러나 그중에서 유약이 공자와 문답을 한 기록은 한 번도 없고 공자가 유약을 따로 거론한 적도 없으므로 아마도 공자가 살아 있었을 때에는 유약은 나이나 학문 미성숙 등으로 공자와는 대면하기조차 어려운 수준이었다고 생각된다.

그런 유약이 논어의 첫 편인 학이편에 3번이나 어록이 나타나고 그 내용도 윗사람에 대한 아랫사람의 복종이나 예禮를 강조하는 내용이라

는 것은 시사하는 바가 크다. 논어는 전국시대를 거쳐 한나라 초기에 노론魯論, 제론齊論 등의 형태로 식자 간에 유통되기 시작했는데 그때는 이미 공자가 죽은 지 수백 년이 흘렀을 때이다.

공자 사후에 많은 제자들이 공자에 관한 기록을 후세에 남기려 했을 것이다. 그중에서도 특히 공자의 고향인 노나라에 가장 많은 수의 제자들이 남아있었고 공자에 대한 자료도 가장 많이 남아 있었을 것이다. 이 자료들이 정리된 것이 논어의 원형을 이루는 노론魯論인데 거기에는 당연히 노나라 출신 제자들의 어록이 많이 다루어졌음은 말할 나위 없을 것이다.

논어에서 공자 외에 스승이라는 의미의 자子라는 존칭이 부여되는 사람은 이 유약 외에 증삼과 염유가 있을 뿐이다. 모두 노나라 출신이라는 공통점 외에는 그런 존칭이 붙을 수 있는 당위성을 논어에서는 찾아보기 어렵다. 오히려 공자는 증삼을 일컬어 '둔하다'고 했고 염유에게는 '나의 문인이 아니니 북을 치며 공격해도 좋다'고 했으며 유약은 이름조차 거론한 적이 없다.

그러한 유약과 증삼이 각각 유자, 증자로 존칭되고 그들의 어록이 논어 첫 편에 공자의 말씀과 나란히 수록되어있는 것은 논어가 편찬되던 무렵 편찬자들의 출신 지역이나 학연에 의한 고의가 고려되지 않는다면 도저히 설명될 수 없는 일이라고 생각된다.

또한, 이 장에서 보인 유약의 윗사람에 대한 공경이나 증자의 효도 강조 같은 윗사람에 대한 일방적인 공경의 강조는 한 제국 초기부터 유가 가르침의 본질로 치부되었고 뒤를 이은 왕조에서는 이를 점차 황제나 주변 지배층에 대한 백성들의 무조건적 충성과 복종 의무로 변형시켜 이를 통치의 근간이나 제국의 기본이념으로 만들었다. 따라서, 공자의 뜻과는 달리 유가의 가르침은 위정자들이 백성들을 효과적으로 조종하는 이데올로기로 악용되게 된다.

공자 역시 효도와 우애가 중요하다고는 생각했지만 어디까지나 부모와 형의 자애가 전제된 상호교류적인 것이지 결코 유약의 말처럼 자식의 효도나 동생의 공경이 바로 '인仁을 행하는 근본'이 되는 일방적인 의무는 아니었던 것이다.

제3장

공자께서 말씀하셨다.
"교묘한 말솜씨와 번지레한 용모를 가진 사람 중에는 어진 이가 드물다!"

原文

子曰 : "巧言令色, 鮮矣仁!"
자 왈   교 언 영 색   선 의 인

巧(교) 교묘하다, 약삭빠르다 | 令(영) 보통은 '명령하다'라는 뜻이나 여기서는 '아름답다'라는 뜻 | 色(색) 얼굴, 안색 | 矣(의) 감탄의 뜻을 나타내는 조사

해 설

진실은 간명하다. 내용이 거짓될수록 사람들은 그 거짓을 숨기거나 가리기 위해 교묘한 말솜씨로 거짓된 부분을 얼버무리거나 위장된 겉모습을 꾸미는데 더 신경을 쓰게 된다. 따라서 교묘하게 말을 잘하는 사람이나 겉치레가 지나치게 훌륭할수록 진실이 그만큼 적을 확률이 높다.

공자는 인仁이란 개념을 다양하게 사용하고 있다. 그러나 인이란 무엇보다도 진실되고 소박한 바탕 위에 있어야 한다는 것이 인에 대한 공자의 기본적인 생각이다. 논어에서는 인이 많이 언급되고 공자는 묻는

사람에 따라 다양하게 설명하고 있다. 그러나 첫 편인 학이편에서는 인은 진실성이 가장 중요한 요소라 하고 있다. 인은 결국 사람에 대한 사랑이다. 그리고 그 사랑은 진실이 핵심이 되어야 한다.

주자는 인을 '사랑의 이치요, 마음의 덕'이라고 했다. 인이 '사랑'이 아니라 '사랑의 이치'라고 하는 순간부터 인은 관념화되고 나아가 어떤 이념이 되어 다른 의도가 인에 스며들게 되는 것이다. 다시 말해서 '사랑'이라고 하면 사람들이 누구나 알고 행할 수 있는 것이 되지만 '사랑의 이치'가 되면 배운 자들, 특히 학식을 가진 일부 층만이 그 세부 내용을 정할 수 있는 이념이 되어 버리는 것이다.

제4장

증자²가 말했다.
"나는 하루에 세 번 자신을 반성한다. 다른 사람들과 일하면서 성실하지 않았는지? 친구와 사귀면서 미덥지 않았는지? 전해들은 것을 익히지 않았는지?"

原文

曾子曰 : "吾日三省吾身, 爲人謀而不忠乎?
증자왈   오일삼성오신 위인모이불충호
與朋友交而不信乎? 傳不習乎?"
여붕우교이불신호   전불습호

省(성) 반성하다 | 謀(모) 꾀하다 | 傳(전) 전하다. 여기서는 전해들은 내용

해설

옛사람들은 흔히 '여러 차례'나 '많은, 오랜'의 뜻을 갖는 수에 대해서 '3'이라는 숫자로 표현하곤 했다. 논어에서도 예를 들면 안회는 삼 개월 동안 인을 어기지 않았고, 남용은 백규의 시를 세 번 반복해서 외웠고

---

2 증자(曾子) : 이름은 삼(參). 자는 자여(子輿). 노나라 남무성(南武城) 출신으로 공자보다 46세 적다. 효도에 능통하다고 알려졌으며 효경을 저술했다. 공자의 제자 중에서도 가장 나이가 어린 편에 속하는데도 불구하고 논어에서 항상 '증자(曾子)'라는 존칭으로 불리는 것으로 미루어 논어가 이 증삼계열의 제자들에 의해 최종 편찬되었다는 설이 유력하다.

계문자는 세 번 생각했으며 태백은 세 번 군주의 자리를 양보했고 공자가 소의 음악을 듣고 삼 개월 동안 고기 맛을 몰랐다고 하는 등이다.

그런 경우에 우리는 그것을 꼭 '3'이라는 숫자에 너무 얽매일 것이 아니라, 여러 번 혹은 상당히 오랜 기간 등으로 융통성 있게 해석하는 것이 무난하다. 또 논어에서 말하는 충忠은 언제나 '성실하다'라는 의미이다. 임금에 대해 충성한다든가 특히 '목숨을 바쳐' 임금에 대해 충성한다는 따위는 후세에 충에 덧붙인 사족이지 결코 논어에서 말하는 충의 영역은 아니다.

전불습호傳不習乎의 뜻에 대하여는 두 가지 설이 있다. 하나는 '자신도 익히지 않은 것을 남에게 전수하지 않았느냐'라고 보는 설과 '들은 것을 제대로 익히지 않았느냐'라고 보는 설이다. 첫째 설은 자신도 익히지 않은 것을 남에게 전수한다는 것은 스승으로서 지나치게 무책임한 행위라고 생각되므로 통상은 전불습호傳不習乎를 후자로 해석한다.

명나라 때의 왕양명이 학문에 관하여 제자들과 나눈 대화나 주고받은 편지 등이 왕양명 사후에 책으로 편찬되었는데 책 이름을 『전습록傳習錄』이라고 한다. 그런데 '전습'이라는 말은 바로 이 장의 '전불습호傳不習乎'에서 나온 것이다. 즉, '스승에게서 전해들은 것(傳)을 익힌다(習)'라는 의미이다.

제5장

공자께서 말씀하셨다.
"천승의 제후국을 다스리려면, 경건하게 일하되 신의가 있어야 하고, 재화를 아끼고 사람을 아껴야 하며, 백성들을 때에 따라 부려야 한다."

原文 子曰 : "道千乘之國, 敬事而信, 節用而愛人, 使民以時"
자 왈   도 천 승 지 국 경 사 이 신 절 용 이 애 인 사 민 이 시

道(도) 길, 여기서는 '다스리다' | 乘(승) 말 네마리가 끄는 수레, 전차 | 千乘之國(천승지국) 천대의 전차가 있는 나라. 상당히 큰 규모의 제후국. 천자나 황제가 다스리는 나라는 萬乘之國(만승지국)으로 표현 | 愛(애) 사랑하다, 아끼다. 고대에는 '사랑하다'라는 의미로는 잘 쓰지 않았음 | 使(사) 부리다. 근대 이전에는 위정자가 백성들을 강제로 동원, 노역을 시켰음 | 以(이) 행위의 근거나 원인 등을 뜻하는 전치사

해설

공자는 천하 통일의 개념이 없던 춘추시대의 사람이므로 공자의 관심은 어디까지나 제후국 규모의 나라를 다스리는 데 있었다. 제후국 중 큰 것이 말 네 마리가 끄는 전차가 천 대 정도 있는 나라다. 이에 비해 주나라 천자가 다스리는 천하는 만승지국萬乘之國, 즉 전차가 만 대가 있는 나라라는 의미가 된다.

공자는 나라를 다스리는 데 있어 신의를 가장 중요시하였으며 그다음에 먹고사는 문제를 꼽았다. 그러므로 당시 모든 제후가 가장 우선시하였던 군비 확충은 중요하게 생각하지 않았다. 공자가 천하를 주유하고도 끝내 그 뜻을 펴지 못했던 것은 이 같은 공자의 생각과 군비 확충으로 조속히 부국강병을 이루려는 당시 제후들의 생각과 달랐기 때문이다.

즉, 공자의 "경건하게 일하되 신의가 있어야 하고, 비용을 아끼고 인재를 아껴야 하며, 백성들은 때에 따라 부려야 한다." 라는 말은 당연한 말이지만 그에 따라 부국강병이 이루어지기를 기다릴 만큼 느긋하고 한가로운 세상이 아니었던 것이다.

끝부분의 '백성들을 때에 따라 부리는 것'은 당시 백성들이 모두 농업에 종사하고 있었으므로 백성들을 동원하여 전쟁을 치르거나 대규모 토목공사를 할 때 농번기를 피하여 백성들을 동원함으로써 농업에 대한 피해를 최소화해야 한다는 뜻이다.

제6장

공자께서 말씀하셨다.
"젊은이는 집에 오면 부모님께 효도하고 밖에 나가면 사람을 공경하되 삼가고 신의를 지키며, 널리 많은 사람을 사랑하고 어진 이를 가까이하고 그다음에 남는 힘이 있으면 학문에 써야 한다."

原文

子曰: "弟子, 入則孝, 出則弟, 謹而信, 汎愛衆而親仁,
자 왈   제 자 입 즉 효 출 즉 제 근 이 신 범 애 중 이 친 인
行有餘力, 則以學文"
행 유 여 력   즉 이 학 문

弟子(제자) 나이어린 사람 | 則(즉) ~하면 곧 | 弟(제) 공경하다, 공손하다 | 謹(근) 삼가다 | 汎(범) 널리, 전체에 걸치는 | 餘力(여력) 남는 힘 | 則以學文(즉이학문) 以 뒤에 餘力이 생략되어 있음. 즉, '그 남는 힘을 가지고 학문을 하다'라는 뜻

해설

제자는 젊은이라는 뜻이다. 이 장에서 '학문學文'이란 단순히 시경이나 서경 등의 '글을 배운다'는 설도 있으나 통상은 육예 즉, 서(書, 글 읽기와 쓰기), 사(射, 활쏘기), 예(禮, 예절), 어(御, 마차몰기), 악(樂, 음악), 수(數, 셈)를 말한다. 중국 최초의 사립학교라고 할 수 있는 공자 문하의 교과목도 이 육예였을 것으로 생각된다.

공자는 학문을 극히 중요시하였으나 그보다는 부모님께 효도하고 사람을 공경하되 언행을 삼가고 신의를 지키며, 널리 많은 사람을 사랑하고 어진 이를 가까이하는 일을 우선하고 그다음에 여유가 있을 때 학문을 한다고 하여 일상에서 마땅히 해야 할 일은 학문보다 우선해야 한다고 말한다.

공자에게 있어 지식은 있되 실천이 없는 것은 지식이 없는 것이나 다름없는 것이다. 이에 대해 훗날 송의 주자는 '사물에 다가가서(격물格物), 이치를 알아내는(치지致知)' 학문의 방법을 주장하였고 먼저 이치를 알고 난 다음에 이를 실천해야 한다고 하였고(선지후행先知後行),

명대의 왕양명은 이와는 달리 사물에는 따로 이치가 없고 '마음이 바로 이치다(심즉리心卽理)'라고 주장하여 먼저 이치를 알고 난 다음에 이를 실천해야 하는 것이 아니라 아는 것과 실천은 같이 이루어져야 한다는 지행합일知行合一을 주장하여 앎과 실천에 관하여 공자의 원칙으로 돌아가고자 하였다.

제7장

자하³가 말했다.
"현명한 이를 소중히 여기기를 여색을 좋아하듯이 하고, 부모님을 모실 때는 있는 힘을 다하고, 몸 바쳐 임금을 섬기고 친구를 사귀는 데 있어 말에 믿음이 있다면 그 사람이 비록 배우지 않았다고 해도 나는 반드시 그를 배운 사람이라 이를 것이다."

原文

子夏曰: "賢賢易色, 事父母能竭其力, 事君能致其身,
자 하 왈   현 현 이 색   사 부 모 능 갈 기 력   사 군 능 치 기 신
與朋友交, 言而有信. 雖曰未學, 吾必謂之學矣"
여 붕 우 교   언 이 유 신   수 왈 미 학   오 필 위 지 학 의

賢賢(현현) 어진 이를 소중히 여기다. 앞의 賢은 '소중히 여기다'라는 동사 | 易色(이색) 아름다운 여인의 용모를 좋아하다, 기뻐하다 | 事(사) 섬기다 | 能(능) 할 수 있다 | 竭(갈) 다하다 | 致(치) 이르다, 내주다 | 雖(수) 비록, 아무리 ~하여도 | 謂(위) 일컫다, 평가하다. 논어에서 謂(위)는 대부분 '평가하다'라는 의미로 쓰임 | 之(지) 앞서의 '賢賢易色 ~ 言而有信'한 사람을 가리키는 인칭대사 | 矣(의) 문장 끝에서 단정적인 의미를 나타내는 어기조사(語氣助辭)

---

3 자하(子夏) : 이름은 복상(卜商)이고 위(衛)나라 사람으로 자하(子夏)는 그의 자(字). 공자보다 44세 적다. 공자는 복상은 못 미치고 전손사(자장)는 지나치다고 평한 적이 있으며 공자 사후에 서하(西河)에서 학생들을 가르치다가 위(魏)문후의 스승이 되었다.

해 설

이 장의 '현현이색賢賢易色'의 뜻에 대해서는 대체로 네 가지 설이 있다.

첫째는, 易를 '이'로 읽고 '쉽다, 가볍다'라는 뜻으로 보아 '현명한 이는 소중히 여기고 여색은 가벼이 여긴다.'라는 뜻이라는 설이고

둘째는, 易를 '역'으로 읽고 '바꾸다'라는 뜻으로 보아 '어진 이를 소중히 하여 그를 보면 안색을 바꾼다.'라는 뜻이라는 설이고

셋째는, 역시 易를 '역'으로 읽고 '바꾸다'라는 뜻으로 보아 '여색을 좋아하는 마음을 어진 이를 소중히 하는 마음으로 바꾼다.'라는 뜻이라는 설이다.

넷째는, 易를 '이'로 읽고 '좋아하다'라는 뜻으로 보아 '어진 이를 소중히 여기기를 여색을 좋아하듯이 한다.'라는 뜻이라는 설이다.

둘째 설을 제외하고는 대체로 그 뜻이 비슷하나 공자는 논어에서 '여색을 좋아하듯이 덕을 좋아하는 사람을 아직 보지 못했다(미견호덕여호색未見好德如好色).'라는 말을 두 번이나 하고 있어 이 장에서도 같은 맥락에서 넷째 설에 따라 賢賢易色은 현현이색으로 읽고 '여색을 좋아하듯이 어진 이를 소중히 여긴다.'라는 의미로 보고자 한다.

자하는 증삼과 더불어 공자의 가르침인 수기안인修己安人, 즉 '나를 닦아 남을 평안케 한다.' 중에서 '나를 닦는 것'을 중시한 대표적인 제자의 한 사람이다. 따라서 자하는 이 장에서 보는 바와 같이 부모와 임금, 친구 등을 대하는 데 있어 나의 헌신을 중요하다고 말하고 있다.

특히 자신과 임금이 뜻이 맞지 않을 때 공자가 스스로 떠나버린 것과는 달리 온몸을 바치라는 요구를 하는 점이 공자와는 다르다. 이러한 점들이 후세에 '충신은 두 임금을 섬기지 않는다.'라는 등의 과장된 충성 논리로 발전하는 계기가 되었다고 본다.

실제로 '충신은 두 임금을 섬기지 않는다(충신忠臣 불사이군不事二君)'라는 말은 유가와는 무관하며 전국시대 제나라의 현자인 왕촉王燭이 한 말이다. BC 3세기경 제민왕 때 연나라의 명장 악의가 제나라를 공략하여 제나라 땅 대부분을 점령했는데 이때 제나라 백성들의 민심을 회유하려고 현자라고 알려진 왕촉에게 1만 호의 식읍을 제안하면서 회유하려고 했으나 왕촉이 이를 단호히 거절하고 '충신은 두 임금을 섬기지 않는다.'라고 하며 자결한 사건에서 유래한 말이다.

제8장

공자께서 말씀하셨다.
"군자는 신중하지 않으면 위엄이 없고 학문도 굳건해지지 않는다. 성실함과 신의를 가장 중요한 삶의 원칙으로 하고, 자기만 못한 사람을 벗하지 말되 잘못이 있으면 고치는 것을 꺼리지 마라."

原文

子曰 : "君子不重則不威, 學則不固. 主忠信. 無友不如己者,
자 왈　　군 자 부 중 즉 불 위　학 즉 불 고　주 충 신　무 우 불 여 기 자
過則勿憚改."
과 즉 물 탄 개

君子(군자) 완전한 덕성을 갖춘 이 | 重(중) 무겁게 하다, 신중하다 | 固(고) 굳다, 단단하다 | 不如己者(불여기자) 나보다 못한 사람 | 勿(물) 말다, 말아라 | 憚(탄) 꺼리다

해 설

군자란 원래 '임금의 아들'이라는 뜻이다. 그런데 공자에 이르러 군자는 인의 등 덕목을 두루 갖추어 선비가 지향해야 할 이상적인 사람이라는 뜻으로 쓰이게 되었다. 그러나 논어에는 군자가 경우에 따라 '위정자 또는 위정자 계급'이라는 뜻으로 쓰이는 때도 있고 이 장에서처럼 '학문에 힘쓰는 사람'이라는 정도의 의미로도 쓰이는 때도 있다.

이 장은 공자가 어린 제자들을 상대로 학문과 생활의 기본원칙에 대해 충고하는 장면이라 생각된다. 즉 "학문을 진지하고 신중하게 하지 않으면 가볍게 되어 배워도 확실히 자기 것이 되지 않는다. 그리고 성실함과 신의를 가장 중요한 삶의 원칙으로 삼고, 친구를 사귈 때는 사람을 가려서 사귀어라." 라고 당부하는 장면이다.

　그러나 '자기만 못한 사람을 벗하지 마라'는 말은 상당한 논란이 될 만한 말이다. 만약에 공자의 말을 문자 그대로 실행한다면 친구의 범위가 대단히 좁아질 것이며 능력이 뛰어난 사람은 자기보다 능력이 뛰어난 사람을 만나기 어려워 오히려 친구 구하기가 곤란해질 것이다. 그러므로 이 말을 문자 그대로 해석할 것이 아니라 친구를 사귈 때 되도록 장점이 많은 친구를 사귀어 그 장점을 본받도록 노력하여 자기도 발전해야 한다는 뜻으로 봐야 한다.

　자기만 못한 사람들만 친구로 삼으면 상대적인 우월감으로 스스로는 만족하나 친구로부터 본받을 것이 없어 결국은 자신이 퇴보할 수도 있는 것이다. 따라서 공자의 이 말은 어린 제자들에게 "문제가 있는 나쁜 친구를 사귀지 말고 좋은 친구를 사귀라." 라고 권하는 정도의 의미로 봐야 한다.

제9장

증자가 말했다.
"상례를 신중하게 치르고 조상을 추모하는 제사를 정성껏 지내면 백성의 덕성이 순후함으로 돌아올 것이다."

原文
曾子曰: "愼終追遠, 民德歸厚矣."
증자왈　신종추원　민덕귀후의

愼終(신종) 종말을 신중하게 하다. 즉, 사람의 마지막 길(終)인 상례(喪禮)를 신중하게 처리하다. | 追遠(추원) 먼 것을 추모하다. 즉 멀리 있는 조상을 추모하는 제사를 뜻한다 | 歸厚矣(귀후의) 순후함으로 돌아오다

해 설

상례나 제사를 중요하게 생각하는 것은 고대 씨족 공동체 사회의 중요한 특징이다. 이러한 의식은 외형적으로는 예절이 되고 내면적으로는 씨족 공동체를 결속시키는 작용을 하게 된다. 그러나 위정자가 부모의 장례를 잘 치르고 조상 제사를 잘 지내는 것은 원칙적으로 위정자 개인의 문제이며 백성들과는 별다른 관련이 없다.

그러나 위정자가 부모나 조상 등 윗사람에 대해 공경하는 태도를 본

보기로 보여줌으로써 백성들이 윗사람인 위정자 자신에 대해서도 공경하는 마음을 갖고 위정자의 다스림에 불평불만을 갖지 않게 하는 효과가 있을 것이라는 것이 증자의 본심이 아닌가 한다. 공자가 위정자와 백성 간의 믿음이나 상호 존중, 음악 등으로 백성의 덕성을 높이려 한 데에 비해 증자는 장례나 제사 등 퍼포먼스를 통해 백성들을 끌어가고자 하는 의도를 드러낸 것이다.

증자의 의도대로 훗날 중국의 역대 통일 왕조는 각종의 상례, 제사 등 유교적인 의식을 황제가 스스로 장엄하게 행하여 백성들에게 윗사람에 대해 공경하는 태도를 본보기로 보여줌으로써 제국 통치의 정당성을 백성들에게 주입하는 의례로 활용하였다.

제10장

자금⁴이 자공⁵에게
"선생님께서는 어떤 나라에 가셨을 때라도 반드시 그 나라의 정치 상황을 들으시는데 그건 선생님이 요구하신 것입니까? 아니면 그쪽에서 들려주시는 것입니까?" 라고 물으니, 자공이
"선생님은 온화하고, 공손하며, 검소하고, 겸양하셔서 그것을 얻을 뿐입니다. 선생님이 그것을 얻는 방법은 아마도 다른 사람이 얻는 방법과는 다를 것입니다." 라고 대답했다.

原文

子禽問於子貢曰 : "夫子至於是邦也, 必聞其政, 求之與,
자 금 문 어 자 공 왈   부 자 지 어 시 방 야   필 문 기 정   구 지 여
抑與之與"
억 여 지 여
子貢曰 : "夫子溫, 恭, 儉, 讓 以得之. 夫子之求之也,
자 공 왈   부 자 온 공   검   양 이 득 지   부 자 지 구 지 야

---

4 자금(子禽) : 이름은 진항(陳亢), 자금은 그의 자(字)이다. 진(陳)나라 사람으로 공자의 제자. 공자보다 40세 아래였다.
5 자공(子貢) : 이름은 단목사(端沐賜), 자는 자공(子貢). 공자는 자공을 단순히 '사(賜)'라고 부를 때도 있다. 공자보다 31세 적다. 말을 잘하였고 이재에 능하여 공자 교단의 재정에 실질적인 도움을 준 것은 물론, 공자의 3년 상을 치른 후 다른 제자들이 모두 떠난 다음에도 공자 교단에 3년 동안 더 남아 공자의 기록을 정리하였다고 한다. 후에 노나라와 위(衛)나라의 재상을 지냈으며 공사가 성현으로 자리 잡은 데에는 공자 사후 자공의 역할이 컸다고 알려진다.

其諸異乎人之求之與."
기 저 이 호 인 지 구 지 여

於(어) 에게, ~에 | 夫子(부자) 원래 나라의 중요한 직위인 대부(大夫)에 이른 사람을 부르는 보통명사. 그러나 공자가 노나라의 대부를 지냈으므로 논어에서는 夫子(부자)를 공자를 지칭하는 말로도 쓰임 | 是(시) 이것, 여기에서는 '어느'로 막연한 것을 가리키는 지시대사로 쓰임 | 與(여) 주다, 의문의 뜻을 나타내는 조사로도 쓰임 | 抑(억) 그렇지 않으면, 선택관계를 나타내는 접속사 | 與之與?(여지여) 주어진 것인가? 앞의 與는 '주다'는 동사이며 뒤의 與는 의문의 뜻을 나타내는 어조사 | 求之也(구지야) 구하는 것은 | 其諸(기저) 아마도

해설

이 장은 공자가 여러 나라를 편력할 때 어느 나라에 가든 그 나라의 정치 상황을 듣는 것에 대해 제자인 자금이 자공에게 질문하고 있다. 공자 일행이 각국의 유력한 정보원에게 접촉하는 과정에서 자공이 특별한 역할을 한 것으로 추정되지만 자공은 구체적인 방법이나 경로에 대해서는 함구하고 공자의 덕행으로 말을 돌려버리는 모습이다.

공자는 14년의 편력 기간동안 각국을 다니면서 만나본 군주만 수십 명에 이른다고 한다. 이처럼 정치와 사회활동에의 적극적인 참여가 공자와 유가의 특징이고 이 점에서 정치참여는 물론 기존의 인간관계마저 끊어버리거나 최소화하는 불가나 도가와는 다르다.

송대 이후 주자학이 등장하고 원나라 때 주자학이 관학이 되면서부터 사서 등 경전 공부와 이를 통한 과거급제만이 선비들의 목표가 되어 극히 일부의 과거급제자를 제외하고는 수많은 지식인들이 평생 경제활

동과는 관련이 없는 사장詞章이나 유교 경전 공부에만 매달리는, 소위 놀고먹는 계급이 되어 사회 전반의 생산성을 떨어뜨리고 유학 자체도 실생활과 유리된 모습으로 비치게 했다.

따라서 기술과 관련된 장인이나 상품유통을 담당하는 상인 등을 천시하고 양반 관료층을 정점으로 하는 소위 사농공상의 전근대적인 신분 질서를 고착시켜 근대국가로의 발전이 늦어지게 한 것은 대체로 주자학의 폐단이었다. 그러나 위진 남북조 시대만 해도 당시에 유행한 불교나 도교가 생활과 유리된 사상이었고 유학은 실학이라 불리며 많은 인재들이 유학과 법가 사상으로 무장, 유학은 통치 일반에 실제로 응용된 학문이었다.

제11장

공자께서 말씀하셨다.

"아버지가 살아계실 때는 그 뜻을 살피고 아버지가 돌아가신 후에도 그 행적을 살펴 삼 년 동안 아버지가 하셨던 방식을 바꾸지 않는다면 효성스럽다고 일컬어질 만하다."

原文

子曰 : "父在, 觀其志. 父沒, 觀其行, 三年無改於父之道,
자 왈   부재 관 기 지 부 몰 관 기 행 삼 년 무 개 어 부 지 도
可謂孝矣."
가 위 효 의

沒(몰) 죽다 | 於(어) 동작의 대상을 나타내는 전치사

해 설

아버지가 살아계실 때는 아버지의 언행을 보고 그에 따르고, 돌아가신 후에라도 3년 동안 아버지의 방식을 바꾸지 않는다는 것은 씨족의 전통적인 생존 경험을 아버지 대에서 자식 대로 물려준다는 의미로 보아야 한다.

그러나 이 경우 3년 동안 아버지의 행하던 바를 바꾸지 않는 것은 통상적이고 일반적인 서민의 경우이며 만약에 아버지가 천자나 제후로

서 잘못된 정치를 하고 있었다면 아들이 3년씩이나 기다린다면 그 피해가 너무 크므로 즉시 바꾸는 것이 옳을 것이다.

고대 중국에서는 부모의 상을 당하면 임금이나 일반적인 선비나 모두 3년 동안 일상생활을 접고 무덤 옆에 초막을 짓고 아침저녁으로 제를 지내는 시묘侍墓살이를 해야 했으며 임금의 경우에는 별도로 총재冢宰라는 특별재상을 두어 3년 동안 모든 정치를 그에게 일임하고 자신은 시묘살이를 하는 것이 원칙이었다.

조선에서는 관직에 있던 사람이라도 부모상을 당하면 3년 동안 휴가를 얻어 시묘살이를 했다. 이 경우 3년이라는 의미는 대체로 아기가 태어나서 부모 품을 벗어나는 데 걸리는 기간이 3년이므로 그 기간만큼 부모 산소 곁을 지켜 부모의 은혜를 갚는다는 의미이다.

제12장

유자[6]가 말했다.
"예를 실천함에는 조화가 가장 중요하다. 옛 임금이 정한 예법에도 이를 아름답게 여겨, 크고 작은 모든 일들이 그 조화에 따라 이루어졌다. 그러나 조화가 이루어졌다고 할 수 없는 경우가 있으니 오로지 겉으로 조화로운 것을 조화로 알고, 예로 절제하지 않은 경우는 조화가 이루어졌다고 할 수 없다."

原文

有子曰 : "禮之用, 和爲貴. 先王之道, 斯爲美, 小大由之.
유 자 왈   예 지 용 화 위 귀   선 왕 지 도   사 위 미   소 대 유 지
有所不行, 知和而和, 不以禮節之, 亦不可行也"
유 소 불 행 지 화 이 화   불 이 예 절 지   역 불 가 행 야

爲(위) 위하여, 여기서는 ~ 이다 혹은 가장 ~하다라는 뜻으로 쓰임 | 斯(사) 이, 이것 | 由(유) 말미암다, 따르다 | 知和而和(지화이화) 조화를 알고 이름뿐인 조화를 이루려 하다.

해 설

이 장은 예를 행함에 있어 적당하다는 감각, 즉 조화가 중요하며 이

---

6 유자(有子) : 이름은 유약(有若). 자는 자유(子有)이며 공자보다 43세 적다.

조화도 예로써 절제하지 않고 조화 자체만을 형식적으로 추구한다면 오히려 조화가 이루어졌다고 볼 수 없다고 한다. 즉, 예와 조화가 적절히 서로 견제할 때 예도 예로서 유효하게 작용하고 조화도 조화 본연의 의미로 작용한다는 뜻이다.

예절을 행함에 있어 예가 지나치면 번거로움이 되어 원래 의미가 사라지고 오히려 폐가 될 수가 있다는 것이다. 원래 예절이란 사회가 정상적으로 작동하기 위해서 사람들 사이에 명시적이나 묵시적으로 미리 해둔 약속이다. 예를 들어 처음 보는 상대방의 이름을 알고자 하면 먼저 나의 이름을 알려주고 상대의 이름을 묻는 것이 예절인 것이다.

따라서 처음 본 사람에게 자신을 먼저 밝히지 않고 상대의 신분이나 용건을 불쑥 묻는 것은 무례한 행위가 된다. 오늘날 사회가 급속히 불특정 다수화되고 익명화되어 사람 사이의 예절은 적당히는 무시되어도 좋다고 생각하는 사람들도 있지만, 이는 아주 잘못된 생각이다.

첫 접촉에 무례함으로 상대에 대해 호의가 사라진 상태가 되면 이를 호의적인 관계로 돌리는 데는 생각보다 긴 시간이 소요되며 심지어는 영원히 호의적인 관계가 되지 못하고 끝나버리는 경우도 흔치 않다. 인간관계, 특히 중대한 거래에서 쌍방 간에 호의가 생성되지 않은 상태라면 좋은 결과를 얻기 어렵다.

제13장

유자가 말했다.

"어떤 사람의 신용이 옳음에 가깝다면 그 사람의 말은 실천될 것이며, 공손함이 예에 가깝다면 치욕을 멀리할 것이다. 그렇게 해서 가까운 사람들을 잃지 않는다면 또한 가히 본받을만한 사람이라 할 것이다."

> **原文**
> 有子曰 : "信近於義, 言可復也. 恭近於禮, 遠恥辱也.
> 유자왈   신근어의 언가복야   공근어례 원치욕야
> 因不失其親, 亦可宗也."
> 인부실기친 역가종야

復(복) 실천하다 | 因(인) 말미암아, 관련하여. 내부에서의 미더움과 공손함이 사적으로도 그대로 행해져 그로 말미암아 친지들을 잃지 않는다는 뜻 | 宗(종) 존경

해 설

의義는 보통은 '옳음, 마땅함' 등으로 해석되는데 이 장에서 의義는 사람들에게 '인정될만한 마땅한 정도'로 봐야한다. 따라서 첫 문장인 '어떤 사람의 신용이 옳음에 가깝다면'은 '어떤 사람의 신용정도가 객관적으로 인정받을 만하다면'이라는 뜻이다.

중국 전국시대 제나라의 사상가인 고자告子는 "인은 안에 있고 의義는 밖에 있다." 라고 하여 의가 자신을 떠나 많은 사람에게서 객관적으로 인정받아 정해지는 덕목이라고 하였으나 동시대의 맹자는 "인과 의가 똑같이 안에 있다." 하여 의가 자신이 정하는 덕목임을 주장하였다.

송 대의 주자도 인의를 포함한 우주 전체를 관통하는 도덕적인 덕목인 이理가 이미 정해져 우주만물에 산재해 있으므로 사람은 마땅히 주변 사물부터 깊이 탐구하는 격물을 통해서 하나씩 이치를 알아가다 보면 어느 순간에 이치 전체를 확연히 깨닫게 되고 이렇게 이치를 깨닫고 난 다음에 이를 실천해야 한다고 하였다.

이렇게 주자는 이理라는 도덕적이고 초월적인 가치가 인간 외부에 존재한다고 주장하면서도 자신이 맹자를 계승한 유학의 적통임을 강조하였으나 실상은 맹자보다는 제나라 고자의 생각을 발전시킨 셈이다.

이에 반해 명대의 왕양명은 이理가 이미 정해져 우주 만물에 산재해 있는 것이 아니라 '내 마음이 곧 이치다(심즉리心卽理).'라고 하여 의로움을 비롯한 도덕적 가치 역시 자신이 정하는 덕목임을 강조하여 맹자의 주장으로 회귀하고 있다. 왕양명이야말로 공자, 맹자를 잇는 유학의 적통이라고 할 수 있다.

제14장

공자께서 말씀하셨다.
"군자는 먹을 때 배부르기를 구하지 않고, 거처함에 편안하기를 구하지 않는다. 힘써 일하면서 말은 신중하게 하고, 도를 가진 사람에게 다가가 자신을 바로 잡는다면 가히 배움을 좋아한다고 할 만하다."

原文
子曰 : "君子食無求飽, 居無求安, 敏於事而愼於言,
자 왈　　군 자 식 무 구 포　　거 무 구 안　　민 어 사 이 신 어 언
就有道而正焉, 可謂好學也已."
취 유 도 이 정 언　　가 위 호 학 야 이

飽(포) 배부르다 | 居(거) 앉다, 거처하다 | 敏(민) 힘써 일하다 | 就(취) 나아가다 | 有道(유도) 도를 가진 사람 | 也已(야이) 문장의 끝에 붙어 단정적인 의미를 나타내는 어기사

해 설

이 장에서 공자의 말은 두 개의 단락으로 구성되어 있다. 즉, 군자의 됨됨이와 학문을 좋아하는 자세이다. 먼저, 군자의 됨됨이는 '먹을 때 배부르기를 구하지 않고, 거처함에 편안하기를 구하지 않는다(식무구포食無求飽, 거무구안居無求安).'까지 이며

둘째, 학문을 좋아하는 자세는 그 뒤에 '일은 민첩하게 하고 말은 신중하게 하면서 도를 가진 사람에게 다가가 자신을 바로 잡는다(민어사이신어언敏於事而慎於言).' 이하에서 설명되고 있다.

군자는 먹을 때나 거처할 때나 자신의 이익을 앞세우지 않고 자신의 편안함을 구하지 않는다. 군자가 자신의 이익을 앞세우면 다른 사람의 이익을 침해하게 되거나 공동체 전체의 균형을 깨게 되어 공자가 꿈꾸는 이상적인 정치는 이루기 어렵게 될 것이다. 그러므로 군자는 항상 자신에 관한 욕구 충족은 최소한으로 하여 다른 사람의 이익이 침해되지 않도록 배려해야 한다는 의미이다.

'민敏'은 힘써 일하다, 일을 살펴 합당하게 한다는 뜻이다. 일은 힘껏 하지만 말은 오히려 신중하게 해야 한다는 의미로 공자는 일은 열심히 하지 않으면서 말만 많은 사람을 경계한 것이다.

흔히 공자와 유교를 비난하면서 예를 드는 것이 지연, 학연이나 성차별, 패거리 문화 등인데 이러한 것들이 마치 공자에게서 유래된 것으로 말하는 경우가 많다. 그러나 그것들은 대부분 공자에게서 유래한 것들이 아니며 심지어는 공자가 명백하게 하지 말라고 한 것들도 있다. 공자는 일은 열심히 하고 말은 신중하게 하라고 했다.

제15장

자공이 "가난하지만 아첨하지 않고 부유하지만 교만하지 않으면 어떻습니까?"라고 물으니, 공자께서 "그것도 괜찮다. 그러나 가난하면서도 즐거워하고 부유하면서도 예를 좋아하는 것만은 못하다."라고 하셨다. 자공이 다시 "시경에서 말하는 '자른 듯 줄로 쓴 듯하고, 쫀 듯 간 듯하다'라는 것이 이를 두고 한 말인가요?"하니, 공자께서 말씀하셨다. "사賜와는 이제부터 시를 얘기할 수 있겠구나. 지난 것을 알려주니 앞으로 올 것을 아는구나."

原文

子貢曰 : "貧而無諂, 富而無驕, 何如?"
자공왈　　빈이무첨　부이무교　하여

子曰 : "可也. 未若貧而樂, 富而好禮者也."
자왈　　가야　미약빈이락　부이호례자야

子貢曰 : "『詩』云; '如切如磋, 如琢如磨' 其斯之謂與!"
자공왈　　시 운　여절여차　여탁여마　기사지위여

子曰 : "賜也. 始可與言『詩』已矣! 告諸往而知來者."
자왈　　사야　시가여언　시　이의　고저왕이지래자

諂(첨) 아첨하다 | 驕(교) 교만하다 | 何如(하여) 어떠한가 | 若(약) 같다 | 未若(미약) 같지 않다, 미치지 못한다 | 切(절) 자르다 | 磋(차) 줄로 쓸다 | 琢(탁) 끌로 쪼다 | 磨(마) 문지르다 | 其斯之謂與(기사지위여) 아마도 이를 말하는 것이리라. 其: 아마도, 斯: 이것, 之: 강조효과를 나타내기 위해 넣은 구조조사, 與: 감탄의 뜻을 나타내는

조사 | 己矣(이의) 문장 끝에서 단정적인 뜻을 나타내는 어기사 | 諸(저) 之於와 같은 뜻으로 ~에 대하여 | 者(자) ~하는 것

해 설

이 장에서 절切, 차磋, 탁琢, 마磨는 옥을 가공할 때 거치는 네 가지 공정을 뜻한다. 즉 옥을 가져와서 우선 대충 원하는 크기대로 자르고(절), 자른 단면을 줄로 쓸고(차), 문양 등을 만들기 위해 끌로 쪼고(탁), 면에 광택을 내기 위해 헝겊 등으로 문지르는(마) 공정 전체를 나타내는 것이다.

옥의 가공공정이 우선 크게 자르고 나서부터 세부적인 가공공정으로 옮아가듯이 자공이 말한 '가난하지만 아첨하지 않고 부유하지만 교만하지 않다.'라는 것은 옥의 가공과정에 비유하자면 옥을 크게 자르고 줄로 쓰는 공정이고, 공자가 말한 '가난하면서도 즐거워하고, 부유하면서도 예를 좋아하는 것'은 가공공정 중 끌로 쪼고 헝겊으로 닦는, 세부적인 공정을 의미한다.

자공이 "가난하지만 아첨하지 않고 부유하지만 교만하지 않다." 라고 한 것은 가난한 사람이 부자에게 득을 보려고 아첨하고 부자는 그 아첨을 즐기며 거만을 떠는 짓을 하지 않는 정도이므로 공자는 "그것도 괜찮다." 라고 했고, 이보다 더 나아가 '좋다'는 정도의 행동이 되기 위해서는 "가난하면서도 즐거워하고, 부유하면서도 예를 좋아하는 것" 이 되어야 한다는 것이다.

자공이 자신의 물음과 공자의 대답을 시경 중의 옥의 가공공정에 비유하여 말하자 공자는 그 적절한 비유에 흐뭇해하며 자공이 자신과 더불어 시에 대해 얘기할 수 있는 수준에 올랐다고 칭찬하는 것이다.

제16장

공자께서 말씀하셨다.
"다른 사람들이 나를 알아주지 않는 것을 걱정하지 말고, 내가 다른 사람들을 알지 못하는 것을 걱정해라."

原文
子曰 : "不患人之不己知, 患不知人也."
자 왈　　불 환 인 지 불 기 지　환 부 지 인 야

患(환) 걱정하다 | 人(인) 다른 사람 | 之(지) 명사구나 절을 만드는 조사 | 不己知(불기지) 나를 알아주지 않다. 不知己의 도치형태

해설

공자 당시에는 과거시험이나 요즘같이 공무원 임용시험이 없었으므로 유력자의 추천으로 관직에 입문하는 것이 보통이었을 것이다. 따라서 관직에 입문하기 위해서는 유력자의 귀에 이름이 알려지는 것이 우선적 사항이었으므로 관직에 뜻을 둔 공자의 제자들은 자신이 하루빨리 남들에게 알려져 출사할 수 있게 되기를 바랐을 것이다. 공자는 이러한 제자들에게 자기가 실력이 있으면 당연히 남에게 알려질 것이므로 남이 나를 알아주지 않는 것은 걱정할 필요가 없으며, 정말 걱정해야 할 것은 자신이 남을 모르는 것이라고 한 것이다.

예술작품이 뛰어나면 언제든지 알려지게 마련이듯이 사람도 뛰어난 사람은 언제든지 그 이름이 알려지게 된다. 그러므로 유교 가르침의 핵심인 수기안인修己安人은 자신을 먼저 닦은(修己) 후에 남을 평안케 한다(安人)는 것이지 수기修己가 되지 않은 상태에서 안인을 하려 해서는 안 된다는 뜻이기도 하다.

자신을 닦은 후에 남을 다스리는 기회가 없다면 자기 한 사람의 피해로 그치지만 자신을 닦지 않은 상태에서 남을 다스리면 자신을 망치는 피해는 물론 주변이나 백성들에게까지 피해를 주기 때문에 더 피해가 커지는 것이다. 고려 무신난 이후 대부분의 집권자가 차례로 비참한 최후를 맞고, 백성들이 큰 고통을 겪은 것은 무신집권자 다수가 수기修己가 되지 않은 상태에서 안인安人을 하려했기 때문이라고 생각한다.

오늘날에도 세계 각지에 수많은 독재자가 자신을 닦을 의지도 기회도 없이 오로지 출신이나 혈연 등 기득권을 발판으로 국가권력을 한 손에 쥐어 백성을 괴롭히고 나라를 망치는 예가 너무나 많다. 그런 독재자가 마음대로 권력을 휘두르면 결국은 자신은 물론 나라를 망치게 되고 그 피해는 고스란히 백성들에게 돌아가는 것이다.

제2편

위정(爲政)

【제2편 위정(爲政)】

제1장

공자께서 말씀하셨다.
"덕으로써 정치를 하는 것을 북극성에 비유하자면, 북극성이 그 자리에 있고 뭇별들이 그것을 향해 도는 것과 같다."

> **原文**
> 子曰 : "爲政以德, 譬如北辰, 居其所而衆星共之."
> 자 왈   위 정 이 덕   비 여 북 신   거 기 소 이 중 성 공 지

譬如(비여) 비유하자면 ~와 같다 | 北辰(북신) 북극성 | 居(거) 앉다 | 衆星(중성) 뭇별, 모든 별| 共(공) 향하다, 함께

해 설

북신北辰 즉, 북극성은 지구의 자전축의 북쪽 연장선과 거의 일치하는 별이므로 육안으로 보기에는 북극성은 제자리에 있고 그를 중심으로 모든 별이 돌고 있는 것처럼 보인다. 따라서 공자는 덕으로 정치를 하면 천하의 모든 사람이 북극성을 중심으로 모든 별이 돌듯이 그 덕치를 중심으로 돌아간다고 하는 것이다.

일 년 내내 북극성은 늘 그 자리에 있는 것처럼 보여 예로부터 뱃사람들의 나침반 역할을 했는데 북극성을 중심으로 다른 별들은 하루 동

안 시계 반대 방향으로 움직인다. 북극성은 밝게 빛나는 별은 아니므로 쉽게 찾을 수 있는 북두칠성과 카시오페이아 성좌를 잇는 선상에서 북극성을 찾을 수 있다.

도가에서는 덕은 도가 발현된 모습이라 한다. 위정자가 덕에 정치의 근본을 두고 무위無爲로 백성을 다스린다면 세부적인 집행 분야의 일들은 저절로 제자리를 찾아 순조롭게 이루어지므로 굳이 억지로 정치의 목적을 이루려고 하지 않아도 그 목적은 이루어지는 것이다. 그러므로 무위無爲는 유가, 도가에 공통된 고대 중국의 정치 원칙이기도 하다.

무위는 문자 그대로 아무것도 하지 않는 것이 아니라 필요한 조치는 하되 다만 억지나 강제로 일을 이루려고 하지는 않는다는 의미이다. 가을에 곡식을 얻기 위해서는 봄에 씨앗을 뿌리고 거름을 주고 여름에 김을 매는 등 조치는 하되 빨리 자라도록 거름을 과다하게 주거나 줄기를 뽑아 올리는 등의 무리나 억지로 일을 도모하지 않는다는 것이다.

일부 학자들이 무위라 하면서 밭이나 논 옆에서 자리를 깔고 일 년 내내 누워 놀며 기다리는 것이라고 잘못 이해하는 경우가 있는데, 그렇게 하면 가을에 수확은커녕 굶어 죽는 것을 면하기 어렵다. 무위는 자연스럽게 필요한 일을 한다는 것이며 일을 고의나 억지로 조장하지 않는다는 뜻이다.

그러므로 고대 중국의 태평성대라는 요·순의 무위 정치도 기본적인 법령으로 백성들에게 가이드라인을 설정해 주고, 훌륭한 인재들을 등용하여 적재적소에 배치하여 일하게 해둔 다음에 임금이 남쪽을 향해 앉아있어도 천하가 잘 다스려져 태평성대를 이루는 것이지, 기본적인 법령 제정도 없고, 유능한 인재의 배치도 없이 임금이라고 남쪽을 향해 가만히만 앉아있었다면 임금 자리는커녕 목숨을 보전하기도 힘들었을 것이다.

제2장

공자께서 말씀하셨다.
"시 삼백 편을 한마디로 말하면 '생각에 사사로움이 없다'라고 할 것이다."

原文
子曰 : "『詩』三百, 一言以蔽之, 曰 '思無私'."
자 왈   시 삼백 일언이폐지   왈   사무사

『詩』三百(시삼백) : 시경의 시 305편을 말함 | 蔽(폐) 덮다, 개괄하다

해 설

『시경』은 원래 주나라 초기부터 춘추시대 초기까지 약 3백 년간 황하 중부지역의 노래를 모은 시집으로써 시 305편을 수록하고 있다. 원래 3천여 편이었던 것을 공자가 311편으로 간추려 정리했다고 하지만, 분명하지는 않다.

어쨌든 공자는 시를 아주 중요시하여 시를 모르면 담벼락을 마주 보고 있는 것처럼 할 말을 찾지 못하여 답답할 것이며 또한, 시 안에는 각종 식물이나 새 이름 등이 다양하게 나와 있어 젊은 사람들이 공부하는 데도 유용할 것이므로 시를 공부할 것을 권유했다. 그러나 공자 당시에

는 『시경』은 단순히 '시詩'라고만 불렸고 이를 『시경詩經』이라고 높여 정식으로 유교 오경五經의 하나로 불리게 된 것은 후세의 당나라 때부터다.

시경은 크게 풍風, 아雅, 송頌으로 구분되고 다시 아雅는 대아, 소아로 나누어진다. 풍風은 민요로서 주로 남녀 간의 사랑이나 이별을 다룬 노래이고, 아雅는 조정에서 임금이 주재하는 공식적인 의식에서 쓰이는 노래이며, 송頌은 종묘 등 큰 제사 때 연주되던 노래이다. 이러한 노래들이 책으로 엮어지면서 곡조는 없이 가사만 수록된 것이 『시경』인 것이다.

공자 당시에도 나라에서 민심을 알아보기 위해 가사와 함께 곡도 조사하여 이 중 민심 순화에 유용한 것을 골라 곡이 없는 것은 곡을 만들어 다시 민간에 유통하도록 하였으므로 상당수 시가 노래의 형태로 유포되어 있었을 것으로 추정되지만 지금은 악보가 없어져 곡을 알 수 없는 것이 대부분이다.

사무사思無邪는 본래 『시경』노송魯頌의 첫 편인 경駉[7]에 말馬을 묘사한 시의 한 구절로 나온다. 그런데 여기서 사思는 어조사이므로 뜻을 가지지 않는다는 설도 있지만, 통설에 따라 '생각'으로 보아 사무사를 '생각에 사사로움이 없다'라고 해도 큰 어긋남이 없다고 본다.

---

7 경(駉)의 원문은 다음과 같다. (어진재, 思無邪에서 인용)
薄言駉者 살지고 큰 말들 갖가지 말들 有駰有騢 흰 털 섞인 흑마와 붉고 하얀 얼룩말 有驒有魚 정강이 흰 말과 두 눈이 흰 말 以車祛祛 이 말들로 수레 끄니 꿋꿋하구나. 思無邪 생각함에 비뚤어짐 하나 없어서 思馬斯徂 말들조차 이렇게 잘 달리도다.

제3장

공자께서 말씀하셨다.

"위정자가 명령으로 이끌고 형벌로 다스리면, 백성들은 부끄러움도 모르는 수준을 벗어나지 못하지만, 위정자가 덕으로 이끌고 예로써 다스린다면 백성들은 부끄러움을 알고 인품도 갖추게 된다."

原文

子曰: "道之以政, 齊之以刑, 民免而無恥. 道之以德, 齊之
자 왈   도 지 이 정   제 지 이 형   민 면 이 무 치   도 지 이 덕   제 지
以禮, 有恥且格."
이 례 유 치 차 격

道(도) 이끌다, 인도하다 | 政(정) 정령, 위정자가 발령하는 명령 | 齊(제) 가지런하다, 다스리다 | 且(차) 또한 | 格(격) 인품, 인격, 감화시키다

해 설

이 장에서 도道는 '인도하다, 이끌다'라는 뜻으로 쓰인다. 그리고 정政은 정치를 한다는 말이 아니라 위정자가 백성들에게 내리는 명령이나 법령 등을 뜻한다. 따라서 '도지이정道之以政'이란 위정자가 법령으로 백성들을 일정한 방향으로 몰고 간다는 의미이다.

그러므로 백성들은 위정자의 법령만 어기지 않으면 처벌받지 않으니까 법령만 피하게 되면 설사 도덕적으로 잘못된 행위를 한다 해도 마음속에 아무런 부끄러움이 없는 것이다. 따라서 이러한 방식은 백성을 채찍이나 먹이로 가축처럼 다스리는 것이니 사람으로 대우하는 것이라고 볼 수 없다.

따라서 법령은 사회질서를 유지하기 위한 최소한의 필요조건이지 결코 충분조건이 될 수 없다. 백성들을 덕으로 이끌고 예로써 다스린다면 백성들도 그에 상응하여 도덕적으로 잘못된 행위를 했을 때는 부끄러움을 알게 되고 예의에 맞게 행동하므로 사람으로서의 품격도 갖추게 되는 것이다.

맹자는 사람의 본성 속에는 아기가 우물 쪽으로 기어가는 것을 보면 놀라서 붙잡는 등 다른 사람의 불행을 그냥 넘기지 않는 측은지심惻隱之心인 인仁과 옳지 않은 것을 미워하고 부끄러워하는 수오지심羞惡之心인 의義, 겸손하여 남에게 양보할 줄 아는 사양지심辭讓之心인 예禮, 옳음과 그름을 가릴 줄 아는 시비지심是非之心인 지智 등 사단四端이 존재한다고 했다.

이에 따라 맹자는 인간의 이 본성은 모든 사람에게 공통적인 것이어서 인성은 본래 선하다는 성선설을 주장하였고, 이러한 선한 본성을 계발, 확충시키는 도덕적인 왕도정치를 주장하였으나, 순자는 인간의 본성이란 본래 악하므로 후천적인 교육이나 본인의 노력에 따라 달라질 수 있다고 한다. 따라서 성인은 스스로 후천적으로 노력하여 그 본성이 선하게 된 경우이고, 도둑이나 소인들은 타고난 악한 본성에 자신을 내맡김으로써 눈앞의 이익을 탐내게 된 경우라고 한다.

그러므로 사회질서를 제대로 유지하기 위해서는 사람의 악한 본성을 규제하는 제도적 규범 즉 법령과 형벌을 중시할 수밖에 없게 되어 순자의 문인들이 후에 법가 사상으로 발전하게 되는 단서를 마련하게 되는 것이다.

특히 한비자, 이사 등 초기 법가의 설에 따라 도입된 제나라나 진秦나라의 법령은 가혹하기 짝이 없어 사소한 거짓말이나 법령위반에도 범법자의 손발이나 목을 베는 형벌이 횡행하여 제나라 시장에는 목발을 파는 가게가 성황을 이루고 진나라에서는 때로는 수천 명을 한꺼번에 처형하여 인근 강물이 온통 붉게 변하는 등으로 백성의 원망과 혐오가 극에 달해 마침내 제나라는 전田씨에게, 진秦나라는 항우에게 멸망하게 되었다.

한편, 격格의 원래 의미는 똑바로 살 자란 나무라는 뜻이다. 즉, 살 자라서 나무다운 품격을 갖추었다는 뜻이 된다. '유치차격有恥且格'에서 유有가 치恥와 격格을 같이 수식한다고 볼 때 유치차격이라는 말은 '부끄러움도 알고 인품도 갖춘다'라고 해석되는 것이다.

제4장

공자께서 말씀하셨다.
"나는 열다섯 살에 배움에 뜻을 두었고, 서른에 홀로 섰으며, 마흔에 미혹함이 없어졌고, 쉰에 천명을 알게 됐으며, 예순에는 말을 들으면 귀에 거슬리지 않았으며, 일흔에는 내가 하고자 하는 바를 행하여도 법도에 어긋남이 없어졌다."

> **原文**
>
> 子曰 : "吾十有五而志於學, 三十而立, 四十而不惑, 五十
> 자 왈   오 십 유 오 이 지 어 학   삼 십 이 립   사 십 이 불 혹   오 십
> 而知天命, 六十而耳順, 七十而從心所欲, 不踰矩."
> 이 지 천 명   육 십 이 이 순   칠 십 이 종 심 소 욕   불 유 구

有(유) 또 | 於(어) 동작의 방향이나 대상을 나타내는 전치사 | 惑(혹) 미혹하다, 흔들리다 | 耳順(이순) 상대의 말이 귀에 거슬리지 않다 | 踰(유) 넘다, 지나가다 | 矩(구) 정사각형 모양의 자, 법도

해 설

이 장은 논어에서 가장 많이 알려진 문장의 하나이면서도 해석에서는 논란이 많은 부분이다. 우선 통상적인 의미로 볼 때, 열다섯 살에 배움에 뜻을 두었다고 하는데 이 배움은 대체로 육예 즉, 서(書, 글 읽기와 쓰기), 사(射, 활쏘기), 예(禮, 예절), 어(御, 마차몰기), 악(樂, 음악), 수

(數, 셈)를 말한다고 본다.

　삼십이립三十而立은 공자가 서른 살이 되어 스스로 삶의 기준을 세웠다는 것이니 부처가 29세에 출가했으며 예수도 30세에 전도를 시작했다고 하니 대체로 성인들은 서른 무렵에 삶에 따르는 문제들을 혼자 해석하고 나아갈 바를 정할 수 있게 된 것 같다. 사십이불혹四十而不惑은 마흔 살이 되어 사리 판단의 미숙이나 여러 가지 유혹으로 인해 마음이 흔들리는 일이 없어졌다는 뜻이다.

　오십이지천명五十而知天命은 쉰 살이 되어서는 인생을 이해하고 이에 따라 자신이 할 수 있는 일과 할 수 없는 일, 그리고 해야 할 일 등에 대한 판단이 섰다는 말이다. 즉, 내 능력의 한계를 깨닫고 헛된 것을 쫓지 않게 되었으며 내가 할 수 있는 일과 어려워도 해야만 하는 일 등에 대한 구분이 명확해졌다는 이야기다.

　이에 대하여 공자가 '천명을 알았다'라는 말을 '하늘의 법칙에 순응하여 궁함과 통함에 의심할 바 없는 수준에 이르렀다'라고 보는 견해가 있는데, 이는 지나친 해석이라고 본다. 공자가 자신의 깨달음에 대하여 무슨 신흥종교 교주같이 그렇게 과대평가했을 리가 없다.

　이순耳順이란 말하는 상대의 배경이나 처지를 이해하였으므로 '그 사람에게서 어떠한 말이 나오더라도 내가 받아들이지 못하거나 불쾌하지 않게 되는 경지에 이르렀다'라는 의미로 보아야 한다. 이 역시 '귀가 뚫려 한번 들으면 곧 이치에 통달하였다'라고 해석하는 책도 많은데, 이는 주로 주자의 해석에 따른 것이다. 그러나 공자가 예순에 이르러 그렇게 자만에 찬 말을 했다는 것은 납득하기 어려우며 또한, 예순에 이미 일흔 살의 경지를 뛰어넘었다고 할 수 있어 앞뒤가 맞지 않는 지나친 해석으로 생각된다.

'구矩'란 원래 정사각형으로 된 자를 뜻한다. 여기서는 그런 자처럼 사람으로서 지켜야 할 규범이나 예禮의 범위 등을 의미한다. 공자는 일흔에 이르러 비로소 사람들이 정하거나 원하는 바의 한계나 그 범위를 알게 되었으므로 자신이 원하는 바대로 행동하여도 그것이 사회 일반이 정하는 법도에 어긋나지 않았다는 의미가 된다.

즉, 공자는 일흔 살에 이르러서야 어떤 경지에 이르게 되었음을 토로했다고 본다. 즉, 일흔 살이 되었을 때 칸트가 말하는 "네 의지의 준칙이 항상 동시에 보편적 입법의 원칙에 타당하도록 행동하라!"와 유사한 경지에 이르렀다고 볼 수 있다.

제5장

맹의자[8]가 효도에 대해 물으니, 공자께서 "어기지 않는 것이다." 라고 말씀하셨다. 번지[9]가 수레를 몰고 있었는데, 공자께서 알려주시기를 "맹손[10]이 나에게 효도에 대해서 묻길래, 내가 '어기지 않는 것이다.'라고 답해 주었다." 라고 말씀하자, 번지가 "무슨 뜻인가요?" 라고 묻자, 공자께서 말씀하셨다. "부모님이 살아계실 때는 예로써 모시고 돌아가시면 예로써 장사지내며, 예로써 제사를 지내야 한다."

原文

孟懿子問孝. 子曰 : "無違"
맹 의 자 문 효   자 왈   무 위

樊遲御, 子告之曰 : "孟孫問孝於我, 我對曰 '無違'"
번 지 어 자 고 지 왈   맹 손 문 효 어 아   아 대 왈   무 위

樊遲曰 : "何謂也?"
번 지 왈   하 위 야

---

8 맹의자(孟懿子) : 노나라의 삼환 중의 하나인 맹손씨의 적장자. 이름은 하기(何忌)이며 의(懿)는 시호다. 아버지 맹희자(孟僖子)가 임종 때 공자는 성인의 후예이므로 공자에게 예를 배우라고 유언했다 한다. 노나라 정공(定公)때 계평자와 함께 삼환의 대표로 활약하였고, 노나라 소공이 망명중에 제나라의 힘을 빌어 노나라 운(鄆) 땅을 근거로 도발을 하자 계손씨의 양호와 함께 운을 공격하기도 하였다.
9 번지(樊遲) : 공자의 제자로서 이름은 번수(樊須), 자는 자지(子遲)이다. 공자보다 36세 적다. 「공자가서」에서는 노나라 사람이라 하나 일설에는 제나라 사람이라고도 한다. 공자에게 농사짓는 법을 물어서 공자의 핀잔을 들은 적이 있다.
10 맹손(孟孫) : 맹씨 집안의 사람이라는 말로서 여기서는 맹의자를 가리킨다.

子曰 : "生, 事之以禮. 死, 葬之以禮, 祭之以禮."
자 왈   생 사지이례   사   장지이례   제지이례

違(위) 어기다, 어긋나다 | 御(어) 마차를 몰다 | 謂(위) 이르다, 말하다

해설

공자 당시에 맹손씨를 비롯한 삼환은 노나라 제후의 배신陪臣 신분에 불과했지만 제사를 마치고 제사상을 치울 때 천자의 음악인 『옹』을 부른다거나 천자만이 할 수 있는 팔일무를 자신의 뜰에서 추게 하는 등 예에 어긋남이 많았다. 공자는 이러한 일탈에 대하여 평소에 깊이 노여워하고 있다가 마침 삼환 중의 하나인 맹의자가 효에 대해 물으니 "예禮를 어기지 마라"라고 충고한 것이다.

공자는 맹의자의 효도 질문에 대하여 효도의 본질이나 실체에 대해서 언급하지 않고 곧바로 효도하는 방법으로 '예를 어기지 마라'고 대답하였다. 소크라테스는 '너 자신을 알라!'고 말하고 다녔다는데 공자였으면 '너 자신을 아는 방법'에 대해 말하고 다녔을 것이다. 이처럼 고대 중국인들은 실용을 중시하였다.

전국시대에 이르러 맹자나 순자를 중심으로 인간의 본성에 대해 논의가 있었지만, 중국철학에서 존재와 사유의 문제가 본격적으로 논의된 것은 송나라 때 성리학이 출현하고 난 다음이다.

제6장

맹무백[11]이 효도에 관해서 묻자, 공자께서 말씀하셨다.
"부모는 오직 그 자식이 아플까 걱정한다."

原文 孟武伯問孝. 子曰："父母唯其疾之憂"
맹 무 백 문 효　자 왈　　부 모 유 기 질 지 우

唯(유) 오직 | 其(기) 그, 여기서는 자식을 가리킴

해 설

이 장에서도 역시 맹무백이 효에 관해서 물으니 공자는 효를 실천하는 방법에 대해 말하고 있다. 맹무백은 그의 시호가 무武임을 비추어 볼 때 용맹이 남다른 면이 있었으므로 혹시 그 때문에 몸을 해칠까 하는 염려에서 공자는 "부모는 자식이 몸을 다칠까만을 걱정한다." 하여 자식이 건강한 것이 효도의 가장 중요한 덕목이라고 한 것이다.

이처럼 공자는 같은 질문이라도 질문한 사람의 구체적인 상황에 따라 각각 다른 답을 주었다. 공자에 있어 진리란 구체적이고 다원적인 것

---

11 맹무백(孟武伯) : 공자 당시 삼환 중 하나인 맹손씨의 맹의자의 아들. 이름은 체(彘). 武는 시호이며 伯은 항렬에 따라 붙여진 이름.

이므로 이런 구체성을 떠나서 진리 자체의 보편성을 구하는 것은 옳고 그름을 떠나서 불필요하다는 것이 공자의 생각이었다.

즉, 공자가 우주나 신, 영혼 등에 대해 언급하지 않은 것은 그런 것들은 사람이 경험할 수 없는 것임은 물론, 인식으로서도 알 수 없는 세계에 속하는 것이므로 논의 자체가 무용하다는 의미였을 것으로 본다.

제7장

자유子游¹²가 효도에 관해서 물으니, 공자께서 말씀하셨다.
"요즈음의 효도는 봉양하는 것을 말하는데, 개나 말도 모두 봉양은 할 수 있으므로 부모에 대한 공경이 없다면, 효라는 것이 개나 말을 키우는 것과 뭐가 다르겠느냐?"

原文

子游問孝. 子曰 : "今之孝者, 是謂能養. 至於犬馬,
자유문효 자왈   금지효자   시위능양   지어견마
皆能有養, 不敬, 何以別乎?"
개능유양   불경   하이별호

孝者(효자) 효라는 것은 | 能(능) 능히 할 수 있다 | 養(양) 봉양하다, 공양하다, 키우다 | 於(어) ~에 대해서도

해설

이 장에서 봉양奉養은 사람에게 먹을 것이나 잠자리 등 외적인 조건을 챙겨주거나 보살펴 주는 것을 뜻한다. 다산은 이에 대해 개나 말도 모두 사람을 능히 섬기고 봉양할 수 있기 때문에 공경함이 없으면 개나 말이 사람을 봉양하는 것이나 사람이 그 부모를 봉양하는 것이나 구별

---

12 자유(子游) : 이름은 언언(言偃), 자유(子游)는 그의 자이며 오(吳)나라 사람으로 공자보다 45세 적다. 문학에 뛰어났으며 학업을 마친 후에는 노나라 무성읍의 읍재가 되었다.

이 안 된다고 한다.

그러나 개나 말이 사람을 섬기며 음식을 먹이는 것을 봉양이라고 하는 것은 지나치다. 아마도 다산은 이 부분에서 주어와 목적어를 혼동하고 있는 것 같다. 개나 말이 사람에게 음식을 주어 먹이고 잠자리를 보살펴 주는 경우가 어디 흔한 경우이겠는가? 보통의 경우, 봉양이란 사람이 다른 사람에게 혹은 개나 말 같은 가축에게 하는 것이지 개나 말이 사람에게 하는 것을 봉양이라고 하지는 않는다고 본다.

공경의 근본이 사랑이라고 할 때, 오늘날에는 부모에 대한 봉양이 오히려 개나 말에 대한 봉양에 비해 물질적인 면은 물론 공경의 면에서도 한참 떨어지는 것 같다. 휠체어 같은 것에 개를 태워 밀고 가는 경우는 흔하지만, 나이 드신 부모님을 태워서 밀고 가는 경우는 대단히 드문 것이다.

제8장

자하[13]가 효도에 관해서 물으니, 공자께서 말씀하셨다.
"표정을 온화하게 짓는 게 어렵다. 일이 있으면 자식이 그 일을 하고 술과 음식이 있으면 부모님께 먼저 드리는 것만으로 어찌 효도한다고 하겠느냐?"

原文

子夏問孝. 子曰 : "色難. 有事, 弟子服其勞.
자 하 문 효   자 왈   색 난   유 사   제 자 복 기 로
有酒食先生饌, 曾是以爲孝乎?"
유 주 식 선 생 찬   증 시 이 위 효 호

色(색) 표정, 안색. 여기서는 표정을 온화하게 하는 것을 뜻함 | 服(복) 일하다, 행하다 | 弟子(제자) 젊은이, 여기서는 자식을 말한다 | 先生(선생) 연장자, 여기서는 부모 | 饌(찬) 반찬, 음식 | 曾(증) 어찌, 일찍이 | 是以(시이) 이것으로. 以是의 도치문

해 설

공자는 효도에 관한 질문에 있어 묻는 사람에 따라 각기 다른 대답을 하고 있다. 상황이 다를 수도 있겠지만 질문을 하는 사람의 부족한

---

13 子夏(자하) : 이름은 복상(卜商)이며 자하(子夏)는 자. 공자보다 44세 적다. 공자는 복상은 못 미치고 전손사(자장)는 지나치다고 평한 적이 있으며 공자 사후에 서하(西河)에서 학생들을 가르치다가 위(魏)문후의 스승이 되었다.

부분에 대하여 공자가 특히 언급한 것이 아닌가 한다. 예를 들어 이 질문을 한 자하는 평소 무뚝뚝한 표정인 경우가 많으니까, 공자가 그것을 보고 '네 표정 관리부터 잘해라. 웃는 표정으로 부모님을 대하는 게 효도의 우선이다.'라고 충고한 것으로 보인다.

즉, 효도는 어떤 구체적인 행위보다는 부모에 대한 존경과 사랑하는 마음을 드러내는 것이라야 하는 점을 설명한 것이다. 그것을 공자는 표정을 온화하게 짓는 것이 효도의 어려운 점이라고 지적하고 있다. 공자의 말은 이처럼 구체적이고 때로는 신랄하다.

이 점은 공자의 적통嫡統이라 칭하는 맹자나 송·명시대 성리학자들은 도무지 따라가지 못하는 공자의 경지이고 가르침이다. 유럽의 중세 암흑기에 신의 이름으로 살인, 고문 등 온갖 패륜을 서슴지 않았던 자칭 예수의 사도들이 결코 예수를 따라가지 못하는 것과 같은 이치다.

생각건대, 인간이 짐승보다 우월한 것은 인간만이 앞 세대의 생존 경험을 현재 세대가 전해 받은 상태에서 자신들의 경험을 보태어 뒷세대로 다시 전해줄 수 있기 때문이다. 그러므로 효도는 그러한 앞 세대의 경험을 뒷세대가 온전히 전해 받기 위해서 가져야 할 마음가짐이며, 결코 앞 세대의 은혜나 사랑에 대해서 가져도 되고 안 가져도 그만인 마음가짐이 아닌 것이다. 한국을 비롯한 동아시아 국가에서도 효도가 급격히 사라지고 있다고 하지만, 서구사회에 비해서는 아직도 많이 남아 있는 편이라고 할 수 있다. 동아시아 국가가 서구 국가를 경제면에서 지속적으로 추월하고 있는 중요한 이유 중의 하나가 효도로 대표되는 '가족간의 사랑'이라고 본다.

제9장

공자께서 말씀하셨다.

"내가 종일 이야기를 해도 안회는 내 말에 아무런 이의를 달지 않아 어리석은 사람처럼 보였는데, 돌아가서 그 사생활을 살펴 보니 역시 내 말을 잘 실천하고 있었다. 안회는 어리석은 사람이 아니다."[14]

原文

子曰: "吾與回[15]言終日, 不違, 如愚. 退而省其私. 亦足以
자왈   오여회 언종일 불위 여우 퇴이성기사 역족이
發, 回也不愚."
발 회야불우

違(위) 어긋나다 | 省(성) 살피다 | 足以(족이) ~하기에 충분하다 | 發(발) 드러내다. 밝히다. 여기서는 공자의 뜻을 생활 속에서 실천한다는 뜻

해설

안회는 공자가 가장 아끼던 제자로 공자 가르침의 정수精髓를 얻은 수제자로 알려져 있다. 사마천의 『사기』 '중니제자열전'에는 안회는 노나라 사람으로 공자보다 30세 어렸는데 29세에 머리가 모두 백발이 되고

---

14 回(회): 안회(顔回). 노나라 사람으로 자는 자연(子淵). 공자보다 30~39세 적다. 가난하였으나 학문을 좋아하고 행동이 독실하여 공자가 가장 아끼던 제자였으나 31세로 요절했다.

일찍 죽었다고만 기록되어 있고, 『공자가어』에 따르면 안회는 31세에 죽었다고 되어있다.

그러나 『사기』 '공자세가'에는 노애공 14년 즉, 공자가 70세 때 안회가 죽었다고 기록되어 있어 공자보다 30살 어리다고 하면 안회가 죽을 때의 나이가 40세가 되어 『공자가어』의 기록과는 다르다. 그런데 안회의 관련 기록에는 모두 젊어서 요절했다고 하는 데 당시의 상황으로 볼 때 40세에 죽은 것이라면 그렇게 요절했다고 말하기는 어렵다.

당시 기록의 부정확성을 고려한다 해도 죽은 때의 기록은 대체로 정확하다고 본다면 안회는 아마도 공자가 70세 때 31세의 나이로 죽었던 것 같다. 그렇다면 공자와의 나이 차이도 30세가 아니라 39세일 것으로 추정된다. 그래서 공자가 55세의 나이로 노나라를 떠날 때 안회는 16세의 어린 나이에 공자를 따라나섰을 것이므로 공자가 가까이 두고 각별하게 보살폈을 것으로 생각된다.

『사기』 '중니제자열전'에 "내가 안회를 얻은 후에는 문인들과 더욱 친해졌다." 라는 공자의 말을 미루어 볼 때 공자는 안회에게 오늘날 비서 같은 역할을 맡겼는데 안회가 그 역할을 훌륭히 수행하여 공자와 문인 간의 의사소통이 원활하게 되었다는 뜻으로 보인다.

제10장

공자께서 말씀하셨다.
"그 사람의 하는 바를 보고, 그 지나온 바를 살펴보고, 그가 어디에서 편안해하는지를 알아낸다면, 그 사람됨을 어찌 숨기겠느냐? 그 사람됨을 어찌 숨기겠느냐?"

原文

子曰 : "視其所以, 觀其所由, 察其所安, 人焉廋哉,
자 왈   시 기 소 이   관 기 소 유   찰 기 소 안   인 언 수 재
人焉廋哉!"
인 언 수 재

以(이) 하다 | 所以(소이) 하는 바 | 所由(소유) 지나온 바 | 所安(소안) 편안하다고 느끼는 바 | 焉(언) 어찌, 어디 | 廋(수) 숨기다 | 哉(재) 문장 끝에서 반문의 뜻을 나타내는 어조사

해 설

시視는 원래 단순하게 '이편에서 저편을 본다.'라는 뜻이며, 관觀은 '나무 위에 올라앉은 황새처럼 넓게 본다.'라는 뜻이고, 찰察은 제사를 모실 때 부족한 점이 없는가를 살펴보듯이 '세밀히 살핀다'라는 의미이다. 그러나 이 장에서는 이러한 어휘 구분은 큰 의미가 없다. 세 가지 모두 살펴본다는 뜻으로 쓰이고 있다.

사람의 됨됨이는 그 사람이 현재 하는 행동과 살아온 경력, 그리고 무엇을 편안하게 여기느냐 즉, 무엇을 좋아하느냐에서 드러난다는 것이다. 공자의 이러한 말들은 무슨 특별한 근거나 논리에서 나온 것이 아니라 공자가 살아온 경험에서 나온 것이므로 특별한 의미는 없다.

제11장

공자께서 말씀하셨다.
"옛것을 익혀 새로운 것을 알면, 남의 스승이 될 만하다."

原文

子曰 : "溫故而知新, 可以爲師矣"
자 왈   온 고 이 지 신   가 이 위 사 의

溫(온) 익히다 | 可以(가이) 할 만하다, 할 자격이 있다 |爲(위): 되다, 하다 | 矣(의) 어조사, ~이다

해 설

배운 것을 때때로 익혀 새로운 깨달음을 얻는다면, 배운 것이 내 것이 되고 그 응용은 끝이 없다. 그러므로 이것을 행할 수 있는 사람은 남의 스승이 될 수 있다는 것이다.

이 장에서 옛것을 익힌다는 말 때문에 공자나 유학은 복고주의 내지는 수구守舊주의로서 새로운 것을 받아들이는 진보 내지는 개혁에 부정적이라는 평가를 받는다. 그러나 중국을 비롯한 동아시아에서 시대를 가르는 중대한 개혁이나 혁신은 항상 논어나 중용, 시경 등 유교 경전의 이념에서 그 근거를 찾았다.

조선말 대한제국을 성립시킨 광무개혁의 기본 정신은 '구본신참舊本新參'으로 옛 법을 근본으로 삼고 새로운 것을 첨가한다는 뜻인데 이는 바로 이 장의 '옛것을 익혀 새로운 것을 안다.'라는 온고이지신溫故而知新의 정신과 일치한다.

일본의 메이지 유신에서의 유신維新[15]도 『시경』의 "주周나라가 비록 오래된 나라지만, 그 명은 새롭다(周雖舊邦其命維新)"에서 나온 말이다.

---

15 『시경(詩經)』의 제3편인 대아편(大雅篇) 중 제1장 문왕(文王) 10번째에 문왕의 덕을 찬양하는 시 중 '문왕께서 위에 계시어 하늘에서부터 밝혀주시니/문왕재상 어소우천(文王在上 於昭于天), 주나라가 비록 오래된 나라지만 그 명은 새롭다. 주수구방 기명유신(周雖舊邦 其命維新)'이라는 구절에서 유신이라는 말이 나왔다.

제12장

공자께서 말씀하셨다. "군자는 그릇이 되어서는 안 된다."

原文

子曰 : "君子不器"
자 왈   군 자 불 기

器(기) 그릇, 여기서는 한 가지 기능으로만 쓰이는 사람. 특수기능의 전문가

해 설

공자는 군자는 스스로 덕을 닦아 널리 백성을 위해 쓰는 것을 목표로 하므로 많은 사람을 대상으로 다양한 상황과 여러 가지 대안을 포괄, 종합적인 판단을 할 수 있는 관리능력을 길러야 한다. 따라서 한 가지 특수 기능의 전문가, 즉 그릇이 되어서는 안 된다고 한 것이다.

그러나 이것은 공자 당시의 시대 상황에 국한되는 것이어서 오늘날 개별 상황에 적합한 전문가를 요구하는 시대에는 일반관리자 못지않게 특수 분야의 전문가도 함께 필요하며 우대되어야 할 것이다.

공자의 이러한 일반관리자 우대 성향은 유학 중 특히 사변적인 성리학을 받아들인 고려말 이래 일방적인 문관 우대정책으로 나타나 무관

이나 기술자, 장인 등 특수 분야 종사자나 기술에 대한 천시로 나타나 국방이나 과학기술 정체 등 많은 문제점을 낳게 했다.

그런데 논어 5편 공야장(5-4장)에서 공자는 자공을 일컬어 제사에서 쓰는 가장 귀한 그릇인 '호련'이라고 하고 있다. 공자는 그릇을 한 가지 기능으로만 쓰이는 사람을 뜻해, 그러한 특수기능의 전문가가 되어서는 안 된다고 하지만 때에 따라서는 가장 귀한 그릇이라는 '호련'을 자공에 비유하여 최상의 칭찬을 하기도 한다. 그러므로 이 장의 '그릇'이라는 부정적 이미지를 '호련'에 연결시키는 것은 자공에 대한 공자의 호평을 부당하게 폄하할 가능성이 있다.

제13장

자공이 군자에 관해 물으니, 공자께서 말씀하셨다.
"행동을 말보다 먼저하고, 그다음에 그에 따른 말을 하라."

原文 子貢問君子, 子曰 : "先行其言, 而後從之"
자공문군자 자왈 선행기언 이후종지

先行其言(선행기언) 말보다 먼저 행동하다 | 而後(이후) 그 후에 | 從(종) 따르다

해설

이 장의 '이후종지而後從之'의 해석에 대해서는 '지之'를 어떻게 보느냐에 따라 두 가지로 다른 해석을 할 수 있다. 첫째, '지'를 '행동'으로 보는 경우에는 말에 앞서 행동을 먼저하고 비로소 그에 따른 말을 쫓아서 한다는 의미가 되며, 둘째는 '지'를 '사람'으로 보는 경우에는 말에 앞서 행동을 먼저 하여 '사람'들을 이끈다(從=이끌다)는 뜻이 된다.

두 번째의 해석은 '사람들을 이끄는 것'과 '말에 앞서 먼저 행동을 한다는 것'의 양자가 필연적인 연관이 없다는 문제가 있다. 즉, 사람을 이끌기 위해서는 행동이 훌륭하다든가 멋지다는 것이 있어야 그러한 행동이 사람을 이끄는 힘을 가지는 것인데 단순히 말보다 행동이 앞선다

고 해서 사람을 이끈다는 것은 논리상 다소 무리하다.

또한 '종從'이라는 한자는 원래 '두 사람이 발을 나란히 하여 누군가를 쫓아간다.'라는 뜻이지 누구를 이끈다는 의미는 희박하다. 따라서 이 장의 '이후종지而後從之'는 말에 앞서 행동을 먼저하고 비로소 그에 따른 말을 쫓아서 한다는 첫째 견해가 타당하며 이는 결국 공자가 한 말이 '말을 앞세우지 말고 행동을 먼저 하라'라는 뜻이 된다는 것이다.

제14장

공자께서 말씀하셨다.
"군자는 사람을 널리 사귀되 패거리를 짓지는 않고, 소인은 패거리를 짓되 사람을 널리 사귀지는 않는다."

> **原文**
> 子曰 : "君子周而不比, 小人比而不周"
> 자 왈   군 자 주 이 불 비   소 인 비 이 불 주

周(주) 두루, 널리 | 比(비) 무리 짓다, 패거리

해설

주周는 두루 사귀는 것이고 비比는 끼리끼리 뭉치는 것이다. 오늘날 공자와 유교를 욕하는 사람들은 하나같이 학연·지연에 따른 차별, 남녀차별, 패거리 문화 등 모든 차별문화가 공자에서 나왔다고 하지만 그것은 전혀 근거 없는 오해에 불과하다.

공자는 오히려 공자는 이 장에서 말하듯이 "사람을 두루 사귀되 패거리를 짓지 말라"고 당부하고 있다. 공자가 여러 가지 오해의 진원이 된 것은 공자 사후에 그 기록이 체계적으로 정리되지 않은 것이 가장 큰 이유가 되었다고 하는 데 그것도 따지고 보면 공자의 수제자라는 안

연의 요절이 그 원인의 하나라고 본다.

　안연은 공자의 가장 측근에 오래 있어 공자의 언행을 누구보다도 많이 알고 기록으로 남길 수 있는 위치에 있었지만, 불행히도 공자보다 먼저 죽어 공자의 어록을 정리할 기회를 얻지 못하였다. 공자의 어록이라고 할 수 있는 논어는 노나라에 남아있던 증삼이나 유약, 자사子思 등 생전에 공자를 거의 가까이할 수 없었던 교조적인 제자들을 중심으로 그들의 입맛에 맞게 써졌던 것 같다.

　모든 철학이나 사상은 자기들의 이기적인 목적을 숨기고 자신들의 상像으로 자기들의 세계를 창조한다고 한다. 공자의 추종자들은 전국시대 들어 점차 집중된 힘을 가진 군주에게 아부하여 자신들의 지위를 다지기 위해서 공자가 그다지 중요하게 강조하지도 않은 효도나 충성 등 윗사람에 대한 아랫사람의 일방적인 의무를 과장되게 주장하는 등 결국 군주의 입맛에 맞게 유가를 재창조하는 데 급급했던 것 같다.

　그 결과, 오늘날에도 공자라고 하면 충성이나 효도 등 아랫사람들의 의무나 책임만을 강조하고 권력 주변에 패거리로 모여서 자기들끼리 특권과 부를 나누어 가지는, 꼰대나 비리의 이미지를 일정 부분 갖게 된 것은 모두 그런 공자의 추종자 덕분이라고 생각한다.

제15장

공자께서 말씀하셨다.

"배우되 생각하지 않으면 허망하고, 생각만 하고 배우지 않으면 위태롭다."

原文

子曰 : "學而不思則罔, 思而不學則殆"
자 왈   학 이 불 사 즉 망   사 이 불 학 즉 태

罔(망) 없다, 어둡다 | 殆(태) 위태롭다

해 설

배우되 배운 내용을 실생활에 응용할 것을 생각하지 않고 배움 자체로만 끝난다면 그러한 배움은 가치나 쓸모가 없어 허망한 것이 되며, 배우지 않고 홀로 생각만 거듭한다면 엉뚱한 결론을 도출하여 스스로 위험한 지경에 빠질 수 있다는 말이다.

니체는 모든 지식은 삶으로부터 나왔다고 한다. 즉, 지식은 삶을 세련되고 정교하게 만드는 역할을 해야 하며 그러한 역할을 하지 않는 지식은 무용한 것이며 심지어 그것은 지식이라 할 수도 없다는 것이다.

조선 후기의 성리학은 이기론理氣論 논쟁이라는 조선 특유의 우주론에 천착하여 수많은 지식인이 실생활과는 무관한 공론으로 시간과 힘을 낭비하는 사이에 백성의 삶은 날로 피폐해져 갔던 것이다. 이것이 바로 실생활에 응용할 것을 생각하지 않고 배움만 고집하여 허망해진 사례가 되며,

명나라 때의 왕양명은 사물의 이치를 규명하여 자기 지식을 확고하게 한다는 격물치지格物致知라는 주자의 가르침대로 대나무에 있는 이理를 깨닫기 위해 7일 동안 먹지도 자지도 않고 대나무만 바라보았으나 결국 이理는 깨닫지 못하고 병이 나서 누워버렸다. 이는 역시 배우지 않고 홀로 생각만 거듭하여 스스로 위험한 지경에 빠진 사례라고 볼 수 있다.

제16장

공자께서 말씀하셨다.
"이단이라도 지나치게 공격하면 해로울 뿐이다."

> **原文**
> 子曰 : "攻乎異端, 斯害也已"
> 자 왈   공 호 이 단   사 해 야 이

攻(공) 닦다, 탐구하다, 공격하다 | 乎(호) 어조사. 여기서는 ~에 대해 | 異端(이단) 다른 학설 | 也已(야이) ~ 할뿐이다

해 설

여기서 이단異端을 유가를 제외한 도가, 묵가 등 제자백가를 칭한다는 설이 있으나 공자 시대에는 제자백가는커녕 유가조차도 아직 생겨나지 않았으므로 이는 지나친 설이다. 공자가 이단이라 한 것은 보편적이고 통상적인 것을 벗어난, 특이하고 이상한 분야 즉, 괴력난신怪力亂神 즉, 괴이한 것, 힘에 관한 것, 무질서한 것이나 귀신에 관한 것 등 통상적인 것을 벗어난 극단적인 것을 뜻한다고 본다.

이 장은 대체로 '이단을 공부하면 해로울 뿐이다.'로 해석되어왔으며 어떤 사람은 '이단을 공격하면 해로움을 그치게 할 수 있다.'라고 해석하

기도 한다. 그러나 조선 후기 주자학 일변도의 고정관념에 의문을 나타내어 윤휴, 윤증과 더불어 사문난적斯文亂賊으로 몰리기도 했던 색경의 저자 박세당은 '이단을 공격하면 해로움을 그치게 할 수 있다.'라는 해석은 너무나 당연한 말이어서 공자가 그런 뜻으로 말했을 리가 없다고 하고 이 부분은 역시 "이단이라도 지나치게 공격하면 해로울 뿐이다." 라고 보아야 한다고 주장하는데, 타당하다고 보며 본서에서도 이에 따른다.

세상에는 다양한 분야와 다양한 가치가 있고 이것들이 서로 교류하면서 상호발전할 수 있는 분위기를 조성할 필요가 있다. 어떤 국가나 사회이든 하나의 가치만 강조된다면 그 가치는 필연적으로 독단론에 빠지게 되며 급기야는 자기 외에 어떠한 가치도 인정하지 않게 되어 스스로 발전 동력을 잃어 부패하게 되고 그 부패의 악취에 꼬이는 파리 같은 해충들의 세상이 되어 사회는 갈수록 정체되고 미래가 없는 암울한 현실만이 남게 될 것이다.

공자가 '이단이라도 지나치게 공격하면 해로울 뿐이다'라고 한 것은 이단이라고 해서 극단적으로 배척한다든가 말살해 버리면 그 사회는 오직 하나의 가치만이 남게 되어 정체될 일만 남게 된다는 의미도 있는 것이다. 조선의 성리학이 중국이나 일본과는 달리 양명학을 철저히 외면했고 심지어는 유학의 경전해석에서조차 주자와 다른 해석을 용납하지 않은 결과, 다양한 학문발전은커녕 성리학 자체의 발전조차도 그다지 볼만한 것이 없었다는 사실은 우리에게 시사하는 바가 참으로 크다.

제17장

공자께서 말씀하셨다.

"유[16]야! 네게 안다는 것이 무엇인지 가르쳐줄까? 아는 것은 안다고 하고, 모르는 것은 모른다고 하는 것이 곧 아는 것이야."

原文

子曰 : "由! 誨女知之乎? 知之爲知之, 不知爲不知,
자 왈   유   회여지지호   지지위지지   부지위부지
是知也."
시 지 야

誨(회) 가르치다 | 女(여) 여기서는 '너'라는 뜻 | 知之(지지) 안다는 것, 아는 것 | 爲(위) 여기서는 謂의 뜻으로 '~라고 일컫다'

해 설

자로는 잘 알지 못하는 문제에 대해서도 나서는 성격이었다. 그래서 공자가 자로에게 따끔하게 아는 것은 안다고 해도 되지만, 모르는 것조차 안다고 나서면 안 된다고 충고하는 장면이다. 즉, 잘 알지 못하는 것

---

16 유(由) : 공자의 제자로 중유(仲由). 자는 자로(子路). 노나라 변읍(卞邑) 출신으로 공자보다 9세 적다. 성격이 거칠고 뜻이 강직하였으며 공자의 열국 순행에 최측근으로 함께 하였으며 공자에게도 직언을 서슴지 않았다. 위(衛)나라 대부인 공회(孔悝)의 읍재가 되어 나가있던 중 위나라의 변란을 맞아 피살되었다.

을 안다고 하면 모르는 것을 배울 기회를 한번 놓쳐버리는 것은 물론 자신이 안다고 착각하여 앞으로 그것을 알 기회조차 잃어버리게 된다는 것이다.

일본의 오규 소라이는 여기서 '안다'는 것은 '사람을 알아보는 방법'을 말하는 것이라고 한다. 그러나 앞뒤의 문맥으로 볼 때 '안다'라는 것을 그렇게 한정해버리면 뜻이 어색해지는 것은 물론, 공자가 특히 '사람을 알아보는 방법'에 대해 자로에게 그런 어투로 말한다는 것이 되어 역시 어색하다. 여기서 '안다'라는 말은 역시 통상적인 앎을 가리킨다고 보는 게 옳다.

오늘날 국회 청문회 등을 보면 공자의 말은 더욱 절실해진다. 국민은 그저 사실을 알고자 할 뿐이어서 당연히 사실에 관한 질의와 답변이 오가기를 바란다. 그러나 답변자는 도대체 그 사실을 아는지 모르는지 아무리 들어봐도 핵심을 빙빙 돌리는, 책임 회피성 말장난만 반복하여 듣는 이를 답답하게 할 뿐이다. 아는 것은 안다하고 모르는 것을 모른다고 하는 솔직한 자세가 아쉽다.

제18장

자장이 관리가 되는 법을 배우고자 하니, 공자께서 말씀하셨다. "많이 듣되 의심스러운 것은 놔두고 그 나머지만을 신중하게 말하면 실수가 적고, 많이 보되 위태로운 것은 놔두고 그 나머지만을 신중하게 행동하면 후회할 일이 적다. 말하는 데 실수가 적고 행동하는 데 후회될 것이 적다면, 녹봉은 그런 가운데 생길 것이다."

原文

子張學干祿, 子曰 : "多聞闕疑, 愼言其餘, 則寡尤.
자 장 학 간 록   사 왈   다 문 궐 의   신 언 기 여   즉 과 우
多見闕殆, 愼行其餘, 則寡悔. 言寡尤, 行寡悔, 祿在其中矣."
다 견 궐 태   신 행 기 여   즉 과 회   언 과 우   행 과 회   녹 재 기 중 의

干(간) 구하다 | 祿(록) 녹봉, 여기서는 관리가 되어 봉록을 받는다는 의미 | 闕(궐) 빠뜨리다, 비워두다 | 疑(의) 의심하다 | 愼(신) 삼가다, 신중하다 | 寡(과) 적다 | 尤(우) 허물, 과실 | 殆(태) 위태롭다

해설

공자 문하 제자들의 우선 목표는 관리가 되는 것이었다. 자장이 관리의 적절한 처신 방법을 묻자 공자는 '많이 듣고 의심스러운 것은 빼고 확실한 것만을 말하고, 많이 보고 아닐 가능성이 있는 것은 빼고 행

동하라!'라고 답한다.

그러나 공자의 이 충고는 언듯 타당한 것처럼 보이나 지나치게 보수적이고 안전 제일주의적인 자세가 아닌가 싶다. 오늘날같이 여건과 상황이 급변하는 세상에서 만약 부하직원이 공자의 말과 같이 조금이라도 의심스럽거나 위험해 보이는 언행은 하지 않고 확실하다고 확인된 것만 말하고 그에 따른 행동만을 한다면 윗사람은 그 부하가 안정적이고 믿음직하다고 느끼기보다는 오히려 답답하다고 여길 것이며 급박한 상황에서는 더불어 큰일을 도모하기 어렵다고도 생각할 가능성이 크다.

또한, 이미 전례가 있어 확인된 길만 따라가서는 개인은 물론, 조직 나아가서는 나라의 발전도 기대하기 어려우며 오히려 정체되기도 쉽다. 때로는 성공이 보장되지 않은 일이라도 해야만 할 일은 위험을 무릅쓰고라도 해야 할 필요가 있는 것이다.

공자가 한 말이라 해서 다 옳은 것은 아니며 때로는 당시의 시점으로도 오늘날의 시점으로도 옳다고 찬동하기 어려운 말이 있다. 지나친 신중함은 좋은 기회를 놓치게 한다.

제19장

애공[17]이 "어떻게 하면 백성들이 따르겠습니까?" 하고 물으니, 공자께서 대답하셨다.

"바른 사람을 등용하여 굽은 사람 위에 두면 백성들이 따를 것이고, 굽은 사람을 등용하여 바른 사람 위에 두면 백성들은 따르지 않을 것입니다."

原文

哀公問曰: "何爲則民服?"
애 공 문 왈   하 위 즉 민 복
孔子對曰: "擧直錯諸枉, 則民服. 擧枉錯諸直, 則民不服"
공 자 대 왈   거 직 조 저 왕   즉 민 복   거 왕 조 저 직   즉 민 불 복

擧(거) 들다, 천거하다, 여기서는 '등용하다' | 錯(조) 두다 | 諸(저) 보통은 '제'로 읽으나 여기서는 '저'로 읽는다. 之於와 같다. ~에, ~위에 | 枉(왕) 굽다

해설

애공은 공자가 만년일 때 노나라의 임금이었다. 기원전 481년, 제나라 간공이 재상 전항田恒에게 살해당하자, 71세의 공자가 목욕재계하고 애공을 만나 천하의 정의를 위하여 제나라 정벌을 주장하지만, 애공은 그

---

[17] 애공(哀公): 魯哀公(노애공). 춘추시대 노나라의 제27대 군주로 노정공의 아들로 태어났다. 기원전 494년 정월에 제27대 노공이 되었다.

저 삼환에게 물어보라고 할 정도로 주관도 실권도 없는 임금이었다.

공자가 죽고 11년 뒤에 애공은 권력을 되찾으려고 군사를 동원하여 삼환을 공격하였으나 도리어 패퇴하여 월나라로 도망가서 이듬해 그곳에서 죽었다. 그의 시호에 슬플 애哀 자가 들어있는 것은 군주로서 비극적인 최후를 맞았음을 뜻한다.

논어에는 노년의 공자가 애공과 한 대화가 종종 등장한다. 공자는 자신이 바람직하다고 여기는 군주와 신하 간의 질서가 삼환에 의해 무너지고 있음을 절실히 느끼고 있었으나 무력으로 애공을 도와 삼환을 격퇴하려 하지는 않았다.

제20장

계강자[18]가 "백성들을 경건하고 충성스럽고도 부지런하게 만들려면 어떻게 해야 하는지요?" 라고 물으니, 공자께서 대답하셨다. "백성을 무겁고 엄하게 대하면 그들은 경건해질 것이며, 백성 중에 나이 많은 이는 공경하고 젊은이를 자애롭게 대하면 그들은 충성스러워질 것이며 유능한 사람을 등용하여 그렇지 못한 사람들을 가르치게 하면 백성들이 부지런해질 것입니다."

原文

季康子問: "使民敬忠以勸, 如之何?"
계 강 자 문   사 민 경 충 이 권   여 지 하

子曰: "臨之以莊則敬, 孝慈則忠, 擧善而敎不能則勸"
자 왈   임 지 이 장 즉 경   효 자 즉 충   거 선 이 교 불 능 즉 권

敬忠(경충) 경건하고 충성스럽다 | 勸(권) '권하다'라는 뜻이나 여기서는 '부지런하다'라는 뜻 | 臨(임) 임하다 | 莊(장) 무겁고 엄하다 | 擧(거) 추천하다, 등용하다

---

18 계강자(季康子) : 춘추시대 말기 노나라 사람. 계손사(季孫斯)의 아들이고, 계손비(季孫肥)로도 불린다. 아버지 계손사를 이어 대부가 되어 국정을 전담했다. 계손사의 가신이었던 양호가 반란을 일으키자 이를 진압하여 양호를 쫓아내고 삼환씨의 집정을 안정시켰다. 제(齊)나라가 노나라를 공격할 때 공자의 제자인 염유(冉有)를 재(宰)로 삼고 군사를 이끌고 나가 싸워 제의 공격을 막았다. 나중에 공자를 맞아 위(衛)나라에서 노나라로 돌아오게 했지만 등용하지는 않았다. 시호는 강(康)이다. 그가 만년의 공자에게 정치에 관해 물은 내용이『논어(論語)』위정(爲政), 안연(顔淵)』편에 나온다.

해설

계강자의 질문에는 신하로서 군주를 보좌하여 백성을 보살핀다는 뜻이 없다. 애공을 대신하여 사실상 노나라의 국정을 맡은 최고 통치자로서 백성을 어떻게 하면 경건하고 충성스러운 데다가 부지런하게 만드는 방안을 묻는 것이다.

이에 대해 공자는 그 질문의 무례함을 탓하지 않고 무겁고 엄하게 백성을 대할 것, 나이 많은 이를 공경하고 젊은이에게는 자애로 대할 것 등을 조언하고 있다. 공자는 이 계강자의 허락을 얻어 노나라에 돌아올 수 있게 되었으므로 계강자의 불의와 무례를 공박할 수 있는 입장이 아니었다.

그러나 유가의 원칙론적인 입장에서는 계강자는 임금의 권위를 억누르고 국가권력을 도용하는 전형적인 권신權臣이며 사실상 역적이다. 그러나 공자는 계강자를 공박하지 않고 그의 실력을 인정함은 물론 그의 통치가 원만히 이루어질 수 있도록 조언하고 있다.

다만, 공자는 백성을 바람직한 상태로 이끌기 위해서는 먼저 위정자 자신이 바람직한 행동을 할 것을 주문할 뿐이다. 공자의 유학은 후세 송·명대의 성리학처럼 그렇게 철저히 도덕적이고 이상주의적인 관념론은 아니었으며 어디까지나 현실을 인정하는 현실주의적인 측면을 갖고 있었다. 그것이 공자의 사상과 학문이 권력자 측의 지지를 받아 후세로 갈수록 동아시아의 주류사상이 되게 한 주요 원인이기도 했지만, 한편으로는 이러한 측면이 혁신의 한계로 작용하기도 했다.

제21장

어떤 사람이 "선생님은 왜 정치를 하지 않으십니까?" 하고 물으니, 공자께서 대답하셨다.
"서경에 이르기를 '효성스럽구나! 효성스러워야 형제간에도 우애가 있고 그것을 정치에서도 베풀 수 있다.' 했는데 이런 것 역시 정치다. 어떻게 하는 것이 정치이겠느냐?"

> 或謂孔子曰 : "子奚不爲政?"
> 혹 위 공 자 왈   자 해 불 위 정
> 子曰 : "書云 '孝乎! 惟孝, 友于兄第, 施於有政'
> 자 왈   서 운   효 호   유 효   우 우 형 제   시 어 유 정
> 是亦爲政. 奚其爲爲政?"
> 시 역 위 정   해 기 위 위 정

或(혹) 어떤 사람 | 奚(해) 어찌 | 書(서) 서경(書經) | 惟(유) 오직, 오로지. 그러나 서경 대부분에서 惟는 별다른 뜻이 없이 발어사 정도로 쓰이고 있다 | 友(우) 여기서는 '우애가 있다'라는 뜻 | 于(우) 어조사. ~에게 | 友于兄第 (우우형제) 형제간에 우애가 있다. | 施(시) 베풀다, 시행하다 | 於(어) ~에 | 有(유) 접두사로 의미가 없음 | 施於有政(시어유정) 정치에 있어서도 (효의) 덕을 베풀다. | 有(유) 명사 앞에 붙는 접미사로 특별한 뜻이 없음 | 奚其爲(해기위) 어떻게 하는 것. 여기서 其는 어조사로 어세를 강하게 한다.

해 설

　원시사회가 씨족사회에서 부족사회로 다시 부족국가로 발전하는 과정에서 처음에는 씨족사회의 윤리 강령에 불과했던 것이 사회가 커지면서 나중에는 부족이나 국가의 통치이념이나 통치원리로 발전한 것도 있다. 동아시아 국가에서의 '효도'가 그 대표적인 예라고 할 수 있다.

　공자는 이 장에서 정치를 논리적으로 설명했다기보다는 효도하고 우애 있게 지내는 것도 크게 봐서는 국가 정치의 하나라고 가볍게 반박하는 장면이라고 보는 게 옳다. 후대의 당·송 시대와는 달리 공자 시대에는 효도가 아직도 국가의 통치 윤리까지 승격되지 않았던 시대였지만 공자는 그렇게 말한 것이다.

　공자는 55세에 노나라의 대사구 벼슬을 그만두고 위나라에 간 후에 73세에 죽을 때까지 많은 노력에도 불구하고 두 번 다시 정치에 관여할 기회를 얻지 못했다. 그러한 공자에게 "선생님은 왜 정치를 하지 않으십니까?" 라는 물음은 뼈아픈 물음임에 틀림이 없었을 것이다. 이에 공자는 "서경에는 효도하는 것이나 형제간에 우애 있게 지내는 것도 정치라고 했다." 라고 대답한다.

　그러나 어딘가 궁색하고 씁쓸한 답변이라고 아니할 수 없다. 차라리 "정치를 하려고 해도 아무도 시켜주지를 않는구나." 라고 솔직히 대답하는 것이 더 공자다운 답변이 아니었을까?

제22장

공자께서 말씀하셨다.

"사람이 미덥지 못하면 어디에 쓸지 모르겠다. 소가 끄는 큰 수레에서 소의 멍에 걸이가 없고 말이 끄는 작은 수레에서 말의 멍에를 연결할 데가 없다면, 장차 어떻게 수레를 끌고 가겠느냐?"

> **原文**
>
> 子曰 : "人而無信, 不知其可也. 大車無輗, 小車無軏,
> 자 왈　　　 인 이 무 신　부 지 기 가 야　대 거 무 예　소 거 무 월
> 其何以行之哉?"
> 기 하 이 행 지 재

輗(예) 큰 수레의 끌채를 소의 멍에에 연결하여 거는 부분, 멍에걸이 | 軏(월): 작은 수레의 끌채를 말의 멍에에 연결하여 거는 부분 | 其(기) 장차 | 何以(하이) 어떻게, 以何의 도치형태

해 설

큰 수레는 평지에서 주로 짐을 싣는 수레이며 작은 수레는 사람이 타는 수레를 말한다. 중국의 중원지역은 대부분이 평지이므로 일찍부터 수레가 발달하여 물류의 유통이 주변지역국에 비해 원활했다. 따라서 공자 시대에 이미 소나 말이 끄는, 바퀴 달린 수레가 있었고 당연히 수레가 교차 통행할 만한 길이 닦여져 있어 물류의 유통으로 부가 창

출될 수 있었다.

훗날 18세기에 박제가가 청나라에 갔을 때 그곳에서 마차의 상용화를 보고 부러워했는데 당시 조선은 물류의 유통이 대단히 미비하여 모든 물류가 순전히 사람의 등짐, 즉 인력에만 의존하였으므로 재화의 유통에 따른 부의 창출은 기대할 수가 없었다.

따라서 바닷가에는 잡은 생선을 그곳에서는 다 먹지 못해 썩어서 비료로 쓸 정도인데도 불과 수십 킬로미터 떨어진 내륙에서는 서민의 경우 생선은커녕 평생 비린내 한번 맡기조차 어려웠다고 하니 당시 조선 사회의 물류 불소통이 얼마나 심했는지 짐작할 만하다.

제23장

자장[19]이 "열 세대 이후를 알 수 있겠습니까?" 하고 물으니, 공자께서 대답하셨다.

"은나라는 하夏나라의 예를 이어받아 이에 더하고 뺀 것뿐이므로 알 수 있고, 주나라는 은나라의 예를 이어받아 이에 더하고 뺀 것이므로 역시 알 수 있는데, 만약 어떤 나라가 주나라의 예를 이어받는다면 백 세대 이후라도 그 예를 알 수 있을 것이다."

> **原文**
>
> 子張問 : "十世可知也?"
> 자 장 문   십 세 가 지 야
> 子曰 : "殷因於夏禮, 所損益可知也, 周因於殷禮,
> 자 왈   은 인 어 하 례   소 손 익 가 지 야   주 인 어 은 례
> 所損益可知也, 其或繼周者, 雖百世可知也."
> 소 손 익 가 지 야   기 혹 계 주 자   수 백 세 가 지 야

世(세) 세대 | 因(인): 이어받다 | 於(어)~에서, 어조사 | 所(소) ~한 바 | 損益(손익) 더하고 덜어냄 | 其或(기혹) 만약 어떤 나라가 | 雖(수) 비록

---

19 자장(子張) : 진(陳)나라 사람으로 이름은 전손사(顓孫師)이며, 자장은 그의 자(字)이다. 공자(孔子)보다 48세 적으며 언변과 학문이 모두 뛰어났으나 지나치게 적극적이어서 공자는 그를 평하여 '지나치다'라고 했다.

해 설

예禮는 나라의 기본 체제를 이루는 제도 전반을 포함하여 사람이 사람답게 사는 세상이 되기 위해 구성원 모두가 지켜야 할 규범을 말한다. 그러므로 예는 지식이나 사회 발전에 따라서 불가피하게 수정·가감되는 것을 제외하고는 원칙적으로 하늘과 사람의 뜻에 맞는 정당한 것이어야 할 것이다.

따라서 어떤 권력자의 일시적인 기분이나 이기적인 욕심에 따라 정해지고, 그 권력자가 사라지면 따라서 없어지는 것은 예라고 할 수 없을 것이다. 공자 시대에는 군주와 귀족이 중심이 되어 백성을 통제하는 체제였으므로 군주 자체나 왕조가 교체되더라도 그다지 심한 제도 변경, 즉 예의 변경은 없었을 것으로 생각된다. 따라서 공자는 백 세가 지나더라도 주나라의 체제를 이어받는 한, 그 예에 대해 알 수 있다고 말한 것이다.

그러나 현재 대한민국의 체제를 예로 든다면, 조선시대나 고려시대의 정치체제와는 전혀 다른, 국민이 중심이 되는 민주적인 정치체제이므로 봉건 체제에 대한 개념을 가지고는 현재 체제를 전혀 알 수 없다. 그러나 북한은 형식적으로는 공산주의의 통치체제라고 하지만 그 공산주의를 움직이는 것은 1인 독재체제이므로 조선시대나 그 이전의 봉건적 군주지배 체제, 즉 주나라의 통치체제에서 그다지 변경된 게 없다.

오히려 북한의 예禮는 주나라의 예에 비해 더욱 낙후되고 타락했다고 할 수 있으며 기본적으로 한 사람이나 그 일가가 이렇다 할 원칙도 없이 나랏일을 마음대로 처리하고 백성을 인질로 잡고 괴롭히는 병적인 통치 체제이므로 공자도 이해할 수 없는 체제일 것이다.

제24장

공자께서 말씀하셨다.
"자신이 모셔야 할 귀신이 아닌데도 제사를 지내는 것은 아첨이며, 의로움을 보고도 행동하지 않는 것은 용기가 없기 때문이다."

> **原文**
> 子曰 : "非其鬼而祭之, 諂也. 見義不爲, 無勇也."
> 자 왈   비 기 귀 이 제 지   첨 야   견 위 불 위   무 용 야

非其鬼(비기귀) 정상적으로 제사를 지낼만한 대상이 아닌 신 | 諂(첨) 아첨하다

해 설

태산에서 천제天帝에게 제사를 지낼 수 있는 사람은 주나라의 천자나 주공의 후예인 노나라의 군주에 한한다. 노나라 군주의 일개 신하에 불과한 계손씨가 천제에게 제사 지내는 것은 제사 지낼 대상이 아닌 신神에게 제사를 지내는 것이므로 공자는 계손씨가 귀신에게 아첨하는 것이라 한다.

또한, 그런 계손씨에 대해 그 가신인 염유나 자로가 잘못이라고 간언하지 못하는 것은 용기가 없기 때문이라는 것이다. 이처럼 공자의 말은 구체적이고 현실적이다. 후세에 공자를 불세출의 성인으로 떠받들고 공

자의 말을 성스럽게 꾸며서 숭배만 하려 한 자들은 모두 공자를 핑계로 자신들의 지위를 높이고 사욕을 채우려 했던 권력자나 그 주변의 썩은 관료들이나 유학자들이었다.

공자를 진정으로 욕보인 자들은 대놓고 공자를 욕하고 비난했던 도가나 묵가의 무리가 아니라 오히려 공자를 성인으로 높여 불렀던 저 증삼이나 자사의 무리이며 그들을 이어 송·명 대나 조선에서 아무런 쓸모도 없는 예송논쟁이나 이기론으로 지식을 가장하여 백성을 속이고 하늘을 속여 마침내 나라를 망쳤던 수 많은 광신적 주자학의 무리였다.

제3편
팔일(八佾)

【제3편 八佾(팔일)】

제1장

공자께서 계씨[20]를 일컬어 말씀하셨다.
"팔일무를 자기 마당에서 추게 하니, 이를 용납한다면 무슨 짓을 한들 용납하지 못하겠느냐?"

> **原文**
> 孔子謂季氏 : "八佾舞於庭. 是可忍也. 孰不可忍也?"
> 공 자 위 계 씨   팔 일 무 어 정   시 가 인 야   숙 불 가 인 야

謂(위) 일컫다, 논평하다 | 八佾舞(팔일무) 여덟 명이 여덟 줄로 늘어서서 추는 춤. 천자 앞에서 공연할 수 있는 춤 | 是(시) 그것, 앞의 八佾舞於庭을 가리킴 | 孰(숙) 무엇, 누구

해 설

이 장은 공자 당시에 경대부에 불과한 계손씨가 천자가 할 수 있는 팔일무를 추게 하는 것을 공자가 나무라는 장면이다. 원래 팔일무는 여덟 명이 여덟 줄로 64명이 늘어서서 추는 춤으로 천자 앞에서만 출 수 있다. 여기서 일佾이란 열列을 의미한다. 따라서 일무佾舞는 열을 지어 추는 춤으로 지위에 따라 천자는 팔일무, 제후는 육일무, 경卿은 사일

---

20 계씨(季氏) : 공자 당시 노나라의 삼환(三桓) 중 하나이며 노나라의 실권자인 계손씨 집안을 가리킨다.

무, 대부는 이일무를 추게 할 수 있는 것이다.

　일무는 원래 예禮를 춤으로 형상화한 것으로 신을 맞아들이는 예(영신迎神)라든지, 폐백을 올리는 예(존폐奠幣), 술을 따르는 예 등을 춤으로 나타낸 것이다. 그러므로 일종의 예절 교육을 위한 춤이라고 할 수 있다.

　삼환三桓은 공자 당시에 노나라의 정치를 실질적으로 담당하던 세 집안, 즉, 계손季孫, 숙손叔孫, 맹손孟孫씨 등을 가리키는 말이다. 각 집안의 시조는 모두 노나라 제15대 군주인 노 환공桓公의 자손들이며, 환공의 후손인 세 집안이란 의미로 삼환이라고 한다.

　이들이 노나라의 임금을 대신하여 국정을 전담하게 되자, 노나라 임금은 실권이 없는 허울뿐인 군주가 되었다. 공자 역시 이러한 삼환의 월권을 염려하여 그 세력을 축소하려고 노력하였고 군주 측에서도 삼환의 횡포에 대항하여 노소공, 노애공 등이 국권을 되찾고자 거병했으나 모두 실패하고 노나라에서 쫓겨나 객지에서 죽었다.

　후에 노 목공의 개혁이 성공하여 겨우 노나라 임금이 실권은 되찾았으나 삼환을 완전히 없애지는 못하고 권력이 축소된 형태로 남아있다가 후에 맹손씨와 숙손씨는 제나라의 공격을 받아 망하고 계손씨는 노나라에서 떨어져 나와 비費라는 나라를 세웠다고 한다.

제2장

삼환의 집안사람들이 「옹[21]」을 연주하면서 제사상을 치우자 공자께서 말씀하셨다. "'제후는 돕는 사람이 되고 천자는 공손하고 경건하구나.'라는 노래가 어찌 삼환 집의 사당에서 연주되는가?"

原文

三家者以「雍」徹. 子曰 : "'相維辟公, 天子穆穆',
삼 가 자 이   옹   철 자 왈   상 유 벽 공   천 자 목 목
奚取於三家之堂?"
해 취 어 삼 가 지 당

三家者(삼가자) 공자시대 노나라의 실권을 쥐었던 세 집안. 즉 맹손씨(孟孫氏), 숙손씨(叔孫氏), 계손씨(季孫氏)를 말하며 삼환(三桓)이라고도 함 | 徹(철) 거두다, 제사상을 치우다 | 相(상) 보통은 재상이라는 뜻이나 여기서는 '돕다'나 '돕는 사람'이라는 의미 | 維(유) 여기서는 惟(유)와 같은 글자로 사용되었으며 '~이 되다' | 辟公(벽공) 제후 | 辟(벽) 임금 | 穆穆(목목) 공손하고 경건한 모양 | 奚(해) 어찌 | 取(취) 가지다. 여기서는 '연주하다'라는 뜻 | 堂(당) 여기서는 사당(祠堂)

---

21 옹(雍):『시경』305편은 풍(風)·아(雅)·송(頌)으로 구성되는데, 풍(風)은 주로 민간에서 불려지던 민요·민가이며, 아(雅)는 궁궐에서 연회 등 행사 시 연주되는 곡이고 송(頌)은 종묘의 제사에 쓰이던 악가(樂歌)로, 주송(周頌)·노송(魯頌)·상송(商頌)이 있다. 雍(옹)은 이 중 주송(周頌)의 한 편명이며 주(周)나라의 천자가 종묘에 제사를 마치고 연주하던 곡이므로 노나라 대부에 불과한 삼환이 제사를 마칠 때 雍(옹)을 연주하는 것은 신분에 어울리지 않는 외람된 일이었다. '相維辟公, 天子穆穆'(상유벽공, 천자목목)은 雍(옹)의 가사 중 일부분이다.

해 설

『시경』의 옹편은 천자가 하늘이나 그 선조의 제사를 모시고 제사상을 물릴 때 쓰는 음악이므로 천자나 천자에 버금가는 주공周公을 모시는 제사에만 연주할 수 있었다. 아무리 노나라의 실권을 쥐고 있던 삼환 가문이라지만 노나라의 일개 대부에 불과한 신분인데도 자신들의 제사를 천자의 제사에 준해 옹雍을 연주한다는 것은 무례하다고 공자는 본 것이다.

그러나 공자뿐만 아니라 노나라 임금조차도 실권이 없어 대부에 불과한 삼환이 멋대로 천자의 흉내를 내어도 아무도 이를 제재할 수 없는 상황이었다. 이미 주나라 천자가 세상의 중심이 되고 제후가 그의 명에 따라 돌아가는 세상이 아니었다.

실력만 있다면 누구든지 천자의 예를 행하여도 아무도 어찌할 수 없는 세상이었다. 공자가 55세의 나이에 각국을 돌아다니며 벼슬을 구하여도 주나라 천자를 무시하고 자기 실력에 의해 영토나 신분을 쟁취하려던 당시 제후들이 주나라 천자 중심의 천하관을 가진 공자를 기용할 리 없었다.

공자 시대에 이미 남쪽의 초나라는 주나라와 대등하게 왕을 칭하고 있었고 공자가 죽고 난 뒤에는 대부분의 제후들이 초나라의 예에 따라 왕을 칭하자 주나라 왕 즉 주나라 천자는 더욱 있으나 마나 한 존재가 되었으며 결국 서방의 오랑캐 출신이자 신흥 강국인 진秦나라가 주나라를 아예 없애버리기에 이른다.

진秦나라가 천하를 통일한 후에 진나라 왕은 저마다 부르는 왕보다 더 높은 칭호를 찾던 중에 중국 고대의 전설상의 임금인 삼황오제三皇五帝라는 칭호에서 황제라는 명칭을 취하게 된다.

제3장

공자께서 말씀하셨다.
"사람이 어질지 않으면 예절이 무슨 소용이 있으며, 사람이 어질지 않은데 음악은 무슨 소용이 있겠느냐?"

原文

子曰 : "人而不仁, 如禮何? 人而不仁, 如樂何?"
자 왈　　 인 이 불 인　 여 례 하　 인 이 불 인　 여 악 하

如~何(여~하) ~이 무슨 소용이 있는가

해 설

공자는 사람에게서 가장 중요한 자질은 인仁이라고 보고 있다. 물론 그 인仁도 사람에 따라 수준의 차이가 나겠지만 이 장에서는 인이 아예 없는, 즉 불인不仁한 사람이란 어진 것과는 거리가 먼, 사악하고 나쁜 사람을 말한다. 그런 불인한 사람한테 예절이 무슨 소용이 있을 것이며 음악을 안다 한들 무슨 의미가 있을 것이냐는 말이다.

사람을 외형적으로 예우하는 예악은 인仁이라는 내실이 있어야 가치가 있다. 도둑이나 사기꾼 같은 인품을 가지고서는 아무리 거창하고 화려한 예악을 베푼다고 해도 아무런 의미가 없는 헛짓거리가 되며 피차

시간 낭비가 될 뿐이다.

　공자의 인은 결국 사람 사이에 마땅히 있어야 할 공경과 사랑을 말하는 것이며, 국경이나 민족을 초월한 보편적인 인간 고유의 가치가 된다. 16세기에 기독교를 전파하러 중국에 온 예수회 선교사들이 거꾸로 중국에서 유럽의 식자층에 소개한 공자의 인仁 사상은 초기 유럽 계몽주의 사상에 상당한 영향을 미쳤으며, 훗날 프랑스 대혁명의 3대 모토의 하나가 되었던 박애博愛(Frater) 사상과도 통하는 관념이 된다.

　공자는 평생에 걸쳐 천하의 안정된 질서를 위하여 주나라의 예禮를 강조하였지만, 항상 그 예禮 이전에 인간을 직시한 사람이었다. 그러므로 공자를 위대하게 한 것은 예禮가 아니라 인仁이었다.

　생각해보면 공자의 정통을 이었다고 자칭한 증자 를 비롯하여 훗날 한漢의 동중서나 당唐의 한유, 송의 주자 등이 열렬히 공자를 부르짖으며 공자를 계승한다고 떠들고 다녔으나, 실상은 공자의 인에서 한 걸음도 나아가지 못한 채 공자의 인에 자기들의 색깔을 덧칠한 그림을 공자의 이름으로 팔아 오히려 공자를 사람들로부터 더 멀어지게 하였을 뿐이었다.

제4장

임방[22]이 예의 근본에 관해서 묻자, 공자께서 말씀하셨다.
"큰 질문이구나! 예는 사치스럽게 하는 것보다는 오히려 검소하게 하는 것이 좋은데, 장례는 형식을 잘 갖추는 것보다는 차라리 많이 슬퍼하는 것이 낫다."

原文

林放問禮之本, 子曰 : "大哉問! 禮與其奢也, 寧儉.
임 방 문 례 지 본   자 왈   대 재 문   예 여 기 사 야   영 검
喪與其易也, 寧戚."
상 여 기 이 야   영 척

哉(재) 감탄의 뜻을 나타내는 어기사. 大의 강조를 위해 大問哉!(대문재)라 하지 않고 大뒤에 哉를 붙여 강조 | 與其A 寧B(여기A 영B) A보다는 차라리 B하는 것이 낫다 | 易(이) 잘, 여기서는 '형식을 잘 갖춘다'라는 뜻 | 戚(척) 여기서는 '슬퍼하다, 서러워하다'라는 뜻. 慽과 같다

해 설

임방은 노나라 사람으로 당시의 삼환 가문의 과도하고 참람한 예禮의 실행을 보면서 예라는 것은 도대체 어떻게 해야 옳은가를 물었던 것

---

22 林放(임방) : 노나라 사람이며 공자의 제자인지는 불명확하다.

같다. 예禮는 원래 인간관계에서 합리적이라고 생각되는 의식儀式의 중간 정도를 저울질해서 만들어진 것이다.

공자의 뜻은 예식의 경우, 화려하고 사치스럽게 치를 수도 있고 검소하고 실용적으로 치를 수도 있다면 그 중간 정도가 좋겠지만, 만약에 그 중간을 택하기 어렵다면 차라리 검소한 쪽을 택하는 것이 좋겠다는 뜻이다.

그리고 장례식에 있어서도 외형적인 의식도 적당하고 고인에 대해 슬픔도 충분히 표현하는 그런 장례식이 바람직하지만 만약에 의식이나 슬픔, 그 둘 중에서 하나를 택해야 하는 상황이라면 차라리 슬픔을 택하는 편이 낫다는 이야기다. 즉 예禮에 있어 형식을 중시할 것이냐, 내용을 중시할 것이냐를 택해야 한다면 예禮의 본질적인 내용을 택해야 한다는 것이다.

제5장

공자께서 말씀하셨다.
"오랑캐같이 임금이 있는 것보다는 중원처럼 임금이 없는 것이 낫다."

> **原文**
> 子曰 : "夷狄之有君, 不如諸夏之亡也"
> 자 왈   이 적 지 유 군   불 여 제 하 지 망 야

夷狄(이적) 夷는 동쪽 오랑캐, 狄은 북쪽 오랑캐를 뜻하며 夷狄은 모든 오랑캐를 통칭 | 諸夏(제하) 중원 지방의 각 나라. 즉, 노(魯), 제(齊), 진(晉) 등 | 亡(망) 없다

해 설

이 장은 상당히 논란이 많은 장이어서 그 뜻에 대해서는 대체로 세 가지 설로 나누어진다.

첫째, 불여不如를 '~만 못하다'라는 통상적인 의미로 보아 '오랑캐에 비록 임금이 있다고 해도 그 정치 현실은 중원에 임금이 없느니만 못하다.'라고 보는 설이다. 지나치게 중원 이외 지역을 폄하한 말이 되므로 자한편子罕篇에서 공자가 '구이에 살고 싶다(子欲居九夷. 9-5장 子罕)'라고 한 말과도 어울리지 않으며 무엇보다도 공자가 오랑캐라고 이렇게 근거

도 없이 폄하한 것도 이상하다.

둘째, 불여不如를 '~와 같지 않다'라는 의미로 보아 '오랑캐는 임금이 있으나 중원에는 그와는 다르게 임금이 없다.'라고 보는 설이다. 중원 각 나라에 임금이 없는 때는 대단히 드물어 일반적인 상태라고 하기는 어렵다. 그러므로 '오랑캐는 임금이 있고 중원에는 임금이 없다'라는 말은 사실과 달라서 이 설을 취하기는 어렵다.

셋째, '오랑캐 방식으로 임금 자리에 있느니, 차라리 중원의 방식으로 하다가 임금 자리를 비우는 것이 낫다.'라고 해석하여 노나라 소공昭公의 당시의 사건을 고려하여 이 장을 해석하는 설이다.

즉, 노나라 소공 25년에 소공이 제사를 지내려고 춤추는 사람을 구했는데 춤추는 사람이 모두 계씨에게 가서 소공은 춤추는 사람을 구할 수가 없었다. 이에 격노한 소공이 군사를 이끌고 우선 계평자의 아우 계공지季公之를 죽이고 계씨의 집으로 쳐들어가 우두머리인 계평자를 몰아붙였다.

그러나 이 소식을 들은 숙손씨가 계손씨를 구원하러 오고, 관망하던 맹손씨도 합세하여 소공의 군대를 공격하자 세가 불리해진 소공은 장소백 등과 함께 제나라로 달아났다. 공자도 후에 제나라로 갔다. 그러나 나중에 노나라 백성들이 소공이 임금 자리를 버리고 도망갔다 하여 소공을 비난하자, 공자가 이에 대하여 소공의 입장을 변호한 말이 이 장이라는 것이다. 즉, '권신 밑에서 쩔쩔매며 임금 노릇 하느니 차라리 도망가서 임금 자리를 비우는 것이 낫다'라는 말이 되며 이는 역사적인 사실과도 부합하고 논리적으로도 흠결이 적어 이 셋째 설이 가장 타당하다고 본다.

제6장

계씨가 천자가 하는 여旅제를 태산에서 지냈다.
공자께서 염유[23]에게 "네가 막을 수 없었나?" 하시니, 염유가 "할 수 없었습니다." 라고 하자, 공자께서 말씀하셨습니다. "어허! 태산의 신이 임방보다 못하다고 해야 하나?"

原文

季氏旅於泰山. 子謂冉有曰 : "女弗能救與?"
계 씨 여 어 태 산   자 위 염 유 왈   여 불 능 구 여

對曰 : "不能."
대 왈   불 능

子曰 : "嗚呼! 曾謂泰山不如林放乎?"
자 왈   오 호   증 위 태 산 불 여 임 방 호

旅(여) 나라에 변고가 있을 때 천자가 태산과 같은 명산대천에서 그 신에게 지내는 제사. 노나라의 일개 대부에 불과한 계씨가 주관할 제사가 아님 | 泰山(태산) 중국 산동성에 있으며 공자 당시 노나라 경내에 있었다. 중국 오악(五嶽)의 하나 | 女(여) 汝와 바꾸어서 쓰던 글자. '너' | 弗(불) 아니다 | 救(구) 구제하다, 여기서는 계손씨가 '불법행위를 못 하도록 구제하다'라는 의미지만 문맥상 '불법행위를 막다'라는 의미로 번역한다 | 曾(증) 말머리에 쓰는 발어사의 일종(舒辭)으로 여기서는 뜻을 가지지 않는다(정약용, 논어고금주).

---

23 염유(冉有) : 염구(冉求), 자는 자유(子有). 공자보다 29세 적다. 겸손하되 지나치게 신중하다고 공자는 생각했으며 당시에 계씨의 가재(家宰)로 일했다.

해 설

논어의 팔일편 1장에서 6장까지는 노나라의 소공昭公이 제나라로 망명하고, 공자도 역시 제나라에 있을 때 했던 말이라고 한다. 그래서 특히 당시 노나라의 실권을 쥐고 있던 계손씨에 대해 강한 반감을 나타내는 말이 많다.

노나라는 주나라 천자로부터 분봉된 제후국이므로 원칙적으로 천자만이 할 수 있는 여제旅祭등을 할 수 있는 자격이 없다. 그러나 노나라는 주무왕周武王의 동생인 주공이 제후로 봉해진 땅이므로 주 왕조의 기틀을 확립한 주공의 큰 공적을 기리는 뜻에서 여러 의례에서 주周의 천자만이 할 수 있는 특례(팔일무, 여제 등)를 노나라의 임금도 할 수 있도록 배려되었다.

그러나 이러한 특혜는 어디까지나 노나라 임금인 노공魯公이 할 수 있는 것이지 그 신하인 계손씨가 할 수 있는 것은 아니다. 공자는 이 팔일편에서 천자만이 할 수 있는 팔일무를 추고, 옹雍을 연주하고 여제를 지내는 계손씨의 무례함을 계속 질책하고 있다.

그리고 마지막 문단에 있는 '증曾'을 '하何'로 보아 '어찌'라고 보는 견해도 있다. 그러나 증을 '어찌 하何'의 뜻으로 쓰는 것은 오늘날 주로 중국 중부나 남부지방에서 쓰이는 용례이며 공자 당시 중국 북부에 속하는 노나라에서 '증'을 '하'의 뜻으로 썼다고는 보기 어렵다. 따라서 여기서는 정약용의 설에 따라 증을 말머리에 쓰는 발어사의 일종으로 보아 별다른 뜻을 가지지 않는 것으로 본다.

한편, 공자가 '태산의 신이 임방보다도 못하다고 해야 하나?'라고 탄식한 것은 앞장에서 임방도 예의 근본을 묻고 그에 따르려고 하는데 '태산이라는 큰 산을 관장하는 신이 자격도 없는 계손씨가 지내는 부정한 제사를 제지하지 않고 넙죽넙죽 받아먹고만 있느냐?'고 하는 말이다.

제7장

공자께서 말씀하셨다.
"군자는 다투는 일이 없다. 굳이 있다면 활쏘기다. 읍하고 사양하면서 활 쏘는 대에 오르고 내려와서는 술을 마시니 그 다툼이야말로 군자다운 것이다."

原文

子曰 : "君子無所爭, 必也射乎! 揖讓而升, 下而飮,
자 왈   군 자 무 소 쟁   필 야 사 호   읍 양 이 승   하 이 음
其爭也君子"
기 쟁 야 군 자

所爭(소쟁) 다투는 바. 여기서 所는 동사(爭)와 결부하여 명사구가 되어 앞의 수식어 無를 받아 '다투는 바가 없음'이란 뜻이 됨 | 也(야) 어조사로 음절을 끊어서 조절 | 揖(읍) 중국에서 인사하는 예법. 두 손을 맞잡아 얼굴 앞으로 들어 올림 | 讓(양) 양보하다 | 升(승) 오르다. 여기서는 활을 쏘기 위해 사대(謝臺)에 오른다는 뜻 | 飮(음) (술 등을)마시다

해 설

활 쏘는 예에서는 이긴 사람이 진 사람에게 술을 마시게 한다. 본래 이것은 진 사람을 봉양한다는 뜻이지 벌칙이 아니다. 농경 이전에는 사람은 수렵에 의존하여 살았으므로 활쏘기는 중요한 생활수단이었고 전시에도 중요한 무기였다. 이러한 활쏘기가 공자 시대에 와서는 육예의

하나가 되었다.

일본의 오규 소라이는 '읍양이승, 하이음(揖讓而升, 下而飮)'에서 승升 이하에서 문장을 끊지 않고 이어서 '읍양이승하이음揖讓而升下而飮'으로 하여 '사양하면서 활 쏘는 대에 오르내리면서 술을 마시니'로 보아야 한다고 주장한다.

그러나 오르내림은 '승강升降'이라고 하지 '승하升下'라고 하는 것은 부자연스럽다. 따라서 이 부분은 통설에 따른다. 한편, 다산은 '하下'를 '졌다'라는 뜻으로 보아 하이음下而飮을 '지면 마신다'라고 보는데 '하下'를 '졌다'라는 뜻으로 보는 것은 어색하므로, 통설과 같이 활대에서 내려온 상태로 본다.

제8장

자하[24]가 "'귀여운 미소가 예쁘고, 아름다운 눈의 검고 흰 부분이 선명하구나. 흰 바탕에 색을 칠했네.'란 무슨 말인가요?" 하고 물으니, 공자께서 말씀하셨다.

"그림은 흰 바탕을 만든 뒤에 한다는 말이다." 자하가 다시 "예가 나중이라는 말씀입니까?" 하니, 공자께서 말씀하셨다. "나를 일깨우는 사람은 상이구나! 너와 더불어 시를 이야기할 수 있게 되었구나."

原文

子夏問 : " '巧笑倩兮, 美目盼兮. 素以爲絢兮.' 何謂也?"
자 하 문   교 소 천 혜   미 목 반 혜   소 이 위 현 혜   하 위 야

子曰 : "繪事後素."
자 왈   회 사 후 소

曰 : "禮後乎?"
왈   예 후 호

子曰 : "起予者, 商也! 始可與言詩已矣."
자 왈   기 여 자   상 야   시 가 여 언 시 이 의

巧(교) 교묘하다, 아름답다 | 倩(천) 예쁘다 | 兮(혜) 감탄의 뜻을 나타내는 어조사 |

---

24 자하(子夏) : 이름은 복상(卜商)이고 자는 자하이다. 공자보다 44세 적으며 공자는 그를 '상(商)'이라고도 부른다. 그는 예(禮)의 객관적 형식을 존중하였는데 이에 공자는 복상은 못 미치고 전손사(子張)는 지나치다고 평한 적이 있다. 공자 사후에 서하(西河)에서 학생들을 가르치다가 위(魏) 문후의 스승이 되었다.

盼(반) 눈이 예쁘다. 눈의 검은 동자와 흰 부분이 선명해서 예쁘다는 뜻 | 素(소) 바탕, 희다 | 以(이) 여기서는 순접을 나타내는 접속사. '~ 이후에'로 而와 같음 | 爲絢(위현) 무늬를 그리다 | 絢(현) 무늬, 문채 | 繪(회) 그림 | 起(기) 일어나다. 계발하다 (啓發) | 已矣(이의) ~하게 되다. 주로 문장 끝에 단정적인 의미를 나타내는 어조사

해 설

회사후소繪事後素란 '그림을 그리는 것(회사繪事)은 바탕을 희게 한(소素) 다음의 일이다.'라는 뜻이다. 즉, 사람도 먼저 바탕이 어진 다음에 예를 배워야 예가 제대로 빛을 발하는 것이지 바탕이 어질지 않은 상태에서는 아무리 예를 배워도 소용이 없다는 뜻이다.

공자를 본받아 학문을 배우려 하는 자는 하루에 한 번이라도 공자의 인을 마음에 새기고 실천하도록 노력해야 한다. 공자를 따르려 하는 자가 백날 "공자 왈" 하면서도 그 핵심인 인을 마음에 두지 않고 다른 것에 마음을 둔다면 마치 그림을 그리려는 사람이 이미 다른 그림이 있는 종이에 자기가 새로 그림을 그리려는 것과 같다.

제9장

공자께서 말씀하셨다.

"하夏[25]나라의 예는 내가 말할 수 있지만, 기杞[26]나라는 증거자료가 부족하다. 은[27]나라의 예도 나는 말할 수 있지만, 송[28]나라는 증거자료가 부족하다. 모두 문헌이 부족하기 때문이며 만약 충분하다면, 내가 능히 증명할 수 있을게다."

原文

子曰: "夏禮吾能言之, 杞不足徵也. 殷禮吾能言之,
자 왈   하 례 오 능 언 지 기 부 족 징 야 은 례 오 능 언 지
宋不足徵也. 文獻不足故也, 足則吾能徵之矣"
송 부 족 징 야 문 헌 부 족 고 야 족 즉 오 능 징 지 의

徵(징) 증거, 증명하다 | 則(즉) ~하면 | 矣(의) 문장 끝에서 상황의 변화를 나타내는 어조사

---

25 하(夏): 요순시대 천자였던 순(舜)이 우(禹)에게 천하를 물려주어 우에 의해 성립된 중국 최초의 왕조. 유적·유물이 남아있지 않아 확실하지는 않으나 우왕(禹王)에서 걸왕(桀王)까지 17왕 472년 동안 존속했다고 알려짐.

26 기(杞): 주무왕(周武王)이 망한 하(夏)나라 우왕의 제사를 지내게 해 주려고 우왕의 후손인 동루공(東樓公)에게 식읍을 주어 세워준 나라.

27 은(殷): 탕왕(湯王)이 하(夏)나라의 마지막 왕이자 폭군인 걸왕을 무찌르고 상(商)나라를 개국. 상나라의 마지막 수도가 은(殷)이었으므로 상(商)을 은(殷)이라고도 함. 마지막 왕은 폭군으로 알려진 30대 주왕(紂王)이며, 주(周)나라 무왕(武王)에 의해 멸망. 20세기 초 은허(殷墟)가 발굴되고 고고학적 증거가 나타나면서 실재하는 왕조로 인정.

28 송(宋): 은나라가 망한 후에 주 성왕(周成王)이 은의 마지막 왕인 주왕(紂王)의 이복형인 미자(微子)로 하여금 은의 탕왕(湯王)의 제사를 받들게 하기 위해 세워진 나라.

해 설

　공자의 학자다운 면모가 두드러지게 나타나는 대목이다. 하나라와 은나라는 천하를 가졌던 천자국이었기 때문에 충분한 자료와 문헌이 남아있어 공자가 그 나라들의 예禮를 말할 수 있으나 하나라가 망하고 그 뒤를 이은 제후국인 기杞나라와 은나라가 망한 후에 그 뒤를 이은 송나라는 이미 작은 제후국이 되었기에 충분한 자료와 문헌이 없어 그 예禮를 잘 알 수 없다는 뜻이다.

　중국은 춘추시대 이전만 하더라도 나라를 멸망시키더라도 그 후손을 찾아 선조의 제사는 끊어지지 않게 배려하는 관습이 있었다. 그래서 하나라는 망했지만 기나라가 있고 은나라가 망했지만, 송나라가 있어 각각 선조들의 제사를 이어갈 수가 있었다. 그러나 전국시대 이후에는 이러한 배려가 점점 사라져 나라를 멸망시키면 대체로 그 자손들도 함께 죽여 후환을 없애려 하였다.

　우리나라도 고려가 후삼국을 통일했을 때는 신라나 후백제의 왕손들을 분산시켜 세력을 약화시킨 상태에서 살려두었으나, 조선 건국 시에는 고려 왕손을 철저히 색출, 모두 죽여서 후환을 없애려 했다. 따라서 고려 왕손 중 일부는 살아남기 위해서 왕王씨와 비슷한 모양인 옥玉씨, 전全씨 등으로 성을 바꾸어 살아남았다고 한다.

제10장

공자께서 말씀하셨다.
"체禘 제사에서 술을 붓고 난 다음의 절차들을 나는 보고 싶지 않다."

原文

子曰 : "禘, 自旣灌而往者, 吾不欲觀之矣."
자 왈   체 자 기 관 이 왕 자   오 불 욕 관 지 의

禘(체) 종묘에서 시조를 비롯한 역대 왕에게 지내는 제사. 원래 천자가 있는 주나라에서만 할 수 있으나 노나라는 주공의 덕을 기려 이 제사가 허용됨 | 自(자) 에서부터 | 旣(기) 이미, 끝내다 | 灌(관) 붓다, 여기서는 제사 절차 중 하나로 울창주(鬱鬯酒)라는 술을 땅에 부어 신의 강림을 청하는 것

해설

나라에서 임금이 지내는 큰 제사인 대제大祭는 두 가지가 있는데, 하나는 하늘과 땅에 지내는 제사인 교郊 제사이며 다른 하나는 종묘의 조상에게 지내는 제사인 체禘 제사이다. 주나라의 성왕成王은 숙부인 주공이 주 왕조에 행한 공적을 기려 천자만이 올릴 수 있는 체禘 제사를 주관하는 것을 허락했다. 이후 노나라의 임금들은 모두 이 관례에 따라 체禘 제사를 지냈다.

이때 체禘는 주공의 조상인 문왕이나 무왕, 고공단보 등 에게도 제사를 올리는 것이다. 주공의 조상은 곧 주나라 천자의 조상이기도 해서 주나라 천자만이 올려야 하는 제사지만 노나라 임금에게도 할 수 있도록 허락한 것이다.

그러나 공자가 술을 붓는 관灌 이후의 제사 절차를 보고 싶지 않았던 것은 노나라는 어디까지나 제후국임에도 천자의 흉내를 내어 관灌 이후에 천자만이 할 수 있는 노래, 즉 '많은 선비가 문왕의 덕을 잡아 행하네.'라는 내용의 청묘淸廟라는 노래를 부르고 대무大武라는 천자가 행하는 춤을 추는 등 제후의 본분을 벗어난다고 보았기 때문이다.

주나라의 성왕이 노나라에서 체禘 제사를 지내는 것을 허락한 것은 어디까지나 주공의 공적을 기려 주공의 선조들에게 제사를 할 수 있도록 한 것이지 후세의 노나라 임금들에게 제후의 신분을 망각하고 천자만이 행하는 예, 즉 천자가 부르는 청묘淸廟를 부르고 대무大武라는 천자의 춤까지 추라고 허락한 것은 아니라고 공자는 생각했기 때문일 것이다.

제11장

어떤 사람이 체禘 제사의 이치에 관해 물으니, 공자께서 "모릅니다. 그 이치를 아는 사람이 천하를 보는 것은 아마도 이 것을 보는 것과 같을 거요!" 하면서 손바닥을 가리켰다.

> **原文**
>
> 或問禘之說, 子曰: "不知也. 知其說者之於天下也,
> 혹 문 체 지 설   자 왈   부 지 야   지 기 설 자 지 어 천 하 야
> 其如示諸斯乎!" 指其掌.
> 기 여 시 저 사 호   지 기 장

或(혹) 어떤 사람 | 說(설) 이치, 도리 | 其如示(기여시) 아마도 ~을 보는 것 같이 | 其(기) 아마도 | 示(시) 보다. 視와 같다 | 諸(저) 之於를 뜻함. 즉 '그것을 ~에서' 라는 의미

해 설

노나라의 체 제사는 원래 천자가 지내는 제사지만 앞장에서 말한 바와 같이 노나라에서는 결과적으로 제후의 제사가 되고 이것이 사계절에 한 번씩 하는, 격에 맞지 않는 행사가 되어 버렸으므로 공자가 일부러 대답을 회피했다는 설이 보통이나 체 제사에 담긴 뜻이 워낙 심오하여 공자가 그 뜻을 잘 알 수 없었을 것이라는 설도 있다.

한나라 때의 공안국孔安國 역시 공자가 대답하지 않은 것은 체 제사

를 논하면 결국 노나라에 대해 욕하는 것이 되므로 이를 피했다고 한다. 공자는 어릴 때부터 늙도록 한평생 예를 공부하고 연구하고 또, 가르친 사람이다. 따라서 체 제사에 담긴 뜻이 아무리 심오하고 어려워도 공자가 그 뜻을 몰랐다고 보기는 어렵다.

역시 노나라가 체 제사를 지낸다는 자체가 무례한 뜻이 있어 공자는 그 뜻을 말하기가 싫었을 뿐이었을 것이다. 제사의 뜻이 심오하여 공자가 알 수 없었다거나 그 제사의 뜻을 알면 나라 다스림이 손바닥 보듯이 쉬울 정도로 그 뜻이 심오했을 것이라는 등 해석은 모두 후세인의 쓸데없는 소리라고 생각된다.

제12장

조상에게 제사를 지낼 때는 조상이 살아계신 것처럼 하고, 신령에게 제사를 지낼 때는 신령이 있는 것처럼 제사를 지내셨다. 공자께서 말씀하셨다.
"내가 제사에 그 같은 마음으로 참여하지 않으면, 제사를 지내지 않은 것과 같다."

原文

祭如在, 祭神如神在. 子曰 : "吾不與祭, 如不祭."
제 여 재   제 신 여 신 재   자 왈   오 불 여 제   여 불 제

祭(제) 제사, 祭如在에서는 '제사지내다'라는 동사로 사용 | 與(여) 참여하다, 돕다

해설

공자 당시 제사의 대상은 보통 조상에 대한 것이었으며 특별한 경우에는 하늘의 신인 옥황상제나 큰 산이나 큰 강 같은 명산대천의 신에 대해 제사를 지냈다. 따라서 이 장 처음과 같이 특별한 언급이 없을 경우의 제祭는 통상 조상에 대한 제사로 본다.

공자는 제사를 지낼 때는 항상 그 제사의 대상이 눈앞에 살아계신 듯이 정성스럽게 제사를 지내야 하는데 그와 같은 마음으로 제사에 참여

하지 못했다면 마치 그 제사를 지내지 않은 것같이 느껴진다고 말한다.

국내 대부분 책은 이 부분을 "자신이 참여하지 않은 제사는 (자신이) 제사를 지내지 않은 것과 같다" 라고 해석하고 있는데 이것은 마치 '밥을 안 먹으면 배가 고플 것이다'라는 말과 같이 너무나 당연한 말을 굳이 공자 말씀이라고 논어에 수록했다는 것도 이상하지만,

또 그렇게 되면 앞부분의 "조상에게 제사를 지낼 때는 조상이 살아계신 것처럼 하고, 신령에게 제사를 지낼 때는 신령이 있는 것처럼 제사를 지내셨다" 라는 말을 왜 했는지도 납득하기 어려우므로 이 부분은 본문과 같이 "내가 제사에 그 같은 마음으로 참여하지 않으면, 제사를 지내지 않은 것과 같다" 라고 보는 것이 타당하다고 생각된다.

오늘날 사회의 변화에 따라 제사에 대한 인식이나 형식, 절차에도 많은 변화가 일어나고 있다. 그러나 제사가 그 형식보다는 돌아가신 분에 대한 예의와 추모가 핵심이 되어야 한다는 데에는 변함이 없다고 본다.

제13장

왕손가[29]가 " '방 아랫목에 아첨하느니 차라리 부뚜막에 아첨하는 게 낫다.'라는 게 무슨 말인가요?" 하고 묻자, 공자께서 말씀하셨다.
"아니지요. 하늘에 죄를 지으면, 빌 곳조차 없습니다."

原文

王孫賈問曰: " '與其媚於奧, 寧媚於竈.' 何謂也?"
왕 손 가 문 왈   여 기 미 어 오 영 미 어 조   하 위 야
子曰: "不然, 獲罪於天, 無所禱也."
자 왈   불 연 획 죄 이 친 무 소 도 야

與其 A ~ 寧 B (여기A~영B) A 하는 것보다는 B 하는 것이 낫다 | 媚(미) 아첨하다 | 於(어) '~에 대해'라는 의미의 전치사 | 奧(오) 집의 깊숙한 안쪽. 집안의 어른이 거처하는 곳. 여기서는 위영공(衛靈公)을 가리킴 | 竈(조) 부엌, 부뚜막. 식사를 준비하는 식모 등이 있는 곳. 여기서는 왕손가(王孫賈) 자신을 가리킴 | 然(연) 그러하다 | 禱(도) 빌다, 기도하다

---

29 왕손가(王孫賈) : 왕손(王孫)이 성이고 이름은 가(賈)이다. 공자 당시의 위(衛)나라 영공(衛靈公)의 대부로 군사에 관한 책임자로 사실상 위의 실권을 쥐고 있었다. 왕손이란 성을 이유로 원래 주(周)나라 출신이라고 보는 설도 있으나 확실하지는 않다.

해설

'오奧'란 집안의 서남쪽에 있는 큰 어른이 거처하는 장소, 즉 '방 아랫목'을 말하는데 여기서는 위령공衛靈公을 가리키고 '조竈'는 부엌으로 식사를 준비하는 식모 등이 있는 곳, 즉 '부뚜막'을 말하는데 여기서는 위령공의 신하이지만 사실상 실권을 쥐고 있는 왕손가王孫賈 자신을 가리킨다.

왕손가는 당시에 위나라의 병권을 손에 쥔 실력자였다. 공자가 위나라 조정에 벼슬하려 함을 보고 자신이 위령공에게 잘 말해줄 테니 자신에게 뇌물 등으로 잘 보이는 게 어떠냐를 돌려서 말하는 것이다. 공자의 드높은 정치적 이상은 약육강식이 노골화되어가는 당시의 상황에서 제후들에게 제대로 수용되기 어려웠다. 게다가 왕손가 같은 제후 밑의 실력자를 통한 벼슬길 진출마저 공자는 거부하였으니 공자가 뜻을 이룰 수 있는 방법은 사실상 없었던 셈이다.

제14장

공자께서 말씀하셨다.
"주나라는 앞의 두 왕조[30]를 거울삼았다. 찬란하구나, 그 문화여! 나는 주나라를 따르겠다."

原文
子曰 : "周監於二代, 郁郁乎文哉! 吾從周."
자 왈   주 감 어 이 대   욱 욱 호 문 재   오 종 주

監(감) 보다, 거울삼다 | 二代(이대) 여기서는 주나라에 앞서 있은 하(夏)나라와 은(殷)나라 | 郁(욱) 찬란하다 | 乎(호) 감탄의 뜻을 나타내는 이조사 | 文(문) 문화, 문채(文彩) | 哉(재) 감탄의 뜻을 나타내는 어조사

해설

두 왕조란 주나라에 앞선 하夏나라와 은殷나라를 말한다. 하나라는 순임금의 뒤를 이어 황하의 치수에 성공했던 우禹에 의해 성립된 중국 최초의 세습왕조이며 은나라는 하나라의 마지막 임금으로 폭군이라 일컬어지는 걸왕桀王을 타도한 탕왕湯王에 의해 건립된 왕조이다.

---

30 두 왕조(二代/이대) : 주나라 이전에 있었던 하(夏)나라와 은(殷)나라를 말한다.

공자는 주나라 왕, 즉 천자가 각 지방을 통치할 제후를 봉하고 제후는 주나라 왕을 모시면서 한편으로는 자신도 경대부를 두어 백성을 다스리는 체제, 즉 주공이 만든 주나라 초기의 봉건체제가 가장 이상적인 정치체제라고 생각했다.

정치체제가 안정되니 백성들의 삶도 안정되어 자연히 문화가 찬란하게 피어났다. 공자는 일평생 주공이 만들었던 그 세상을 그리워하면서 자신이 다시 한번 주공의 찬란했던 치세를 부흥하겠다는 꿈을 가지고 있었다.

제15장

공자께서는 태묘에 들어가면 무엇이든 물으셨다. 어떤 사람이 말하기를 "누가 추인의 아들이 예를 안다 했느냐? 태묘에 들어오면 뭐든 묻는데." 공자께서 그 말을 들으시고 말씀하셨다. "그렇게 하는 것이 예다."

原文

子入大廟, 每事問. 或曰 : "孰謂鄹人之子知禮乎? 入大廟,
자 입 태 묘   매 사 문   혹 왈   숙 위 추 인 지 자 지 례 호   입 태 묘
每事問"
매 사 문
子聞之曰 : "是禮也."
자 문 자 왈   시 례 야

大廟(태묘) 시조의 사당. 노나라의 시조는 주공(周公)이므로 여기서는 주공의 사당을 말한다. 이때 大는 '태'로 발음 | 或(혹) 어떤 사람 | 孰(숙) 누가 | 鄹人之子(추인지자) 추(鄹)읍 사람의 아들. 공자의 아버지(숙량흘)가 추읍의 대부 출신이었음 | 是(시) 이, 이것. 여기서는 '그렇게 하는 것'

해 설

공자는 50세가 넘은 다음에 중도의 재가 되고 사공을 거쳐 사구의 벼슬로 나아갔으니 공자가 태묘가 들어갈 수 있었던 것도 그 무렵이므로 이미 예에 대해서 충분한 지식과 경험을 갖춘 시기였다고 볼 수 있다.

그러나 주공의 사당, 즉 태묘에서 하는 의례는 모두 천자의 예였으므로 공자는 근신하여 태묘의 제례에 있을지 모르는 특수성을 예상해서 매사를 물었던 것이며, 또한 태묘 제사를 맡은 제관에게 모든 절차를 물어서 확인하는 것이 당연하다고 생각했다.

공자는 '예에 대해서 뭐든 몰라서 묻는다.'라는 비난에 대해 짧게 "그렇게 하는 것이 예다." 라고 답함으로써 자신을 비난하는 자를 공격하지도 않고 또, 자신을 변호하지도 않으면서 상황을 깔끔하게 정리한다. 공자의 비난에 대한 응대 방식이다.

공자를 추인지자鄒人之子, 즉 '추鄒땅 사람의 아들'이라고 불렀던 것은 당시에 공자를 약간 야유적으로 칭하는 방식이었던 것 같다. 추鄒는 지금의 중국 산동성 취푸시의 동남쪽 지역을 말하며, 공자는 여기서 나고 자랐다.

제16장

공자께서 말씀하셨다.
"활쏘기에서는 과녁을 뚫는 것에 주력하지 않는다. 왜냐하면, 쏘는 힘이 사람마다 같지 않기 때문이다. (그것이) 예전의 방식이다."

原文
子曰 : "射不主皮, 爲力不同科, 古之道也."
자 왈   사 불 주 피 위 력 부 동 과 고 지 도 야

主(주) 주력하다. 중요하게 여기다. | 皮(피) 가죽, 과녁. 여기서는 '과녁을 뚫다' 라는 뜻 | 爲(위) 위하다. 여기서는 '왜냐하면' | 科(과) 과목, 품등(品等)

해설

활쏘기는 천자나 문신들이 과녁을 맞히는 데 주력하는 향사鄕射와 무인들이 전쟁에 대비해서 과녁을 뚫는 데 주력하는 무사武射로 나누어진다. 그러나 향사도 후대에 들어 과녁을 뚫는 것에 더 나은 평가를 해주는 경향이 있었고 공자 시대에도 이런 경향이 있었던 것 같다.
  그러나 공자는 사람마다 타고난 힘이 다르므로 힘이 좋은 사람은 과녁을 뚫을 가능성이 크고 힘이 약한 사람은 처음부터 과녁을 뚫을 가능성이 작으므로 이는 불공평하다고 보았다. 공자의 사람, 특히 약자를 배려하는 마음이 잘 나타나는 대목이다.

그런데 다산은 여기서 '주피主皮'를 '과녁의 정중앙에 맞히는 것에 주력한다.'라고 풀이한다. 그러나 그렇게 푼다면 뒤에 '힘이 같지 않다'라는 말이 이상해진다. 과녁의 정중앙에 맞히는 문제는 실제로 힘과는 거의 관련이 없어서 힘이 좋아도 엉뚱한 방향으로 화살을 날리는 경우가 허다하다. 따라서 여기서 주피는 통설과 같이 '과녁을 뚫는 것에 주력한다.'라고 본다.

제17장

자공이 곡삭의 희생양을 없애려 하였다. 공자께서 말씀하셨다.
"사야, 너는 그 양을 아끼지만 나는 그 예를 아낀다."

原文

子貢欲去告朔之餼羊. 子曰 : "賜也, 爾愛其羊, 我愛其禮."
자 공 욕 거 곡 삭 지 희 양　자 왈　　사 야　이 애 기 양　아 애 기 례

告朔(곡삭) 제후가 연말에 천자로부터 받은 다음 해 12개월의 달력을 종묘에 보관해 두었다가 매월 초하루에 양을 희생물로 바치고 그달의 달력을 꺼내어 선조에 고하던 의식 | 朔(삭) 초하루 | 餼(희) 희생물 | 餼羊(희양) 곡삭의 예식 때 희생으로 쓰던 양. 다산은 이것을 의식의 희생양이 아니라 의식 때 천자의 사신을 접대하던 양고기라 한다. | 爾(이) 너 | 愛(애) 아끼다, 사랑하다

해 설

곡삭은 원래 주나라의 왕이 매년 연말에 각 제후국에 사신을 보내 새해의 달력을 주면 제후국에서는 매월 초하루에 양을 희생으로 바쳐 사당에 제사한 다음 그달의 달력을 꺼내어 공포하고 조정에 돌아와 정사를 듣던 행사였다.

그러나 공자의 때에 이르러 주나라는 쇠약해져 제후국에 달력을 보내주지도 않았고, 매월 초하루에 노나라 임금이 친히 사당에 가지도 않

앚을 뿐만 아니라 정사를 듣지도 않았는데 애꿎은 양만 한 마리씩 죽이는 행사가 되었을 뿐이다. 자공은 이처럼 곡삭의 예도 시행하지도 않으면서 양만 바치니 이를 없애자고 한 것이다. 공자는 그렇다고 희생양까지 없애버리면 곡삭의 예는 영영 형체도 없이 사라진다고 보고 반대한 것이다.

곡삭의 예를 매년 정월 초하루에 한다는 설도 있으나 다른 기록에는 '윤달에는 곡삭하지 않았다.'라는 기록이 있고 이 장에서 자공이 양을 아끼려 한다는 말에서도 미루어 볼 때 매달 한 마리가 아니라 일 년에 양 한 마리를 아끼려고 곡삭의 양 희생을 없애려고 한 것은 상식적이 아니라고 볼 때 곡삭은 역시 매월 초하루에 한 것이라고 보는 게 옳다.

그런데 어떻게 자공이 곡삭의 예를 폐지하려 했던 걸까? 자공은 노나라에 벼슬한 기록이 없고, 따라서 노나라 종묘의 예식을 폐지할 수 있는 지위에 있지도 않았다. 따라서 이 장의 논의는 공자가 사구의 벼슬에 있었을 때 자공이 공자에게 조정에 건의해서 곡삭의 예를 폐지했으면 좋겠다고 말했고 그때 있었던 사제 간의 대화 기록으로 생각된다.

제18장

공자께서 말씀하셨다.
"임금을 섬기는 예를 다하니, 사람들이 아첨이라 여긴다."

原文

子曰 : "事君盡禮, 人以爲諂也."
자 왈　　사 군 진 례　인 이 위 첨 야

盡(진) 다하다 | 以爲(이위) ~라고 여기다. 以爲 뒤에 목적어 之가 생략되었음 | 諂(첨) 아첨하다

해 설

부족국가 시대 이전의 임금은 신과 소통하는 무당이자 정치적 수령을 뜻하였으므로 위엄을 갖고 성스러운 이미지를 가지므로 신하나 백성들은 극도의 경외심을 갖고 최상의 예로써 임금을 대하였을 것이나 춘추시대에 이르러 왕은 신과 소통하는 무당이 아니었으므로 더 이상 성스럽지도 않고 신의 위엄도 없었으므로 이전처럼 경외할 필요가 없었다.

더구나 공자 당시에 노나라는 실권이 삼환에게로 넘어가 임금의 권위는 더욱 실추되어 임금을 대하는 예가 간소화되고 약화되었다. 공자는 그럼에도 불구하고 임금을 한결같이 최상의 예로 섬기니, 다른 신하

들이 아첨한다고 여겼을 것이다.

군주에 대한 신하의 예는 진秦이 천하를 통일하고 삼황오제에서 '황제'라는 칭호를 가져오고 황제 자신만을 '짐朕'이라고 칭하는 등 군주는 점점 높이 존중되었으며 특히 한漢 이후에는 황제의 절대 불가침의 전제권이 확립되고 천자라는 말에 다시 하늘을 대신해서 만민을 통치한다는 종교적 의미까지 부활하여 군주에 대한 예는 갈수록 극대화되었다.

청나라 때에 들어 황제에 만날 때는 세 번 절하고 아홉 번 머리를 땅에 조아리는 소위 삼배구고두三拜九叩頭라는 의식으로까지 발전하여 청황제가 영국 등 유럽의 사신을 면담할 때 유럽의 사신들이 이 의식을 거부하여 황제와의 면담이 성립되지 않는 등 문제가 되기도 하였다.

제19장

정공[31]이 "임금이 신하를 부리고, 신하가 임금을 섬길 때는 어떻게 해야 하오?" 라고 물으니, 공자께서 대답하셨다.
"임금은 신하를 예로써 부려야 하고, 신하는 임금을 충성으로 모셔야 합니다."

原文

定公問 : "君使臣, 臣事君, 如之何?"
정 공 문   군 사 신 신 사 군   여 지 하

孔子對曰 : "君使臣以禮, 臣事君以忠."
공 사 대 왈   군 사 신 이 례 신 사 군 이 충

使(사) 부리다, 시키다

해 설

공자의 예는 이처럼 간곡히 서로 주고받는 것이었다. 공자는 임금이 신하를 절도 있고 예의 바르게 대우할 때 신하도 임금을 성심껏 모시는 것이지, 후세의 성리학자가 주장하듯 임금이 미쳐 날뛰며 포악무도

---

31 정공(定公) : 노나라 제26대 제후로서 재위 기간은 BC 509~495(15년)이다. 이름은 송(宋)이고, 삼환의 정권전횡에 반대하여 삼환을 공격하다가 실패, 국외로 망명했던 소공(昭公)의 동생이다. 노정공 10년에 공자로 하여금 재상의 일을 대리수행하게 했고, 제경공(齊景公)을 협곡(夾谷)에서 만났을 때 제경공에게 공자가 예로써 따져 제(齊)가 강탈했던 노나라의 땅을 되돌려 받기도 했다.

하게 굴어도 신하는 일방적으로 따라붙어 충고하다가 마침내 임금의 칼에 죽거나 임금이 내리는 독약을 마시고 죽어도 좋다는 식의 맹목적 충성을 말하지 않았다.

유학이 막가파식의 충성을 강요한 것은 저 한나라의 동중서 이래, 송·명대의 성리학자들이 자신들의 그릇된 생각에다가 공자를 끌어와서 덧씌운 덕분이다. 공자로서는 어이없는 누명일 뿐이다. 공자는 그런 일방통행식의 충성은 생각하지도 말하지도 않았다.

공자는 임금이 무도하면 자기 생각을 거두고 조용히 물러날 뿐이라고 말했을 따름이다. 즉, 충성과 효도를 제창하지만 어리석은 충성과 효도는 반대하였으며, 어떤 상황에서든 이유를 묻고 도리를 찾도록 요구하였으며 후세의 임금에 대한 맹목적 굴종과는 달랐다.

조선시대 송시열宋時烈은 주자의 가르침이라면 이에 대한 논의조차 용납하지 않았으며 주자가 모든 학문의 이치를 이미 다 밝혀놓았다고 하여, 반대당인 윤휴尹鑴가 하늘을 섬기고 두려워하는 자세를 강조하며, 주자의 성리학보다는 공자 당시의 고대 유학의 정신으로 돌아가자고 하자, 송시열은 감히 윤휴가 자기 의견을 내세워 억지를 부린다고 하여 그를 '사문난적斯文亂賊'이라고 몰아세웠다.

사문난적이란 '학문을 쪼개버리고 세상을 어지럽히는 도적'이라는 말로 유학자에게는 참을 수 없는 모욕이었다. 그러나 공자가 볼 때 오히려 사문난적은 윤휴가 아니라 공자 학문의 참뜻을 저버린 한나라의 동중서 이래 한유, 주희, 송시열 등에게 붙여야 할 이름이다. 후세 유학자

특히 조선의 많은 주자학도가 공자를 팔아 자기들의 계급적이고 파당적인 이익 유지나 확대에 급급했다.

조선왕조 후반 중 오랫동안, 명나라의 마지막 황제로서 조선 사대부들의 뜨거운 연모(?)를 한 몸에 받았던 숭정제崇禎帝는 의심이 많은 황제였다. 17년의 재위 기간 동안 17명의 상서尙書를 처형하거나 유배시켰고, 7명의 총독과 11명의 순무巡撫를 의심하여 죽였고,

급기야는 요동에서 청 태조 누르하치와 그 아들인 태종 홍타이지의 군대를 맞아 연전연승하면서 명나라의 북방 교두보로 활약하던 명장名將 원숭환袁崇煥도 베이징으로 불러 역모를 꾸몄다는 누명을 씌워 시장 거리에서 사지를 하나하나 자르는 참혹한 형벌로 죽여 버린 어리석은 황제였다.

원숭환의 처형은 명나라 멸망의 주요 원인 중 하나이며, 후에 역졸 출신인 이자성의 반란군이 베이징을 덮쳤을 때 원숭환 장군의 최후를 본 병사들이 숭정제를 위해 싸우기를 거부하여 덕분에 이자성은 아무런 저항을 받지 않고 자금성으로 들어오게 되고 이에 숭정제는 처와 첩을 자결케 하고 딸들을 죽인 후 자신도 몇몇 충신과 함께 자결할 수밖에 없었다.

이 당시 명의 국고에는 은 40만 냥뿐이었으나 황실 금고는 돈이 차고 넘쳤다고 한다. 숭정제의 재산은 은 3,700만 냥과 금 150만 냥이 넘었는데, 이 중에서 은 100만 냥만 풀었어도 명나라는 무너지지 않았을 것이라는 설도 있다.

숭정제가 죽고 난 뒤 이자성을 쫓아내고 자금성을 접수한 청의 섭정 도르곤이 숭정제의 신하들에게 목숨은 물론 관직도 그대로 유지되는 조건으로 자금성으로 돌아오라고 하자 숨죽이던 숭정제의 신하들은 거리낌 없이 자금성에 모여들어 한결같이 청 황제에 대한 충성을 맹세하며 오랑캐 변발을 하고 만세를 외쳤다.

그런데 이렇게 본국에서조차 철저히 무시된 숭정제는 엉뚱하게도 이웃 조선 사대부들에게는 충성의 아이콘이 되었다. 인조 22년(1644년) 숭정제가 죽었다는 소식을 듣자, 인조는 뭇 신하를 거느리고 슬퍼하여 상복을 입었고, 황제의 죽음을 위로한다는 진위사陳慰使와 장례에 쓸 향을 가진 진향사進香使를 명나라에 파견하였는데, 이 조선 사신들이 청군에 쫓겨 남쪽으로 고달프게 도망다니던 남명南明 조정, 즉 명나라 신하들이 세운 망명 정권을 끝까지 쫓아가는 난센스를 연출하였다.

숭정제의 공식적 장례는 청이 베이징을 점령한 뒤, 청나라 황제 명의로 황제의 예에 따라 모든 신민臣民에게 3일 동안 상복을 입도록 하는 등 성대하게 치러졌고, 따로 장렬민황제莊烈愍皇帝라는 시호를 내리고 묘호廟號를 회종懷宗 이라고 한 바 있다. 조선의 사신들은 이렇게 공식적인 베이징의 장례에는 참석하지 않고 막강한 청군과 오삼계 군에 쫓겨 도망가는데 정신이 없던 명나라의 유신들을 천신만고 끝에 찾아가 가져간 소중한 향을 내어놓았을 때 그것을 본 명나라 유신들의 황당하고 민망스러움은 보지 않아도 눈에 보이는 듯하다.

어쨌든 숭정제에 대한 이러한 조선 사대부들의 연모는 그 뒤로도 끊임없이 지속되어 숭정제가 죽은 후 150년이 훌쩍 지난 정조 때까지 사

대부층에서는 여전히 숭정 몇 년 식으로 숭정제의 연호를 계속 사용하였으니 가히 인류역사상 보기 드문 부끄러운 사례라고 볼 수밖에 없다.

그런 세상 물정 모르는 얼빠진 조선 사대부들이 툭하면 공자와 유교의 명분을 내걸고 파당을 이루어 자기들 이익 수호에 물불을 가리지 않았고, 온 힘을 다해 나라와 백성들의 곳간과 주머니를 터는 데 전념했으니 그 대단한 조선이 망하지 않았다면 오히려 이상했을 것이다.

제20장

공자께서 말씀하셨다.

"「관저」[32]는 즐거우면서도 지나치지 않고, 슬프면서도 상심하게 하지는 않는구나."

原文

子曰 : "「關雎」, 樂而不淫, 哀而不傷."
자왈   관저   낙이불음 애이불상

關雎(관저) 시경의 국풍(國風)중에서 주남(周南)의 첫 번째 곡. 문왕(文王)과 후비(后妃)의 덕을 말한 것으로 숙녀(淑女)를 얻는 것이 군자에게 도움이 된다는 내용 | 淫(음) 통상은 '음란하다'라는 뜻이나 여기서는 '지나치다'라는 뜻 | 傷(상) 해치다, 상처를 입히다

해 설

이 장은 공자가 시경 중의「관저」에 대한 감상을 말하고 있다.「관저」의 전문은 다음과 같다.

끼룩끼룩 저 물수리 물가 모래톱에 있구나. 아리따운 아가씨는 군자

---

32 관저(關雎) : 시경에는 민요를 모은 국풍(國風), 궁중음악인 대아(大雅), 소아(小雅) 그리고 송(頌)이 있으며, 관저는 국풍(國風) 중에서 제1편인 주남(周南)의 첫 번째 곡이다.

의 좋은 짝이로다. (관관저구關關雎鳩 재하지주在河之洲 요조숙녀窈窕淑女 군자호구君子好逑)

크고 작은 마름 풀을 이리저리 헤쳐 찾듯, 아리따운 아가씨를 자나 깨나 구하고저. (참치행채參差荇菜 좌우류지左右流之 요조숙녀窈窕淑女 오매구지寤寐求之)

구하여도 얻지 못해 자나 깨나 생각하니 그립고 그리워서 이리 뒤척저리 뒤척. (구지부득求之不得 오매사복寤寐思服 유재유재悠哉悠哉 전전반측輾轉反側)

크고 작은 마름 풀을 이리저리 따면서 아리따운 아가씨와 금과 슬을 타면서 사귀리라. (참치행채參差荇菜 좌우채지左右采之 요조숙녀窈窕淑女 금슬우지琴瑟友之.)

크고 작은 마름 풀을 이리저리 골라내며 아리따운 아가씨와 종과 북을 치면서 즐겁게 지내리라. (참치행채參差荇菜 좌우모지左右芼之 요조숙녀窈窕淑女 종고락지鍾鼓樂之)

어떤가? 공자의 감상 즉, '즐거우면서도 지나치지 않고, 슬프면서도 상심할 정도는 아니'라는 게 이해되지 않은가?

제21장

애공[33]이 재아[34]에게 토지신의 신주 나무에 관해 물으니, 재아가 "하후씨는 소나무를 심었고, 은나라 사람들은 측백나무를 심었으며, 주나라 사람들은 밤나무를 심었는데, 백성들을 전율케 하기 위해서라지요." 라고 했다. 공자께서 그 이야기를 듣고 말씀하셨다.

"이미 이루어진 일은 말할 필요가 없고, 끝난 일은 고치라고 말할 수 없고, 지나간 일은 탓할 수 없다."

原文

哀公問社於宰我. 宰我對曰 : 夏后氏以松, 殷人以柏, 周人
애 공 문 사 어 재 아   재 아 대 왈   하 후 씨 이 송   은 인 이 백   주 인
以栗, 曰使民戰慄.
이 율   왈 사 미 전 율
子聞之曰 : "成事不說, 遂事不諫, 旣往不咎."
자 문 자 왈   성 사 불 설   수 사 불 간   기 왕 불 구

社(사) 토지신(土地神), 여기서는 토지신의 신주(神主)로 심던 나무 | 夏后氏(하후씨) 우(禹)가 순임금의 선양을 받아 개창한 중국 최초의 전설상 왕조. | 柏(백) 측백나무 | 栗(율) 밤나무 | 曰(왈) ~라 하다 | 戰慄(전율) 큰 두려움이나 감동으로 몸이 벌벌 떨

---

33 애공(哀公) : 춘추시대 노나라의 제27대 군주로 공자가 만년일 때 노나라의 임금이었다. 공자가 죽은 지 11년이 지난 후 기원전 468년에 삼환씨를 공격하다가 삼환의 군사력에 패퇴, 월나라로 추방되어 이듬해 거기서 죽었다.
34 재아(宰我) : 공자의 제자로 이름은 여(予)라하며 자는 자아(子我). 보통은 재여(宰予)로 부르나, 성과 자를 붙여 재아(宰我)라고하기도 한다. 노나라 출신으로 공자보다 29세 어렸다.

림 | 遂(수) 드디어, 끝나다 | 咎(구) 책망하다, 비난하다

해 설

재아는 공자보다 29세 어린 제자이다. 애공과 재아의 이 문답은 공자가 노나라로 돌아온 후의 이야기로 생각되므로 이때 재아의 나이는 아마도 40세 전후였을 것이다. 예전에는 나라를 세우면 반드시 선조를 모신 사당을 세우고 그 사당에는 토지신을 상징하는 나무를 심었는데 여기의 사社는 그 나무를 말한다.

재아는 애공에게 사社를 설명하면서 밤나무 율栗과 전율戰慄의 뒷글자의 발음이 같다는데 착안하여 가볍게 농담을 한 것으로 보인다. 물론 임금을 상대로 농담을 한 것은 잘못이라고 하더라도 분위기상 그런 말을 해도 무방한 상황이었을 것이라 짐작된다. 그러나 이러한 대화를 누군가가 공자에게 곧이곧대로 알려주어 공자가 이를 책망하게 한 것이다.

재아는 '공자의 가장 뛰어난 열 명의 제자'라는 뜻의 공문십철孔門十哲의 한 사람으로 특히 언변에 뛰어나 자공보다 먼저 거명될 정도의 우수한 제자였다. 그러나 논어에 실린 재아의 기록은 하나같이 부정적인 기록뿐이다. 이에 대해서는 공야장편 9장(5-9장)에서 상술한다.

재아는 공자의 유랑시기에 공자를 모시면서 많은 고초를 겪었으나 재아는 그때마다 빼어난 언변으로 공자를 변호했으며 공자가 많은 사람으로부터 존경받게 된 것도 재아의 능통한 언변의 영향이 컸다고 한다.

제22장

공자께서 "관중[35]은 그릇이 작았다!" 하시니, 어떤 사람이 "관중이 검소했다는 뜻인가요?" 하고 묻자 공자께서
"관중은 돌아갈 집이 세 채나 되고, 가신들이 다른 일을 겸하지 않을 정도로 많았다는데 어찌 검소했다고 하겠느냐?" 라고 말씀하셨다.

다시 "그렇다면 관중은 예의에 밝았습니까?" 물으니, 공자께서 말씀하셨다.
"임금이 대문 가리개를 세우니 관중도 대문에 가리개를 세웠고, 임금이 다른 제후와의 외교 의전으로 잔대를 만드니 관중 역시 잔대를 만들었다. 관중이 예의에 밝다고 한다면 누구를 예의에 어둡다고 하겠느냐?"

---

35 관중(管仲) : 춘추시대 제나라의 정치가. 성은 관(管), 이름은 이오(夷吾)이며, 자가 중(仲)이다. 대개 자를 따서 관중이라 부른다. 젊었을 때 포숙아(鮑叔牙)와 함께 장사를 하였는데, 관중이 늘 포숙아를 속였는데도 포숙아는 관중이 곤궁함을 알고 관중에게 이익을 따지지 않았다.

이후 포숙아는 제나라 공자 소백(小白)을 섬겼고 관중은 공자 규(糾)를 섬겨 공자 소백이 먼저 군주가 되어 제환공(齊桓公)이 되자 공자 규를 죽이고 관중도 죽이려 했지만, 포숙아는 관중의 재능을 아껴 기용할 것을 청하여 제환공(齊桓公)은 관중을 재상으로 중용했다. 관중은 재화를 유통시키고 재물을 모아 부국강병책에 힘써 남으로 채나라, 초나라를 공격하고 북으로는 오랑캐인 산융(山戎)을 정벌하고 마침내 가(柯)에서 천하의 제후들을 회맹하여 제환공이 춘추전국시대 최초로 패자가 되게 하였다.

原文

子曰 : "管仲之器小哉!"
자 왈   관 중 지 기 소 재

或曰 : "管仲儉乎?"
혹 왈   관 중 검 호

曰 : "管氏有三歸, 官事不攝, 焉得儉?"
왈   관 씨 유 삼 귀   관 사 불 섭   언 득 검

或曰 : "然則管仲知禮乎?"
혹 왈   연 즉 관 중 지 례 호

曰 : "邦君樹塞門, 管氏亦樹塞門, 邦君爲兩君之好,
왈   방 군 수 색 문   관 씨 역 수 색 문   방 군 위 양 군 지 호
有反坫, 管氏亦有反坫. 管氏而知禮, 孰不知禮?"
유 반 점   관 씨 역 유 반 점   관 씨 이 지 례   숙 부 지 례

三歸(삼귀) 세 군데의 돌아갈 집 | 攝(섭) 겸하다 | 焉(언) 어찌 | 得(득) 할 수 있다 | 然則(연즉) 그렇다면 | 知禮(지례) 예의를 알다, 여기서는 '예의에 밝다'라는 뜻 | 邦君(방군) 나라의 임금 | 樹(수) 세우다 | 塞門(색문) 제후들이 대문 안쪽에 세우는 병풍 같은 장벽. 바깥에서 집 안쪽이 보이지 않게 가림 | 反坫(반점) 제후들이 회맹할 때 마신 술잔을 엎어두는 일종의 잔대

해설

관중은 공자보다 약 백 년 전의 사람이다. 노나라에 이웃한 제나라를 춘추오패의 하나로 만드는 공적을 쌓았으니 공자 때까지도 관중에 대해서는 많이 논의되었을 것이다. 대체로 공자는 관중을 좋게 평가하고 있으나 이 장에서는 상당히 비판적으로 평가하고 있다.

첫 줄에서 '관중은 그릇이 작았다'라는 말은 아마도 그가 환공을 모시고 충분히 천하에 덕을 펴는 왕도정치를 할 수 있었음에도 환공으로 하여금 힘으로 천하를 누르는 패도정치를 하게 했다는 이야기일 것이

라고 한다.

　관중은 부유하여 퇴청 후에 돌아갈 집을 세 채나 가지고 있었다고 하며 집에는 집사 역할을 하는 가신들이 많아서 가신 한 사람이 여러 가지 일들을 겸해서 하지 않고 한 사람이 한 가지 일만을 맡아서 해도 될 정도로 가신들이 많았다고 한다.

　삼귀三歸에 대해서는 집이 세 채라는 뜻 외에 '삼귀'라고 하는 식읍을 가지고 있었다는 설과 '삼귀'라는 누각을 가지고 있었다는 설 등이 있다. 그러나 당시의 관중 정도의 경대부는 모두 식읍을 가지고 있었고 또한 집에는 손님 접대를 위한 누각 정도는 다 가지고 있었으므로 특별히 공자가 관중에게만 식읍과 누각 때문에 검소하지 않았다고 비난한다는 것은 타당하지 않다.

　그러나 퇴청하여 돌아갈 집이 세 채나 있다는 것은 상당히 드문 일이므로 공자가 관중이 검소하지는 않았음을 비판하면서 관중은 부유하여 퇴청 후 돌아갈 집이 세 채나 있었다는 사실을 들어 비판한다는 것은 충분히 가능성이 있다고 할 것이다.

제23장

공자께서 노나라 태사에게 음악에 대해 말씀하셨다.
"음악을 이제 알만한 것 같아요. 시작할 때는 소리들이 합해지는 듯하고, 다음에는 순수한 소리들이 밝고 또렷해지며 연달아 이어 나오다가 끝이 되는 거지요."

原文

子語魯大師樂, 曰 : "樂其可知也, 始作, 翕如也.
자 어 노 태 사 악 왈   악 기 가 지 야   시 작   흡 여 야
從之, 純如也, 皦如也, 繹如也, 以成."
종지 순 여 야   교 여 야   역 여 야   이 성

大師(태사) 음악을 관장하는 최고 관직. 이 경우 大를 태로 읽음 | 其(기) 음절을 조정하는 어조사 | 翕(흡) 합하다 | 如(여) ~하는 듯하다. 동사 뒤에서 동사를 형용사형으로 만드는 접미사. 이 장에서 翕如, 純如, 皦如, 繹如 등에서 如는 같은 역할을 함 | 從之(종지) 이어서 | 皦(교) 밝다, 또렷하다 | 繹(역) 연달아 하다, 늘어놓다 | 以(이) 그렇게 해서, 而와 같다

해 설

공자는 음악을 좋아했고 음악에 대해 상당한 지식도 가지고 있었다. 술이편 33장에서 보듯이 공자는 노래를 잘 부르는 사람과 같이 있을 때면 반드시 노래를 다시 부르게 하고는 그 노래를 따라 불렀다고 하며

술이편 14장(7-14장)에서도 공자가 제나라에서 『소韶』를 듣고 감동하여 석 달 동안 고기 맛을 몰랐다고 하며 "음악이 이런 경지까지 이를 줄은 생각하지 못했다." 라고 할 정도로 음악을 좋아했다.

또, 이 장과 함께 팔일편 25장(3-25장)에서는 공자는 소韶를 일컬어 "아름다움을 다하고, 또 훌륭함을 다했구나!" 하셨다. 무武를 일컬어서는 "아름다움을 다했지만, 훌륭함을 다하지는 않았구나!" 라고 평할 정도로 음악에 상당한 수준의 지식을 갖고 있었다.

또한, 태백편 8장(8-8장)에서 "시로 일어나고 예에 서며, 음악으로 이룬다." 라고 하여 인격의 완성이 음악에 있다고 할 정도로 음악을 높이 평가하였다. 그러나 공자의 정통을 이었다는 맹자는 음악을 논한 적이 없다.

맹자는 기氣를 기르는 대장부를 말하고 마음과 본성을 말했지만, 공자보다 사람의 정서를 소홀히 다루는 경향이 있었고 이러한 결핍이 후세의 송·명대에 이르면 성리학은 이理와 기氣, 심心, 성性만을 다루었을 뿐, 음악 등 인간의 자연스러운 정서는 거의 다루지 않았는데 이러한 점에서 유학이 관료나 선비 등 지배층만을 위한 학문이 되고 일반 민중과는 멀어지는 중요한 이유가 된 것이 아닌가 한다.

제24장

의儀[36] 지방의 봉인이 뵙기를 청하면서 말하기를 "군자가 이 지방에 오면 제가 아직 뵙지 않은 적이 없었습니다." 라고 했다. 수행자가 면담을 시켜주니, 나와서 말하기를 "여러분, 선생님께서 벼슬을 잃은 것이 무슨 근심거리가 되겠습니까? 천하에 도가 없어진 지 오래되어, 하늘이 장차 선생님을 목탁으로 삼고자 할 것입니다."

原文

儀封人請見曰 : "君子之至於斯也, 吾未嘗不得見也"
의 봉 인 청 견 왈   군 자 지 지 어 사 야   오 미 상 부 득 견 야
從者見之. 出, 曰 : "二三子何患於喪乎? 天下之無道也久
종 자 현 지   출   왈   이 삼 자 하 환 어 상 호   천 하 지 무 도 야 구
矣. 天將以夫子爲木鐸."
의   천 장 이 부 자 위 목 탁

封人(봉인) 국경을 관장하는 관리 | 之(지) ~가, 주격조사 | 斯(사) 여기, 이곳 | 得(득) 할 수 있다 | 也(야) 음절을 조정하는 어조사 | 從者(종자) 따르는 이, 여기서는 공자의 제자들 | 見(현) 소개하다, 알현하다 | 二三子(이삼자) 여러분들 | 喪(상) 잃다. 여기서는 '벼슬을 잃다' | 木鐸(목탁) 세상 사람을 가르쳐 바로 이끌만한 사람

---

36 의(儀) : 공자 당시에 위(衛)나라에 있던 읍의 이름.

해 설

봉인封人에 대해서는 사직의 제단을 관장하는 관리라는 설(다산)도 있으나 여기서는 통설을 따라 '국경을 관리하는 관리'로 본다. 위나라에 들어서니 그 나라의 국경을 지키고 관리하는 수문장인 봉인이 공자를 만나는 장면이다. 수행자는 아마도 공자의 제자들일 것이다.

공자가 위나라를 방문하는 목적이 위나라에서 관직을 얻기 위해서라는 것은 국경을 지키는 봉인조차도 알 수 있을 정도로 공개된 것이었다. 따라서 공자의 등용이 위나라의 득이 된다는 것이 객관적으로도 확실하지 않는 한 공자의 등용은 쉽지 않을 것임을 알 수 있다.

공자 당시에는 도로를 순찰하거나 새로운 법령을 발할 때는 사람들의 이목을 집중시키기 위하여 목탁을 울렸는데 이러한 목탁은 우리가 흔히 불교 사찰에서 보는 것보다는 훨씬 컸다고 한다. 즉 당시의 목탁은 백성들의 주의나 관심을 끌어 깨우치게 하는 것이며 흔히 언론을 '사회의 목탁'이라고 하는 말도 이에서 비롯되었다 한다.

봉인의 말은 하늘이 공자로 하여금 벼슬을 잃게 하고 또한 벼슬을 구하기 위해 사방을 널리 돌아다니게 하여 세상을 깨우는 목탁의 역할을 부여한 것이라는 뜻이다.

제25장

공자께서 소韶[37]를 일컬어
"아름다움을 다하고, 또 훌륭함을 다했구나!" 하셨다.
무武[38]를 일컬어서는
"아름다움을 다했지만, 훌륭함을 다하지는 않았구나!" 하셨다.

原文

子謂「韶」: "盡美矣! 又盡善也!"
자 위   소   진 미 의 우 진 선 야
謂「武」: "盡美矣! 未盡善也!"
위   무   진 미 의 미 진 선 야

謂(위) 이르다, 논평하다 | 矣(의), 也(야) 모두 감탄의 의미를 나타내는 어조사

해 설

소韶는 순임금 때의 음악이다. 순임금은 덕으로써 요임금으로부터 천하를 넘겨받아 현인을 등용하고 황하의 치수에 성공하여 천하가 태평하였으므로 그의 음악은 완벽히 아름답고, 완벽하게 선하다고 한 것이다.

---

37 소(韶) : 순(舜)임금 때의 음악. 소소(簫韶)라고도 한다. 簫韶九成 鳳凰來儀(소소구성 봉황내의, 소소를 아홉 번 연주하니, 봉황도 날아와 맞추어 춤춘다)라는 말이 書經에 남아있다.
38 무(武) : 주나라 무왕 때의 음악. 힘으로 은(殷)을 멸망시켰던 무왕의 노래이므로 공자는 아름답지만 착한 것은 아니라고 평한다.

이에 반해 무武는 주나라 무왕 때의 음악으로 힘으로 은나라를 멸망시키고 주나라의 기틀을 공고히 한 무왕의 노래이므로 공자는 아름답지만 선한 것은 아니라고 평하고 있다. 선악이란 원래 효율성과 비효율성에 따른 구별이라고 한다. 즉 어떤 것이 효율적이면 그것은 좋고 선한 것이고 어떤 것이 비효율적이면 그것은 나쁘고 악한 것이라는 것이다.

공자는 문文을 효율적이고 좋은 것이고 무武를 비효율적이고 나쁜 것이라는 관념을 갖고 있는 듯하다. 공자의 이러한 관념은 후세 들어 유학이 문치文治에만 흘러 무武를 등한시하였고 그 결과 조선의 경우에는 문신을 우대하고 무신을 홀대하여 국방 약화를 초래해 후일 임진왜란, 병자호란 등 수많은 외침을 불러일으킨 한 원인이 되었다.

그러나 보다 근본적으로는 송나라를 세운 조광조나 조선을 세운 이성계나 공히 무신武臣으로 쿠데타를 일으켜 기존 집권 세력을 타도하고 스스로 황제나 왕이 된 인물들이다.

따라서 그들이 내심 가장 두려워하는 사태는 자신과 똑같은 유형의 인물이 나타나서 다시 쿠데타로 자기가 타도되는 일일 것이다. 송나라나 조선이 무武를 억누르고 문치를 강조할 수밖에 없었던 태생적 이유가 여기에 있었던 것이다.

제26장

공자께서 말씀하셨다.
"윗자리에 있으면서 너그럽지 않고, 예를 행함에 경건하지 않고, 상을 당하여 슬퍼하지 않는다면 내가 그 사람에게서 무엇을 볼 게 있겠는가?"

原文

子曰 : "居上不寬, 爲禮不敬, 臨喪不哀, 吾何以觀之哉?"
자 왈　　거 상 불 관　위 례 불 경　임 상 불 애　오 하 이 관 지 재

居上(거상) 높은 자리에 있음 | 臨喪(임상) 상에 임하여, 상을 당하여 | 何以(하이) 무엇으로, 의문형으로 以何가 도치

해 설

공자는 사생활에서의 덕목과 공적인 생활에서의 덕목은 같이 중요한 것으로 보았다. 즉, 윗자리에 있으면 너그러워야 하고, 예를 행함에는 경건해야 하고, 상을 당하여는 슬퍼해야 하는 것은 사생활의 영역이나 이는 사람의 근본적인 됨됨이로 볼 수가 있어 이에 문제가 있다면 공적 생활에서도 좋게 평가할 수가 없다는 말이다.

이렇게 사생활에서의 덕목과 공적 생활에서의 능력을 구분하지 않고

정치인을 평가하는 경향은 특히 구미에 비해 우리나라를 비롯한 동아시아에서 심한 것 같다. 구미에서는 사생활의 문제는 공적 생활과는 분리하여 생각하는 경우가 많은데 우리나라는 사생활에서의 흠은 개인의 공적 생활에도 치명적인 흠이 되는 경우가 허다하다.

사회가 다양화되고 능력이 중시되는 현대사회에서는 사생활 영역과 공적 생활의 영역을 구분하는 것이 바람직하며, 우수한 인재가 사생활에서의 작은 흠 때문에 사회에서 매장당하는 것은 국가적으로는 중대한 손실이 되며 결코 바람직한 현상은 아니라고 봐야 한다.

제4편
이인(里仁)

【제4편 이인(里仁)】

제1장

공자께서 말씀하셨다.
"인仁에 사는 것이 아름답다. 인에 사는 것을 택하지 않는다면 어찌 지혜롭다고 하겠느냐?"

原文

子曰 : "里仁爲美. 擇不處仁, 焉得知?"
자 왈   이 인 위 미   택 불 처 인   언 득 지

里(이) 마을, 여기서는 '~에 살다' | 爲(위) 이다 | 焉(언) 어찌 | 得(득) 할 수 있다 | 知(지) 지혜롭다. 智와 같다. 논어에서는 知 = 智인 경우가 많다.

해설

이里는 원래 사람이 사는 마을이라는 뜻이다. 그러나 여기서는 '거기에 산다.'라는 동사로 풀어야 다음에 오는 '인에 사는 것을 택하지 않는다면'이라는 말과 연결이 자연스럽게 된다. 이 장의 핵심은 사람이 '인에 의거하여 살아야 한다.'라는 것이지 '인이 많은 마을을 골라 살아야 한다.'라는 뜻이 아니다.

주자를 비롯하여 국내의 많은 책이 이 장의 이里를 '마을'이라는 뜻으로 생각하여 '마을의 풍속이 인仁하다는 것은 아름다운 것이다'든가 '인

을 마을로 삼음이 아름답다.'라는 등 엉뚱하거나 말이 안 되는 풀이를 하고 있다. 그러나 이里를 '거기에 산다'라고 보면, 뒷말과 연결도 무난해지고 전체의 뜻도 부드러워진다.

또한, 어떤 이처럼 "마을이 인仁한 곳을 골라서 살아라." 라고 공자가 말했다고 한다면 '이는 자신의 잘못을 꾸짖지 않고 먼저 남의 잘못을 꾸짖는 격이 되어 교훈이 아니다.'라는 다산의 말이 명확하게 문제의 핵심을 지적하고 있다고 본다.

제2장

공자께서 말씀하셨다.

"어질지 못한 이는 오래 곤궁함에 있지도 못하지만, 오래 즐거움에 있지도 못한다. 어진 이라야 인仁이 편안하고 지혜로운 이라야 인仁이 이롭다."

原文

子曰 : "不仁者不可以久處約, 不可以長處樂. 仁者安仁,
자 왈   불 인 자 불 가 이 구 처 약   불 가 이 장 처 락   인 자 안 인
知者利仁."
지 자 이 인

約(약) 검약, 여기서는 궁색하다 | 可以(가이) 할 수 있다 | 利(이) 이롭게 여기다

해 설

약約은 마치 밧줄에 묶인 것처럼 괴롭고 궁색하다는 의미이다. 어진 사람은 오래 곤궁해도 그 어진 마음으로 견디고, 즐거움이 오래되어도 그 지켜야 할 바를 지키므로 즐거움이 오래갈 수 있다.

그러나 어질지 못한 사람이 오래 곤궁한 지경에 빠지면 자연히 남을 원망하거나 남에게 화풀이를 하여 곤궁함을 제대로 견뎌내지 못하며, 즐거움이 오래되어도 더 큰 즐거움을 위해 음탕해지거나 자기의 즐거움

을 위해 남에게 해를 끼치는 등 분수를 지키지 않아 즐거움도 오래 지킬 수가 없다는 뜻이다.

어진 이는 성품상 인이 좋고 편안하다고 여기므로 인을 품고 살며, 지혜로운 이는 인을 행함이 상대방이나 자신에게 모두 유리하다고 보고 인을 행하는 것이다.

제3장

공자께서 말씀하셨다.
"오직 어진 이만이 사람을 좋아할 수도 있고, 미워할 수도 있다."

原文 子曰 : "惟仁者能好人, 能惡人."
자 왈   유 인 자 능 호 인   능 오 인

惟(유) 오직 | 惡(오) 미워하다. 이때는 '오'로 읽음

해 설

어진 사람은 사사로운 마음을 갖지 않고, 공평무사한 마음을 갖고 모든 이를 대한다. 그러므로 사람의 좋은 점과 나쁜 점을 있는 그대로 바라볼 수 있으니, 사심 없이 훌륭한 사람을 좋아하고 나쁜 사람을 미워할 수가 있는 것이다.

여기서 어진 사람이란 공평무사함이 특별한 경지에 이른 사람이어야 할 것이다. 사람은 대부분 자신의 관점에서 사람의 선악을 평가한다. 즉, 자신에게 이득이 되면 선한 사람으로 자신에게 손해가 되면 악한 사람으로 평가하기 마련이다.

극단적인 예를 들면 일본의 이토오 히로부미는 우리로서는 우리나라를 침략하여 망하게 한 원수이자 나쁜 사람이지만, 일본인에게는 영토를 확장하고 국가 발전에 공헌한 위인으로 좋은 사람이 될 것이며, 유관순 열사는 우리에게는 목숨을 바쳐 나라의 독립을 부르짖은 의인이고 좋은 사람이지만 일본인에게는 일본의 식민 통치에 저항했던 나쁜 조선인이었을 것이다.

따라서 자기의 이익에 관련된 개인 관점을 뛰어넘어 모든 사람에 대해 좋아하고 싫어함에 있어 절대적인 평가를 사심 없이 할 수 있는 인자仁者는 좀처럼 보기가 어려울 것이다. 왜냐하면 사람들은 대부분 자기에게 득이 되면 선하다고 하여 좋아하며, 해가 되면 악하다고 하여 미워할 것이기 때문이다.

제4장

공자께서 말씀하셨다.
"진실로 인仁에 뜻을 둔다면 사악함이 없을 것이다."

原文
子曰: "苟志於仁矣, 無惡也."
자 왈   구 지 어 인 의 무 악 야

苟(구) 진실로 | 於(어) ~에 대해

해설

공자에게서 인仁이란 한마디로 '사람에 대한 사랑'을 말한다. 인仁이 부모에게로 향하면 효가 되고 자식에게는 자애로움이 되고 임금에게는 충성이 되고, 윗사람들에는 공경이 되며 형제간에는 우애가 되는 것이다. 그러므로 공자는 인이야말로 사람됨의 근본이라 하고 항상 인에게서 떠나지 말도록 노력할 것을 당부한 것이다.

그러나 인에 뜻을 두었다 할지라도 인이 완성되기까지는 잘못도 있을 수 있고 당연히 허물도 있을 수 있다. 그러므로 그런 허물이나 잘못은 처음부터 나쁜 뜻을 가지고 행하는 사악함과는 다른 것이다. 따라서 공자는 그 허물을 보면 그 사람의 인을 알 수 있다고 했다(본편-7장 참조).

주자가 인仁을 '사랑의 이치, 마음의 덕'이라고 인은 살아 움직이는 사람의 구체적인 감정이나 정서라는 특징을 잃고 사람 위에 군림하는 외재적인 법칙이 되어버려 공자의 인仁의 근본적인 본질을 왜곡하게 된다.

주자의 성리학에 이르러 공자의 '인'은 기독교의 사랑이나 불교의 자비 같은 손에 잡히는 구체성을 잃어버리고 어딘가 모호한 관념성만 갖게 되어버렸다. 주자는 공자의 덕을 밝히려 한 사람이 아니다.

제5장

공자께서 말씀하셨다.

"부자가 되고 귀하게 되는 것은 사람마다 바라는 것이지만, 그것이 정당하게 얻어지지 않는 것이라면, 가져서는 안 된다. 가난하고 천해지는 것은 사람마다 싫어하는 것이지만, 그것에서 벗어나는 기회를 얻는 것이 정당하지 않다면, 벗어나서는 안 된다. 군자가 인을 떠나면 어디에서 그 이름을 이루겠느냐? 따라서 군자는 밥 먹는 짧은 시간에도 인에서 어긋나서는 안 되며, 아무리 급하더라도 설혹 엎어지고 자빠지는 잠시라도 인에 처해야만 하는 것이다."

原文

子曰: "富與貴, 是人之所欲也. 不以其道得之, 不處也.
자왈　　부여귀　시인지소욕야　불이기도득지　불처야
貧與賤, 是人之所惡也, 不以其道得之, 不去也.
빈여천　시인지소오야　불이기도득지　불거야
君子去仁, 惡乎成名? 君子無終食之間違仁, 造次必於是,
군자거인　오호성명　군자무종식지간위인　조차필어시
顚沛必於是"
전패필어시

是(시) 이것 | 所欲(소욕) 바라는바, 所는 뒤의 동사와 결합하여 명사구로 만듦 | 其(기) 그것을. 其는 각각 뒤의 處와 去를 가리킴 | 惡乎(오호) 어디에서, 乎는 전치사로

'~에서'라는 뜻이나 惡가 의문사이므로 도치됨 | 惡(오) 어디, 어찌 | 終食之間(종식지간) 밥 한 그릇을 먹는 짧은 시간 | 造次(조차) 잠시 동안, 아주 급한 때 | 必於是(필어시) 반드시 여기에 있다. 是는 仁을 가리킴 | 顚沛(전패) 엎어지고 자빠짐

해 설

아무리 부자가 되고 출세하더라도 정당한 길이 아니라면 군자는 그 방법을 취해서는 안 된다. 여기서 '정당한 길'이라는 것은 불법적인 방법은 물론 도리에 어긋나는 방법도 택하지 않는다는 것을 의미한다.

어떤 사람이 직장에 근무하다가 변호사 시험에 합격하여 검사가 되자 자신이 익숙한 그 직장의 비리를 캐내어 예전의 직장 동료들을 대거 구속하고 그 공으로 자신은 검찰 내외에서 유능하다는 평가를 얻어 출세한 다음, 마침내 정계에도 진출하여 승승장구한 예는 공자가 꺼리는 대표적인 사례일 것이다. 군자는 부귀를 얻는 방법에서는 물론, 빈천함에서 벗어나는 방법조차도 정당한 방법이 아니라면 그대로 머물러 있어야 할 뿐이다.

후한의 왕충은 이 장을 근거로 군자는 마땅히 부귀를 멀리하고 빈천함에 처해야지 이를 벗어나서는 안 된다고 주장했다. 그러나 공자는 빈천함을 벗어날 정당한 방법이 없을 때 그것을 즐겨야 한다고 했을 뿐 일부러 빈천함을 찾아 즐기라는 것은 아니다.

조차造次와 전패顚沛는 각각 '잠시'와 '엎어지고 자빠짐'이라는 뜻을 가지는데 이를 붙이면 '엎어지고 자빠지는 그 순간의 짧은 잠시'라는 뜻이 된다. 공자는 이 조차전패造次顚沛를 따로 떼어서 더욱 강조하고 있다.

제6장

공자께서 말씀하셨다.
"나는 아직 인仁을 좋아하는 사람이나 불인不仁을 미워하는 사람을 보지 못했다. 인을 좋아하는 것은 더할 나위 없이 좋은 것이고, 불인을 미워하는 사람은 인을 행할 때 불인이 그 몸에 붙지 않게 한다. 하루 동안이라도 그 힘을 온전히 인에 쓰는 사람이 있었던가? 나는 힘이 부족하여 인을 행하지 않는 사람을 못 봤는데, 아마도 있겠지만 나는 아직 보지 못했다."

原文

子曰: "我未見好仁者, 惡不仁者. 好仁者, 無以尙之;
자 왈　아 미 견 호 인 자　오 불 인 자　호 인 자　무 이 상 지
惡不仁者, 其爲仁矣, 不使不仁者加乎其身. 有能一日用其
오 불 인 자　기 위 인 의　불 사 불 인 자 가 호 기 신　유 능 일 일 용 기
力於仁矣乎? 我未見力不足者. 蓋有之矣, 我未見也."
력 어 인 의 호　아 미 견 력 부 족 자　개 유 지 의　아 미 지 견 야

無以尙之(무이상지) 그것보다 나은 것이 없다 | 以尙(이상) ~이상, 以上과 같다 | 不使不仁者(불사불인자) 불인한 것이 ~ 하게 하지 않다 | 乎(호) ~에 대하여, 於와 같다 | 蓋(개) 아마도 | 未之見(미지견) 원래는 未見之이어야 하나 부정문이므로 도치됨

해설

　이 장에서 공자는 인을 좋아하는 것과 불인을 미워하는 것을 별개로 분리하여 생각하고 있다. 즉, 인을 좋아하는 것은 그 이상 좋은 것이 없을 만큼 좋은 일이지만, 불인을 미워하는 사람은 인을 행할 때 불인이 그 몸에 붙지 않게 조심해야 한다는 것이다. 즉, 인을 행하더라도 그 방법이나 결과가 불인이 되는 경우는 불인이 몸에 붙는 경우가 되며 군자는 이를 조심해야 하는 것이다.

　인仁의 원래 모습이 사람(人)이 둘(二)이라는 것은 속설이며, '仁'이라는 한자는 사람이 방석 같은 깔개에 앉아 있는 모습에 불과하다. 공자 이전에는 아무도 인仁을 사람이 지켜야 할 덕목이라는 의미로 사용하지 않았으므로 인은 사실상 공자가 창안해낸 핵심적 덕목이라고 볼 수 있다.

　공자는 주나라 문왕이나 무왕, 그리고 백이·숙제를 비롯하여 주공 같은 이전의 인물들을 인이란 잣대를 통하여 최초로 평가하여 사람이 가져야 할 기본적인 덕목으로서 인을 강조하였으나 이 장에서 공자는 하루 동안이라도 힘을 다해 인을 행하는 사람이 없음을 한탄하는 데서 보듯이 인을 온전히 행하는 일은 결코 쉬운 것이 아님을 지적하고 있다.

　자한편 11장(9-11장)에는 안연이 탄식하며 공자를 평하는 장면이 나온다. "우러러보면 더욱 높아지고, 뚫으려 하면 더욱 단단해지며, 앞에 있다고 해서 바라보면, 홀연히 뒤에 계시는구나." 하고 공자의 정신세계의 드높음을 찬탄하는 모습이 나온다. 공자의 깊이는 수제자였던 안연으로서도 다가서기 어려운 경지였음을 알 수 있다.

제7장

공자께서 말씀하셨다.
"사람의 허물은 그가 속한 무리에 따라 다르다. 허물을 보면 그 사람의 인仁을 알 수 있다."

> **原文**
> 子曰 : "人之過也, 各於其黨. 觀過, 斯知仁矣."
> 자 왈   인 지 과 야   각 어 기 당   관 과   사 지 인 의

過(과) 과실, 허물 | 也(야) 음절을 조정하는 어조사 | 於(어) 따르다 | 黨(당) 무리 | 斯(사) ~하면

해 설

사람은 모두 허물이 있을 수 있는데 그 허물은 그가 어떤 부류의 사람인가에 따라 다르다는 뜻이다. 지혜로운 자는 지나치게 지혜를 사용함으로써 허물이 생기고 용감한 자는 자신의 용맹을 너무 과하게 사용함으로써 허물을 짓게 되는 것이다.

정자程子는 "사람의 허물은 각각 그 유형에 의하는데, 군자는 항상 후덕함에서 허물이 생기고 소인은 얇음에서 허물이 생긴다." 라고 하였다. 그러므로 공자는 그 허물을 보면 그 사람의 인을 알 수 있다고 한 것이다. 허물을 보면 원래 하고자 하는 바를 알 수가 있고, 그 하고자 하는 바가 바로 그 사람의 인을 나타내는 척도가 되는 것이다.

제8장

공자께서 말씀하셨다.
"아침에 도를 들으면, 저녁에 죽어도 좋다."

> **原文**
> 子曰 : "朝聞道, 夕死可矣."
> 자 왈   조 문 도   석 사 가 의

朝(조) 아침. 여기서는 시간을 나타내는 부사로 쓰임(= 아침에) | 夕(석) 저녁. 여기서는 '저녁에'라는 뜻

해 설

공자는 도의 내용에 대해서는 별다른 언급이 없었다. 그러나 공자의 도를 굳이 말로 표현하자면 '어떤 체제나 사람의 행위에서 마땅히 있어야 할 핵심적이고 당위적인 요소'를 말하는 것이며 후세에서는 진리라고 표현될 만한 것이었을 것이다.

공자의 도는 도가에서는 사람을 떠나 우주 만물을 관통하며 변화하는 근본 원리로까지 확충되고, 맹자는 이를 인·의·예禮·지智로 확대하여 사덕四德이라 했으며, 한의 동중서는 여기에 신信을 더해서 오상五常이라고 하였다.

송 대에 이르러 정이程頤는 만물을 생성케 하는 음양 이기=氣 작용의 원인으로서 도를 이理로 보고, 이理는 보편적이면서도 무한히 특수화하여 만물에도 일리一理가 있는 동시에 하나의 물건에도 일리가 있다고 하였다.

공자가 도의 내용에 대해 언급하지 않았으므로 공자의 후예들은 이 도에 대해 저마다의 생각을 붙여서 그 생각을 공자가 생각한 도의 내용으로 하고자 하였다.

제9장

공자께서 말씀하셨다.
"선비가 도에 뜻을 두고서 싼 옷과 거친 음식을 부끄럽게 여긴다면, 더불어 이야기하기에 부족하다."

> **原文**
>
> 子曰 : "士志於道, 而恥惡衣惡食者, 未足與議也."
> 자왈   사 지 어 도   이 치 악 의 악 식 자 미 족 여 의 야

未足(미족) 부족하다, 할 수 없다

해 설

원래 사士란 '큰 도끼를 들고 군주를 보호하는 무관'을 뜻하는 글자이며, 주나라의 봉건 계급 중 하나로 곧 왕(천자)·제후·대부·사·서인의 5단계의 봉건 신분 계급에서 '사'는 '대부'보다 낮고 '서인'보다 높은 신분이며, 관리로서는 하위에 속한 계급이었다.

그러나 공자 시대에 와서 '사'는 대체로 고위직인 대부 밑에서 군주를 위해 일하는 중하류의 관리층을 지칭하며 '벼슬한다'라는 뜻인 '사仕'와 관련되어 일정한 지식과 기능을 갖고서 어떤 직책을 맡는 관리라는 의미를 갖는데, 논어에서는 이러한 관리가 되기 위해서 공부를 하는 사람

도 널리 사士라고 부른다.

　공자와 그의 제자들은 자신들을 '사'의 집단으로 생각하고 공자의 이념을 실현하는 집단으로서의 '사'의 개념을 확립하여 간 것이다. 우리나라에서는 '어질고 학식이 있다'라는 어원을 가진 '선비'라는 말이 있는데 중국의 '사士'와는 어원도 다르고 유래도 다르지만, 조선이래 '사士'는 '선비'로 이해되어왔으므로 이 책에서도 사士를 선비로 풀이하고자 한다.

　선비가 도에 뜻을 두었으면서도 질 나쁜 옷이나 거친 음식을 부끄러이 여긴다는 것은 아직은 도를 말할 수준이 아니라는 뜻이다. 공자는 자한편 27장(9-27장)에서 자로를 일컬어 "해진 헌 솜옷을 입고, 여우나 담비 털옷을 입은 사람들과 나란히 서도 부끄러워하지 않을 사람은 아마도 자로일거다! 남을 해치지 않고 남의 것을 구하지도 않으니 어찌 착하다 하지 않겠는가?" 라고 자로를 칭찬했으며,

　옹야편 10장(6-10장)에서는 안회를 일컬어 "어질구나, 회는! 한 소쿠리의 밥과 한 바가지의 물로 누추한 마을에 살면, 사람들은 그 괴로움을 견디기 어려워하는데 회는 그 즐거움을 바꾸지 않는구나. 어질구나, 회는!" 하고 칭찬하였다.

　자로와 안회는 자공과 더불어 공자가 가장 아끼던 제자였으며 공자의 자부심을 높여준 제자였다.

제10장

공자께서 말씀하셨다.
"군자는 천하 일에 대해서 이것이라고 주장하지도 않고 안 된다고 하지도 않으며, 오로지 의로움과 함께 할 뿐이다."

原文

子曰 : "君子之於天下也, 無適也, 無莫也, 義之與比."
자 왈   군 자 지 어 천 하 야 무 적 야 무 막 야 의 지 여 비

適(적) 맞다고 오로지 주장하다 | 莫(막) 불가하다, 그르다 | 義之與比(의지여비) 義와 친히게 지내다. 당초 與義比어나 하나 義를 강조하기 위해 義를 가장 앞세우고 조사 之를 써서 문장을 도치 | 比(비) 친하다, 나란히 하다, 함께하다

해설

공자는 "군자가 세상에 임해서는 나의 이익이나 주관에 따라 어떤 것을 주장하거나 혹은 거부해서는 안 되며 오로지 옳은 것(義)에 따라서 행동해야 한다." 라고 한다. 오늘날 정치권에서는 거의 모든 문제에서 진영논리가 판을 치고 있다. 아무리 그 일이 옳아도 같은 편에서 한 일이 아니라면 무조건 잘못된 일이라고 비난하는 반면, 아무리 잘못된 일이라도 같은 편이 한 일이라면 무조건 두둔하고 나서고 있다.

오늘날에도 북한의 위협과 주변 4강의 대립 속에 놓여있는 우리는 이 장의 공자의 말을 우리 현실에 비추어 새삼 엄숙히 되새겨 보아야 할것이다.

제11장

공자께서 말씀하셨다.

"군자는 가슴속에 덕을 품고 소인은 땅을 품으며, 군자가 형벌을 생각할 때 소인은 은혜로움을 생각한다."

> **原文**
> 子曰 : "君子懷德, 小人懷土. 君子懷刑, 小人懷惠."
> 자 왈　　군 자 회 덕　　소 인 회 토　　군 자 회 형　　소 인 회 혜

君子(군자) 여기서는 위정자 | 懷(회) 가슴속에 품다. 생각하다 | 小人(소인) 여기서는 일반백성

해설

여기서 군자와 소인은 도덕적인 수준에 의한 구별을 말하는 것이 아니라 지위에 따라 군자는 위정자, 소인은 일반 백성을 말하고 있다. 군자 즉, 위정자는 백성을 다스림에 있어 마음속에 덕을 품고 있어야 하며, 소인, 즉 백성은 덕이 있는 위정자 밑에서 자기가 살던 땅에 의지하여 살려고 한다는 것이다.

그러므로 만약에 위정자가 형벌로만 다스리려 하면 백성들은 가혹한 형벌보다는 은혜로운 다스림을 원하게 된다는 의미다. 춘추시대 제

자백가의 하나인 이른바 '법가'가 말하는 '법'이란 사실상 백성의 권익을 위한 것이 아니라 공개적으로 전제적 통치를 위해 형벌을 이용한다는 통치 수단에 불과한 것이었으므로 '법가'란 말은 지나친 미화이며 실상은 '형벌가'로 불러야 마땅하다는 주장도 있다.

형벌만 있고 백성의 권익을 위한 근대적인 의미의 법이 없었다는 것이 근대 이전의 중국이나 우리나라의 현실이었다. 즉 신분 질서를 유지하기 위한 예禮와 그에 기초하여 세분화한 형벌이 있었을 뿐 백성의 권리에 기초한 법은 없었던 것이다.

다만, 고려 문종 이래 조선시대에는 사형에 해당하는 죄인은 세 번씩 재판하여 철저히 조사한다는 사죄삼복제死罪三覆制가 일부 행해졌는데 이 제도는 사람을 죽임에 있어 세번은 커녕 한번도 제대로 조사나 변명의 기회를 주지 않던 야만의 시대에 조선은 물론 세계적으로도 대단히 이례적이고 특기할만한 제도였다고 본다.

제12장

공자께서 말씀하셨다.
"이익에 따라서만 행동하면, 원망이 많아진다."

> **原文**
> 子曰 : "放於利而行, 多怨."
> 자 왈   방 어 리 이 행   다 원

放(방) 통상은 '두다'라는 뜻이나 여기서는 '의하다, 기준으로 삼다'라는 뜻 | 於(어) ~에

해 설

자신의 이익에 따라서만 행동하면 자연히 남의 이익을 해칠 일이 생기고 따라서 남에게 원망을 사게 된다는 뜻이다. 그러므로 제대로 된 큰 상인은 항상 나와 상대가 함께 이익이 되는 사업을 하지 나만 일방적으로 이익이 되는 사업을 하지 않는다.

나만 이익이 되고 상대방은 이익이 없거나 손해가 되는 사업은 그 형태야 어떻든 오래 지속되기 어렵다. 공자가 반드시 부자가 되거나 이익을 마다한 것은 아니다.

술이편 12장(7-12장)에서 공자는 "부자가 구해서 될 수 있는 것이라면

설령 채찍을 잡는 천한 사람이라도 나는 역시 되겠지만, 만약 구해서 되는 일이 아니라면 내가 좋아하는 바를 따르겠다." 하여 공자 역시 정당한 일로 부자가 되는 것이라면 채찍을 잡는 마부나 시장 경비라도 마다하지 않을 것이라고 했다.

또, 염유와 함께 위나라에 갔을 때 백성들이 많은 것을 보고 염유가 "백성들이 많아졌으면 또 무엇을 더해야 합니까?" 라고 물으니, 공자는 "부유하게 해야지." 하여 공자가 부자나 이익을 마다한 것은 아님을 보여준다.

공자가 싫어한 것은 매사에 오로지 이익만을 추구해서 행동하거나 정당하지 않은 방법으로 이익을 추구하는 것이었을 뿐이다.

제13장

공자께서 말씀하셨다.

"예와 겸양으로 나라를 다스린다면 무슨 문제가 있겠는가? 또, 예와 겸양으로 나라를 다스릴 수 없다면 예가 무슨 소용이 있겠는가?"

> **原文**
>
> 子曰 : "能以禮讓爲國乎? 何有? 不能以禮讓爲國,
> 자 왈   능 이 례 양 위 국 호   하 유   불 능 이 례 양 위 국
> 如禮何?"
> 여 례 하

禮讓(예양) 예의와 겸양 | 爲(위) 하다. 여기서는 '다스리다' | 何有(하유) 뭐가 있는가, 무슨 문제가 있겠는가? | 如禮何(여례하) 예의가 무슨 소용이 있는가?

해 설

공자에게서 '예禮'는 사적인 관계에서의 가이드 라인이 될 뿐만 아니라 국가를 통치하는 큰 원칙이 되기도 한 것이었다. 즉, 임금이 신하를 부릴 때도 예로써 해야 하며 나라와 나라 사이의 외교 역시 예로써 행해져야 하는 것이다.

또한, 겸양은 예의 실질적 내용이므로 예는 겸양이 외적으로 나타

나는 모양인 것이다. 따라서 상호간의 겸양이 예의 주主가 되며, 따라서 예는 상대적이다. 특히 순자는 예를 법의 상위 개념으로 두어, 사생활에서 국가 통치에 이르기까지의 전 영역에 걸쳐 없어서 안 되는 필수불가결한 원리라고 보았으며,

예의 기원에 대해서는 순자는 "예는 어디에서 일어났는가? 사람은 태어나면서부터 욕구를 갖고, 욕구대로 행동하는데 욕구가 이루어지지 못하면 남과 다투게 된다. 다투면 어지럽게 되고 어지러우면 궁핍하게 된다. 선왕先王이 이런 어지러움을 미워했기 때문에 예를 제정하여 분수를 정했다." 라고 한다.

공자는 이 장에서 '임금을 비롯한 모든 위정자가 나랏일에 임해서 예로써 신하를 부리고 겸양의 자세로 백성을 돌본다면 신하와 백성이 어찌 따르지 않을 수 있겠느냐?'라고 말하는 것이다.

제14장

공자께서 말씀하셨다.

"자리가 없음을 염려하지 말고, 자리에 설 수 있게 되기를 염려하라. 나를 알아주지 않음을 염려하지 말고, 내가 알려지게 되기에 힘써라."

原文

子曰 : "不患無位, 患所以立. 不患莫己知, 求爲可知也."
자 왈   불 환 무 위   환 소 이 립   불 환 막 기 지   구 위 가 지 야

位(위) 자리, 벼슬자리 | 所以(소이) ~ 하는 까닭, 방법 | 可知(가지) 알 수 있는 상태, 남들이 알아줄 수 있는 상태

해 설

먼저 자신의 실력을 갖추도록 노력하라는 뜻이다. 공자학단 제자들의 현실적인 목표는 대부분 관직을 얻는 것이었을 것이다. 공자는 먼저 개인이 덕과 함께 실력을 갖추도록 노력하고 그다음에 관직을 얻는 것을 바람직한 것으로 보았겠지만 제자들은 우선 벼슬자리에 나가기를 원했을 것이다. 이 장은 그런 제자들에게 공자가 충고한 말이다.

공자의 교육은 기본적으로 위정자를 위해 일하고 녹봉을 받는 사士를

육성하는 것을 목적으로 삼았다는 점에서 플라톤의 아테네학당과는 근본적으로 다르다. 플라톤 역시 한 분야의 전문가가 아닌 철학적 교양과 기하학, 천문학 등 소양을 갖춘 차세대 지도자를 육성하였지만, 그 학생들은 공자의 제자들과는 달리 관직을 구하는 사士 계급이 아니었다.

고대 아테네에서는 누구든지 임금을 받고 일하는 것은 오히려 도덕적으로 바람직한 일로 생각되지 않았으며 정치체제는 민주적이었으나 실제 삶의 바람직한 모습은 늘 귀족주의를 향하고 있었으므로 아테네 최고의 귀족 출신인 플라톤 역시 주로 농장이나 광산, 채석장 등 재산을 소유한 귀족 자제를 교육했다.

이러한 점에서 신분 차별이 없는 평등한 교육을 지향했던 공자의 학단과 플라톤의 아테네학당은 그 목적, 학생들의 신분 등에서 달랐지만 그들의 사상 이념이 후일 그 사회뿐만 아니라 주변 국가에도 큰 영향을 미쳤다는 점에서는 비슷하다고 할 것이다.

제15장

공자께서 말씀하셨다.

"삼[39]아! 내 도는 하나로 일관된다." 증자가 "예!" 하고 대답했다. 공자가 나가자 다른 제자들이 "무슨 말인가?" 하고 묻자, 증자가 말했다. "선생님의 도는 충서일 뿐이다."

原文

子曰 : "參乎! 吾道一以貫之."
자 왈   삼 호 오 도 일 이 관 지

曾子曰 : "唯!"
증 자 왈   유

子出, 門人問曰 : 何謂也?
자 출 문 인 문 왈   하 위 야

曾子曰 : "夫子之道, 忠恕而已矣."
증 자 왈   부 자 지 도 충 서 이 이 의

一以貫之(일이관지) 원래는 以一貫之이나 一을 강조하는 뜻에서 도치됨 | 唯(유) 예, 공손하게 대답하는 말 | 門人(문인) 제자, 여기서는 공자의 제자들 | 忠恕(충서) 성실과 남을 나와 같이 대우함 | 而已矣(이이의) ~할 뿐이다. 어조사

---

39 증삼(曾參) : 자는 자여(子輿). 노나라 남무성(南武城) 출신으로 공자보다 46세 적다. 효도에 능통하다고 여겨졌으며 효경을 저술했다. 공자의 제자 중에서도 가장 나이가 어린 편에 속하는 데도 불구하고 논어에서 빠짐없이 '증자(曾子)'라는 존칭으로 불리는 것으로 미루어 논어가 이 증삼 계열의 제자들에 의해 최종 편찬되었다는 설이 유력하다.

해 설

이 장은 공자에게서의 증자의 위치와 논어에서의 증자의 위치가 서로 다르다는 것이 잘 나타나 있는 부분이다. 즉, 공자가 증삼에게 '삼아!'하고 이름을 불렀는데 대답은 '증자 왈'로 받고 있다. 논어에서는 '증삼'이라는 이름은 오직 공자가 이 장에서 공자가 '삼아!'하고 부른 것밖에 없다.

그 밖에 다른 장에서는 '증삼'은 모두 증자로 존칭하고 있다. 그리고 공자가 증삼에게 '내 도는 하나로 일관한다.' 했을 때 다른 제자들이 증자에게 공자가 한 말이 무슨 뜻이냐고 묻는 이 장면의 설정 자체가 공자 문하에서 증삼의 위치를 높이려는 의도를 드러낸다. 어색하고 코믹한 설정이지만 이 역시 논어를 편찬한 사람들이 증삼 계열의 제자들이 많았음을 알 수 있게 해주는 설정이다.

논어에서 말하는 '충서忠恕'는 사람에 따라 여러 가지로 풀이되고 상황에 따라 또 다르게 풀이되지만 대체로 '충忠'은 '다른 사람을 위하려는 성실하고 참된 마음가짐'으로 보고, 특히 임금에 대해서는 충성으로 표현되고, '서恕'는 '다른 사람을 나와 같이 대우한다.'라는 마음가짐으로 본다면 크게 틀리지 않을 것이다.

그러므로 '충서忠恕'는 결국 사람에 대한 공경과 사랑이며 이는 바로 '인仁'의 다른 표현이라고 보아도 무방할 것이다.

제16장

공자께서 말씀하셨다.
"군자는 의로움에 밝고, 소인은 이익에 밝다."

> **原文**
> 子曰 : "君子喩於義, 小人喩於利."
> 자 왈   군 자 유 어 의   소 인 유 어 리

喩(유) 깨닫다, 환히 알다, 曉(효)와 같다. | 於(어) ~에 대해, 전치사

해 설

유(喩)의 한자 구성을 보면 '입으로(口), 그렇다(兪)'라고 말하는 형태의 글자이다. 그래서 '깨닫다, 밝게 알다'라는 뜻이 된다. 군자는 이익은 잘 모르고 의로움만 잘 안다는 뜻이 아니라 군자는 모름지기 의로움도 알고 이익도 알지만 어떤 상황이든 그중에서 먼저 의로움을 찾아 이를 행동의 준칙으로 한다는 뜻이다.

즉, 정상적인 사람이라면 자신에게 이익이 되거나 손해가 되는 것을 모르는 사람은 없다. 군자는 다만 그 상황에서 의로움을 먼저 생각하고 그에 맞는 선택을 할 뿐이고 소인은 그 상황에서 이익이 되는 쪽으로 선택해 간다는 의미이다.

즉, 하찮은 밥 한 끼라도 의로움을 해친다면 이를 사양하고 날마다 부지런히 덕과 선善을 쌓아서 마침내는 하늘의 뜻을 알고 사람으로서 마땅한 당위를 확고히 행하는 사람이 군자이며, 하찮은 밥 한 끼라도 이익이라고 생각하여 날마다 그런 이익 추구에만 빠져 덕과 선善으로부터 점점 멀어지는 것이 소인이다.

즉, 천하제일의 덕성과 착함을 가질 수 있다 하더라도 그것들이 내 주머니의 돈 한 푼만도 못하다는 생각을 가지고, 어떤 상황에서든 '이익 제일'이 삶의 준칙으로 굳어지면 이런 사람에게는 이익이 곧 선이요, 불이익이나 이익 없음이 곧 악이 되어버리는 것이다.

수십억 원대의 친구 빌딩을 대신 팔아주겠다고 인감과 부동산 매각에 필요한 일체 서류를 가져가서 빌딩을 팔아 돈은 자기가 챙기고 빌딩 매각과정에서 발생한 세금까지 친구에게 물리게 하여 결국 친구를 자살케 한 사건은 범죄의 구성요건 여부를 떠나 전형적이고 극단적인 소인의 행태를 여실히 보여준다.

제17장

공자께서 말씀하셨다.

"어진 사람을 보면 나도 그와 같이 되어야겠다고 생각하고, 어질지 못한 사람을 보면 나도 그렇지 않은지 스스로 살펴보아야 한다."

原文

子曰 : "見賢思齊焉, 見不賢而內自省也."
자 왈　　　견 현 사 제 언　견 불 현 이 내 자 성 야

齊(제) 가지런하나 | 焉(언) 이, 이것과. 시시대 명사도 於是와 같다. 이 경우 是는 앞의 賢을 가리킴 | 內自省(내자성) 안으로 자신을 살피다 | 省(성) 살피다, 깨닫다

해 설

'제齊'는 벼 이삭의 위쪽이 서로 평평하고 고른 것을 뜻한다. 즉, 어진 사람을 보면 자신도 그와 나란히 되어야겠다고 생각한다는 뜻이다. 즉 그 사람의 좋은 점을 따라 하도록 하고 어질지 못한 사람을 보면 그 사람의 나쁜 점이 내게도 있는지 살펴보고 혹시 있다면 반드시 고치도록 해야 한다는 말이다.

논어를 비롯한 동양고전의 이러한 실용적인 측면을 두고 일부 서구

철학자는 이를 폄하하여 동양고전에서 말하는 철학은 철학이 아니라 처세술일 뿐이라고 평가절하하는 사람도 있다. 그러나 그것은 동서양의 문화나 정치체제, 지정학적 차이에 따라 철학이라든가 사상이 다르게 발달해 왔는데 발전한데서 기인하는 것이지 직접적으로 우열을 논할 사항은 아니라고 본다.

서양 철학이 사물과 그에 따른 인식을 포괄하여 진리 발견을 위해 체계적 조건적으로 논리체계를 구성해 나가지만 그 궁극의 목표는 결국 인간의 행동에 대한 어떤 권유가 의도되어 있는 것이다. 이에 비해 동양 철학은 주로 경전 해석을 근거 삼아 사람에게 직접적인 행동을 권유하는 경우가 많다.

제18장

공자께서 말씀하셨다.
"부모님을 모실 때는 잘못이 있더라도 낌새로만 간하되, 그 뜻에 따르지 않으시더라도 더욱 공경하며 어긋남이 없도록 해야 하며, 힘이 들더라도 원망하지 않아야 한다."

原文
子曰: "事父母, 幾諫, 見志不從, 又敬不違, 勞而不怨."
자 왈   사 부 모 기 간 견 지 부 종 우 경 불 위 노 이 불 원

幾(기) 기미, 낌새 | 諫(간) 윗사람에게 그 잘못을 고치도록 충고하다 | 志(지) 자신이 간하는 뜻 | 違(위) 어긋나다

해설

이 장에서 공자의 효도관을 볼 수 있다. 즉, 부모의 뜻에 노골적으로 맞서지 말 것이며 부모가 그 뜻을 알아줄 때까지 힘이 들더라도 맞서지 않으며 부모님의 뜻에 거스르지 말라는 의미이다. 대부분의 해석서가 그런 의미로 풀이한다. 그러나 한두 번 '기간幾諫'을 하여 따라주지 않으면 그대로 부모의 뜻을 따른다는 것은 부모의 잘못을 방치한다는 것이 되어 옳지 않다.

'기간幾諫'에서 '기幾'는 간곡하다는 뜻이고 '기간' 즉 '간곡하게 권한다'라는 것은 공손한 태도로 낯빛을 부드럽게 하여 부드러운 목소리로 권고한다는 것이다. 즉, 부모가 잘못된 길에 서 있음에도 자식으로서 그 잘못을 그대로 둔다면 그것이야말로 자식 된 도리가 아니라 할 것이다.

설혹 부모의 뜻에 어긋나더라도 부모가 명백히 잘못된 점이 있으면 계속해서 그 잘못을 지적하고 수긍이 되도록 간하는 것이 올바른 자세라고 본다. 아무리 공자 말씀이라 해도 잘못하는 부모에게 제대로 말도 하지 않고 따르라는 것은 잘못된 것이라고 본다.

이 부분에서 부모에 대한 효와 임금에 대한 충이 다르다. 후세 유가에서 충신은 임금이 잘못이 있으면 목숨을 걸고 그 잘못을 충간하는 것이 올바른 자세가 되지만, 공자에게는 그러한 끈질긴 집착이 없다. 즉, 임금에 대하여 잘못을 권할 수도 있지만, 임금이 듣지 않으면 그만두고 떠나버리면 그만인 것이다.

그러나 부모에 대한 효도는 다르다. 부모가 자식의 말을 따르지 않는다 해서 자식이 떠나버릴 수도 없어 이 부분에 대하여 공자의 말은 이 장에서 보이는 것처럼 명확하지 않다. 다산은 이 부분에 대하여 '따르지도 않고 어기지도 않는다(일변부종一邊不從, 일변불위一邊不違)'라고 표현하고 있지만 이 역시 불명확한 것은 마찬가지다. 즉, 이 부분의 공자 말씀은 근본적으로 잘못된 것이다. 부모라도 잘못된 일을 하면 자식이라도 계속해서 그 잘못을 지적하고 설득하여 고치도록 해야 한다.

제19장

공자께서 말씀하셨다.
"부모가 계실 때는 멀리는 놀러 가지 말 것이며, 놀러 갈 때는 반드시 가는 곳을 알려야 한다."

原文
子曰: "父母在, 不遠游[40], 游必有方."
자왈   부모재 불원유   유필유방

游(유) 놀다, 헤엄치다, 가다 | 方(방) 행방, 가는 곳

해설

'유游'는 '헤엄치다, 놀다'라는 뜻이 일반적이지만 '가다'라는 뜻으로도 쓰인다. 국내의 많은 책은 '유遊'로 쓰고 '가다'로 해석한다. 그러나 '유遊'를 '가다'로 쓸 때는 뭔가 볼 일이 있어 간다는 뜻이 되고, 볼 일이 있어 가는 데 멀고 가까운 것을 따진다는 것은 상식적이지 않다. 볼 일이 있어도 '멀리는 가지 마라'라는 것이 말이 되는가? 따라서 여기서 '멀리 가지 말라(원유 遠游)'고 한 것은 '멀리 놀러 가지 마라'라는 뜻이라고 봐야 한다.

---

[40] 游(유) : 국내 대다수의 서적은 遊(유)로 되어있으나 다산의 『논어고금주』에는 游(유)로 되어있다. 본서는 『논어고금주』에 따른다.

또한, 뒤에 있는 유방(有方, 반드시 가는 곳을 알려야 한다)이라는 말과 비추어보면 '유游'를 '놀다'라는 뜻으로 보아야 '놀러 갈 때는 반드시 가는 곳을 알려야 한다.'라는 말이 되어 문장의 흐름이 자연스러움을 알 수 있다.

만약에 '유游'를 '가다'라는 뜻으로 본다면, 볼 일이 있어 어디로 가는 것은 이미 한집에 사는 부모와 대개 의논이 되고 부모의 양해가 있어, 집을 나서는데 다시 가는 곳을 알려야 한다는 것은 이치에 맞지 않는다고 생각된다.

논어를 비롯한 동양고전의 어려움은 상당 부분 해설서의 어려움에도 기인한다고 본다. 이렇게 상식적이 아닌 상황으로 몰아가려 드니 자연히 읽는 사람이 어렵게 생각할 수밖에 없는 것이 아닐까?

제20장

공자께서 말씀하셨다.
"삼 년 동안 아버지가 하셨던 방식을 바꾸지 않는다면 효성스럽다고 일컬어질 만하다."

原文
子曰 : "三年無改於父之道, 可謂孝矣."
자 왈   삼 년 무 개 어 부 지 도   가 위 효 의

改(개) 고치다 | 道(도) 방식

해설

이 장은 학이편 11장(1-11장)의 후반부에 있는 내용이다. 대부분 책은 중복이라 하여 설명을 생략한다. 논어는 수백 년의 전승과 편찬과정을 반복, 한나라 초기에 겨우 '논어'라는 이름을 얻기에 이르렀다.

이러한 편찬과정을 생각할 때 지역과 계통이 다른 논어를 단순히 합쳤으므로 당연히 중복이 나올 수는 있지만 이처럼 명확한 중복 부분을 편집 정리하지 않고 중복상태 그대로 둔 데 대한 정확한 이유는 알기 어렵다.

제21장

공자께서 말씀하셨다.
"부모님의 연세는 알고 있지 않으면 안 된다.(그 연세를 생각하면) 한편으로는 기쁘고 한편으로는 두려워한다."

原文

子曰 : "父母之年, 不可不知也, 一則以喜, 一則以懼."
자왈　　부모지년　불가부지야　일즉이희　일즉이구

年(년) 여기서는 부모의 나이, 연세 | 不可不知(불가부지) 알고 있지 않으면 안된다. 불가불(不可不) 지(知)가 아님 | 則(즉) 그리하면, 수사(數詞)뒤에 붙는 접속사 | 懼(구) 두려워하다

해설

부모님의 연세를 알고 나면 한편으로는 나이에 비해 건강하심을 기쁘게 생각할 수도 있지만, 한편으로는 늙어 가심을 알고 두려워한다는 것이다. 두렵다는 것은 연세가 많아지면 쇠약하고 늙어 죽음에 가까워진다는 의미이기 때문이다.

효를 강조하는 것은 공자 문하의 특징이다. 효의 중시는 증자를 거쳐 유가의 확고한 덕목의 하나가 되었으며 이는 다른 제자백가에는 없는

유가 특유의 것이다. 서구에서도 플라톤 이래 그리스 철학이나 중세, 근대 철학에 이르기까지 인간을 대상으로 한 보편적 사랑을 언급하는 경우는 있었지만 이처럼 부모에 대한 개별적인 효를 강조한 철학 사상이나 철학자는 없다.

오늘날 핵가족이 일반화되고 일인 가구가 전체 가구의 30%를 차지하고 있는 현실에서 부모님에 대한 효도는 구시대적인 덕목으로 생각되어 말 꺼내기도 민망할 정도로 당위성을 잃어가고 있지만, 부모에 관한 이야기나 가요가 여전히 사람들의 관심을 끄는 것을 볼 때 효도가 우리 사회의 의식 저변에서 완전히 사라지지는 않았음을 알 수 있다.

제22장

공자께서 말씀하셨다.
"옛날에는 말을 함부로 하지 않았는데, 몸소 행함이 말에 미치지 못하는 것을 부끄러워했기 때문이다."

原文
子曰: "古者言之不出, 恥躬之不逮也."
자 왈　　고 자 언 지 불 출　치 궁 지 불 체 야

古者(고자) 옛날에는, 者는 시간을 나타내는 말 뒤에 붙는 접미사 | 言之不出(언지불출) 不出言에서 言을 강조하기 위해 맨 앞에 두고 조사 之를 사용, 도치 형태를 취함 | 躬(궁) 몸소 행함 | 逮(체) 미치다, 이르다

해설

옛날 사람들은 말을 하면 반드시 실천해야 한다고 믿었으며, 자기의 말을 실천하지 못하는 것을 부끄러워했기 때문에 함부로 말하는 것을 꺼렸다. 실행하지 않는 사람은 쉽게 말하는 버릇이 있으므로 말하기를 행하는 것처럼 하고 행하기를 말하는 것처럼 한다면, 입 밖으로 말하는 것을 조심하여 무엇이든 쉽게 말하지 않게 된다.

공자의 가르침은 무엇보다도 실천에 중점을 둔다. 천명이니 우주니

하면서 실생활에 별다른 도움이 되지 않는 거창한 주제에 대해 논하는 것을 공자는 되도록 피했다. 서구에서도 알렉산더 대왕 이후에 등장한 에피쿠로스학파에 이르러 비로소 철학이 사람들의 실제 삶에 도움이 되는 학문이어야 한다는 생각이 자리 잡게 되었다.

에피쿠로스학파 이전에는 철학자는 고독한 현자이거나 묻는 자, 세계를 개선하는 자, 만물의 전문가 등 현인이기는 하지만 사람들의 실제 생활에는 별다른 도움을 주지 못하는, 그들만의 왕국에서 논쟁에 열중하던 사람들이었을 뿐이었다.

제23장

공자께서 말씀하셨다.
"몸가짐을 단속하고 절약해서 손해 보는 일은 드물다."

> **原文**
> 子曰 : "以約失之者鮮矣."
> 자 왈   이 약 실 지 자 선 의

約(약) 몸가짐을 단속하거나 절약하다 | 失(실) 잃다, 손해보다 | 之(지) 그것, 여기서는 일반적인 사물, 사람 등을 가리키는 인칭대명사 | 鮮(선) 드물다

해 설

'약約'은 원래 '실로 묶어둔다.'라는 뜻이다. 즉 단단히 단속하고 절약한다는 뜻이다. 자신을 단속하여 조심하고 근신하면 잘못을 범하는 경우는 매우 적을 것이다.

이 장을 앞장과 이어져 있는 문장이라고 보아서 "옛날에는 말을 함부로 하지 않았는데, 몸소 행함이 말에 미치지 못하는 것을 부끄러워했기 때문이다." 라는 앞장에 이어 '약約'을 '약속'이라고 해석하여 "약속 후에 이를 지키지 않는 이가 드물었다." 라고 푸는 견해도 있으나 앞장과 이 장은 각기 별개의 장으로 구분되어 있으므로 별도의 장으로 해석하는

것이 무난하다.

그리고 이 장을 "약속 후에 이를 지키지 않는 이가 드물었다." 라고 풀이하는 것은 논어에 수록할 정도의 공자 어록으로 보기에는 너무나 평범하고 말하고자 하는 메시지도 분명하지 않다.

한나라 성제成帝(BC51년 ~ BC7년) 때 성제가 황후를 비롯한 궁중의 씀씀이를 줄이라고 하였는데 황후가 이에 대해 불만을 토로하자 성제는 논어의 바로 이 구절을 인용하여 황후를 나무라고 황후가 먼저 절약하여 나머지 여러 비빈妃嬪의 모범이 될 것을 주문하였다. 즉 한나라 때부터 이 장의 '약約'은 '몸가짐을 단속하거나 절약한다.'라는 뜻으로 풀었다는 것을 알 수 있다.

제24장

공자께서 말씀하셨다.
"군자는 말은 어눌하게 하고 행동은 민첩하게 하고자 한다."

原文

子曰: "君子欲訥於言而敏於行."
자 왈   군 자 욕 눌 어 언 이 민 어 행

訥(눌) 말을 느리고 둔하게 하다 | 敏(민) 민첩하다, 재빠르다

해 설

'눌訥'은 느리고 둔한 것이다. 즉, 말을 느리고 둔하게 한다는 것이다. 학이편 1-3장의 "교묘한 말솜씨와 보기 좋은 외모에는 인이 드물다."에서 보듯이 공자의 생각에는 말을 빠르게 잘하는 것에는 행동이 뒤따르기 어렵다고 보는 것이다. 도가의 도덕경에도 '아름다운 말은 미덥지 않다(미언불신美言不信, 도덕경 제81장)'에서 보듯이 말을 잘하는 것에 대해 확연히 거부감을 나타낸다.

공자 교육의 기본성격은 '수기안인修己安人' 즉 '스스로 덕을 닦아 남을 평안케 하는 것'이므로 무엇보다도 실천을 중시하는 교육이다. 따라서 말만 하고 실천하지 않는 것을 공자는 싫어했으며 특히 실천하지 않는

사람들이 말은 더 잘하는 경향이 있다고 본 것이다.

이렇게 말에 대해 불신하는 고대 중국에 비해 기독교에서는 '태초에 말씀이 계시니라. (중략) 이 말씀은 곧 하나님이시니라.'(요한복음)라고 하여 말 또는 말로 표현된 이성에 대한 깊은 신뢰를 보여주고 있다. 이는 아마도 오아시스를 중심으로 점 형태의 유목문화나 지중해를 중심으로 한 상업문화를 가진 중동지역과 황하를 잇는 거대한 선 형태의 농경문화를 가진 중국과의 환경이나 문화적 차이에서 기인한 것이 아닌가 한다.

중국을 비롯한 농경문화에서는 정해진 정착지에서 말보다는 밭 갈고 씨 뿌리고 김매는 등 말보다는 행동 실천이 중요했던 반면, 중동 일대의 유목문화에서는 좋은 목초지로 먼저 이동하는 것이 중요하고 일단 목초지로 이동한 다음에는 거처를 마련하는 외에는 특별한 후속 조치 없이 가축들이 풀 먹는 것을 기다리면 그뿐이므로 목초지 선택을 위한 의사결정이나 대화 등 말이 중요하게 생각되었고, 그 후 지중해 중심의 무역 거래에 있어서도 가격흥정이나 물건의 수량이나 품질 등에 관한 흥정이나 계약 등 말이 중요했기 때문이 아닌가 한다.

제25장

공자께서 말씀하셨다.
"덕은 외롭지 않다. 반드시 이웃이 있다."

原文
子曰："德不孤, 必有隣."
자 왈　 덕 불 고　 필 유 린

孤(고) 외롭다 | 隣(린) 이웃

해 설

'덕德'이란 한자 자체는 '곧은 마음(直)으로 길을 걷는 사람(行)'이라는 의미이나 일반적으로 사람이 가져야 할 바람직한 품성이나 그 품성이 밖으로 나타난 결과를 뜻한다. 공자를 비롯한 유가는 대체로 덕을 전자로 보아 사람이 가져야 할 바람직한 품성으로 보고 있으나 도가는 덕을 우주 만물을 관통하는 이치인 도가 밖으로 드러난 결과를 뜻한다고 본다.

공자는 덕의 내용을 구체적으로 밝히지는 않았지만, 공자가 생각했던 덕은 인간이 가져야 할 바람직한 품성의 핵심을 이루는 인仁을 중심으로 의로움(義), 예의(禮), 지혜(智), 신의(信) 그리고 인仁의 구체적인 표현이라 할 수 있는 효나 제悌 등 바람직한 품성들이 덕의 내용을 구성한다고 생각된다.

그러므로 덕의 내용은 고정되어 불변하는 것이라기보다는 사람의 인간관계나 상황에 따라 달라진다고 보아야 할 것이다. 예를 들어 부자지간에는 효나 자애로움이 덕의 내용이 될 것이며, 친구 간에는 신의, 형제간에는 우애 등이 될 것이며 임금이 신하나 백성을 대할 때의 덕은 예禮나 관용이 될 것이다.

공자는 덕은 옳고 바람직하므로 누구라도 덕을 행하면 반드시 그것을 함께 하려는 사람들이 나타난다고 말하는 것이다. '어디에 가든 사람이 있다.'라는 말과 같은 맥락이라고 본다.

제26장

자유[41]가 말했다.

"임금을 섬길 때 간언을 자주 하면 곤욕을 치르게 되고, 친구 사이에도 자주 충고를 하면 사이가 멀어진다."

> **原文**
> 子游曰 : "事君數, 斯辱矣. 朋友數, 斯疏矣."
> 자 유 왈   사 군 삭 사 욕 의   붕 우 삭   사 소 의

事君(사군) 임금을 섬김. 여기에서는 '임금을 섬기면서 간언을 한다.'라는 뜻이 숨어 있음 | 數(삭) 자주 | 斯(사) 이것, 여기에서 | 矣(의) 문장 끝에서 필연의 뜻을 나타내는 어조사 | 朋友(붕우) 친구, 여기에서는 친구를 사귀면서 충고한다는 뜻이 숨어있음 | 疏(소) 멀어지다

해 설

'삭數'은 보통 '자주'라는 뜻으로 쓰이지만 '번거롭다'라는 의미가 있다. 신하가 임금의 행동에 대해 자주 잘못을 지적하여 번거롭게 하면 결국은 임금의 노여움을 사게 되어 신하가 곤욕을 치르는 일이 생기게 되며, 친구 간에도 자주 충고하면 그 관계가 소원해진다는 의미이다.

---

41 자유(子游) : 공자의 제자로 이름은 언언(言偃), 자유(子游)는 그의 자이며 오(吳)나라 사람으로 공자보다 45세 적다.

안연편 23장(12-23장)에도 친구에 관한 유사한 내용이 있다.

공자 당시에는 임금과 신하의 관계는 친구와 같아서 1차적 혈연관계가 아니라 2차적인 이해관계에 불과하다고 보았기 때문에 지나치게 자주 상대의 잘못에 대하여 간언하거나 충고해서는 안 된다는 것이 일반적인 생각이었던 것 같다.

후세에는 임금과 신하 사이가 '군사부君師父 일체'와 같이 군신 관계가 마치 부자 관계와 같이 1차적인 혈연관계와 같이 생각되어 더욱 엄격해지고 맹목적이 되어 '충신은 욕을 당하는 것을 꺼리지 않는다'라는 등 임금의 잘못에 대하여 죽음으로써 간한다는 인식이 점차 자리 잡게 되었다.

어쨌든 이 장에서 공자의 말은 '임금을 섬기면서 임금이 잘못하면 간언하되 너무 자주는 하지 마라'라는 뜻이 된다. 즉, 임금이 잘못을 저지르더라도 그때마다 나서서 그 잘못을 지적하면 자신이 위험해지므로 적당히 하라는 의미다. 공자의 이러한 자세는 후세, 특히 송나라나 명나라 때의 성리학자들의 충성지상주의와는 확실히 다르다.

주자학자들은 명분을 앞세워 임금이 잘못하면 그 즉시 언제라도 그 잘못을 지적하여 간하는 것을 원칙으로 하고 이를 권장하였기 때문에 많은 순진한 소장 학자들이 임금의 노여움을 사서 목숨을 잃기도 했다. 그러나 노련한 대신들은 겉으로 말은 그렇게 하면서도 행동은 오히려 임금의 잘못을 조장하여 결과적으로 말과 실제가 상반되는 경우가 허다하였다.

조선 후기에 들어서는 이 경향이 더욱 심해져 입으로는 임금에 대한 충성과 백성에 대한 베품을 강조하면서 갖은 수단으로 재물 모으기에 전념했기 때문에 조선의 주자학은 민중과 점차 유리되어 갔다.

지금도 정치인들이 틈만 나면 국민과 국가를 위한다고 하면서도 실제는 자신이나 계파의 이득에만 혈안이 되어있는 경우를 본다. 여야를 막론하고 일반 국민은 상상하기 어려운 부정을 저지르고도 자기편이면 무조건 감싸고, 또 상대편이면 지겨울 정도로 집요하게 흠집 내기에 세월을 보내니, 결국 정치의 품격과 수준을 지켜나가야 할 사람은 정치인 자신이 아니라 국민 개개인이라는 사실에 새삼 숙연해진다.

제5편
공야장(公冶長)

【제5편 공야장(公冶長)】

제1장

공자께서 공야장[42]을 평가하기를
"사위로 삼을 만하다. 비록 감옥에 갇힌 몸이지만 그의 죄가 아니다." 하시며 자기의 딸을 그에게 시집보냈다. 또, 남용[43]에 대해 평가하기를 "나라에 도가 있으면 버림받지 않고, 도가 없어도 형벌로 죽지는 않을 것이다." 하시며 형의 딸을 시집보냈다.

原文

子謂公冶長 : "可妻也. 雖在縲絏之中, 非其罪也."
자 위 공 야 장   가 처 야 수 재 누 설 지 중 비 기 죄 야
以其子妻之.
이 기 자 처 지
子謂南容 : "邦有道, 不廢. 邦無道, 免於刑戮"
자 위 남 용   방 유 도 불 폐 방 무 도 면 어 형 륙
以其兄之子妻之.
이 기 형 지 자 처 지

---

42 공야장(公冶長) : 공자의 제자로 제(齊)나라 사람이라고도 하고 노(魯)나라 사람이라 하기도 한다. 성은 공야(公冶)고, 이름은 장(萇) 또는 장(長)이다. 자는 자장(子長)이다. 사기나 공자가어에는 성과 이름이 구분되어 있지 않다. 황간(黃侃)이 쓴 『논어의소(論語義疏)』에 따르면 공야장이 옥에 갇힌 것은 그가 새소리를 알아듣는 재주 때문이며, 살인의 누명을 쓰고 옥에 갇혔다가 나중에 누명이 해소되어 옥에서 풀려났다고 한다.
43 남용(南容) : 성은 남궁(南宮)이며 이름은 괄(括)이다. 자는 자용(子容). 노나라 사람이다. 공자가어에는 맹희자의 아들인 중손열(仲孫閱)이라 하며 남궁에서 살았으므로 성을 남궁으로 했다고 한다. 공자는 남궁괄을 군자로서 덕을 숭상하는 사람이라고 칭찬하였으며, 조카사위로 삼았다.

妻(처) 딸을 처로 주다, 사위로 삼다 | 縲絏(누설) 죄인을 옥에 가두어 둠 | 縲(누) 포승 | 絏(설) 고삐 | 子(자) 자식, 고대에는 子가 특별히 아들이라는 의미가 없었음. | 邦(방) 나라 | 廢(폐) 폐지하다, 버리다 | 免(면) 면하다 | 刑戮(형륙) 형벌에 따라 죽임 | 戮(륙) 죽이다 | 兄之子(형지자) 형의 딸

해 설

공자에게는 이복형이 한 사람 있는데 이름이 맹피孟皮이고 자는 백니 伯尼라고 전해진다. 공자의 자인 중니仲尼는 이 형의 동생으로, 둘째 아들이라는 의미로 붙여진 것이다.

공자가 조카딸의 혼처를 자신이 정하는 것으로 보아 형의 집안과는 상당히 긴밀하게 왕래하고 있었다고 추정되는데, 공자의 모친이 죽었을 때 부친 묘에 합장하려고 했으나 부친의 묘를 몰라서 빨리 장례를 마무리할 수 없었다는 일화를 볼 때 공자의 형인 맹피도 일찍 죽었거나 그렇지 않았더라도 공자와는 별다른 왕래가 없었던 것으로 보인다.

공자가 공야장보다는 남용이 더 안전하고 보장이 되기 때문에 딸이 아니고 조카딸을 그에게 시집보냈다는 설도 있지만, 꼭 그런 것이 아니라 조카딸이 혼기가 더 빨리 이르렀기 때문일 수도 있으므로 자세한 사정은 지금으로서는 알 수가 없다.

제2장

공자께서 자천[44]을 평가하기를,
"군자로구나, 이 사람은! 노나라에 군자가 없다면 이 사람이 어디서 군자다움을 얻었겠는가?" 하셨다.

原文 子謂子賤 : "君子哉若人! 魯無君子者, 斯焉取斯?"
     자 위 자 천   군 자 재 약 인   노 무 군 자 자   사 언 취 사

'哉(재) 감탄 어조사 | 若(약) 이, 이것 | 斯焉取斯(사언취사) 이 사람은 어디에서 이것(군자다움)을 얻었겠는가 | 斯(사) 이것. 앞의 斯는 이 사람, 뒤의 斯는 군자다움을 지칭 | 焉(언) 어디

해 설

중국 전한前漢 때의 학자인 유향劉向이 편찬한 설원說苑이라는 책에 따르면, 공자가 자천에게 벼슬한 뒤로 무엇을 얻었는지를 물으니,

자천이 "세 가지가 있습니다. 첫째, 배운 것을 행할 수 있어 학문이

---

44 자천(子賤) : 이름은 복부제(宓不齊)이며 자가 자천(子賤)이다. 노나라 사람이라는 설과 송(宋)나라 사람이라는 설이 있으며 나이도 공자보다 30세 적다는 설과 49세 적다는 설이 있다. 단보(單父, 지금의 산동성 단현)의 재상을 지냈는데 백성들이 그를 몹시 존경했다고 한다.

더욱 밝아지고 둘째, 봉록을 받아 친척들에게 쓰므로 친척 사이가 더 친밀해지고, 셋째, 공적인 일이지만 어쨌든 조문을 할 수 있고 문병을 할 수 있어 친구 사이가 더욱 돈독해졌습니다." 했다. 이에 공자가 기뻐하면서 이 장과 같이 말했다는 것이다.

주나라 성왕은 숙부인 주공이 죽자 그의 업적을 기리기 위해 노나라에 천자의 예로써 주공의 사당을 세우고 천자의 예로써 주공의 제사를 지낼 것을 명했다. 그런 연유로 노나라는 주나라의 문물이 잘 전승되어 공자 시대에도 군자라고 할 만한 인격자가 있었음을 공자는 자랑스럽게 말한 것이다.

그밖에 자천이 공자 자신을 닮았으므로 공자가 '군자답다'라고 했다는 설도 있는데 공자가 자신을 군자라고 자칭한 모양이 되므로 옳지 않다. 성인이나 군자는 남이 그렇게 평가해 주는 것이지 자기 스스로 군자나 성인으로 자처하는 것은 아니므로 공자 정도의 인물이 자신을 군자로 자처했을 리가 없다.

예로부터 지금까지 자기가 성인이나 신인神人이라고 자칭한 인물들은 대부분 사기꾼이거나 도둑이었다.

제3장

자공이 "저는 어떻습니까?" 하고 물으니, 공자께서
"너는 그릇이야." 하셨다. 자공이 "무슨 그릇입니까?" 하고 다시
물으니, 공자께서 "호련이지." 라고 말씀하셨다.

原文

子貢問曰 : "賜也如何?"
자 공 문 왈   사 야 여 하

子曰 : "女器也."
자 왈   여 기 야

問曰 : "何器也?"
문 왈   하 기 야

子曰 : "瑚璉也."
자 왈   호 련 야

如何(여하) 어떤가 | 如(여) 어떠하다 | 女(여) 너, 汝와 같다 | 器(기) 그릇 | 瑚璉(호련) 제사 때 오곡을 담아 신에게 바치던 제기(祭器). 하(夏)나라에서는 그것을 호(瑚)라 하고 은(殷)나라에서는 연(璉)이라 했다는데, 공자의 시대에는 이를 합쳐 제기 중에서 가장 귀한 것을 가리키게 됨

해설

'호련瑚璉'이란 제사 때 오곡을 담아 신에게 바치던 제기祭器의 일종이다. 이러한 제기를 하나라에서는 '호瑚'라 하고 은나라에서는 '연璉'이라

했는데, 공자 시대에는 이를 합쳐 제기 중에서 가장 귀한 그릇을 '호련'이라고 부르게 되었다.

이 장에서 공자가 자공을 '호련'이라고 답한 것을 두고 위정편 제12장(2-12장)의 "군자는 그릇이 되어서는 안 된다." 라는 말과 연관 지어 공자는 자공이 아직 도에 이르지 않았다고 하여 자공을 그릇으로 낮게 본 것이라는 견해가 있다.

그러나 공자는 자공이 다방면으로 다양한 재능을 지녔음을 익히 알고 있었으며 공자와 더불어 친밀하고 격조 높은 대화를 나누는 데 있어서는 자공이 안회를 훨씬 능가한다. 공자는 자공에게 '너와 안회는 누가 더 낫다고 보느냐?'라고 물어볼 정도였다.

그런 애제자 자공을 두고 공자가 덕행에는 부족하다는 의미로 '호련'이라고 귀하지만 일종의 '그릇'에 비유했다고 해석하는 것은 지나치게 자구에 얽매인 자세다. 공자는 문자 그대로 자공을 최고의 재목이라고 보고 그렇게 말해준 것이다. 즉, 여기서는 자공을 가장 귀하고 훌륭한 사람이라는 뜻에서 '호련'이라는 훌륭한 제기로 비유했다고 보는 것이 타당하며 정황상 무난하다.

제4장

어떤 사람이 "옹⁴⁵은 어질지만, 말재주는 없습니다." 라고 하자 공자께서 말씀하셨습니다.

"말재주는 어디에 쓰려는가? 말재주로 사람을 대하면 미움만 자주 받을 뿐이다. 옹이 어진지는 모르겠지만 말재주는 어디에 쓰겠느냐?"

原文

或曰 : "雍也仁而不佞."
혹 왈   옹 야 인 이 불 녕
子曰 : "焉用佞? 禦人以口給, 屢憎於人. 不知其仁,
자 왈   언 용 녕   어 인 이 구 급   누 증 어 인   부 지 기 인
焉用佞?"
언 용 녕

或(혹) 어떤 사람 | 佞(녕) 말재주 | 禦(어) 막다, 여기서는 '대하다' | 口給(구급) 말솜씨가 좋음 | 屢(누) 자주 | 憎(증) 미움

해 설

공자는 생애에 걸쳐 50대에 노나라에서 몇 년간 대부의 벼슬에 있은 것을 제외하고는 노나라를 떠난 이후 공자는 십 사 년간을 좌절과 유

---

45 염옹(冉雍) : 공자의 제자로 자는 중궁(仲弓)이다. 노나라 사람으로 공자보다 29세 어렸으며 신분은 천했으나 공자는 염옹이 남면(南面), 즉 임금이 되어도 좋겠다고 평할 정도로 덕행이 뛰어났다.

랑 속에서 살면서 다른 사람들이 화려한 말솜씨와 인맥으로 벼슬에 올라 승승장구하는 것을 보고만 있을 수밖에 없었다.

공자가 특히 말을 잘하거나 겉만 번드레한 것을 싫어하는 까닭은 공자 자신이 솜씨 좋은 언변과 그럴싸한 외관으로 출세하지 못했음에도 일정 부분 기인한다고 본다.

실력 있고 인품이 훌륭하다고 해서 반드시 빨리 출세하고 부자가 되는 것은 아니다. 오히려 남의 가려운 곳을 정확하게 긁어주는 말솜씨와 순간적으로 재치 있게 행동하는 순발력을 가진 사람이 더 빨리 출세하고 부자가 되는 경우가 현실에서는 더 흔한 것이다. 그러나 공자는 그러한 알맹이 없고 겉치레뿐인 세태를 싫어한 것이다.

제5장

공자께서 칠조개⁴⁶에게 벼슬을 하라고 권했는데, 이에 대해 칠조개가 "저는 아직 벼슬하는 것에 대해 자신이 없습니다." 라고 대답하자, 공자께서 좋아하셨다.

原文

子使漆雕開仕. 對曰 : "吾斯之未能信." 子說.
자 사 칠 조 개 사   대 왈   오 사 지 미 능 신   자 열

使(사) 하게하다 | 仕(사) 벼슬, 벼슬을 하다 | 斯之未能信(사지미능신) 이것에 능히 자신을 갖지 못하다, 당초 未能信斯였으나 斯를 강조하기 위해 맨 앞에 세우고 어조사 之를 써서 문구를 도치 | 說(열): 통상은 '설'로 읽고 '말하다'라는 뜻이나 여기서는 기쁘다는 뜻으로 '열'로 읽음

해 설

이 장은 태백편 12장(8-12장)의 "삼 년을 배워서 벼슬길에 나아가 녹봉을 받을 생각을 하지 않는 것은 쉽게 가질 수 있는 마음가짐이 아니다." 와 연결하여야 그 뜻이 명확히 드러난다. 공자의 제자들의 우선적

---

46 漆雕開(칠조개) : 성은 漆雕(칠조), 이름은 계(啓). 자는 자개(子開)로 공자보다 11세 적다.「공자가어」에는 채(蔡)나라 사람으로 자는 자약(子若)이라 하며 상서를 익혔으나 벼슬을 즐기지 않았다고 한다.

인 목표는 벼슬길에 나아가서 출세하는 것이었으리라.

그러므로 3년 정도 공자의 문하에서 공부를 한 사람치고 벼슬길에 나가려고 애를 쓰지 않는 사람을 보기가 쉽지 않았을 것이다. 그런데도 이 칠조개는 공자가 관직을 주선하는데도 이를 사양하고 아직도 벼슬에 대해 확실한 믿음이 생기지 않았다고 하니 공자가 그 신중함을 좋아한 것이다.

일설에 의하면 칠조개는 본래 유협遊俠의 무리로서 녹봉 때문에 관직에 얽매여 살기보다는 유협으로 자유롭게 살기를 원했다고 한다. 그러나 이러한 설은 논어의 이 구절을 유추하여 칠조개의 신분까지 추측한 것으로 생각되어 그다지 신빙성이 있어 보이지는 않는다.

공자가 살았던 BC 6세기경 노나라는 농기구에 철제가 사용되었고 물관리나 관개灌漑 공사를 통해 농경지 면적이 확대되었다 하나 아직도 가족 단위의 소규모 농업이 대부분이었으며 상업경제의 발달은 미미하여 권력으로부터 독립적인 상인 등은 없었으므로 제대로 된 직업이라고는 직접 농사를 짓거나 아니면 제후 밑에서 관리가 되는 것 외에는 별다른 생계 수단이 없었다고 봐야 한다.

따라서 공자 문하생의 1차 목표가 관직을 얻으려는 것이라는 점에서 플라톤의 아카데미아가 부유한 상인이나 지주들의 자제들을 주로 교육하여, 폭넓게 국정을 포함한 사회 일반의 유능한 인재들을 키우려 한 것과는 대조된다.

제6장

공자께서 "도가 행해지지 않는다면 나는 뗏목이라도 타고 먼 바다로 나가야겠다. 그래도 나를 따를 사람은 아마 유由 일거다!" 라고 말씀하시니, 자로가 그 말을 듣고 기뻐했다. 다시 공자께서 말씀하셨다.

"유는 용기야 나보다 낫지만 아마 뗏목 만들 나무를 구하지 못할게다."

> **原文**
>
> 子曰: "道不行, 乘桴浮於海, 從我者其由與!"
> 자왈　　도불행　승부부어해　종아자기유여
> 子路聞之喜. 子曰: "由也好勇過我, 無所取材."
> 자로문지희　자왈　　유야호용과아　무소취재

桴(부) 떼, 뗏목 | 浮(부) 뜨다 | 其(기) 아마도 | 過(과) 넘다, 넘치다 | 材(재) 재목, 어조사 哉로 보는 견해도 있음

해설

이 장 마지막의 '무소취재無所取材'에서 '재材'를 어떻게 보느냐에 대해 견해가 갈라진다.

첫째는, 재材를 '재량裁量하다 또는 재능'이라고 보아서 무소취재를 '재량하지 못한다.'라거나 '재능이 없다'로 보는 설이고

둘째는, 재材를 어조사 '재哉'로 보는 설로, 무소취無所取에서 말이 일단 끝나므로 이 설에 따르면 자로는 '취할 데가 없는' 인물이라고 공자가 평했다는 설이다.

셋째는, 재材를 문자 그대로 '목재나 재료'로 보아 무소취재를 자로가 뗏목을 만들 목재를 구할 데가 없을 것이라고 공자가 말했다는 주장이다.

생각건대, 공자는 다음 장에서 보듯이 자로를 큰 제후국의 군대를 지휘할 수 있는 인물이라고 평가하고 있고, 실제로도 공자가 사구司寇의 벼슬에 있을 때 자로를 비費읍의 수상으로 기용한 바도 있어 결코 자로를 무능하여 취할 데가 없는 인물이라고 생각하지 않았음을 알 수 있다.

일본의 진순신에 따르면 자로는 공자의 문하에 들어오기 전에 이미 상당한 지위와 명망을 가진 무관이었으므로 자로가 공자의 문하에 들어온 후부터는 세간에서 함부로 공자를 업신여기지 못하게 되었다고도 한다.

이런 자로에 대하여 공자가 첫째 설이나 둘째 설에서 보듯이 '재량하지 못한다.'든가 '재능이 없다'든가 아니면 '취할 데가 없는 인물'로 혹평했다는 것은 대단히 부당하고 사실과 다르다고 생각되나, 국내의 많은 책은 이에 따른 해석을 하고 있어 의아하다.

이에 반해 셋째 설은 자로가 자신이 공자로부터 인정받은 것에 대해 기뻐하자 공자가 가볍게 '둘이 뗏목을 타고 가려고 해도 자로는 아마 뗏목 만들 나무를 구하지 못할 거야'라고 농담한 것으로 보이며, 이렇게 봐야 논어 전편에서 느껴지는 공자의 자로에 대한 신뢰와 애정이 무색하지 않을 것이다.

이 설은 후한의 정현鄭玄이 주장한 것으로 상당한 근거와 타당성을 가졌음에도 우리나라 학계에서 이 설을 취하지 않는 것은 아마도 주자가 '무소취재'를 '사리를 재량 하지 못한다.'라고 해석하여 첫째 설에 가까운 자세를 취하자 우리나라 대부분 책이 이를 쫓아 비슷하게 해석한 탓이라 본다. 공자에 관한 주자의 뒤틀린 시각은 여전히 현재 진행형이다.

본서에서는 위에서 말한 대로 정현의 설이 타당하다고 생각하며 그에 따른다.

제7장

맹무백[47]이 "자로는 어진가요?" 라고 물으니 공자께서 "모릅니다." 하셨다. 다시 물으니, 공자께서 "유由는 천대의 수레를 가진 제후국에서 군사 일은 맡길만하지만, 그가 어진지 어떤지는 모릅니다." 하셨다. "구求[48]는 어떻습니까?" 하니 공자께서 "구는 천호 정도의 큰 읍이나 백 대의 수레를 가진 집안에서 가신의 우두머리 일은 맡길만하지만, 그가 어진지 어떤지는 모릅니다." 하셨다. "적赤[49]은 어떻습니까?" 하니 공자께서 "적은 관복을 입고 조정에 서서 손님과 더불어 얘기를 하게 할 수는 있지만, 그가 어진지 어떤지는 모릅니다." 하셨다.

原文

孟武伯問: "子路仁乎?"
맹 무 백 문　　자 로 인 호

子曰: "不知也."
자 왈　　부 지 야

47　맹무백(孟武伯) : 공자 당시 삼환의 하나인 맹손씨의 실권자인 맹의자(孟懿子)의 아들로 이름은 체(彘), 武는 시호이며 伯은 항렬에 따라 붙여진 이름이다.
48　구(求) : 공자의 제자인 염구(冉求)를 말한다. 자는 자유(子有)이며 공자보다 29세 적다. 겸손하되 지나치게 신중하다고 공자는 생각했으며 계씨의 가재(家宰)가 되었다.
49　적(赤) : 공서적(公西赤)을 말한다. 공자의 제자로 자는 자화(子華)이며 노나라 사람으로 공자보다 42세 적다. 공자가 제나라에 심부름을 보낸 것으로 보아 언변에 능했던 것으로 보인다.

又問. 子曰: "由也, 千乘之國, 可使治其賦也, 不知其仁也."
우 문 자 왈   유 야 천 승 지 국 가 사 치 기 부 야 부 지 기 인 야

"求也如何?"
구 야 여 하

子曰: "求也, 千室之邑, 百乘之家, 可使爲之宰也,
자 왈   구 야 천 실 지 읍 백 승 지 가 가 사 위 지 재 야

不知其仁也."
부 지 기 인 야

"赤也如何?"
적 야 여 하

子曰: "赤也, 束帶立於朝, 可使與賓客言也, 不知其仁也."
자 왈   적 야 속 대 입 어 조 가 사 여 빈 객 언 야 부 지 기 인 야

千乘(천승) 천대의 수레, 천대의 수레를 동원할 수 있는 제후라는 뜻 | 賦(부) 통상 세금부과, 여기서는 군사에 관한 일을 뜻함 | 百乘(백승) 백 대의 수레, 백 대의 수레를 끌 수 있는 대부라는 뜻 | 宰(재) 재상, 관리의 우두머리 | 束帶(속대) 허리띠를 두르다, 여기서는 '관복을 입다'라는 의미

해 설

맹무백은 인仁과 관리로서의 능력을 혼동하여 먼저 자로부터 '자로는 어진가요?'라고 물었다. 이에 대해 공자는 자로는 군사 업무에, 염구는 행정 업무에, 공서화는 외교 업무에 각각 재능이 있다고 하였지만, 인은 이런 능력과는 별개의 어떤 내적인 수행 정도를 뜻하므로 제자들이 어질지 않다고 말하지 않고, 알지 못한다는 신중한 답을 한다.

결국 공자는 인은 어떤 재능이나 기량이 아니라 정신적인 덕성이라고 말하고 있다. 즉, 인仁은 지극히 크고 높은 정신의 경지로서 사람이 갖출 수 있는 덕의 완성된 모습이기 때문에 평생을 노력하더라도 쉽사리 도달

했다고 말할 수 있는 경지가 아니며 설사 도달했다 하더라도 한순간이라도 어기면 이미 인이 아니므로 지키기도 어려운 경지인 것이다.

공자로서는 제자들이 도덕적 자기 수행, 즉 인仁과 함께 학문적 소양인 예·악·사射·어御·서·수數 등 육예를 충분히 수련한 후에 관직을 맡는 것이 바람직하다고 생각했을 테지만 인은 역시 쉽사리 이룰 수 있는 덕성이 아니라고 생각했던 것이다.

한편, 공자가 자로에 대하여 말한 내용 중 '가사치기부야可使治其賦也'에서 '부賦'는 보통은 '세금부과'라는 뜻으로 사용되는 글자이지만 여기서는 특히 '군사에 관한 일'을 뜻한다.

제8장

공자께서 자공에게
"너와 안회 중 누가 더 나으냐?" 하고 물으셨다. 자공이 "제가 어찌 감히 안회를 넘겨보겠습니까? 안회는 하나를 들으면 열을 알지만, 저는 하나를 들으면 겨우 둘을 알 뿐입니다." 라고 하자, 공자께서 말씀하셨다. "못하지, 너와 나는 안회만 못하다."

原文

子謂子貢曰: "女與回孰愈?"
자 위 자 공 왈   여 여 회 숙 유
對曰: "賜也何敢望回. 回也聞一以知十, 賜也聞一以知二."
대 왈   사 야 하 감 망 회 회 야 문 일 이 지 십 사 야 문 일 이 지 이
子曰: "弗如也, 吾與女弗如也."
자 왈   불 여 야 오 여 여 불 여 야

女(여) 너, 汝와 같다 | 孰(숙) 누구 | 愈(유) 낫다, 뛰어나다 | 聞一以(문일이) 하나를 들으면, 以聞一 의 도치형태 | 弗(불) 아니다, 不과 같음 | 弗如(불여) 그보다 못하다, 弗如 뒤에 回가 생략되었음

해설

이 장에서 공자는 단순히 자공이 안회보다 못하다는 것뿐만 아니라 공자 자신도 그에 미치지 못한다고 말함으로써 안회의 능력을 높이 평가하는 한편, 자기의 능력도 보통 사람과 크게 다르지 않다고 스스로

겸손을 나타내고 있다.

삼국시대 위魏나라의 왕숙王肅이 지었다는 『공자가어』에 따르면, 공자가 안회에게 '만약에 네게 재물이 많았다면 나는 네 집의 가신이 되었을 것이다.'라고 말한 적이 있다고 한다. 『공자가어』는 공자가 죽은 지 7백 년 후에 만들어진 책이고, 안회를 지나치게 높이고 있어 아마 증자 계열의 제자들이 남을 다스리는 정치보다는 개인 수양을 강조하는 취지에서 안회를 높여 말한 것으로 추정되므로 그대로 믿을 필요는 없을 것이다.

무엇보다도 이 장에서 주목할만한 사실은 공자는 자공과 더불어 안회의 능력을 허심탄회하게 평하고 자기도 그에 미치지 못한다고 토로할 정도로 자공을 깊이 신뢰하고 있음을 보여준다. 비록 자공은 후세에 공자의 수제자라고 평가받지는 못했지만, 공자가 가장 허물없이 대할 수 있었던 애제자였다.

자공이 공자가 죽고 난 후에 다른 제자들과 함께 3년 상을 치르고 다시 홀로 3년을 더 공자의 집에 머물렀던 것은 다른 제자들이 결코 느낄 수 없었던 공자에 대한 애틋함 탓이었을 것이다.

제9장

재여[50]가 낮잠을 잤다. 공자께서 말씀하시기를,
"썩은 나무는 조각할 수 없고, 오물투성이인 흙은 벽에 바를 수가 없다. 내가 여予에게 뭘 나무라겠나?" 하시고, 또 "처음에 나는 사람에 대해 그 말을 듣고 그 행동을 믿었다. 이제 나는 사람에 대하여 그 말을 듣고 그 행동을 보게 되었다. 여予 때문에 이렇게 바뀌었다." 라고 말씀하셨다.

原文

宰予晝寢, 子曰: "朽木不可雕也, 糞土之牆不可杇也.
재 여 주 침 자 왈   후 목 불 가 조 야 분 토 지 장 불 가 오 야
於予與何誅?"
어 여 여 하 주
子曰: "始吾於人也, 聽其言而信其行. 今吾於人也,
자 왈   시 오 어 인 야 청 기 언 이 신 기 행   금 오 어 인 야
聽其言而觀其行. 於予與改是"
청 기 언 이 관 기 행 어 여 여 개 시

晝寢(주침) 낮잠을 자다 | 朽木(후목) 썩은 나무 | 雕(조) 새기다 | 牆(장) 담장 | 杇(오) 벽에 흙을 바르다, 흙손질을 하다 | 與(여) 음절을 조정하는 어조사 | 誅(주) 책망하다 | 於予與改是(어여여개시) 재여로 인해서 이것을 바꾸다. | 於(어) ~로 인하여 | 是(시) 이, 이것

---

50 재여(宰予) : 자는 자아(子我). 노나라 출신으로 공자의 제자로 공자의 천하편력을 함께하다가 후에 제나라의 임치에서 대부를 지냈다.

해설

재여는 공자의 대표제자 10명 즉, 공문십철孔門十哲의 한 사람으로 특히 언변에 뛰어나서 이 부문에서 자공보다도 먼저 거명되는 뛰어난 제자이지만 논어에서 재여에 대한 기록은 하나같이 부정적이다.

팔일편 21장(3-21장)에도 노나라 애공이 신주를 만드는 나무에 대해 물었을 때, 재여는 밤나무는 백성을 전율케 하려고 신주로 만들어 썼다고 말했다 하고, 양화편 21장(17-21장)에서도 재여가 공자에게 3년 상이 너무 길므로 1년이면 족하다고 하자 공자가 재여를 가리켜 '불인不仁하다'고 평하고 있다.

그리고 이 장에서도 공자는 재여를 썩은 나무나 오물투성이 흙에 비유하고 있다. 이러한 부정적인 이미지는 도저히 공문 십철의 한 사람인 재여의 이미지와는 어울리지 않는다. 따라서 이렇게 재여에 대한 부정적인 이미지는 그의 비극적인 죽음과 어떤 연관이 있지 않을까 싶다. 사마천의 사기에 따르면 재여는 제나라 재상인 전상田常의 반란에 가담하였다가 본인과 일족이 몰살당하여 공자가 이를 수치스럽게 여겼다고 되어있다.

그러나 전상의 반란은 성공한 반란이었다. 원래 전상은 제나라 간공簡公때 감지闞止와 함께 제나라의 재상을 맡았으며, 간공 4년에 감지가 자신을 공격한다는 첩보를 입수하여 먼저 선수를 쳐서 감지를 죽이고 이어 도망친 간공을 추격, 죽여서 후환을 없앴다. 그리고 간공의 동생인 공자 오鶩를 세워 평공平公으로 삼았다.

전상은 재상으로 제나라 국정을 장악하자, 임금은 덕을 쌓고 자신은 형벌을 맡아 '임금 대신 자신이 미움을 받는다.'라는 명분으로 실권을 잡아 제나라의 공족公族 가운데 쓸만한 이들은 모두 죽여 버리고 스스로 영지를 확대하고, 권력을 확고히 하니 이때부터 제나라의 권력은 전씨田氏가 독차지하게 되었다.

껍데기만 남은 강姜씨의 제나라는 전상의 증손인 전화田和가 당시의 제강공齊康公이 주색에 빠져 정치를 돌보지 않는다는 명분으로 강공을 바닷가로 내쫓고 성 하나를 식읍으로 주어 조상 제사를 모시도록 하는 한편, 스스로 제나라의 임금이 되어 주나라 천자의 승인을 받으니(BC 386년) 이것이 바로 전田씨 제나라의 성립이다.

이렇게 성공한 반란에서 승자인 전상 편에 섰던 재여가 어떻게 본인과 일족이 몰살당할 수 있었을까? 재여는 원항原亢이라는 공자의 제자에게 살해되었다고 하는데, 재여는 전상의 반란에 가담한 것이 아니라 거꾸로 전상의 반대편인 간공이나 감지闞止 편에서 전상과 싸우다가 전상 측에 의해 살해된 것이 아닌가 한다.

전상은 공자의 명분론에 따를 때 명백히 임금을 죽이고 나라를 가로챈 역적이므로 공자의 제자라면 그런 역적에게 편을 들 수 없다는 것은 너무나 당연하다. 그렇다면 전상 이후의 전씨 제나라에서는 재여에 대해서 좋은 평을 남길 리가 없고 특히 논어의 3대 원본인 제론齊論에서 그에 대한 일화는 나쁜 것만 수록될 수밖에 없었을 것으로 본다.

한편, 전상에 의해 일족이 몰살당한 감지의 자字가 재여와 같이 '자아子我'였으므로 사마천이 사기를 쓸 때 이 감지와 재아를 혼동하여 재여의 일족이 모두 죽었다고 오해하여 사기에 기록했다는 설도 있다.

사실, 논어에 있어 재여는 중요한 공자의 제자이지만 역사상으로는 재여는 별로 중요한 인물이 아니므로 그에 대한 기록만 축적되어 따로 전해지지 않는 것은 그리 이상한 일이 아니다. 논어에는 이처럼 어떤 말이나 에피소드가 확실한 기록이나 증거로 입증되지 않는 경우가 많다.

그래서 학자 중에는 그냥 모른 채로 덮어두자고 하는 사람도 있지만 논어에 실린 많은 대화나 어록들이 그러한 말을 하게 된 이유나 배경을 모르면 해석이 엉뚱하게 되거나 겉도는 경우가 생겨 정확한 이해가 어려워진다. 따라서 어떤 말이나 대화에 대한 명확한 이해를 위해서 가급적 그것들의 역사적, 상황적인 배경을 알고자 하는 노력이 필요하다고 생각된다.

어쨌든 재여는 전씨 제나라라는 승자 측에 의해 장점은 철저히 배제되고 단점과 부정적인 기록들만 고스란히 남게 된 비운의 인물이 아닌가 한다. 그러나 아무리 승자 측으로서도 지울 수 없었던 기록이 있는데, 그것이 바로 재여가 공자의 가장 뛰어난 열 명의 제자라는 공문십철 중 한 사람이라는 기록일 것이다. 그것만은 아무래도 지울 수가 없었던 것이다.

제10장

공자께서 "나는 아직 강직한 사람을 보지 못했다." 하시니, 어떤 사람이 "신정申棖[51]이 있습니다." 라고 대답했다. 공자께서 다시 말씀하셨다. "정棖은 욕심이 많은데, 어찌 강직할 수 있겠느냐?"

原文

子曰 : "吾未見剛者."
자 왈   오 미 견 강 자

或對曰 : "申棖"
혹 대 왈   신 정

子曰 : "棖也慾, 焉得剛?"
자 왈   정 야 욕 언 득 강

剛(강) 강직하다 | 慾(욕) 욕심 | 焉(언) 어찌 | 得(득) ~할 수 있다

해설

욕심이 많으면 그 욕심 때문에 인을 실천하려는 자기의 뜻을 꺾을 수가 있다. 그러므로 인을 실천하기 위해서는 강직해지지 않으면 안 된다. 공자는 신정은 욕심이 많으므로 인을 실천하는 데에 있어 강직해질 수 없다고 하는 것이다.

---

51 신정(申棖) : 공자의 제자로 노나라 사람이다. 자는 주(周)인데, 육예(六藝)에 정통했다고 하며 공문칠십이현((孔門七十二賢)중 한 사람이다.

인은 결국은 사람을 사랑하는 것이며 특히, 위정자로서 널리 수많은 백성을 사랑하여 은덕을 펴는 것이므로 자기중심적인 생각이나 이기적인 욕심은 가급적 버려야 한다. 따라서 위정자가 이기적인 욕심을 가지면 그 욕심 때문에 널리 인을 실천하려는 의지가 강직해질 수가 없어 결국은 인을 실천할 수가 없어지는 것이다.

그러므로 공자는 안연이 인에 대해 묻자(안연편 12-1장), '나를 이기고 예로 돌아가는 것이 인이다.'라고 하여 나의 이기심을 누르고 세상에서 통용될 수 있는 보편적인 도덕 규칙 즉, 예禮로 돌아가는 것이 인이라고 했다.

나의 이기심을 누르고 예로 돌아가려면 무엇보다도 강직해지지 않으면 안 된다. 의지가 약한 자는 인을 생각할 수는 있어도 실천할 수는 없다.

제11장

자공이 "남이 내게 행하기를 원하지 않는 일은 나 역시 남에게 행하지 않고자 합니다." 하니 공자께서 말씀하셨다.
"사賜야, 그것은 네가 미칠 바가 아니다."

> **原文**
>
> 子貢曰 : "我不欲人之加諸我也, 吾亦欲無加諸人."
> 자 공 왈   아 불 욕 인 지 가 저 아 야   오 역 욕 무 가 저 인
> 子曰 : "賜也, 非爾所及也."
> 자 왈   사 야   비 이 소 급 야

人之加諸我(인지가저아) 다른 사람이 나에게 ~를 행하다 | 之(지) 주어와 술어의 사이에서 주+술 문장을 명사구로 만드는 주격조사. ~이, ~가 | 加(가) 가하다, 여기서는 '행하다' | 諸(저) ~에 대하여, 之於와 같다 | 所及(소급) 미치는바

해설

공자도 "내가 원하지 않는 바를 남에게도 행하지 않으면(안연편 12-2장)"이라고 말하고 있는데, 같은 말을 하는 자공에 대하여 공자는 '네가 미칠 바가 아니다.'라고 편잔한다. 아마도 이 장은 자공과는 다른 계통의 제자들, 특히 노나라 출신 제자들이 자공에 대해 비판적으로 남긴 기록이라고 생각된다.

자공은 위衛나라 출신으로 미미한 가문 출신이 많았던 공자 문하에서는 보기 드물게 상당한 재력과 명망을 갖춘 집안 출신으로 추정된다. 공자가 노나라를 떠나 위나라에 체류 중일 때 공자의 제자로 입문한 것으로 보이며 노나라 출신이 아니므로 안회나 증자 등 노나라 출신 제자들과는 어느 정도 거리가 있었을 것으로 생각된다.

따라서 자공은 3년의 시묘살이 후에도 3년을 더 있었다는 것은 공자의 유품이나 어록을 정리하는 일 때문이었을 것으로 생각되며 이러한 어록 정리는 논어에서도 선진편(11편) 이후에 자공에 관한 기록이 더욱 많아지는 것과 일정 부분 관련이 있는 것으로 보인다.

자공은 재여와 함께 언어, 특히 외교적인 언어에 뛰어났다고 하며 남다른 경제통으로 수천 금의 재산을 모았다고 하는데 공자 노년의 열국 유세와 공사 사후 유가의 번영은 자공의 경제적 지원에 힘입은 바가 컸다고 한다.

자공의 탁월한 능력과 유가에 대한 업적에도 불구하고 논어 전반부에는 자공에 대한 호평이 많지 않은 것은 역시 자공이 논어 전반부 편집에서 주가 되었던 노나라 출신이 아니었던 점이 크게 작용했다고 본다.

제12장

자공이 말했다.

"선생님이 문장에 대해 말씀하시는 것은 들을 수 있었으나, 선생님이 본성이나 하늘의 도 같은 것에 대해 말씀하시는 것은 들을 수 없었다."

原文

子貢曰 : "夫子之文章, 可得而聞也. 夫子之言性與天道,
자 공 왈   부 자 지 문 장   가 득 이 문 야   부 자 지 언 성 여 천 도
不可得而聞也."
불 가 득 이 문 야

文章(문장) 학문이나 예악과 제도 전반 | 性與天道(성여천도) 본성과 하늘의 이치, 여기서는 실증하기 어려운 추상적인 주제라는 의미

해설

공자는 순수한 지적 호기심에 따른 추상적인 주제 즉, 사람의 본성이나 하늘의 도 같은 것을 탐구하기보다는 살아가는데 절실하고도 구체적인 인仁이나 예禮와 같이 실생활에 도움이 되는 것들에 대해 말하는 것을 즐겨 했다.

그러나 후세 들어 송의 주자는 오로지 인간 본성과 천지의 구성 원리

간의 연계 등 공자가 하지 않은 주제를 성리학이라 하여 골똘히 연구하였다. 우리나라에서도 특히 조선조에 들어서는 주자에 반대되는 경향을 보이는 사람을 사문난적이라 하여 마치 임금에 반항하는 역적처럼 엄히 처벌하여 학문을 오직 주자학 일변도로만 치닫도록 제도화되었다.

무릇 유학자는 공자의 가르침에 따르는 무리라고 해야 하나 조선에서는 주자가 공자를 대체하고 오히려 공자의 가르침을 공부하는 정통 유학이 주자의 신유학에 대비되어 구학舊學으로 치부되어 외면당한 데다 주자학에 비해 그나마 실용성이 있던 양명학을 철저히 외면한 것은 우리 유학사의 큰 불행이었다.

사실상 주자학을 비판하고 새로운 철학 이념을 모색하기 시작한 것은 한일합병 이후, 즉 조선이 망한 후부터라고 해야 하니 조선에서의 주자학이 해악이 얼마나 컸었던가를 짐작할 수 있다. 중국에서도 주자학이 극성했던 송나라는 주자학을 전혀 몰랐던 몽골에 망하고, 주자학에만 매진하던 조선 역시 양명학과 서구 신문명을 받아들인 일본에 나라를 빼앗겼으니 주자학의 해독이 나라를 망쳤다고 해도 무방할 것이다.

어떤 이념이나 학문이든 하나에만 나라 전체가 몰두하여 자신과 다른 것은 모두 배척하는 것은 대단히 위험하고 어리석은 일이다. 공산주의나 이슬람 등 하나의 이념과 종교에만 경도되어 다른 모든 사상이나 종교를 배척하는 나라들이 대부분 정치나 문화, 특히 경제 수준이 형편없는 상태에 빠져있는 현실이 이를 증명한다.

제13장

자로는 말씀을 듣고 그것을 실행하지 못하면 다른 말씀을 또 듣는 것을 두려워했다.

原文
子路有聞, 未之能行, 唯恐有聞.
자로유문 미지능행 유공유문

未之能行(미지능행) 아직 그것을 실행하지 못하다. 본래 未能行之이나, 부정문이므로 목적어 之와 동사가 도치됨 | 唯(유) 오직 | 恐(공) 두려워하다 | 有(유) 또, 앞의 子路有聞에서의 有는 '있다'라는 의미가 아니라 '어떤'이라는 뜻

해설

이 장은 자로의 단순한 성격과 공자의 가르침을 성실히 실천하고자 하는 마음을 잘 표현하고 있다. 공자가 노나라 사구가 되었을 때 공자는 삼환이 가지고 있던 성을 무너뜨려 삼환 세력을 약화하려 하였는데 이때 계씨의 가신으로 있던 자로는 공자의 뜻을 충실히 받들어 서슴지 않고 행동에 옮기려 했지만 일이 실패하자 자로는 공자와 함께 노나라를 떠났다.

자로는 가장 이른 시기에 공자 문하에 들어온 제자로서 무관武官이었

다는 설도 있고, 단순히 무뢰한이었다는 설도 있지만 어쨌든 자로가 공자의 제자가 된 후부터는 다른 사람들이 감히 공자를 업신여기지 못하였다고 한다.

안회, 자공과 더불어 공자를 가장 가까이서 모신 제자였기에 논어 전편에 걸쳐 공자 제자 중에서는 자로에 관한 일화가 가장 많다. 노나라 출신이었던 자로나 안회가 공자보다 일찍 죽지 않고 공자 사후에 더 활약을 할 수 있었더라면 노나라를 중심으로 논어의 편집과 유가의 조직화는 좀 더 빨리 구체화 되었을 것으로 생각된다.

제14장

자공이 "공문자[52]가 어떻게 '문文'이라고 불릴 수가 있었습니까?" 하고 묻자, 공자께서 말씀하셨다.
"학문을 좋아해서 배우는 데 힘쓰고, 아랫사람에게 묻는 것을 부끄러워하지 않았으므로 '문'이라고 불렸다."

原文

子貢問曰 : "孔文子何以謂之文也?"
자 공 문 왈　　　공 문 자 하 이 위 지 문 야
子曰 : "敏而好學, 不恥下問, 是以謂之文也"
자 왈　　　민 이 호 학　불 치 하 문　시 이 위 지 문 야

何以(하이) 어떻게 해서, 원래 以何가 되어야 하나 의문문에서 의문사 何가 전치사 以 앞에 놓임 | 文(문) 문화, 문물제도 | 敏(민) 애쓰다, 힘쓰다 | 下(하) 아래, 여기서는 자기보다 못한 사람

해설

공문자 즉 공어孔圉는 위衛나라의 대부로 위나라 공자인 태숙질太叔疾이 이미 결혼하여 아내가 있음에도 불구하고 그 아내를 버리게 하여 자기의 딸과 결혼시켰다. 그러다가 태숙질이 죄를 지어 송나라로 도망가

---

52 공문자(孔文子) : 공자가 위(衛)나라에 있을 당시의 위나라 대부로 이름은 공어(孔圉)였고 문(文)은 시호였다.

버리자 이번에는 그 딸을 태숙질의 동생인 공자 유遺를 협박하여 다시 그에게 시집보냈다.

자공은 이런 질 나쁜 행동을 하던 공어가 죽어서 '문文'이라는 문관으로서는 가장 훌륭한 글자를 시호를 받아 공문자孔文子라고 불릴 자격이 있는가를 공자에게 물었던 것이다. 이에 대해 공자는 자신이 현재 위나라에 거처하고 있으므로 함부로 주재국의 대부를 비난할 수 없다는 생각에서 "학문을 열심히 하고 아랫사람 사람에게 묻기를 부끄러워하지 않으면 '문文'이란 시호를 붙이는 법이다." 라고 원론적인 답변을 하는 대목이다.

공자는 현실 상황을 무시하고 언제 어디서나 일관되게 자기의 생각을 앵무새처럼 반복하는 고지식한 인물은 아니었다. 비록 사실과는 약간 다를지라도 사정이 허락하는 한 최소한의 긍정적인 답변으로 상황을 무마하려고 한 것이다.

자공은 위나라 출신이므로 공어에 대해서 잘 알고 있으므로 공자에게 그의 시호가 과하지 않은가를 물었던 것이지만 공자는 자기가 묵고 있는 위나라 대부에 대해 외국에서 온 손님으로서 비난을 자제하는 것이 예의라고 생각한 것 같다.

그러나 공자는 자기 나라인 노魯의 정치가 문란함에 대해서, 특히 삼환의 무례에 대해서는 질책을 아끼지 않았다.

제15장

공자께서 자산子産[53]에 대해 말씀하셨다.
"자산은 군자의 도道 네 가지를 가졌으니, 자신의 몸가짐은 공손했고 윗사람은 경건히 섬겼으며 백성을 은혜롭게 다스리는 한편, 백성을 동원함에는 의로웠다."

> **原文**
>
> 子謂子産: "有君子之道四焉. 其行己也恭, 其事上也敬,
> 자 위 자 산　　유 군 자 지 도 사 언　기 행 기 야 공　기 사 상 야 경
> 其養民也惠, 其使民也義."
> 기 양 민 야 해　기 사 민 야 의

其行己(기행기) 그 몸가짐 혹은 처신. 己 뒤에 身이 생략되어 있음 | 養(양) 다스리다 | 義(의) 옳다, 정당하다

해 설

공자가 살았던 춘추시대에는 자기 나라의 정치나 경제에 문제가 생기면 이에 대한 돌파구로 이웃 나라를 침략하는 것이 예사였다. 즉, 어떤 나라의 신하나 왕족이 쿠데타로 정권을 잡으면 자신의 권력을 굳히고 사람들의 관심을 돌리기 위해 이웃 나라를 침략하기도 하고, 자기

53　子産(자산) : 정(鄭)나라의 대부로서 이름은 공손교(公孫僑)이며 자산은 그의 자이다. 정목공(鄭穆公)의 손자이며 공자와 같은 시대인 BC 543년에서 522년까지 21년간 정(鄭)나라의 국정을 맡아 선정을 베풀었다.

나라에 흉년이 들면 이웃 나라로 가서 곡식을 빼앗아 오기도 했다.

따라서 당시 사람들은 항상 이웃 나라의 정국 동향을 잘 알고 있어야 했으며 그 나라의 정국 변화에 민감하게 반응했다. 따라서 노나라 사람인 공자가 정나라의 실권자인 자산子産을 잘 알고 그의 정치를 자세히 비평할 수 있는 것은 당연하다.

자산은 정나라의 귀족 출신으로 재상이 되자 신분에 따라 옷을 구별해 입도록 하여 신분 질서를 확실히 하였고 농경지를 도랑으로 구분하는 한편, 미신을 금하고 향교를 헐지 말도록 하여 교육에 힘쓰는 등 선정을 베풀어 1년이 지나자 아이들이 버릇없이 구는 일이 없고, 노인이 힘들게 물건을 들지 않았으며 2년이 되자 백성들이 밤에 문을 잠그지 않게 되고, 길에서 남의 물건을 줍지 않게 되었다고 한다.

이 장은 유가의 수기안인修己安人, 즉 '자기를 닦아 백성을 평안케 한다.'라는 덕목이 현실 정치에 접목된 예를 보여준다. 유가는 스스로 수양하지 않은 사람은 남도 평안케 할 수 없다고 한다. 우리나라에서 장관 등의 청문회 때 후보자의 해당 직무 숙련도나 지식보다는 후보자 본인이나 주변인의 정직성, 청렴성에 관한 질문이 많은 이유도 이러한 맥락에서 이해하여야 할 것이다.

제16장

공자께서 말씀하셨다.
"안평중[54]은 남과 잘 사귀었는데, 사귄 지 오래되어도 상대방을 공경했다."

原文
子曰 : "晏平仲善與人交, 久而敬之."
자왈   안 평 중 선 여 인 교   구 이 경 지

人(인) 논어에서 人이란 대체로 '다른 사람' 이라는 뜻임 | 之(지) 앞의 人을 말함

해설

안평중, 즉 안영은 공자 때 이웃 나라인 제나라의 명재상으로 제령공, 장공, 경공의 삼대 동안 제 나라 임금을 섬겨 사마천이 사기를 쓸 때 제환공을 도와 제나라를 춘추오패의 하나로 만든 관중과 나란히 안영을 들어 두 사람을 함께 묶어서 관안열전管晏列傳을 지었으며

또, 사마천은 스스로 만약 안영이 살아있다면 그를 위해 말채찍을 잡고 수레를 몬다 해도 영광으로 생각하겠다고 할 정도로 춘추시대를 대표하는, 제나라의 현신賢臣이다. 안영은 백성을 자기 몸처럼 아꼈고,

---

54 안평중(晏平仲) : 제나라의 대부였던 안영(晏嬰)을 말한다. 춘추시대 공자와 동시대 사람으로 자는 중(仲)이며 평(平)은 사후에 붙인 시호이다.

식사에 두 가지 고기가 없을 정도로 검소했고 박학다식한 데다 정확한 상황 판단력과 강직한 성품으로 늘 임금 앞에서 어진 정치를 펴서 형벌을 줄이고 세금을 가볍게 해서 백성을 돌보라고 간한 사람이다.

제장공이 부적절한 처신으로 신하인 최저崔杼에게 살해되고 최저는 내친김에 가거賈擧·주작州綽·병사·공손오 등 장공이 총애하던 대신들까지 모조리 죽여버렸지만 안영은 이에 굴하지 않고 최저에게 당당히 이치와 시비를 따졌다. 그렇게 해도 최저는 안영이 가진 명성 때문에 그를 해치지 못하였다.

안영은 키가 아주 작았으며 외모도 볼품이 없었다고 한다. 그가 초나라로 사신이 되어 갔을 때 초령왕楚靈王[55]이 그를 보고 "제나라에는 어찌 이리 인재가 없는가? 어째서 자네같이 형편없는 사람이 사자로 왔는가?" 라고 하자 안영은 "제나라는 상대에 따라 사자를 보내는데 큰 인재는 훌륭한 상대에게 보내고, 작은 인재는 작은 상대에게 보냅니다. 저같이 형편없는 인물은 형편없는 상대에게 보내지는데 제가 제나라에서는 제일 형편없는 사신입니다." 라고 했다.

공자가 망명 중에 제나라에 왔을 때 '유자儒者들은 유세를 떠는 데만 능하고 그 예와 형식을 지키는데 한세대에는 끝낼 수가 없으니 그들은 말만 그럴듯하지, 실제로는 아무 도움이 되지 않습니다.'라고 하여 공자

---

55 초령왕(楚靈王) : 초나라 26대 군주로 공왕(共王)의 아들로 강왕(康王)의 동생이다. 공왕의 뒤를 이은 강왕이 일찍 죽고 그 아들인 겹오(郟敖)가 왕위에 오르자 왕의 숙부 겸 재상으로 일하면서 어린 조카 왕을 협박하다가 결국 조카와 그 소생들을 모조리 죽이고 왕위를 찬탈했다. 안영이 초령왕을 형편없는 인물이라고 한 것은 전혀 근거가 없는 얘기는 아닌 것이다.

의 등용을 막은 것도 안영이라고 한다.

그러나 공자가 노나라를 떠나 천하 편력에 나선 것은 공자가 55세 때인 BC 497년이며 안영은 그 3년 전인 BC 500년에 이미 죽고 없었으므로 안영의 이 같은 공자에 대한 평가는 시기가 맞지 않아 사실이 아닐 가능성이 크다.

제17장

공자께서 말씀하셨다.

"장문중[56]은 채蔡에서 나는 큰 거북이를 기르고, 집 기둥 위의 두공에는 산 무늬를 새기고 동자기둥에는 물풀 무늬를 새겼으니, 어찌 그를 지혜롭다고 하겠느냐?"

原文

子曰 : "臧文仲居蔡, 山節藻梲, 何如其知也?"
자 왈   장 문 중 거 채   산 절 조 절   하 여 기 지 야

居蔡(거채) 채(蔡)라는 지역에서 나는 큰 거북이를 기르다 | 居(거) 기르다 | 蔡(채) 점 치는 용도로 쓰는 큰 거북이 | 山節藻梲(산절조절) 두공에 산 무늬를 새기고 동자기 둥에 물풀 무늬를 새기다 | 節(절) 두공(枓栱). 처마를 받들기 위해 기둥 윗부분에 있는 까치발 형태의 목조구조물 | 梲(절) 동자기둥. 들보 위에 세우는 작은 기둥

해 설

장문중은 공자보다 두 세대 앞선 노나라의 현명한 신하로 큰 기근이

---

56 장문중(臧文仲) : 공자보다 60년 앞선 사람으로 노(魯)나라의 총리급 벼슬인 정경(正卿)을 지냈다. 이름은 장손진(臧孫辰)이며 자가 중(仲)이고, 문(文)은 죽은 뒤에 붙인 시호이다. 장공(莊公), 민공(閔公), 희공(僖公), 문공(文公) 등 네 임금을 섬겼으며, 특히 장공때 노나라에 큰 기근이 들자 노나라의 옥(玉)과 제(齊)나라의 곡식을 바꾸기로 하고 장문중이 제나라에 사신으로 가서 제나라 임금을 움직여 옥을 주지 않고도 곡식을 가지고 와서 노나라 백성을 구했다고 한다.

들자 제나라에 사신으로 가서 지혜롭게 제나라 임금을 움직여 곡식을 빌려와 백성을 구했다고 한다. 그러나 공자는 그가 신하로서는 지나친 행동을 하였으므로 지혜롭다고 할 수 없다고 비판한다.

'거居'는 보통은 '살다, 거주하다'라는 의미이지만 여기서는 '기르다, 가지고 있다'라는 뜻으로 쓰이고, 채蔡는 점을 칠 때 쓰는 큰 거북이가 채蔡 지방에서 많이 난다고 하여 그 지역명인 '채'를 그대로 '큰 거북이'라는 뜻으로 부른다. 그러므로 이 장에서 '거채居蔡'란 '채 지방에서 나는 큰 거북이를 기른다.'라는 뜻이다.

절節은 기둥머리의 두공斗栱, 즉 처마를 받들기 위해 기둥 윗부분에 있는 까치발 형태의 목조구조물을 말한다. 따라서 산절山節이란 기둥의 두공에 '산'을 무늬로 그려 넣을 정도로 화려하게 장식했다'라는 의미이고, 절梲은 대들보 위의 짧은 기둥으로 흔히 동자기둥으로 부르는 것이며, 조藻는 물풀을 말한다. 따라서 '조절藻梲'이란 즉, 동자기둥에는 물풀 무늬를 새길 정도로 사치했다는 뜻이 된다.

임금이 나라에 큰일이 생겨 어떻게 하면 좋을지를 신에게 물을 때 채 지방에서 나는 큰 거북이의 껍질을 불에 구워 그 갈라진 모양을 보고 길흉을 판단하게 되므로 채 지방의 큰 거북이는 원래 임금이 기르고 있어야지 신하인 장문중이 이를 기른다는 것은 주제넘은 짓이라는 말이다.

그리고 기둥 위에 천장을 받치는 버팀대인 두공에 산 모양을 새긴다거나 대들보 위의 동자기둥에 물풀 모양을 새기는 것은 모두 천자의 사당에만 할 수 있는 문양이다. 따라서 비록 장문중이 노나라에서 재상급의 높은 벼슬을 하고 있지만, 임금만이 필요로 하는 큰 거북이를 기르고 집의 사당에는 천자만이 할 수 있는 문양을 하는 것은 지혜로운 이가 취할 바가 아니라는 것이 공자의 뜻이다.

제18장

자장이 "초나라 영윤인 자문[57]이 세 번이나 영윤이 되었어도 기뻐하는 모습을 보이지 않았고, 세 번이나 그만두었을 때도 서운한 모습을 보이지 않았으며 자신이 영윤으로 재직할 때의 정치 상황을 반드시 새 영윤에게 알려주었습니다. 이 사람은 어떤가요?" 하고 물으니 공자께서 "충성스러웠지." 라고 대답하셨다. 자장이 "어질었습니까?" 라고 물으니, 공자께서는 "모르겠다만, 어찌 어질었다고 할 수가 있겠느냐?" 하셨다.

사장이 "최자[58]가 제나라 군주를 죽이자, 진문자[59]는 말이 40필이나 있었는데도 버리고 도망을 갔습니다. 다른 나라에 가서도

---

57 자문(子文) : 이름은 투곡(鬪穀)이며 자가 자문이다. 공자보다 약 100여 년 전의 사람으로 초나라의 3대 유력 가문 중 하나인 투씨의 장로로 사생아로 출생하여 출생 직후 들판에 버려졌으나 호랑이가 젖을 먹여 길렀다는 전설이 전해진다. 후에 초나라의 군사권을 쥔 재상격 고관인 영윤이 되어 BC664~637년간 재직하면서 부국강병책을 적극 추진, 오랑캐로 멸시받던 초나라를 남방의 대국으로 크게 발전시켜 중원의 강국인 제나라나 진(晉)나라와 대적하게 했다.
58 최자(崔子) : 제(齊)나라 영공(靈公), 장공(莊公, BC553~548 재위) 시기의 권신. 이름은 저(杼)이다. 장공을 시해하고 공자 저구(杵臼)를 경공(景公, BC547~490)으로 옹립했다. 경공 즉위 직후 자신은 우상(右相)이 되고 공모자인 경봉(慶封)은 좌상(左相)이 되어 경공 초반기의 제나라 공실을 농단하고 전권을 장악했다.
59 진문자(陳文子) : 최자 당시의 제나라 대부이며 이름은 수무(須無)이다. 최자의 모반을 싫어하여 제나라를 버리고 도망 갔으나 3년 뒤에 다시 제나라로 돌아와 국정에 참여했다. 그의 손자가 바로 진항(陳恒)으로 제간공을 시해하여 제나라의 권력을 독점했으며 진항의 증손자가 전화(田和)이다. 전화가 제강공을 폐위시키고 스스로 제나라 임금(齊候)에 오르니 이 사람이 바로 제태공(齊太公)으로 전씨 제나라의 시조가 된다.

'우리 대부 최자 같구만.' 하면서 다른 곳으로 가버렸습니다. 또 다른 곳에 가서는 또 '우리 대부 최자 같구만.' 하면서 다른 곳으로 가버리곤 했습니다. 이 사람은 어떤가요?" 하고 물으니 공자께서 "깨끗하다." 라고 대답하셨다. 자장이 "어질었습니까?" 라고 물으니, 공자께서는 "모르겠다만, 어찌 어질었다고 할 수가 있겠느냐?" 하셨다.

原文

子張問曰 : "令尹子文, 三仕爲令尹, 無喜色. 三已之,
자장문왈　　영윤자문 삼사위영윤　무희색 삼이지

無慍色.
무온색

舊令尹之政, 必以告新令尹, 何如?"
구영윤지정　필이고신영윤　하여

子曰 : "忠矣"
자왈　　충의

曰 : "仁矣乎?"
왈　　인의호

子曰 : "未知, 焉得仁?"
자왈　　미지　언득인

曰 : "崔子弑齊君, 陳文子有馬十乘, 棄而違之. 至於他邦,
왈　　최자시제군　진문자유마십승　기이위지　지어타방

則曰 : '猶吾大夫崔子也.' 違之.
즉왈　　유오대부최자야　　위지

之一邦, 則又曰 : '猶吾大夫崔子也.' 違之. 如何?"
지일방　즉우왈　　유오대부최자야　　위지 여하

子曰 : "淸矣"
자왈　　청의

曰 : "仁矣乎?"
왈　　인의호

子曰 : "未知, 焉得仁?"
자왈   미지   언 득 인

令尹(영윤) 초(楚)나라 특유의 관직으로 군사권과 통상적인 재상의 지위를 겸한 최고 위직으로 상경(上卿)이라고도 한다 | 仕(사) 벼슬에 오르다 | 己(이) 그만두다 | 慍(온) 따뜻할 온, 여기서는 '화내다, 노여워하다'라는 뜻 | 必以告(필이고) 반드시 그것을 알려주다. 以는 전치사로서 뒤에 목적어 之가 생략됨. 여기서 之는 앞의 舊令尹之政을 지칭함 | 何如(하여) 어떤가 | 焉(언) 어찌, 어떻게 | 得(득) 할 수 있다는 뜻의 조동사 | 弑(시) 부모나 임금 등 윗사람을 죽이다 | 馬十乘(마십승) 열 수레의 말. 하나의 수레를 네 마리 말이 끄니 열 수레는 40마리의 말 | 棄(기) 버리다 | 違(위) 피하다, 달아나다 | 之一邦(지일방) 어떤 나라에 가다 | 矣(의) 문장 끝에서 단정적인 의미를 나타내는 어조사 | 焉(언) 어찌

해설

자문은 초나라의 최고 관직인 영윤으로 오래 재직하면서 진陳나라와 정나라를 정벌하고 현弦, 황黃 등 주변의 작은 나라들을 병합하는 등 초나라를 중원의 제나라나 진晉나라에 필적할 정도로 강국으로 키우는 데 크게 공헌했으며 오랜 기간 영윤으로 있어도 청렴했다고 한다.

한편, 진문자는 최저의 반역을 보고 자신의 모든 재산을 버리고 나라를 떠나 임금을 시해한 무리와 일체 연관을 끊을 정도로 결백했다. 자장은 임금을 도와 나라의 정치에 깊숙이 참여하면서 나름대로 공을 세우고도 청렴했던 자문과 아예 나라의 잘못된 정치를 떠나서 깨끗함을 유지한 진문자를 대비하여 누가 어진 사람인가에 대해 공자의 의견을 물은 것이다. 즉 백성을 다스리는 정치와 개인의 청렴과 인仁의 관계에 대해 공자의 생각을 물었던 것이다.

이에 대해 공자는 정치에서의 탁월성이나 개인의 청렴성 등과 인仁은 다른 차원이라고 말하고 있다. 즉, 인이란 사람이 가진 인격의 정도나 다른 사람에 대한 공경과 사랑 등 내적 수양이나 태도에 관한 것이지 정치에서의 우수성이나 개인의 청렴도 등을 말하는 것은 아니라는 것이 공자의 대답이다.

한편, 최저崔杼의 반역 사건은 원래 제나라의 장공莊公의 그릇된 행동에서 비롯된 것이다. 그는 신하이자 대부인 최저의 후처인 당강棠姜의 미모에 혹해 그와 정을 통했고, 최저는 이 때문에 장공을 깊이 원망하고 있었다. BC 548년 5월에 최저가 병을 핑계로 정무를 보지 않자 장공은 최저의 집에 문병하러 와서 다시 당강을 찾았다. 이때 최저는 미리 집에 무사들을 숨겨두고, 장공이 안으로 들어가자 문을 잠가 호위병을 떼어낸 다음에 장공을 죽여 버렸다.

장공을 죽인 최저는 장공의 동생인 경공을 제나라 임금으로 세우고 권력을 독점했으나 후에 같은 재상인 경봉慶封의 모략에 빠져 자신과 함께 일족이 모두 죽었다.

제19장

계문자[60]는 세 번 생각한 후에 행동했다.
공자께서 이를 듣고 말씀하셨다. "두 번 생각하면 족하다."

> **原文**
> 季文子三思而後行. 子聞之曰 : "再, 斯可矣."
> 계 문 자 삼 사 이 후 행   자 문 지 왈   재   사 가 의

再(재) 두 번 | 斯(사) 이, 이것

해설

계문자는 공자보다 한 세대 앞선 노나라의 실권자로 대단히 검소하여 첩들이 비단옷을 입지 않았으며, 말 먹이로 사람이 먹는 곡식을 쓰지 않았으며, 창고에 금이나 옥을 모아두지 않아 백성들이 그를 청렴하고 충직한 사람이라 칭송했다 한다.

계문자가 외국에 사신으로 나가면서 상복도 함께 준비해가자, 수행인이 "상복은 왜 준비해서 갑니까?" 라고 물으니 계문자는 "혹시 그 나라

---

60 계문자(季文子) : 공자보다 한세대 정도 앞선 계손씨의 집권자로 이름은 행보(行父)이며 문(文)은 시호이다. 노나라 문공과 선공(宣公), 성공(成公), 양공 4대를 섬기면서 실질적인 노나라의 실권자였음에도 극히 검소했다고 알려진다.

에 가서 부고를 듣고 빈소에 갈지도 모르니 미리 준비해서 가는 것"이라고 답했다. 이렇게 몇 번을 생각하여 미리 대비하는 것을 '문자文子의 삼사三思'라고 일컫는 것이다.

그러나 공자는 너무 많이 생각하면 어떤 결정에 있어 주저하게 되어 결국 결정하지 못할 가능성이 크다고 보고 두 번이면 족하다고 한 것이다. 그러나 다르게 보면 정통의 권력자인 임금의 권력을 부당히 빼앗은 삼환의 실력자가 세 번 생각한다는 따위의 신중함을 내세우는 것이 공자에게는 가소롭기도 하고 못마땅하기도 하여 "두 번 생각했을 것이다."라고 한 것일 수도 있다.

공자는 어쩌면 '계문자가 세 번을 생각하는 신중함을 진정으로 갖추었다면 삼환의 권력을 노나라 임금에게 돌려주고 자신과 자신의 일족들은 원래대로 신하의 반열로 되돌아가 섰을 것이다.'라고 생각한 것이 아니었을까?

그것이 공자가 평생 염원했던 군군신신君君臣臣 부부자자父子子, 즉 임금이 임금답고 신하가 신하다우며, 아버지가 아버지답고 아들이 아들다워서 천하가 평화로이 질서 있는 세상으로 가는 길이었을 것이다.

계문자가 아무리 신중하고 청렴하며 충직한 사람이라고 포장하더라도 공자의 도덕체계에서는 그는 삼환의 힘으로 정통 임금의 권력을 부당하게 빼앗아 백성 위에 군림하여 천하 질서를 어지럽히는 도적일 뿐이다.

제20장

공자께서 말씀하셨다.

"영무자[61]는 나라에 도가 있을 때는 지혜로웠고, 나라에 도가 없을 때는 어리석었다. 그 지혜로움은 따라갈 수 있지만, 그 어리석음은 따라갈 수가 없구나."

原文

子曰：“寧武子, 邦有道則知, 邦無道則愚. 其知可及也,
자 왈　　영 무 자　방 유 도 즉 지　방 무 도 즉 우　기 지 가 급 야
其愚不可及也.”
기 우 불 가 급 야

則(즉) ~하다면 | 知(지) 지혜롭다. | 及(급) 미치다, 이르다 | 愚(우) 어리석다

해설

영무자는 공자보다 100여 년 전에 위衛나라 성공成公 때의 대부였는데 위성공이 진晉의 공격을 받아 초나라와 진陳나라 등지로 도망갈 때 그를 수행하여 3년 동안 함께 갖은 고생을 하다가 마침내 위성공을 위

61　영무자(寧武子) : 춘추시대 위(衛)나라 사람으로 위문공(衛文公)과 성공(成公)때 대부를 지냈다. 이름은 유(兪)이며, 무자(武子)는 시호(諡號)다. 성공이 진(晉)나라의 공격과 신하들에 의해 나라를 잃고 초(楚)와 진(陳)나라로 달아났다가 진(晉)나라에 사로잡히는 곤욕 속에 영자의 노력으로 성공(成公)은 목숨을 보전하여 마침내 위나라에 복위할 수 있었다.

나라로 돌아오게 하여 임금의 자리에 복위시킬 수 있었다.

그러나 영무자는 위성공이 임금의 자리로 돌아오자 일체의 벼슬을 버리고 은퇴하였다. 공자는 성공이 임금의 자리로 복위한 상태를 '도가 있을 때'라고 하고 이때 영무자가 성공에게 자신의 공로를 주장하여 권세를 누리지 않은 것은 아주 지혜로운 일이라고 해도 다른 사람도 따라 할 수는 있는 일이지만,

성공이 임금의 자리에서 쫓겨나 타국을 떠돌 때, 즉 도가 없을 때 영무자가 '어리석었다'라는 것은 통상 말하는 어리석음이 아니라 임금이 적에게 쫓겨서 도망갔을 때 이해타산을 따지지 않고 홀로 우직하게 임금을 끝까지 따라가서 갖은 고생을 함께 했다는 것을 말하는 것인데, 이것은 다른사람이 따라하기가 어려운 일이라고 한 것이다.

권력을 가진 자가 힘이 있을 때는 그렇게도 충성을 맹세하던 자들이 권력자가 힘이 떨어지면 하루아침에 헌신짝처럼 버리지만, 진정한 충신은 어리석게도 자신의 지조를 바꾸지 않는다. 영무자의 어리석음은 참된 충성심의 다른 표현일 뿐이다.

신하가 임금에 대해 가지는 충성심도 무슨 거창한 인륜 도덕이라기보다는 인간이 인간에게 가질 수 있는 작은 예의에 불과한 것일 수도 있다. 고려 말 정몽주가 공양왕에 대한 충성심을 끝내버리지 못했던 것은 쿠데타에 의해 권력을 쥔 이성계에게 옹립되어 유명무실한 왕에게 무슨 실리를 바란 것은 아닐 것이며 그렇다고 해서 왕에 대한 신하로서의 의무감만은 아니었을 것이라고 본다.

정몽주의 충성심은 정몽주라는 인간이 500년을 이어 온 고려왕조의 마지막 왕에게 보일 수 있는, 인간으로서의 예의가 아니었을까? 최영이 있었고 정몽주가 있었기에 고려왕조는 그나마 그 마지막이 조선에 비해 허망하지 않았다고 생각한다. 500년 조선왕조를 무너뜨리려고 일본이 자신들에게 방해된다고 죽인 사람은 오직 한 사람, 명성황후뿐이었다. 조선왕조를 위해, 무기력한 조선 임금을 위해, 목숨을 걸고 일본을 견제하려 한 조선의 대신은 불행하게도 단 한 사람도 없었다.

제21장

공자께서 진陳[62]나라에 계실 때 말씀하셨다.
"돌아가자, 돌아가! 우리 마을의 젊은이들은 뜻하는 바는 크나 실천에 소홀하고, 찬란하게 수놓아 비단을 만들었으나 그것을 재단하는 법을 모르는구나."

原文

子在陳, 曰 : "歸與! 歸與! 吾黨之小子狂簡, 斐然成章,
자 재 진 왈   귀 여   귀 여   오 당 지 소 자 광 간   비 연 성 장
不知所以裁之."
부 지 소 이 재 지

與(여) 여기서는 감탄사로 쓰임 | 黨(당) 향리, 마을 | 小子(소자) 젊은이 | 狂簡(광간) 뜻하는 바는 크나 실천이 소홀함 | 斐(비) 문채가 나다, 찬란하다 | 然(연) 그러하다 | 成章(성장) 비단에 수를 놓아 장을 이루다 | 所以(소이) 방법 | 裁(재) 자르다, 재단하다

해 설

'광간狂簡'이란 뜻은 크나 그 실천은 소홀하다는 뜻이며, 비연성장斐然成章에서 성장成章이라 함은 비단에 용이나 꽃, 산 등을 찬란하게 수를

---

62 진(陳) : 주(周)의 무왕(武王)이 순임금의 후손을 찾아 세워준 나라다. 진(陳)은 회하 유역에 있던 작은 나라로 공자시대에는 북쪽의 제·진(晉)나라 남방의 초·오(吳)나라 등 열강의 사이에 끼어서 고초를 겪다가 마침내 BC 478년 초나라에 의해 멸망되었다.

놓는 것을 말하며 이렇게 수를 놓은 비단을 장章이라는 단위로 부른다. 따라서 '비연성장'이라 함은 '비단에 수를 놓아 만든 장章이 찬란하다.'라는 뜻이다.

옷을 만들려면 이 장章을 자르고 깁는 등 재단이 필요하다. 공자는 노나라 젊은이들이 비단으로 찬란히 수놓은 훌륭한 옷감을 가지고도 재단하는 방법을 몰라 옷을 못 만들므로 자신이 가서 그들에게 옷을 만드는 방법을 가르쳐야겠다는 희망을 피력한 것이다.

기원전 484년, 공자가 68세 되던 해에 공자는 14년에 걸친 유랑생활로 몸과 마음이 지쳐 있었다. 이때는 공자로 하여금 노나라를 떠나게 했던 계환자가 죽고 그 아들인 계강자가 집권하고 있을 때였다. 이 무렵 제나라가 노나라를 침입하자 노나라 군대를 끌고 제나라의 침입을 막은 이가 공자의 제자인 염구冉求다.

염구가 이 방어전을 계기로 더욱 계강자의 신임을 얻게 되자, 스승 공자의 귀국을 건의하게 되고 계강자가 이 건의를 받아들여 드디어 공자는 오랜 유랑생활을 끝내고 고국인 노나라로 돌아오게 되었다. 이 장은 그 무렵의 공자가 귀국에 대해 가진, 부푼 심경을 잘 표현하고 있다.

공자가 14년의 유세에도 불구하고 끝내 자신의 이상을 실현할 곳을 잡을 수 없었던 것은 그 당시의 군주들이 필요로 한 것은 공자가 주장하듯이 '임금이 자신을 수양한 후에 널리 백성을 가르치고 다스리는 이상적인 정치'가 아니라 부국강병을 위한 현실적이고 구체적인 대안이었으므로 공자는 자기의 뜻을 수용하는 임금을 끝끝내 찾을 수가 없었던 것이다.

제22장

공자께서 말씀하셨다.

"백이와 숙제[63]는 나쁜 일이라도 지나간 것은 생각하지 않았으므로, 원망하는 일이 드물었다."

原文	"伯夷叔齊不念舊惡, 怨是用希."
	자 왈 백 이 숙 제 불 념 구 악 원 시 용 희

是用(시용) 그래서 | 希(희) 통상은 '바라다' 라는 뜻이나 여기서는 '드물다'라는 뜻으로 稀(희)와 같다

해설

이 장에서 먼저 주목해야 할 부분은 '원망'의 주체에 관한 부분이다.

---

63 백이와 숙제(伯夷叔齊) : 은(殷)나라의 제후국인 고죽국(孤竹國)의 왕자들로서 백이가 형, 숙제가 아우이다. 아버지가 숙제를 후사로 세우려 하자 숙제가 백이에게 그 자리를 양보하고 이를 싫어한 백이가 달아나 버리자 숙제도 함께 달아나 버렸다. 두 사람은 주(周)나라가 노인들을 잘 봉양한다는 소문을 듣고 주나라로 가는 길에 마침 주의 무왕이 은나라를 치러가는 것을 보고 그 말고삐를 잡고 말렸으나 무왕이 듣지 않았다.

무왕이 끝내 은나라를 평정하자 백이와 숙제는 주나라의 곡식을 먹지 않고 수양산(首陽山)에 숨어서 고사리를 캐서 먹다가 굶어 죽었다고 한다. 고대에 절의를 지킨 대표적인 사람으로 자주 거론되나 실존 인물이 아니라 가상의 인물이라는 설도 있다.

즉 '백이 숙제가 남을 원망했느냐?'라고 볼 수도 있고 거꾸로 '백이 숙제가 남의 원망을 받았느냐?' 즉 '남들이 백이 숙제를 원망했느냐?'라고 볼 수도 있다.

첫째, '백이 숙제가 남을 원망했느냐?'라고 보는 견해에 따르면 이 장은 술이편-15장(7-15장)에 있는 자공의 질문과 연관이 있다고 한다. 즉, 자공이 백이와 숙제가 '원망을 했느냐'고 물으니 공자는 '인을 구하여 인을 얻었는데 무슨 원망이 있겠느냐?'고 답한다. 이 '원망'이나 이 장의 '나쁜 일(=舊惡)'은 같은 뜻으로 다산은 자신들이 고죽국孤竹國의 임금을 양보할 무렵에 가졌던 '나쁜 일'이나 이에 대한 '원망'이라고 본다.

그런데 백이와 숙제에 관한 이야기는 크게 다음과 같이 세 가지로 나눌 수 있다.

1) 고죽국의 왕자로서 임금의 지위를 서로 양보하다가 둘 다 임금의 지위를 버리는 것이고
2) 주 무왕이 은나라를 치러가는 것을 보고 그 말고삐를 잡고 말리는 것이고
3) 주 무왕이 제후로서 천자인 은의 주왕紂王을 죽이고 천하를 빼앗는 것을 불의로 여겨 주나라의 곡식을 먹지 않고 수양산에 숨어 고사리를 캐서 먹다가 굶어 죽는 부분이다.

통상 백이와 숙제에 관한 이야기는 3)의 부분에 관해 그 절의와 청렴을 숭상하는 이야기이며 1), 2)의 부분에 대해서는 거의 언급되지 않으며 설사 이야기를 한다 해도 3)의 부분을 이야기하기 위한 소개 내지는

서론적인 성격으로 말하는 것이 보통이다.

다시 말해, 백이와 숙제의 경우, 원래 출신지인 고죽국에서 왕위를 양보하는 부분은 그리 중요하지 않은 부분이며 백이 숙제 이야기의 핵심은 주 무왕의 불의에 항거하여 주나라의 곡식을 먹지 않고 수양산에서 고사리를 캐서 먹다가 굶어 죽는 부분인 것이다.

결국 공자는 백이 숙제의 나쁜 일, 즉 구악舊惡은 주 무왕의 불의에 항거하여 주나라의 곡식을 먹지 않고 수양산에 들어가 고사리를 캐서 먹으며 마침내 굶어 죽음에 이르러서도 남을 원망하지 않았다는 말이라고 보는 것이 더 자연스럽다.

둘째, 원망의 주체에 대하여 '백이 숙제가 남의 원망을 받았느냐?' 즉 남들이 백이숙제를 원망했느냐? 라고 보는 견해도 있지만 백이 숙제는 주나라 무왕의 처사를 항의하여 그 나라 곡식을 먹지 않고 굶어 죽는 지경에 이르렀는데 이들의 행동을 원망하는 것은 상식적이지 않다.
따라서 이장의 원망은 '백이숙제가 남을 원망했느냐'에 대한 것으로 보아야 한다

동아시아인들은 비교적 지나간 원한에 대해서는 관대한 편인 것 같다. 이에 비해 2천 년 전에 유태인이 예수를 십자가에서 죽게 한 일에 대하여 서구인들은 20세기 초까지 유태인에 대해 미움과 원한을 가지고 있었고 그것이 히틀러의 유태인 대학살의 원인遠因중의 하나가 되었다.

이슬람교의 시아파도 1400여 년 전에 있었던 무함마드 가문의 후계

자인 알리 피살사건을 아직도 기억하여 그가 피살된 날이 되면 지금도 채찍으로 몸을 때려 피를 흘리는 희생 의식을 천년을 넘게 이어오며 이슬람 수니파에 대한 원한을 되새기는 사례 등은 동아시아에서는 생각하기 어렵다.

우리도 불과 4백여 년 전 일본인들이 15만 대군으로 쳐들어와 무수한 백성을 죽이고 납치하여 전쟁 후 조선 인구가 절반 이하로 줄어드는 피해를 입었지만 지금 일본에 대해 그 잘못을 지적하거나 원한을 말하는 사람은 거의 없으며,

더 가까이는 1910년 일본의 강제병합으로 한반도의 수많은 사람들이 군인이나 강제징용, 위안부 등으로 끌려가 엄청난 고통을 당하거나 목숨을 잃었지만 이에 대해 일본은 별스럽게 미안하다고 사과하거나 사과하려는 마음 자체도 없는 것 같고 우리도 이를 그다지 심하게 추궁하는 것 같지도 않다.

오히려 지나간 일은 다 잊어버리고 북한과 중국의 위협을 대처하기 위해 미국, 일본을 중심으로 적극적으로 우리도 힘을 합쳐야 한다는 주장이 만만치 않다.

제23장

공자께서 말씀하셨다.
"누가 미생고[64]를 정직하다고 했는가? 어떤 사람이 식초를 얻으러 가니 그는 이웃에서 식초를 빌려서 주었다."

> **原文**
> 子曰 : "孰謂微生高直？或乞醯焉, 乞諸其隣而與之."
> 자 왈   숙 위 미 생 고 직   혹 걸 혜 언   걸 저 기 린 이 여 지

孰(숙) 누가 | 或(혹) 어떤 사람 | 醯(혜) 식초 | 諸(저) 그것을, 之於와 같다

해 설

미생고는 여인과 다리 밑에서 만나자는 약속을 했는데 비가 와서 물이 불어나도 약속 장소인 다리 밑을 떠나지 않아 마침내 익사했다는 사람이다. 약속을 지나치게 고지식하게 고수한 사례로 자주 인용된다.

공자는 미생고가 어떤 사람이 식초를 빌리러 오자 자기 집에 식초가 없다는 사실을 부끄럽게 여겨 자기 집 식초인 양 이웃집에서 식초를 빌려

---

64 미생고(微生高) : 서주(西周) 때 노(魯)나라 사람이다. 어떤 여자와 다리 아래에서 만나기로 했는데 약속한 시간에 마침 홍수가 나서 강물이 갑자기 불어났음에도 불구하고 약속을 지키려고 그 자리에서 피하지 않고 다리 기둥을 붙잡고 있다가 익사하고 말았다고 한다.

다 주었다는 말이다. 그래서 공자는 미생고가 정직하지는 않다는 것인데 아마도 이는 공자가 제자들에게 가벼운 농담으로 한 말이었을 것이다.

다산은 만약에 식초가 아니라 부모가 아파서 약을 구하러 온 사람이 있다면 내 집에는 약이 없고 이웃에 약이 있다면 이웃 사람에게 부탁하여 약을 구해 주는 것은 나무랄 일이 아니며 오히려 후한 풍속이라고 하였다.

제24장

공자께서 말씀하셨다.

"교묘히 듣기 좋게 말하고, 안색을 좋게 꾸미며 지나치게 공손한 것을 좌구명[65]은 부끄럽게 여겼고 나 역시 부끄럽게 여긴다. 원한을 숨기고 겉으로는 그 사람과 친한 척하는 것도 좌구명은 부끄럽게 여겼고 나 역시 부끄럽게 여긴다."

原文

子曰 : "巧言, 令色, 足恭, 左丘明恥之, 丘亦恥之.
자 왈   교언 영색 주공 좌구명치지   구역치지
匿怨而友其人, 左丘明恥之, 丘亦恥之."
익원이우기인   좌구명치지   구역치지

巧(교) 교묘하다 | 令(영) 아름답다 | 足(주) 통상은 '발'이나 여기서는 '지나치다'라는 뜻이며 '주'로 읽는다 | 足恭(주공) 지나친 공손 | 匿(익) 숨기다 | 友(우) 친구, 여기서는 '벗으로 사귀다'라는 동사형으로 쓰임

해설

좌구명은 춘추라는 역사서를 해석한 춘추좌씨전을 지은 사람이라고

---

65 좌구명(左丘明) : 공자와 같은 무렵의 노(魯)나라 사람이다. 성이 좌구, 이름이 명이라고 하고 『좌씨전(左氏傳)』, 『국어(國語)』의 저자로 노나라의 태사를 지냈다고도 한다. 공자의 제자라는 설도 있으나 논어의 문맥으로 보아 공자의 제자는 아니며 공자보다 연상이라고 보는 것이 타당할 것이다.

하지만 다른 사람이라는 설도 있다. 아버지의 뒤를 이어 노나라의 태사太史를 지냈으며 천문, 지리, 문학, 역사 등에 박학다식하였으며 정치적 논의에도 밝았다고도 한다. 노나라의 삼환에 대하여 부정적이어서 공자는 그의 강직한 품성을 높이 샀다.

공자는 말을 잘하는 것을 싫어했다. 그러나 좀 더 정확히는 말솜씨로 진실을 가리고 사람을 속여 자신의 이익을 꾀하여 순박하고 성실한 사람을 해치는 것을 싫어했다고 하는 것이 옳을 것이다. 진실을 명료하고 확실하게 밝히는 것까지 공자가 싫어했다고는 말할 수 없다.

안색을 좋게 꾸미며 지나치게 공손한 것과 원한을 숨기고 겉으로는 그 사람과 친한 척하는 것도 역시 뭔가 속으로 다른 이득을 얻기 위함이니 이러한 겉과 속이 다른 언행 역시 공자는 싫어했던 것이었다.

공자의 이러한 언질에도 불구하고 중국에서는 겉 표정과 속마음이 일치하는 사람을 오히려 3류 라고 낮게 평가하고, 일본에서도 겉과 속이 다른 것은 별다르게 비난받을 일이 아니라고 생각하는데, 우리나라만 유독 겉과 속이 다른 사람을 질이 안 좋은 사람으로 취급하는 것을 보면, 공자의 뜻이 우리나라에서 가장 잘 지켜지고 있는 것 같다.

제25장

안연[66]과 자로[67]가 공자를 모시고 있을 때, 공자께서 "각자가 자기 뜻을 한번 이야기해 보아라." 라고 말씀하셨다. 자로가 "친구들과 함께 가벼운 털옷을 입고 마차를 타고 논다면, 그것들이 다 해져도 유감이 없을 것입니다." 했다. 안연이 "내가 옳다고 떠벌리지 않을 것이며, 남에게 수고로움을 끼치지 않으려 합니다." 하자, 자로가 "선생님의 뜻을 듣고자 합니다." 하니, 공자께서 말씀하셨다. "노인은 편안하게 하고, 친구들은 믿음을 갖게 하며, 젊은이는 사랑으로 따르게 하고자 한다."

原文

顔淵, 季路侍. 子曰 : "盍各言爾志?"
안 연   계 로 시   자 왈   합 각 언 이 지

子路曰 : "願車馬衣輕裘, 與朋友共, 敝之而無憾."
자 로 왈   원 거 마 의 경 구 여 붕 우 공 폐 지 이 무 감

顔淵曰 : "願無伐善, 無施勞."
안 연 왈   원 무 벌 선 무 시 로

子路曰 : "願聞子之志"
자 로 왈   원 문 자 지 지

曰 : "老者安之, 朋友信之, 小子懷之."
왈   노 자 안 지 붕 우 신 지 소 자 회 지

---

66 안연(顔淵) : 공자의 제자인 안회(顔回). 淵은 그의 자(字)이다.
67 계로(季路) : 공자의 제자인 자로(子路).

侍(시) 모시다, 시중들다 | 盍(합): 어찌 ~하지 않느냐 | 爾(이) 너 | 裘(구) 갖옷(짐승의 털로 안감을 댄 겉옷) | 敝(폐) 옷이 해어지다 | 憾(감) 통상은 '느끼다.'이나 여기서는 '서운하다' '원통하다'라는 의미의 감(憾)과 같다 | 伐(벌) 통상은 '정벌하다'라는 뜻이나 여기서는 '자랑하다'라는 뜻 | 施(시) 통상은 '베풀다'라는 뜻이며 '뽐내다.'라는 뜻도 있다 | 勞(로) '일하다'라는 뜻과 '공로, 공적'이라는 뜻도 있다 | 懷(회) 생각하다, 따르게 하다 | 之(지) 각각 앞의 老者, 朋友, 小子를 가리키는 지시대사. '스스로 ~하게 하다'

해설

자로와 안연, 자공은 공자가 노나라를 떠나 여러 나라를 유력할 때 가장 가까이에서 보좌한 제자들이다. 자로는 무관 출신으로 무기를 들고 공자의 신변 보호 즉 경호를 맡았을 것이므로 무인 출신답게 친구들과 함께 가벼운 털옷을 입고 마차를 타고 호쾌하게 논다면, 옷이나 마차 따위는 다 해지거나 부서지더라도 유감없을 것이라고 호방하게 말하고 있다.

이어서 안연이 모범생답게 "내가 옳다고 떠벌리지 않을 것이며, 남에게 수고로움을 끼치지 않으려 합니다." 하고 자로가 공자의 생각을 여쭈자, 공자 역시 자신의 의견을 말하는 장면이다.

여기서 안연이 말한 '무시로無施勞'의 뜻에 대해서는 설이 나누어진다. 첫째는 '공로를 뽐내지 않는다.'라고 하고 둘째는 '남에게 수고로움을 끼치지 않는다'라는 의미로 풀이하는 경우이다. 둘 다 뜻이 통하지만, 앞 문단에서 '내가 옳다고 떠벌리지 않는 것'이라 했으므로 '무시로'를 첫째 설에 따라 '공로를 뽐내지 않는다.'라고 해석하면 비슷한 말을 반복한다는 형태가 되므로 둘째 설에 따라 '남에게 수고로움을 끼치지 않는다'로 풀이하는 것이 좀 더 무난하다.

또한, 공자의 말도 위 문장과 다르게 '노인은 나를 편안하게 여기고 친구들은 나를 믿고 젊은이들은 나를 그리워하게 하고 싶다.'라고 해석하는 경우도 있으나 이는 공자의 입장에서 말한 것과 상대방의 입장에서 말한 정도의 차이므로 해석상 크게 다름이 없다고 본다.

공자의 정치이념의 핵심이 백성을 평안케 한다는 '안安'이 아니었나 싶다. 이 장에서도 공자는 백성, 그중에서도 특히 '노인을 편안하게 살도록 한다.'라는 '노자안지'를 첫 번째 바램으로 꼽았다.

제26장

공자께서 말씀하셨다.
"끝났구나! 나는 아직 자기 잘못을 보고 스스로 책망하는 사람을 보지 못했다."

原文 | 子曰: "已矣乎! 吾未見能見其過而內自訟者也."
자 왈   이 의 호   오 미 견 능 견 기 과 이 내 자 송 자 야

已(이) 이미, 끝나다 | 矣(의) 상황의 변화를 나타내는 어기사(語氣詞) | 乎(호) 감탄의 의미를 나타내는 어기사 | 訟(송) 꾸짖다, 자책하다

해설

'끝났구나!' 하는 말은 도가 통하는 세상이 끝났다는 공자의 한탄이다. 공자가 말하는 도가 통하는 세상이란 자기 잘못은 스스로 반성하는 극히 기본적인 상식이 행해지는 세상일 뿐이다.

자기 잘못을 스스로 책망하는 것은 보통 양식을 가진 사람이면 누구라도 할 수 있고 또, 해야 할 일이지만 공자가 현실에서 본 세상 사람, 특히 정치인들은 자기가 잘못하고도 오히려 남의 탓으로 돌려 공격하는 것이 다반사였을 것이다.

공자는 스스로 수양하여 나아가 백성을 평안케 하는 것을 선비의 근본으로 한다. 그러므로 자신에게 잘못이 있다면 당연히 자책하여 같은 잘못을 반복하지 않도록 노력해야 하는데 현실에서는 자기 잘못을 뉘우치기는커녕 오히려 남에게 뒤집어씌워서 심지어는 죄 없는 상대를 죽이는 경우도 적지 않다. 공자가 본 전도된 세상은 유감스럽게도 지금도 여전하며 특히 정치의 세계에서는 더더욱 그렇다.

증자는 학이편 제4장(1-4장)에서 '매일 세 번 자신을 반성한다.'라고 하여 이 장의 뜻과는 다른, 대단히 모범적인 말을 하고 있다. 그러나 공자는 그렇게 고루하거나 형식적인 엄격함은 좋아하지 않았다. 그러한 형식적인 엄격함이 유학의 주류가 되었을 때 유학은 점차 실천과는 거리가 먼 형식적인 생활 규범이 되고 급기야는 나라 전체가 밤낮으로 나라에 대한 충성을 잠꼬대처럼 되뇌었으나 정작 나라를 일본에 빼앗기는 지경에 이르러서도 조선의 대신 중 나라를 위해 일본 정부에 제대로 항의하는 사람이 단 한명도 없었다.

제27장

공자께서 말씀하셨다.

"열 집이 사는 작은 마을에도 반드시 나만큼 성실하거나 믿음직한 사람은 있겠지만, 나만큼 배우기를 좋아하는 사람은 아마 없을 거다."

> **原文**
> 子曰 : "十室之邑, 必有忠信如丘者焉, 不如丘之好學也."
> 자 왈　　십 실 지 읍　필 유 충 신 여 구 자 언,　불 여 구 지 호 학 야

十室之邑(십실지읍) 10호 정도의 작은 마을 | 焉(언) 그 가운데, 어지(於之)와 같음 | 不(불) 여기서는 不有의 뜻으로 '있지 않다'라는 뜻

해 설

공자는 노나라 무장 숙량흘과 안씨녀 사이에서 태어났다 하지만 공자의 부계는 미심쩍다. 공자는 "내가 젊을 때는 천했기 때문에 속되고 하찮은 일을 잘할 수밖에 없었다."(자한편 제6장) 라고 하고 있어 만약에 숙량흘의 아들이라면 스스로 '천하다'라는 표현을 쓰지 않았을 것이다.

아무튼 공자는 아버지가 없었던 것은 물론 아버지 일가로부터 거의 아무런 도움이 없었던 어린 시절에 생계를 위해서 상갓집을 다니면서

상례를 도우며 생계를 유지했던 것으로 보이며 점차 상례를 중심으로 혼례, 제사 등에서 예禮를 이론적으로 공부하고 실제 현장에서 적용하면서 점차 예를 익히게 된 것으로 생각된다.

공자는 열다섯 살에 학문에 뜻을 두었다고 하는 것은 아마도 각종 의식에서의 예를 중심으로 하여 상서尙書를 비롯한 여러 서적을 통하여 예에 관한 보다 심층적인 공부를 시작했던 일을 말하는 것일 것이다.

서른 살 무렵에는 공자의 학문도 육예六藝, 즉 예·악·사射·어御·서書·수數 등 여섯 종류의 기예로 확대되는데, 특히 서는 상서尙書를 비롯한 시경, 주역 등 각종 서적을 말하는데 이 무렵부터는 공자는 상당수의 제자까지 두게 된 것으로 보인다.

이렇듯 공자는 궁핍했던 어린 시절부터 학문에 남다른 열정을 갖고 노력했으며 그런 배움에 대한 열정이나 좋아함이 없었더라면 오늘날 공자는 없었을 것이다. 따라서 이 장에서 공자는 자신이 성실성이나 신의 면에서는 보통 사람보다 별로 뛰어나지 않지만 배움에 대해서는 자신만큼 배움을 좋아하는 사람은 아마 없을 것이라고 말할 수 있었던 것이 아닐까.

제6편
옹야(雍也)

【제6편 옹야(雍也)】

제1장

공자께서 말씀하셨다.

"옹[68]은 임금이 될 만하다." 중궁이 자상백자[69]에 대해 물었다. 공자께서 "괜찮아. 대범하다." 하셨다. 중궁이 "평상시에는 경건하고 일할 때 대범하면 백성을 다스리는 데는 괜찮지 않겠습니까? 그러나 평상시에도 대범하고 일할 때도 대범하면 너무 대범한 것 아닙니까?" 하자, 공자께서 말씀하셨다. "옹의 말이 옳다."

原文

子曰: "雍也, 可使南面."
자 왈   옹 야 가 사 남 면

仲弓問子桑伯子. 子曰: "可也, 簡."
중 궁 문 자 상 백 자 자 왈   가 야 간

仲弓曰: "居敬而行簡, 以臨其民, 不亦可乎? 居簡而行簡,
중 궁 왈   거 경 이 행 간 이 임 기 민 불 역 가 호   거 간 이 행 간

無乃大簡乎?"
무 내 태 간 호

子曰: "雍之言然."
자 왈   옹 지 언 연

---

68 옹(雍): 공자의 제자인 염옹(冉雍). 자는 중궁(仲弓)이다.
69 자상백자(子桑伯子): 춘추시대 노나라 사람이라 하며 생애는 명확히 알려진 것이 없다. 일설에는 장자에 나오는 자상호(子桑戶)가 바로 자상백자라는데 그는 맹자반(孟子反), 자금장(子琴張) 등과 서로 친했는데, 세 사람이 서로 보며 웃어도 마음에 아무런 걸림이 없었다고 한다. 그러나 여기의 자상백자는 평상시나 백성을 다스리는 일에나 모두 대범하여 중궁의 비판을 받는 것으로 보아 자상호같이 속세를 벗어난 도사(道士)류의 인물은 아니고 실제로 백성을 다스렸던 위정자 중 한 사람인 듯하다.

288 쉽고 정확한 논어論語

可(가) 옳다, 좋다 | 使(사) '~로 하여금 ~하게 하다', 여기서는 使 뒤에 목적어 雍이 생략 | 南面(남면) 남쪽으로 향하여 앉다. 임금만이 남쪽을 향하여 앉을 수 있었으므로 '南面한다'라는 것은 곧 임금이 된다는 뜻 | 可(가) 괜찮다, 그런대로 좋다 | 簡(간) 간략하다, 대범하다 | 居(거) 살다, 평상시 | 行簡(행간) 일을 행할 때 대범하게 하다 | 以(이) ~로써, 전치사 以 뒤에 목적어로써 '居敬而行簡을 가리키는 지시대사' 즉 '之'가 생략됨 | 無乃(무내) 어찌 ~이 아닌가 | 大(태) 크다. 클 '태'로 읽음. 여기서는 '너무'라는 뜻 | 然(연) 그러하다, 틀림이 없다

해 설

남면南面이란 '남쪽을 보고 앉는다'라는 뜻이지만 원래 주역에서 '성인 聖人은 남면하여 천하의 일을 듣는데, 이는 밝음을 향하여 다스린다는 것이다.'에서 온 말이다. 그러므로 남면은 통상 '임금이 되다'라는 뜻으로 쓰이지만, 꼭 임금은 아니더라도 그 자리에서 가장 지위가 높은 사람 역시 회의힐 때는 남쪽을 향해 앉으므로 이 장의 남면도 '높은 고관이 된다.'라고도 볼 수 있다는 설이 있다(李澤厚).

그러나 높은 관직이라면 굳이 '남면'이라는 용어를 쓸 필요가 없고 '평상시에는 경건하고 일할 때 대범하면 백성을 다스리는 데는 괜찮다'라는 염옹의 말에 대하여 통치의 핵심을 이해했다고 공자가 칭찬했다는 상황으로 봐서는 남면을 '임금이 된다.'라는 의미로 보는 것이 무난하다.

공자는 대체로 선비의 내면적으로 닦은 덕성이 외적인 활동인 정치에도 그대로 적용되는 것이 이상적인 것으로 보아 대범하다는 가치가 옳은 것이라면 내적이거나 외적인 분야를 막론하고 옳다고 생각했다. 그러한 공자의 생각에 대하여 염옹이 반론을 제기한 것이다.

즉, 공적인 통치에서의 대범함이 개인 생활에서도 대범함이 연속된다면 이는 대범함의 자유분방이 지나친 것이 아니냐는 지적이다. 그 지적에 대하여 공자는 열린 마음으로 염옹의 말을 흔쾌히 옳다고 받아들인다. 즉 공적인 일의 수행은 대범해도 좋지만, 개인 수행은 그보다는 경건한 것이 좋다는 뜻이다.

제2장

애공[70]이 "제자 중에 누가 배움을 좋아하는가요?" 라고 물으니, 공자께서 대답하셨다.

"안회라는 이가 배움을 좋아했지요. 노여움을 남에게 풀지 않고 같은 잘못을 두 번 저지르지 않았는데, 불행히도 명이 짧아 일찍 죽었습니다. 지금은 그런 사람이 없습니다. 배움을 좋아하는 사람이 있다고 듣지 못했어요."

> **原文**
>
> 哀公問 : "弟子孰爲好學?"
> 애공문　　제자숙위호학
>
> 孔子對曰 : "有顔回者好學, 不遷怒, 不貳過. 不幸短命死矣.
> 공자대왈　　유안회자호학　불천노　불이과　불행단명사의
>
> 今也則亡, 未聞好學者也."
> 금야즉무　미문호학자야

孰(숙) 누가 | 爲(위) 하다 | 者(자) 일종의 지시대사로 '~한 사람', '~한 것' 이라는 뜻 | 遷(천) 옮기다 | 貳(이) 둘, 두 번 | 過(과) 과실, 잘못 | 矣(의) 문장의 끝에서 상황의 변화를 나타내는 어기사 | 也(야) 문장 중에 음절을 조정하는 어기사 | 亡(무) 없다. 여기서는 無와 같은 글자로 '무'라고 읽음

---

70 애공(哀公) : 노애공(魯哀公), 춘추시대 노나라의 제27대 군주로 공자가 만년일 때 노나라의 임금이었다.

해설

　공자의 안회에 대한 절절한 그리움이 묻어나는 대화 장면이다. 물론 안회 외에도 배움을 좋아하는 제자가 있었겠지만 안회 같은 제자는 없었다 할 정도로 공자에게는 안회의 비중이 컸고 그 상실감도 컸다.

　공자는 자신은 성실성이나 신의면에서는 그다지 뛰어나다고 말할 수는 없지만, 자신만큼 배움을 좋아하는 사람은 아마 없을 거라고 말한다.(공야장편 27장) 그런데 '제자 중에는 누가 배움을 좋아하는가?'라는 애공의 물음에 대해 공자는 안회라고 한다. 안회가 공자의 수제자라는 말은 배우기를 좋아하는 공자의 특성을 안회가 가장 많이 닮았다는 공자의 이러한 답변에 기인한다고 생각한다.

　논어에서 안회는 가난했지만, 누구보다도 공자의 가르침을 실천하려고 노력했으며 공자의 사상을 깊이 공감했던 제자였다. 안회의 요절은 공사 사후 공자학단이 체계를 갖추지 못하고 흩어져 공자의 어록도 오랫동안 정리되지 못한 주 원인 중 하나라고 생각된다.

　자공은 뛰어난 자질을 갖춘 제자였지만 위나라 출신이므로 노나라에 남아 그와 같은 일들을 처리하는 데는 한계가 있었을 것이다. 그러나 한나라 때 장우張禹가 『장후론張侯論』20편을 지을 때 참고했던 제나라 논어, 즉 제론齊論은 제나라에서 말년을 보낸 자공과 상당한 관련이 있다고 보아도 무방할 것이다.

제3장

자화[71]가 제나라에 심부름을 가게 되자, 염자[72]가 자화의 어머니에게 곡식을 주자고 청했다. 공자께서 "부釜를 주어라." 하자, 염자가 더 줄 것을 청했다. 공자께서 "유庾를 주어라." 하셨다. 염자가 곡식 5병秉을 주어버리자, 공자께서 말씀하셨다. "적[73]이 제나라에 갈 때 보니, 타고 갈 말은 살쪘고, 옷은 가벼운 털옷을 입었었다. 나는 '군자는 다급한 곳을 구제하지, 부유한 곳에는 보태주지 않는다.'라고 들었다."

原文

子華使於齊, 冉子爲其母請粟.
자 화 사 어 제   염 자 위 기 모 청 속

子曰: "與之釜."
자 왈   여 지 부

請益. 曰: "與之庾"
청 익   왈   여 지 유

冉子與之粟五秉.
염 자 여 지 속 오 병

子曰: "赤之適齊也, 乘肥馬, 衣輕裘. 吾聞之也,
자 왈   적 지 적 제 야   승 비 마   의 경 구   오 문 지 야

---

71 자화(子華): 공자의 제자인 공서적(公西赤)을 말한다. 자화는 그의 자이다.
72 염자(冉子): 공자의 제자인 염구(冉求)를 말한다. 염자라고 존칭한 것을 볼 때 이 장은 아마도 염구의 제자에 의해서 써졌을 것이라고 추정된다.
73 적(赤): 공서적을 말한다.

君子周急不繼富."
군 자 주 급 불 계 부

使(사) 사신으로 가다, 그러나 여기서는 공자의 사적인 심부름을 하러 간 것으로 보인다. | 粟(속) 양식 | 釜(부) 곡식의 수량을 재는 단위. 1釜는 6말 4되 | 請益(청익) 더 줄 것을 청하다 | 庾(유) 곡식의 수량을 재는 단위. 1庾는 16말 | 秉(병) 곡식의 수량을 재는 단위. 1秉은 16섬으로 즉, 160말이 됨 | 適齊(적제) 제나라로 가다 | 適(적) 통상은 '맞다'라는 뜻이나 여기서는 '가다'라는 뜻 | 裘(구) 갖옷(짐승의 털로 안감을 댄 겉옷) | 周急(주급) 다급한 사람을 구제함 | 繼(계) 계속하다, 잇다

해 설

이 이야기는 공자가 사구司寇 벼슬에 있었고, 염자 즉, 염유는 대부인 공자 집의 집사인 가재家宰로서 일할 때였던 것으로 보인다. 공자가 자화에게 제나라에 개인적인 심부름을 시키자, 자화의 부재시에 집 형편이 그리 넉넉하지 않은 것을 아는 염유가 그 어머니를 위하여 곡식을 주자고 공자에게 청한 것이다.

이 장에서 나오는 곡식의 단위인 부釜, 유庾, 병秉은 모두 탈곡 전의 부피 단위이므로 탈곡 후의 알곡은 대개 50% 이하로 떨어진다. 즉 공자 당시의 곡식은 대체로 기장이나 수수 같은 잡곡이었고 도량형도 변경되어 정확하지는 않지만 대략 쌀의 경우로 계산을 해보면, 부釜는 3말 2되로 오늘날의 kg으로 환산하면 24.4kg이 되며, 유庾는 64kg이며 5병秉은 40가마니 즉, 400말이 되어 3,200kg 정도가 되는데 청나라 초기 학자인 모기령毛奇齡의 계산에 따르면 5병은 대략 수레 서너 대에 싣는 곡식량이라 한다.

공자는 형편이 좋지도 않은 자화가 말이나 옷에 지나치게 사치한 것으로 보고 그를 나무라고자 한 것이며 따라서 공자가 말한 부, 유는 너무 적은 양이어서 그것을 그대로 주기는 어려웠을 것으로 보인다.

따라서 염유는 독자적인 판단을 하여 곡식 5병을 보내주었는데 당시에 노나라 곡부에서 제나라 수도인 임치까지는 거리가 대략 왕복 열흘 정도의 거리였던 것을 생각하면 혼자 계신 어머니를 위해 부釜나 유庾는 너무 적다 하더라도 5병은 다소 많은 양이 아닌가 생각된다.

제4장

원사[74]가 공자의 가재가 되었는데 곡식 구백 말을 주자 원사가 이를 사양하니 공자께서 말씀하셨다.
"사양하지 마라! 이웃이나 이웃 마을 사람들에게라도 그걸 나누어 주어라!"

原文

原思爲之宰, 與之粟九百, 辭.
원 사 위 지 재   여 지 속 구 백   사
子曰: "毋! 以與爾隣里鄕黨乎!"
자 왈   무   이 여 이 인 리 향 당 호

宰(재) 가신(家臣)의 우두머리, 공자가 대부였기 때문에 가신을 둘 수 있었음, 오늘날의 보좌관이나 비서관과 유사함 | 與(여) 주다 | 粟九百(속구백) 곡식 구백말 | 辭(사) 사양하다 | 毋(무) 말다, 하지 않다 | 以(이) 전치사로서 뒤에 목적어 粟九百이 생략됨 | 與(여) 주다, 베풀어 주다 | 爾(이) 너 | 隣里鄕黨(인리향당) 이웃과 이웃 마을의 여러 사람들. 주(周)나라의 제도에 따르면 隣은 5호, 里는 25호, 黨은 500호, 鄕은 12,500호를 뜻하나 여기서는 자기를 둘러싼 마을과 이웃 마을 사람들을 뜻함

해설

공자의 말은 결국 '공과 사를 구분하라'라는 것이다. '속粟'이란 나라에

---

[74] 원사(原思): 이름은 원헌(原憲)이며 자사(子思)는 그의 자이다. 공자의 제자로 공자보다 36세 적다. 「공자가어」에서는 송(宋)나라 사람이라고 한다.

서 주는 봉록은 아니라 스승인 공자 집안의 가재家宰로서 일한 대가이므로 원헌은 이를 사양한 것이다. 당시의 대부는 반드시 식읍이 있었고 그 식읍의 일을 총괄하는 사람이 가재이다.

일설에서는 '재宰'를 보통의 지방관으로 보는 견해(李澤厚)도 있는데 그렇다면 원헌에게 '공자가 주었다'라는 뜻의 '여與'라는 글자를 쓰는 것은 이상하고, 또한 공자가 자기가 주지도 않은 제자의 봉급에 대해 왈가왈부하는 모양이 되어 이것 역시 이상하다. 따라서 '재宰'는 공자 집안에서 일하는 집사들의 우두머리인 '가재家宰'를 말한다고 보는 통설이 옳다.

공자가 죽고 난 후에 원헌은 위衛나라의 초야에 은거하였는데 마침 위나라의 재상이 된 자공이 원헌을 방문하였다. 원헌은 낡은 옷을 입고 자공을 만났는데 자공이 "그대는 어찌 이리 어렵소?" 하니 원헌이 "내가 듣건대, 재산이 없는 것은 '가난하다' 하고, 도를 배웠으나 행하지 못하는 것을 '어렵다'라고 하는데, 나는 지금 가난한 것이지 어려운 것은 아닙니다." 했다. 이에 자공은 죽을 때까지 원헌에게 한 그 말실수를 부끄러워했다고 한다.

공자의 가르침을 실천하는 데 전념했지만, 세속의 지위나 재물에 초연했던 원헌의 모습이 잘 나타나는 일화이다.

제5장

공자께서 중궁에 대해 말씀하셨다.
"얼룩소의 송아지라도 붉고 뿔이 있다면, 아무리 사람들이 쓰지 않으려 해도 산천의 신이 어찌 그를 내버려 두겠는가?"

原文

子謂仲弓, 曰 : "犁牛之子騂且角, 雖欲勿用, 山川其舍諸?"
자 위 중 공   왈   이 우 지 자 성 차 각   수 욕 물 용   산 천 기 사 저

犁牛(이우) 얼룩소 | 騂(성) 붉은 소 | 且(차) 또한 | 雖(수) 비록, 아무리 | 山川(산천) 산과 강, 여기서는 제사를 받는 산천의 신(神)을 뜻함 | 其(기) 어기사로 강한 반문의 어기를 나타냄. 어찌 ~하겠는가 | 舍(사) 여기서는 '버리다'라는 뜻으로 捨(사)와 같다 | 諸(저) 之乎와 같다. 之(그것)는 犁牛之子를 가리킴. 乎(호)는 의문의 뜻을 나타내는 어기사

해 설

중궁은 공자의 제자인 염옹冉雍을 말한다. 본인 인품은 훌륭했지만, 아버지가 좋지 않은 일을 많이 저질러 곤란한 지경에 있었다고 한다. 당시에는 아버지의 평판이 자식에게 그대로 이어지던 시대였다.

그가 몹쓸 병에 걸렸던 염백우의 아들이라는 설(후한의 왕충)도 있지만, 이는 잘못된 것이다. 아들은 아버지의 평판을 이어받는 것이지 아버

지가 몹쓸 병에 걸렸다고 해서 자식도 같이 그 병 때문에 매도된다는 것은 이치에 맞지도 않고 그런 관례가 있었다는 증거가 어디에도 없다.

염씨 족보에 따르면 부친 염리冉離가 안씨顔氏를 아내로 맞아 염백우와 염옹을 낳았고 안씨가 죽자 공서씨公西氏를 아내로 맞아 염구를 낳았다고 하지만 사기에는 그런 기록이 없다. 염옹은 말은 잘하지 못했지만, 공자는 그의 덕행을 특히 칭찬하여 "임금을 시킬 만하다." 라고 했다.

성騂은 붉은 소이다. 주나라 사람들은 붉은색을 숭상했기 때문에 희생에도 붉은 소를 썼다. 그러나 얼룩소 같은 못난 수컷에게서 나온 송아지라도 붉고 뿔이 있다면 희생으로 쓰듯이 못난 아버지에게서 나온 자식이라도 그 자식이 훌륭하면 공자는 출신을 묻지 말고 인재로서 대접해야 한다는 말이다.

조선왕조 5백 년은 공자의 가르침인 유학이 국가가 공인한 관학이었지만 이 장에서 보이는 공자의 뜻과 같이 출신과 문벌에 얽매이지 말고 널리 인재를 등용하게 된 것은 조선왕조가 망할 무렵이었던 1894년의 갑오경장에서였다. 따라서 출신과 문벌로 인재를 차별하는 것은 공자의 가르침과는 무관하다.

제6장

공자께서 말씀하셨다.

"안회는 그 마음이 석 달이나 인仁에 어긋나지 않았지만, 그 나머지 사람들은 하루에 한 번이나 한 달에 한 번 인에 이를 뿐이다."

> **原文**
>
> 子曰 : "回也, 其心三月不違仁, 其餘則日月至焉而已矣."
> 자 왈   회 야 기 심 삼 월 불 위 인   기 여 즉 일 월 지 언 이 이 의

違(위) 어긋나다 | 其餘(기여) 그 나머지 제자들 | 日月至(일월지) 하루에 한번이나 한 달에 한번 ~에 이른다 | 焉(언) 거기에, 於之와 같다. 여기서 之는 仁을 말한다 | 而已矣(이이의) ~ 할 뿐이다.

해설

여기에서 석 달이라는 말은 꼭 3개월이라는 뜻은 아니다. 당시에는 '제법 길거나 크다'라는 뜻으로 3이라는 숫자를 썼다. 즉, 공자가 소韶라는 음악을 듣고 석 달 동안 고기 맛을 몰랐다는 이야기도 꼭 3개월을 말하는 것이 아니라 상당히 오랫동안이라는 의미이다.

공자 사상의 핵심을 이루는 것이 인仁이다. 인이란 결국은 사람을 사람으로서 공경하고 사랑하는 상태를 말하므로 구체적 관계나 상황에

따라 다르게 나타난다. 즉, 부모에게는 효도로, 임금에게는 충성으로, 형제에게는 우애로, 그리고 널리 백성에 대해서는 관용과 베풂으로 나타나는 것이다.

그러므로 인은 한번 도달하면 영원히 그대로 머물러 있는, 어떤 자격이나 고정된 경지 같은 것이 아니어서 끊임없이 노력하지 않으면 언제든지 그 자리에서 벗어날 수 있는 상태를 말한다. 그러므로 안회 같은 뛰어난 사람은 석 달이나 인에 머물 수 있지만 다른 제자들은 하루에 한 번이나 한 달에 한 번 정도 인에 도달했다가도 곧바로 벗어나 버리게 되는 것이다.

공자의 인仁은 군자가 도달할 수 있는 최상의 상태이며 그것도 각고의 지속적인 노력 없이는 언제라도 벗어난다는 점에서 다른 종교의 성인聖人이나 불교의 깨달음보다도 더 어려운 경지가 되는 것이다.

마지막에 있는 '이이의而已矣'에서는 원래 '이而'는 허사로 '이而' 뒤에 동사나 명사 따위가 붙으면 그 동사나 명사의 뜻을 분명하게 해주는 역할인데, 여기서는 '이而'라는 허사에 동사 이(已, 말다. 그치다)가 붙어 '~하고 말다' 또는 '~하고 그치다'라는 뜻이 되고 여기에 상황변화의 결과를 나타내는 어기사 '의矣'까지 붙어 '~할 뿐이다' 또는 '~할 따름이다'라는 뜻이 생긴 것이다.

제7장

계강자[75]가 "중유[76]에게 정치를 하게 해도 될까요?"라고 물으니, 공자께서 말씀하셨다. "중유는 과단성이 있지요. 정치하는 데 무슨 문제가 있겠습니까?" 계강자가 다시 "사賜[77]에게 정치를 하게 해도 될까요?"라고 물으니, 공자께서 말씀하셨다. "사賜는 이치에 통달해 있지요. 정치를 하는 데 무슨 문제가 있겠습니까?" 계강자가 또 "구求[78]에게 정치를 하게 해도 될까요?"라고 물으니, 공자께서 말씀하셨다. "구求는 재주가 많지요. 정치를 하는 데 무슨 문제가 있겠습니까?"

原文

季康子問 : "仲由可使從政也與?"
계 강 자 문　　중 유 가 사 종 정 야 여

子曰 : "由也果, 於從政乎何有?"
자 왈　　유 야 과　어 종 정 호 하 유

曰 : "賜也可使從政也與?"
왈　　사 야 가 사 종 정 야 여

子曰 : "賜也達, 於從政乎何有?"
자 왈　　사 야 달　어 종 정 호 하 유

---

75 계강자(季康子) : 공자 만년의 노(魯)나라 계손씨의 실권자. 계손사(季孫斯)의 아들로 계손비(季孫肥)로도 불린다.
76 중유(仲由) : 자로(子路)를 말한다.
77 사(賜) : 자공(子貢)을 말한다.
78 구(求) : 염구(冉求)를 말한다.

曰 : "求也可使從政也與?"
　왈　　구 야 가 사 종 정 야 여

子曰 : "求也藝, 於從政乎何有?"
　자 왈　　구 야 예　어 종 정 호 하 유

使(사) 시키다 | 從政(종정) 정치에 종사하다 | 也與(야여) 也는 판단의 의미를 가지는 어기사이며 與는 추측은 하면서도 상대방의 확인을 구하여 물어볼 때 붙이는 의문형의 어기사임. 즉, 也與는 붙어서 상대방의 확인을 요구하는 의문문의 뜻을 나타내는 어기사 | 果(과) 과단성이 있다 | 乎(호) 문장 중간에서 음절을 조정하는 어기사 | 何有(하유) 무슨 문제가 있겠는가 | 達(달) 이치에 막힘이 없다 | 藝(예) 재주

해설

공자 문하 제자들의 유능함과 그런 제자들에 대한 공자의 자부심이 느껴지는 대목이다. 계강자는 아버지 계손사季孫斯를 이어 계손씨의 대부가 되어 사실상 노나라의 국정을 전담했다. 아버지 계손사의 가신이었던 양호가 세력을 키워 기존 삼환을 대체하여 자신들이 새로운 삼환을 만들려는 반란을 일으키자 이를 진압하여 정권을 안정시켰다.

후에 제나라가 노나라를 침입해 오자, 공자의 제자인 염유를 재宰로 삼아 제의 공격을 막았다. 이 염유의 권유로 공자를 위衛나라에서 노나라로 돌아오게 했지만, 공자를 등용하지는 않았다. 시호는 강康이다.

이 장의 대화는 아마도 공자가 노나라로 돌아온 직후에 집권자인 계강자와 만나서 나눈 대화로 생각된다. 아직 안연이 살아있을 때인데도 불구하고 안연을 따로 거론하지 않은 것이 특이하다. 아마도 안연은 와병 중이 아니었나 싶다.

공자 자신도 이때는 정치를 하는 것은 주로 개인의 재간과 능력에 달려있고 마음을 수양하거나 안으로 성인이 되는 것과는 관계가 없다고 하고 있어 특이하다. 공자의 실용성이 부각되는 장면이다.

제8장

계씨가 민자건[79]을 비읍의 재후로 삼고자 하니, 민자건이 말했다. "저를 위하여 잘 사양해 주십시오! 만일 다시 한번 저를 찾는 사람이 있으면 저는 반드시 문수의 위쪽에 있을 겁니다."

原文

季氏使閔子騫爲費宰.
계 씨 사 민 자 건 위 비 재

閔子騫曰: "善爲我辭焉! 如有復我者, 則吾必在汶上矣"
민 자 건 왈   선 위 아 사 언   여 유 복 아 자   즉 오 필 재 문 상 의

爲(위) 되다 | 費宰(비재) 비읍을 다스리는 책임자, 비읍은 노나라 동쪽 교외에 있었으며 당시에 계손씨가 관할하는 식읍임. | 善爲我辭焉(선위아사언) 나를 위하여(爲我) 그에 대해(焉) 잘 사양해 달라(善辭). 焉은 於之와 같다. 之는 비읍의 수장이 되는 일(爲費宰)을 가리킴 | 如(여) 만약에 | 復(복) 돌아오다 | 則(즉) 일종의 접속사로 앞의 절은 조건을 나타내고 뒤의 절은 결과를 나타낸다. | 汶(문) 노나라와 제나라의 국경을 이루는 강. 汶의 위(上)는 제나라임

해 설

민자건은 덕행이 뛰어나 공문십철의 한 사람으로 손꼽히는데 어릴

---

[79] 민자건(閔子騫) : 공자의 제자로 이름은 민손(閔損)이며 자건(子騫)은 그의 자이다. 공자보다 15세 적었으며 효성스러웠다. 어려서 계모로부터 갖은 학대를 받았지만, 효도를 극진히 하여 마침내 계모를 감동시켰다고 한다.

때 어머니가 죽고 계모가 들어와 민자건에게 추운 겨울에도 홑옷을 입히는 등 박대하였다. 아버지가 그 사실을 알고 노하여 계모를 쫓아내려 하자 민자건이 "계모가 집에 있으면 한 아들이 홑옷을 입고 추워하지만, 계모가 가시면 계모의 두 아들과 자신 등 세 아들이 춥게 된다." 라고 아버지를 만류하였다 한다.

그렇게 소신이 뚜렷한 민자건에게 불법으로 노나라 임금의 권력을 빼앗아 행세하는 계손씨 밑에서 일하는 것이야말로 수치스럽고 파렴치한 짓이라고 생각되었다. 만약에 다시 한번 계손씨가 민자건에게 비읍의 재를 권유한다면 민자건은 제나라로 망명하겠다는 강경한 의지를 보이고 있다.

문수汶水는 노나라와 제나라의 국경을 이루는 강이므로, 문수의 북쪽은 제나라를 뜻한다. 공자의 제자 중에 이 민자건과 칠조개 정도가 관직에 초연한 모습을 보이고 있을 뿐 공자의 제자들이 대부분 그러지 못했던 것은 당시의 중원지역에서는 상공업이나 무역업 등이 발달할 여건이 아니었으므로 사람들은 농업을 주 생계 수단으로 삼았고, 사 계급 이상은 관직을 얻는 외에는 별다른 생계 수단이 없었던 탓이었다.

따라서 공자의 제자들은 물론 후대에 유학이 관학으로서의 성격을 지니게 된 것은 당시 중원지방의 경제 사회적 환경의 한계 때문이라고 생각된다.

제9장

염백우[80]가 병에 걸리자 공자께서 문병해서 창문으로 손을 잡으며 말씀하셨다.
"이런 병이 없었어야 할 텐데, 운명이구나! 이 사람에게 이런 병이 생기다니! 이 사람에게 이런 병이 생기다니!"

原文

伯牛有疾, 子問之, 自牖執其手,
백 우 유 질   자 문 지   자 유 집 기 수
曰 : "亡之, 命矣夫! 斯人也而有斯疾也!
왈   무 지   명 의 부   사 인 야 이 유 사 질 야
斯人也而有斯疾也!"
사 인 야 이 유 사 질 야

問(문) 방문하다 | 自(자) ~로 부터 | 牖(유) 들창(들어서 여는 창문) | 亡(무) '없다'라는 의미로 쓸 때는 '무'로 읽는다 | 之(지) 병을 가리킴 | 矣夫(의부) 감탄의 뜻을 나타내는 어기사. | 斯(사) 이, 이것 | 也(야) 판단의 뜻을 나타내는 어기사 | 而(이) 접속사, 여기서는 '이렇게 훌륭한 사람이 → 이런 나쁜 병에 걸렸다'라는 역접의 의미를 가진다

해설

염백우는 공자의 제자 중에서 덕행이 뛰어나 안회, 민손, 염옹과 더

---

80 염백우(冉伯牛) : 공자의 제자로 이름은 염경(冉耕)이며 백우(伯牛)는 그의 자이다.

불어 공문십철의 한 사람이며, 사람됨이 단정하고 정의로웠다고 한다. 일찍이 공자가 노나라 중도재中都宰라는 지방관을 거쳐 사공司空이 되었을 때 공자의 뒤를 이어 중도재에 임명되었고, 공자가 여러 나라를 두루 편력할 때 수행했으나 젊은 나이에 병에 걸려 요절했다.

'무지亡之'에 대해서는 '이 사람을 잃게 되겠구나.'라든가 '이 사람은 죽겠구나.'라는 해석이 많은 데 여기서는 이퇴계의 해석에 따라 '이런 병이 없었어야 할 텐데'로 본다. 병문안을 가서 환자에게 '너는 죽겠구나.'라고 말하는 것은 실례이며 평소 공자의 신중한 언행으로 볼 때 생각하기 어렵다는 퇴계의 의견에 전적으로 동의한다.

공자 역시 어찌할 수 없는 인간의 운명을 한탄한다. 공자에게 있어 사람의 명命, 운명이란 어떤 절대적 힘을 가진 신이 결정하는 행위는 아니지만 그렇다고 사람의 노력이나 도덕적 능력만으로 결정되는 것 역시 아니라고 생각했던 것 같다. 그런 의미에서 공자의 한탄은 인간적이다.

염백우가 걸린 병이 무슨 병이냐에 대해서는 공자가 직접 환자를 만나보지 못하고 창으로 환자를 본 것으로 보아 한센병이라는 설이 유력하나 창을 통하여 손을 잡았다는 내용으로 보아서는 한센 병은 아니라는 설도 있다.

제10장

공자께서 말씀하셨다.
"어질구나, 회는! 한 소쿠리의 밥과 한 바가지의 물로 누추한 마을에 살면, 사람들은 그 괴로움을 견디기 어려워하는데 회는 그 즐거움을 바꾸지 않는구나. 어질구나, 회는!"

原文

子曰 : "賢哉回也! 一簞食, 一瓢飲, 在陋巷, 人不堪其憂,
자 왈   현 재 회 야 일 단 사 일 표 음 재 루 항 인 불 감 기 우
回也不改其樂. 賢哉回也!"
회 야 불 개 기 락 현 재 회 야

哉(재) 형용사 뒤에 붙어 강한 감탄의 의미를 나타내는 어기사 | 簞(단) 소쿠리(대나무로 엮어 만든 그릇) | 食(사) 밥. '사'로 읽음 | 瓢(표) 바가지 | 陋(누) 더럽다, 누추하다 | 巷(항) 마을 | 堪(감) 견디다 | 憂(우) 근심, 고통

해 설

안회는 한 소쿠리의 밥과 한 바가지의 물로 누추한 마을에 사는 것이 즐거운 것이 아니라 배우고 날마다 익혀 스스로 발전하는 것이 즐거웠을 것이며, 한 소쿠리의 밥과 한 바가지의 물로 누추한 마을에 사는 괴로움이 자신의 그러한 즐거움을 방해하지 않도록 했을 따름이다.

공자는 그러한 즐거움을 가진 제자 안회에 대해 기특함과 아울러 애틋함이 함께 가지고 있었을 것이다. 오늘날 공자를 비판하는 대부분 말은 공자와는 관계없는 위계주의, 허례허식, 공리공담, 연장자 우선, 학벌, 문벌 차별 등 온갖 좋지 못한 폐습을 모두 공자와 그 가르침 탓으로 돌리고 있어 이를 공자가 들으면 대단히 유감스럽게 생각할 것으로 본다.

그와 같은 것들은 공자와는 상관없는 것이며 오히려 공자가 가장 싫어하고 경계하던 것들이었다.

공자는 인간의 본성이나 하늘의 도와 같은 실제 생활과 관계없는 말을 거의 하지 않았고 제자들에게 가르치지도 않았다.

하늘의 이치나 인간의 본성에 관해 논하고 그 위에 이기이원론이니 일원론이니 하는 공리공담들은 모두 송나라 때 주자 그룹에 의해 논의된 것이다. 주자는 공자가 꺼리던 공리공담을 공자 사상의 근본으로 만들어 버렸다.

공자가 말한 인仁은 한마디로 말하면 인간에 대한 진정한 사랑이다. 윗사람에 대한 진정한 사랑이 경敬이고 아랫사람에 대한 진정한 사랑이 자慈가 되며 형제간에는 제悌가 된다. 그리고 부모님에 대한 사랑이 효라고 할 수 있으며 그 돌아가심에 대해 애통한 마음을 표현하는 것이 상례喪禮이며 매년 돌아가신 분에 대해 마음으로 추모하는 것이 제사인 것이다.

그러므로 진정한 사랑이 없는 예는 허례허식이 되며 그런 헛된 예는 안 하느니만 못한 것이다.

제11장

염구가 "선생님의 도를 좋아하지 않는 것은 아니나, 제 힘이 모자랍니다." 하니, 공자께서 말씀하셨다.
"힘이 모자라는 사람은 하다가 중도에서 포기하는데, 너는 미리 안 된다고 선을 긋는구나."

原文

冉求曰 : "非不說子之道, 力不足也."
염 구 왈   비 불 열 자 지 도   역 부 족 야
子曰 : "力不足者中道而廢, 今女畫."
자 왈   역 부 족 자 중 도 이 폐   금 여 획

說(열) 통상은 '설'로 읽고 '말하다'라는 뜻이나 여기서는 기뻐하다, 좋아한다는 뜻으로 '열'로 읽음. 悅과 같다 | 女(여) 너 | 畫(획) 통상은 '화'로 읽고 '그림'이라는 뜻이나 여기서는 '선을 긋다'라는 뜻으로 '획'으로 읽음. 劃(획)과 같다

해 설

논어에서 '도가 통하는 세상'이나 '무도無道한 세상'이라고 할 경우, 도는 '바람직한 질서나 정의'와 같은 뜻으로 쓰이나 이 장에서 쓰이는 도 자체의 의미에 대해서는 논어에는 뜻을 추정할만한 언급도 없고 후세에서도 이에 대해 별다른 논란도 없어 모호한 상태이다.

국내의 대부분 논어 해석서도 이인편 8장(4-8장) "아침에 도를 들으면, 저녁에 죽어도 좋다." 에서의 '도' 같은 경우도 그것이 '형이상학적인 뜻을 가지지 않는다.'라고만 하거나 아예 그 뜻에 대해 언급조차 하지 않는 것이 보통이다.

송대의 주자학이 인간의 심성과 우주의 이기理氣를 내세워 유학만이 도를 분명히 하고 또한, 공자와 맹자의 도통道統을 잇는다는 뜻으로 자신들의 학문을 '도학道學'이라고 했지만 정작 그 도가 무슨 뜻인가에 대해서는 역시 분명한 입장을 찾아보기가 어렵다.

도덕경에서 말하는 도는 대체로 '우주 만물이 생성되고 변화하는 근본적인 원리나 법칙'이나 '어떤 체제나 행위에서 마땅히 있어야 할 핵심적이고 당위적인 요소'라는 뜻으로 쓰이고 있는데, 도덕경은 공자보다 훨씬 후대에 이루어진 책이고 도덕경의 주요 개념들이 상당수 논어에서 유래한다고 볼 수 있으므로 도덕경의 도 역시 공자의 도에서 착안되었을 것으로 생각된다.

그러나 공자의 관심은 어디까지나 인간이며 구체적으로는 인간관계이므로 공자의 도는 '하늘이 사람에게 내린 근본적인 원리이자 법칙으로서 인간관계에서도 사람이 마땅히 행해야 할 핵심적이고 당위적인 요소'를 말한다고 본다.

그런 점에서 나는 공자의 '도'란 '인仁의 실천'이라고 본다. 공자는 평생에 걸쳐 주공이 이룩한 초기 주나라와 같은 질서 있고 문물제도가 완비된 이상사회를 재현하기를 원했고 그러한 이상사회의 재현을 위해서 군자가 반드시 지켜야 할 바를 도라고 생각하였으므로 공자에게 있어 '도'란 결국 '인仁을 실천하는 방법'이 아니었나 싶다.

제12장

공자께서 자하[81]에게 말씀하셨다.
"너는 군자다운 선비가 되지 소인 같은 선비가 되지는 마라."

> **原文**
> 子謂子夏曰 : "女爲君子儒, 無爲小人儒."
> 자 위 자 하 왈   여 위 군 자 유   무 위 소 인 유

女(여) 너. 汝와 같다 | 爲(위) 되다 | 儒(유) 학식을 가진 선비

해설

'유儒'라는 한자는 사람 인(人) + 수(需)라는 모양으로 구성되어있다. 그런데 원래 갑골문에서는 사람 인(人) 변이 없어 需(수)의 모습만 있었다. 수(需)는 위에는 비 '우(雨)'자와 밑에는 수염이 긴 성인 사람이 팔을 벌리고 선 모습인 말 이을 '이(而)'자로 구성되어 있다.

즉, '유儒'라는 글자는 본래 '비가 오는 데 팔을 벌리고 선 사람'의 모습이다. 이것은 바로 사람이 조상이나 하늘에 제사를 지내기 전에 몸을 깨끗이 씻는 모습을 나타낸 것으로 바로 정치와 종교가 분리되기 이

---

[81] 자하(子夏) : 공자의 제자로 이름은 복상(卜商)이며 자하는 그의 자이다.

전의 씨족사회의 지도자였던 무당이나 제사장을 가리키는 것이다.

이러한 '유儒'가 공자 문하를 지칭하게 된 것은 묵가에서부터이며, 묵가나 도가는 공자 문하를 무당, 특히 장례 의식을 집행하는 무리라는 뜻으로 비하하여 '유儒'라고 불렀으나 점차 '유'에게 지식인, 학자라는 뜻이 생겼다고 본다.

한나라 이후에는 '유儒'는 공자의 가르침을 공부하는 사람들이라는 의미로 확정되고 우리말로는 벼슬하기 이전의 지식인이라는 의미가 되는 '선비'가 되는 것인데 공자 당시의 '유'도 일반적으로는 아마 학문을 배우는 선비 정도의 의미를 가졌으리라 생각된다.

이 장에서 공자는 제자에게 육례를 익혀 군자가 되도록 할 것이며, 무당이 직업으로 배우는 장례 의례에 만족하지 말라는 가르침으로 생각된다. 즉, '군자유君子儒'는 인을 실천하여 도를 밝히는 선비이고 '소인유小人儒'는 이익만을 밝히는 무리라는 것이다.

제13장

자유[82]가 무성[83]의 읍장이 된 후, 공자께서 "너는 이곳에서 사람을 얻었느냐?"라고 묻자, 자유가 대답하였다. "담대멸명[84]이라는 사람이 있는데, 지름길로 가지 않고 공적인 일이 아니면 제 방에 온 적이 없었습니다."

原文

子游爲武城宰, 子曰 : "女得人焉爾乎?"
자 유 위 무 성 재   자 왈   여 득 인 언 이 호

曰 : "有澹臺滅明者, 行不由徑, 非公事未嘗至於偃之室也"
왈   유 담 대 멸 명 자   행 불 유 경   비 공 사 미 상 지 어 언 지 실 야

焉(언) ~에서, 통상은 於之와 같으나 여기서는 於와 같다 | 爾(이) 이곳, 여기에서는 武城(무성) 읍을 말함 | 由(유) ~로부터. 여기서는 뒤의 徑(지름길)과 함께 '지름길을 통하여'라는 뜻 | 徑(경) 지름길 | 未嘗(미상) 일찍이 없었다 | 至(지) 도달하다

---

82 자유(子游) : 이름은 언언(言偃)으로 자유(子游)는 그의 자이다. 오(吳)나라 사람으로 공자보다 45세 적다. 공문십철의 한 사람으로 문학에 뛰어났으며 공자의 수제자들 가운데 유일한 남방 출신이다. 공자에게 학문을 배우고 동남 지방으로 돌아간 후 강남 문화 번영에 크게 공헌했으며 후에 '남방부자(南方夫子)' 혹은 '언자(言子)'로 일컬어졌다.
83 무성(武城) 노나라의 읍이며 현재는 중국 산동성 평인(平邑)이다.
84 담대멸명(澹臺滅明) : 성이 담대(澹台)이고, 이름은 멸명(滅明)이며 자는 자우(子羽)이다. 노나라 무성 사람으로 공자보다 39세 적다. 외모가 몹시 추악하였다 하며 공자에게서 학업을 마친 후에는 제자들을 모아 가르쳤다. 후일, 남쪽으로 유람을 나갔을 때 그가 양자강에 이르니 따르는 제자가 3백 명이었다고 한다.

해 설

공자는 제자들이 있는 곳을 한 번씩 방문하였던 것 같다. 공자가 자유에게 '사람을 얻었느냐?'라는 말은 백성을 다스리는 일에는 올바른 인재를 얻는 것이 중요하다는 뜻이며 제대로 된 인재를 얻어야 제대로 된 정사를 할 수 있다는 의미이다.

지름길로 가지 않는 것은 정당한 방법이 아니면 행하지 않는다는 평소의 소신을 말하는 것이며, 공적인 일이 아니면 상관의 집무실에 오지 않는다는 것은 공적인 일에 대한 말만 할 뿐 자기를 위하여 상관에게 청탁하는 사사로움이 없다는 뜻이다.

공자는 자신의 가르침에 대하여 어떤 철학적 논리를 가지고 논증하지 않아 그 가르침의 당위성을 증명할 수는 없지만 대체로 공자 자신의 경험에서 나온 가르침이어서 진정성이 느껴진다. 여기서 말하는 담대멸명이라는 사람도 훗날 공자의 제자가 된다.

제14장

공자께서 말씀하셨다. "맹지반[85]은 자랑하지 않았다. 패하여 달아날 때 뒤에서 공격해오는 적을 막다가, 성문을 막 들어설 때야 자기 말에 채찍을 치면서 '감히 뒤를 맡으려 하지 않았다. 말이 나가지 않았을 뿐이야.'라고 했다."

原文

子曰 : "孟之反不伐. 奔而殿, 將入門, 策其馬
자왈   맹지반불벌 분이전 장입문 책기마
曰 : '非敢後也, 馬不進也.' "
왈   비감후야   마부진야

伐(벌) 통상은 '정벌하다' 여기서는 '자랑하다'라는 뜻 | 奔(분) 패주하다, 달아나다 | 殿(전) 패주할 때 후군을 맡아 적의 공격을 막으면서 질서 있게 후퇴하도록 하다 | 將(장) 장차, 막 | 策(책) 채찍질하다 | 敢(감) 감히 | 後(후) 후미에 서다, 후군을 맡아 적의 공격을 방어하다

해 설

전투에서 패했을 때 아군의 뒤에 처져 공격해오는 적을 막아내면서

---

85 맹지반(孟之反) : 노나라의 삼환 중 맹씨의 서자로 이름은 측(側)이며 之反은 그의 자이다. 제나라와의 직곡(稷曲) 전투에서 패주하는 노나라 군대의 전군(殿軍) 역할을 하면서 가장 늦게 노나라 성으로 돌아왔다.

아군의 도주를 위한 시간을 벌어 전군이 괴멸하는 것을 막는 역할을 '전殿'이라고 하는 데 이 임무는 전투를 시작할 때 선봉에서 적을 공격하는 것만큼 어렵고 힘든 일이다.

따라서 패주 시에 '전殿'의 임무를 맡는 단위부대는 흔히 전멸할 정도로 혹독한 인명피해를 입게 되어 지휘관은 아군이 싸움에 패해 도주할 때 가장 신임하는 부하에게 '전'의 임무를 맡기며 이 임무를 맡은 부하는 사실상 목숨을 내놓게 되는 것이다.

일본의 전국시대가 끝날 무렵인 1570년, 한창 떠오르는 신흥세력인 오다 노부나가는 교토에 오라는 자신의 명령을 거부한 일본 중부 에치젠의 영주 아사쿠라 요시카게(朝倉義景)를 공격하기 위해 군사 2만 명을 이끌고 출병하였다.

그때 자신의 매부이자 강력한 우군이라고 믿은 영주 아사이 나가마사(浅井長政)가 돌연 배반하여 노부나가 군을 뒤에서 기습하자, 앞뒤로 적을 맞은 노부나가는 하는 수 없이 군대를 철수하게 된다. 이때 가장 신임하던 부하인 도요토미 히데요시에게 '전殿'의 역할을 맡기는데, 히데요시는 이 역할을 성공적으로 완수하고도 살아남아 더욱 노부나가의 신임을 얻고 출세하게 된다.

맹지반이 그런 어려운 임무를 맡아 완수하고도 자기의 공을 자랑하지 않는 것은 참으로 드물고도 장한 일이라고 공자가 칭찬한 것이다.

제15장

공자께서 말씀하셨다.
"축타[86]의 말재주와 송조[87]의 미모를 가지지 않으면 요즘 세상에서 재앙을 면하기 어렵다."

> **原文**
>
> 子曰 : "不有祝鮀之佞, 而有宋朝之美, 難乎免於今之世矣."
> 자 왈　　불 유 축 타 지 녕 　이 유 송 조 지 미 　난 호 면 어 금 지 세 의

佞(녕) 말재주, 말솜씨 | 而(이) 여기서는 앞뒤 문장을 연결하는 '혹은'이라는 뜻 | 難乎(난호) 어렵구나, 여기시 乎는 감탄의 뜻을 나타내는 어기사 | 免於(면어) ~을 면하다. 여기서는 免於 뒤에 목적어에 해당되는 害(해)나 殃(앙) 등이 생략되었다고 본다 | 矣(의) 상황의 변화를 나타내거나 일어난 일을 명백히 하는 어기사

해설

축타는 위衛나라의 대부로 제후들이 주나라 왕의 부름에 따라 모였

---

[86] 축타(祝鮀) : 춘추시대 위(衛)나라 대부였으며 자는 자어(子魚)이며 직책은 종묘에서 제사를 지낼 때 축문을 읽는 대축(大祝)이었다. 일찍이 획문공(劃文公)이 제후들을 소릉(召陵)에 모이게 할 때, 축타의 말에 따라 위나라가 채(蔡)나라보다 서열이 앞설 수 있게 되었다 한다.
[87] 송조(宋朝) : 송나라 공자로 朝가 그의 이름이다. 대단한 미남으로 위(衛)나라의 대부로 있을 때 영공(靈公)의 부인 남자(南子)와 사통한 적이 있다. 이 때문에 영공의 태자인 괴외(蒯聵)가 이를 부끄럽게 여겨 남자(南子)를 죽이려 하다가 실패하여 국외로 달아났다.

을 때, 말을 잘하여 서열상 위나라가 채나라보다 앞서게 했다고 하며, 송조는 송나라 공자로 대단한 미남이어서 위衛나라 대부로 있을 때 영공靈公의 부인인 남자南子와 사통한 적이 있었다.

공자는 사람이 스스로 사람으로서의 덕성을 닦고 나아가 다른 사람과의 관계도 바르게 하여 도가 통하는 올바른 세상을 만드는 것을 필생의 목표로 하였으며 이를 위하여 제자들에게 문화적 교양과 덕, 특히 인仁을 강조하는 교육을 했을 뿐 말솜씨나 외양을 꾸미는 교육은 외면했다.

공자는 평생 말솜씨나 겉치레만으로 출세하려는 자들을 경멸하고 미워했지만, 세상은 이미 성실하고 정직하게 자기 일만 열심히 하는 정도로는 잘 살기는커녕 '목숨마저 부지하기 어려운 세상'이 되었으므로 축타와 같은 말솜씨와 송조 정도의 미모를 가져야만 살아남을 정도로 무도한 세상이 되었다는 공자의 한탄이다.

이 장의 첫 구절을 '축타의 말솜씨가 없고, 송조의 미모만 갖고 있으면 난을 면하기 어렵다.'라고 해석하는 설도 있지만, 지나치게 자구에 집착한 해석이라고 생각되고 논리적으로도 타당성이 없다고 본다.

제16장

공자께서 말씀하셨다.
"누가 문을 통하지 않고 밖으로 나갈 수 있는가? 왜 이 도道로 나아가지 않는가?"

> **原文**
> 子曰 : "誰能出不由戶? 何莫由斯道也?"
> 자 왈   수 능 출 불 유 호   하 막 유 사 도 야

誰(수) 누가 | 不由戶(불유호) : 문을 통하지 않고 | 由(유) 말미암다, 통하다, 나가다 | 莫(막) 없다

해설

공자의 도는 현실과 동떨어진 것이 아니다. 사람이 밖으로 나가기 위해서는 문을 통해야 하듯 당연히 해야 하는 것을 행하는 것이 바로 도라고 생각하는 것이다. 그런 점에서는 도가가 말하는 도나 공자가 말하는 도는 크게 다르지 않다.

앞서 11장에서 말했다시피 도가에서 말하는 도는 대체로 '우주 만물이 생성되고 변화하는 근본적인 원리나 법칙'이나 '어떤 체제나 행위에서 마땅히 있어야 할 핵심적이고 당위적인 요소'였으며, 도가의 '도'는 공

자보다 훨씬 후대에 이루어졌으므로 도가의 '도' 역시 공자의 '도'에서 착안되었을 것으로 추정된다.

그러나 공자의 관심은 어디까지나 인간관계였으므로 공자의 '도'는 '하늘이 사람에게 명하여 인간관계에서 마땅히 행해야 할 핵심적이고 당위적인 요소'이며 그것은 바로 '인仁의 실천'이라고 본다. 공자는 인의 실천을 위하여 사람들이 평생에 걸쳐 끊임없이 배우고 익혀서 허물을 고치고 바르게 행동할 것을 원했고 그런 노력으로 주공이 이룩한 주나라와 같은 질서 있고 문물제도가 완비된 이상사회가 재현될 수 있다고 본 것이다.

제17장

공자께서 말씀하셨다.

"본바탕이 꾸밈새를 능가하면 거칠다고 하고, 꾸밈새가 본바탕을 능가하면 겉만 번지레하다고 하니, 본바탕과 꾸밈새가 조화롭게 어우러진 후에야 군자라고 할 수 있다."

原文

子曰 : "質勝文則野, 文勝質則史, 文質彬彬, 然後君子."
자 왈   질 승 문 즉 야, 문 승 질 즉 사, 문 질 빈 빈, 연 후 군 자

質(실) 본질, 본바탕 | 文(문) 무늬를 뜻하는 紋(문)과 같다. 꾸밈새 | 則(즉) ~하면 | 野(야) 거칠다 | 史(사) 화사하다, 꾸며서 아름답다, 겉모양만 보기 좋다 | 彬(빈) 겸비하다 | 然後(연후) 그 뒤에

해설

질質은 그 사람의 됨됨이, 본바탕을 가리키고 문文은 그 사람의 겉으로 나타난 태도를 가리킨다. 아무리 본바탕이 성실하고 진실해도 겉으로 드러난 모습이 무례하거나 오만하면 '거칠다'라고 하고, 겉모양은 공손해도 본바탕이 불성실하고 진실하지 않으면 겉만 그럴듯한 위선적인 사람인 것이다.

공자는 성실성이나 신의, 착한 마음 같은 선천적 본성을 기르고 닦는 것도 중요하지만, 사람 사이의 예절이나 사회 상식 등을 배워서 익혀 나가는 것도 똑같이 중요하다고 생각한다.

그리하여 겉으로 드러난 태도(文)가 부족하거나 과할 때 사람은 거칠어지고 상스러워지는 것이며 그렇다고 내실이 없이 지나치게 꾸밈새만 갖추게 될 때는 위선적인 사람이 되는 것이다. 공자의 이러한 충고에도 불구하고 동아시아 유교 사회는 지나치게 외형적인 예절이나 의식에 치중하는 경향이 있어 그 폐단이 적지 않았다.

특히 관혼상제에서의 과도한 보여주기식의 체면치레는 동아시아 사회의 커다란 폐해 중의 하나였고 많은 사회문제를 일으키는 원인이 되었지만, 지금은 그렇지도 않은 것 같다. 오히려 돈 되는 일이라면 앞뒤도 재지 않고 체면 없이 모두 달려드는 게 더 큰 문제가 아닌가 싶다.

제18장

공자께서 말씀하셨다.

"사람은 정직하게 살아야 한다. 정직하지 않게 살면 재앙만 면해도 다행이다."

> **原文**
> 子曰: "人之生也直, 罔之生也幸而免."
> 자 왈   인 지 생 야 직   망 지 생 야 행 이 면

也(야) 음절을 조정하는 어기사 | 罔(망) 없다. 여기서는 '정직함이 없다, 속이다'라는 뜻 | 幸而免(행이면) 다행히 ~을 면하다. 幸而免 다음에는 화(禍)나 死(사)가 생략되어 있다고 보아야 한다

해 설

'인지생야직人之生也直'에 대해서 송나라의 정이程頤는 '태어나는 이치는 본래 정직하다.'라고 하는데 사람이 태어났을 때는 아무런 의식이 없는 상태이기 때문에 이 상태가 정직한지 아닌지는 알 수도 없으며 더구나 그 '태어나는' 이치가 정직하냐 아니냐를 논하는 것은 무의미하다.

따라서 '인지생야직人之生也直'은 사람이란 모름지기 정직하게 살아야 한다는 의미라고 보아야 뜻이 선명하다. 공자의 말뜻은 사람이 살아가

다가 정직함이 없으면 화禍, 즉 재앙을 당하는 것이 보통인데 그 사람이 재앙을 면하는 것은 요행일 뿐이라는 뜻이다.

이 장의 이야기는 어떤 사람이 감옥에 가게 되었으나 속임수로 면하여 목숨을 건진 사람이 있었는데, 주위 사람들은 모두 잘했다고 했으나 공자는 그 속임수는 단순히 요행일 뿐이라고 말한 것에서 유래된 것이라 한다.

제19장

공자께서 말씀하셨다.
"아는 사람은 좋아하는 사람보다 못하고, 좋아하는 사람은 즐기는 사람보다 못하다."

原文
子曰 : "知之者不如好之者, 好之者不如樂之者."
자 왈　　지 지 자 불 여 호 지 자　　호 지 자 불 여 락 지 자

之(지) 일반적인 사물을 가리키는 지시대명사 | 不如(불여) ~ 보다 못하다.

해 설

앎과 좋아함, 즐거움에 있어서 각각의 지식 범위는 '앎'은 알아야 할 사항에 대해 배워서 아는 것이므로 아는 범위가 알아야 할 사항에 국한되고, '좋아함'은 알아야 할 사항을 넘어 좋아하므로 더 많은 것을 알고자 노력하므로 아는 범위가 더 넓어진다. 그러나 즐기는 것은 어떤 일을 하는 것 자체가 즐거움이 되어 일상화되었으므로 아는 범위가 가장 깊고 넓다.

따라서 아는 것은 좋아하는 것보다 못하고, 좋아하는 것은 즐기는 것보다 못한 것이다. 아이들이 좋아하는 일을 장차 직업으로 연결시키

는 것은 이런 면에서 중요하다. 선천적으로 아이를 좋아하는 사람이 교사를 평생 직업으로 하는 것과 아이를 좋아하지 않는 사람이 교사를 평생 직업으로 하는 것은 직업 만족도나 성과에 있어서 상당한 차이가 있을 것이다.

제20장

공자께서 말씀하셨다.

"중간이상 되는 사람에게는 수준 높은 이야기를 할 수가 있고, 중간이 안 되는 사람에게는 수준 높은 이야기를 할 수가 없다."

> **原文**
> 子曰 : "中人以上, 可以語上也. 中人以下, 不可以語上也."
> 자 왈   중인이상   가이어상야   중인이하   불가이어상야

中人(중인) 학문이나 인격의 수준이 중간 수준의 사람 | 語上(어상) 수준 높은 말을 하다

해 설

공자도 지식이나 인품의 정도에 따라서 말이 가려서 해야 한다고 생각한 것 같다. 수준이 안되는 사람하고는 아무리 이야기해 봐야 상대는 알아듣지 못하니 힘만 들 뿐이라는 것이다. 비슷한 말이 노자의 도덕경에도 있다.

도덕경에도 '수준이 높은 사람이 도를 들으면 성실히 행하고, 중간 정도의 사람이 도를 들으면 긴가민가하며, 수준이 낮은 사람이 도를 들으면 큰 소리로 웃는데 이런 사람이 웃지 않으면 도라고 하기에는 부족하

다(제41장. 상사문도上士聞道)⁸⁸.'라고 한다.

    도덕경의 성립이 전국시대 중기 이후라고 추정되므로 도덕경이 논어의 이 구절에서 따온 말이거나 아니면 이런 말이 공자 이전부터 중원지역에 전해 내려온 말일 수도 있다고 생각한다.

---

88 도덕경 41장 원문 : 上士聞道, 勤而行之, 中士聞道 若存若亡, 下士聞道, 大笑之 不笑不足以爲道 (상사문도, 근이행지, 중사문도 약존약망, 하사문도, 대소지, 불소부족이위도)

제21장

번지[89]가 지혜에 관해 물으니 공자께서 말씀하셨다. "사람이 해야 할 바에 힘쓰고, 귀신을 공경하되 멀리한다면 지혜롭다고 할 수 있다." 또, 번지가 인仁에 관해 묻자, 공자께서 말씀하셨다. "인이란 어려운 것을 먼저 하고, 수확은 나중에 거두는 것이다."

原文

樊遲問知, 子曰: "務民之義, 敬鬼神而遠之, 可謂知也."
번 지 문 지 자 왈   무 민 지 의   경 귀 신 이 원 지   가 위 지 야
問仁, 曰: "仁者先難而後獲"
문 인   왈   인 자 선 난 이 후 획

務(무) 힘쓰다 | 遠之(원지) 그것을 멀리하다 | 先難(선난) 어려운 것을 (자신이) 먼저 하다 | 後獲(후획) 나중에 거두어들이다

해 설

번지는 공자의 수레를 몰았다는 기록이 위정편에 나오는 것으로 봐

---

89 번지(樊遲) : 이름은 번수(樊須)이며 자는 자지(子遲), 공자보다 36세 적다. 「공자가어」에서는 노나라 사람이라 하나 일설에는 제나라 사람이라 한다. 공자의 수레를 몰았다는 기록이 위정편에 나오는 것으로 봐서 비교적 공자의 측근으로 일을 했던 것으로 보인다. 일찍이 계씨(季氏)에게 벼슬했다.

서 비교적 공자의 가까이에서 공자를 모신 제자였던 것으로 보인다. 공자와는 스스럼없는 사이였던 것으로 생각되며 이 장에서처럼 인仁이나 지혜에 관해 묻기도 하지만 채소밭을 가꾸거나 농사 같은 구체적이고 현실적인 문제도 공자에게 묻기도 하는 제자였다.

공자는 다른 제자의 질문에 대한 답변과는 달리 이 번지에 대해서는 좀 더 구체적으로 답을 해주는 듯하다. 즉, 지혜에 대해서는 우선 꼭 해야 할 일을 하는 것과 귀신에 대해 지나치게 신앙하여 몰두하지 말라고 충고한다. 그리고 인에 대해서는 먼저 이득을 챙기려 하지 말고, 자신이 먼저 솔선하여 노력한 다음 이득은 나중에 취하라고 충고하고 있다.

이 장의 '무민지의務民之義'에 대해서는 '백성들을 의로움에 힘쓰도록 한다.'라고 풀이하는 견해도 있다. 그런데 번지가 지혜에 관해 물었는데 답변이 느닷없이 백성을 다스리는 일에 대한 것이어서는 이상하다. 따라서 '무민지의務民之義'는 사람으로서 당연히 해야 할 의무라는 뜻으로 보는 것이 무난하다.

다만, 민을 백성으로 보는 경우에는 '무민지의'가 '백성된 도리'라고 생각할 수도 있다. 그렇게 봐도 뜻에는 큰 차이가 없다고 생각된다.

공자는 귀신을 공경하되 멀리한다면 지혜롭다고 할 수 있다고 한다. 공자는 귀신이 인간사 모두를 다 주재하고 일일이 간여한다고 생각하지는 않았지만 어떤 경우에는 길흉화복을 불러일으킬 가능성도 있다고 생각하였으므로 '공경하되 지나치게 의존하지는 마라'고 당부한 것이다.

제22장

공자께서 말씀하셨다.
"지혜로운 이는 물을 좋아하고, 어진 이는 산을 좋아한다. 지혜로운 이는 동적이고, 어진 이는 정적이며, 지혜로운 이는 즐기며, 어진 이는 오래 산다."

原文
子曰 : "知者樂水, 仁者樂山. 知者動, 仁者靜. 知者樂, 仁者壽."
자 왈　　지 자 요 수　　인 자 요 산　　지 자 동　　인 자 정　　지 자 락　　인 사 수

樂(요) 좋아하다. 이때는 좋아할 '요'로 읽는다 | 樂(락) 즐기다 | 壽(수) 오래 간다

해 설

물은 막힘이 없이 어디든 낮은 곳으로 흘러간다. 지혜로운 자는 지혜로써 상황을 이해하므로 매사가 물 흐르듯이 합리적으로 풀려나가는 것을 좋아한다. 그러므로 지혜로운 이는 물을 좋아하며 물이 역동적이듯이 지혜로운 이도 역동적이다.

한편 산은 모든 초목이 산에서 씨앗이 뿌려져 자라고 짐승이나 새들도 산을 거처로 삼아 산다. 사람 역시도 산에서 필요한 것을 얻는다.

구름을 불러 모으고 바람을 안내하여 비를 내리게 하는 것도 산의 역할이다. 이처럼 산은 움직이지 않고도 모든 것을 베푸는 어진 이의 모습, 즉 사랑을 베푸는 이의 모습을 하고 있으므로 어진 이는 산을 좋아한다고 표현한 것이다.

지혜로운 이나 어진 이 모두가 인간관계에서 그 가치가 나타난다. 공자에게 있어 바람직한 덕성은 모두 인간관계에서 나타나는 것이지 인간을 떠나 홀로 지혜롭거나 어진 것은 무용無用하며 무의미하다. 이러한 점에서 공자의 덕은 불교에서의 깨달음과는 다르다. 숲속이나 산속에서 혼자 깨달아도 이것이 사람들에게 알려져서 도움이 되지 않으면 그러한 깨달음은 공자에게는 아무런 가치도 없는 것이다.

이와는 달리 서구 철학은 독립적 개인의 이성에 기반한 자아의 우월성을 강조하여 탄탄하고 빈틈없는 철학적 사고체계를 구축하여 서구 산업사회 발전에 크게 이바지하였으나 한편으로는 극단적인 자기중심주의를 조장하여 다른 사람, 다른 인종에 대해서는 어떠한 배려나 관심도 없는 폐쇄형 인간을 양산하여 인간소외, 인종차별 등 여러 가지 문제를 만들었다고 본다.

제23장

공자께서 말씀하셨다.
"제나라가 한번 변하면 노나라가 되고, 노나라가 한번 변하면 도에 이른다."

原文
子曰 : "齊一變, 至於魯. 魯一變, 至於道."
자왈   제일변 지어노 노일변 지어도

至於(지어) ~에 이르다

해설

제나라는 국토도 넓고 자연조건이 좋은 데다 관중管仲 같은 명신의 덕택으로 제환공 때 춘추시대 들어 가장 먼저 패자로 발전할 수 있었다. 그러나 공자에게는 힘과 모략으로 백성과 다른 나라를 억누르는 패도의 나라는 덕과 예로 백성과 다른 나라를 이끄는 덕치德治의 나라에 비하면 저급하고 후진적인 나라였다.

이에 비해 노나라는 주공이 이룬 문화적 유풍이 면면히 남아 주나라 초기의 덕과 예가 지켜지고 있어 제나라와 같은 패권국에 비하면 훨씬 더 문명국이라는 뜻이다. 따라서 제나라가 더 문명화하면 노나라 정도가 되고 노나라가 더 문명화하면 주공이 이룬 주나라 초기의 문물이 재현되는 이상국이 될 수 있다는 의미다.

『예기』에 따르면 유가의 이상국가인 대동 세계는 "큰 도가 행해져 천하가 공평해지니, 현명하고 능력있는 자를 골라 정치를 시키고, 신의와 화목을 가르치고 익히게 하니 사람들이 자기 부모만을 친히 여기지 않고 자기 자식만을 어여뻐하지 않는다. 노인들은 그 삶을 편안히 마치게 하고 장정들은 써지는 바가 있게 하고 아이들은 안전하게 자라게 하고 홀아비·과부·고아나 병자들은 모두 부양되며, 남자는 모두 일정한 직분이 있고 여자는 모두 시집갈 곳이 있도록 한다.

재물이 땅에 버려지는 것은 싫어하나 반드시 자기가 가지려고 하지는 않으며, 내 몸에서 나온 힘으로 일하지 않는 것은 싫어했으나 반드시 자기를 위하여 그 힘을 쓰지는 않는다. 이 때문에 모략이 끊어져 일어나지 않고 도둑이나 난적들이 생기지 않는다. 그래서 문을 열어놓고 닫지 않으니 이를 대동이라 한다."(大道之行也, 天下爲公. 選賢與能, 講信修睦, 故人不獨親其親, 不獨子其子, 使老有所終, 壯有所用, 幼有所長, 矜寡孤獨廢疾者, 皆有所養. 男有分, 女有歸。貨惡其棄於地也, 不必藏於己；力惡其不出於身也, 不必爲己. 是故謀閉而不興, 盜竊亂賊而不作, 故外戶而不閉, 是謂大同.) 라고 되어있다.

공자에게 주공이 이룬 주나라 역시 플라톤이 말하는 이상 국가였다. 다만, 플라톤의 이상국가는 한 번도 이루어진 적이 없는 관념 속의 나라에 불과했지만, 주공의 주나라는 역사적으로 이루어진 실례가 있었던 나라였으므로 다시 한번 만들어 낼 수 있는 체제라고 공자는 생각했을 것이다.

제24장

공자께서 말씀하셨다.
"제사용 술잔인 고觚가 모서리가 없으면 고라고 할 수 있는가? 고라고 할 수 있는가?"

> **原文**
> 子曰 : "觚不觚, 觚哉? 觚哉?"
> 자 왈　　 고 불 고　고 재　　 고 재

觚(고) 모서리가 네 개인 제사용 술잔 | 哉(재) 반문의 의미를 나타내는 어기사

해 설

고觚는 다리 부위와 배 부위에 각기 네 개의 모서리가 있어 고대의 제사 때 술잔으로 사용된다. 공자는 네 개의 모서리가 고觚의 본래 모습이므로 그 모서리가 없는 것은 고觚라고 할 수 없다는 것이다.

결국 이 장은 안연편 11장(12-11장)의 "임금이 임금답고, 신하는 신하답고, 아버지는 아버지답고 아들은 아들다워야 한다(군군신신君君臣臣 부부자자父父子子)."와 같은 문맥이다. 각자 자신의 위치에 맞게 역할 하면 문제없는데 각자 제 역할을 하지 않으면 연쇄적으로 문제가 생기는 것이다.

공자 당시의 노나라 임금은 실권이 없어 중대한 결정에서 소외되어 임금이 임금 같지 않았고 계손씨는 일개 제후국의 신하에 불과한 신분인데도 태산의 여제旅祭 등 천자가 할 제사를 자신들이 지내고 천자가 즐기는 팔일무를 추게 하는 등 역할과 분수를 넘는 일이 곳곳에서 행해졌다.

공자는 이러한 실정에 비추어 제사용 술잔이라면 그 형태와 역할이 제사용 술잔에 맞아야 하는데 술잔이 술잔 본래 형태를 갖추지 않아 역할을 제대로 할 수 없다면, 즉 고觚가 고 같지 않으면 고라 할 수 있는가? 고라 할 수 있는가? 라고 한탄하고 있는 대목이다.

제25장

재아[90]가 "어진 사람은 누가 '우물 속에 인仁이 있다.'라고 하면 따라서 들어갑니까?" 라고 묻자, 공자께서 말씀하셨다.
"어떻게 그럴 수가 있겠느냐? 군자를 우물에 가보게 할 수는 있지만 빠뜨리지는 못한다. 이치로써 속일 수는 있지만, 이치에 맞지 않게 속일 수는 없다."

原文

宰我問曰 : "仁者, 雖告之曰 : '井有仁焉.' 其從之也?"
재 아 문 왈   인 자 수 고 지 왈   정 유 인 언   기 종 지 야
子曰 : "何爲其然也? 君子可逝也, 不可陷也. 可欺也,
자 왈   하 위 기 연 야   군 자 가 서 야 불 가 함 야   가 기 야
不可罔也."
불 가 망 야

雖(수) 누가 ~하여도 | 焉(언) 그 안에, 於之와 같다 | 其(기) 인자(仁者)를 가리킨다 | 之(지) 인(仁)을 가리킨다 | 何爲其然也(하위기연야) 무엇 때문에 그렇게 되겠느냐 | 何爲(하위) 무엇을 위하여, 무엇 때문에 | 其(기) 강조의 뜻을 나타내는 어기사 | 逝(서) 가다 | 陷(함) 빠뜨리다 | 欺(기) (사리에 맞는 말로) 속이다 | 罔(망) (사리에 맞지 않는 말로) 속이다

---

90 재아(宰我) : 공자의 제자인 재여(宰予).

해설

'우물 속에 인이 있다'에서 인을 '어질 인仁'으로 보지 않고 '사람 인人'으로 보아 '우물 속에 사람이 빠져있다'라고 보는 설도 있다(李澤厚). 그러나 사람이 우물에 빠지는 급박한 상황이라면 인자냐 군자냐를 따질 겨를이 없이 보통 사람이라도 무조건 달려갈 것이므로 인자가 어떻게 행동할 것인가에 대한 질문으로는 부적합하다.

이 장에서 재아는 인자仁者의 행동에 관해 물었지만, 공자는 군자의 행동으로 답하고 있다. 공자에게서는 군자란 인을 체득하여 그에 벗어나지 않는 사람을 뜻하므로 인자仁者에 대한 물음에 대해 군자로서 답한 것이다.

재아는 '인자는 지금 반드시 죽는 땅이 있어 이는 함정이나 다름이 없는데도 인자가 인仁의 이름을 탐하여 거기로 가서 몸을 죽여 인을 이루는 것입니까?'라고 물으니 공자는 '그렇지 않다. 군자는 해로움을 피하고 이름을 탐해 위험에 빠지지는 않는다. 어찌 인의 이름을 탐해 몸을 함정에 빠뜨려 죽겠는가?'라고 하여 공자의 현실적인 생각을 드러낸다.

이 장에서 보듯이 공자는 현실을 직시하고 현실에 맞게 행동할 뿐이다. 공자가 가진 비상식적인 고지식함과 충효에 집착하는 꼰대 이미지는 모두 후세의 그릇된 해석이거나 후세인들이 자신들의 뒤틀린 신념을 공자에게 덧씌운 조작에 기인한다.

제26장

공자께서 말씀하셨다.
"널리 학문을 배우고 예로써 스스로 절제한다면, 역시 도에서 벗어나지 않는다고 할 수 있다!"

原文
子曰 : "君子博學於文, 約之於禮, 亦可以弗畔矣夫!"
자 왈   군 자 박 학 어 문 약 지 어 례 역 가 이 불 반 의 부

文(문) 경전 등 여러 가지 문물 | 約(약) 절제하다 | 可以(가이) ~라고 할 수 있다 | 弗(불) ~않다, 不과 같다 | 畔(반) 통상은 '밭두렁'이라는 뜻이나 여기서는 '배반하다'라는 뜻으로 '叛(반)'과 같음 | 矣夫(의부) 감탄의 뜻을 나타내는 어기사

해 설

문文이란 시나 서경 등 경전에 관한 공부를 주로 하지만 크게는 문물이나 제도 등을 포괄하는 개념이며, 예로써 스스로 절제한다는 것은 '예가 아니면 보지 말고 듣지도 말고 말하거나 움직이지도 마라'라는 방식으로 사람의 모든 언행을 예로써 제어한다는 것을 뜻한다.

널리 학문을 배우고 예로써 스스로 절제하는 것은 공자가 생각하는 이상적인 군자의 모습이며, 선비로서 해야 할 바에 대한 공자의 가르침

을 요약한 것이라 할 수 있다. 그러나 공자는 그렇게 하고도 '도에서 벗어나지 않는다.'라고 한 것은 공자의 겸손일 것이다.

공자의 가르침은 이처럼 간명하다. 삶에 대한 지침이나 길을 제시하기 위해 수많은 예증과 조건들을 전제하여 조심스레 자신의 주장을 피력하는 서구 철학에 비해 공자를 비롯한 동양 철학은 상황에 대한 조건설정이나 전제의 엄밀성 등에서 정확도가 떨어진다는 평이 있지만, 삶에 주는 지침의 높이와 깊이는 서구 철학이 쉽게 따라오기 어려운 수준이라고 생각된다.

제27장

공자께서 남자南子[91]를 만나자 자로가 좋아하지 않았다. 공자께서 맹세하며 말씀하셨다.
"내게 잘못이 있다면 하늘이 나를 싫어하리라! 하늘이 나를 싫어하리라!"

原文

子見南子, 子路不說.
자 견 남 자   자 로 불 열
夫子矢之曰: "予所否者, 天厭之! 天厭之!"
부 자 시 지 왈   여 수 부 자   천 염 지   천 염 지

說(열): 통상은 '설'로 읽고 '말하다'라는 뜻이나 여기서는 '기쁘다'는 뜻으로 '열'로 읽음. | 矢(시) 통상은 '화살'이라는 뜻이나 여기서는 '맹세하다'라는 뜻 | 予所否者(여소부자) 내게 나쁜 것이 있다면 | 所(소) ~한바 | 者(자) ~ 한 것, 문장 전체를 명사구로 만듦 | 厭(염) 싫어하다 | 之(지) 여기서는 '予所否者'를 가리키는 지시대명사

---

91 南子(남자) : 공자시대 송(宋)나라 사람으로 위령공(衛靈公)의 부인이 되어 총애를 받았으나 송나라 출신의 대부인 송조(宋朝)와 불륜을 저질렀다. 위령공의 태자 괴외(蒯聵)가 마침 송나라에 사신으로 갔다가 송나라에 파다한 이 소문을 듣고 이를 크게 부끄럽게 여겨 돌아와 남자(南子)를 죽이려다가 실패하여 진(晉)나라로 달아났다. 후에 영공이 죽자 남자가 괴외의 아들 첩(輒)을 즉위시켰는데, 이가 바로 출공(出公)이다. 출공 13년 괴외가 누이 공백희(孔伯姬)의 도움을 얻어 위나라로 돌아와 아들인 출공을 핍박하여 노(魯)나라로 내쫓고 스스로 위장공(衛莊公)이 되자 바로 남자(南子)를 살해했다.

해 설

이는 위나라 출공出公의 즉위를 전후한 무렵의 이야기이다. 위령공의 태자 괴외가 위령공의 부인인 남자南子가 송나라 출신인 대부 송조宋朝와 불륜에 빠진 것을 미워하여 남자를 죽이려다가 실패하여 진晉나라로 달아났다.

후에 영공이 죽자 남자가 괴외의 아들인 첩輒을 즉위시켰는데, 이 사람이 바로 출공出公이다. 출공의 즉위를 앞두고 이를 원만하게 처리하기 위하여 남자南子가 공자 정도의 인물도 출공의 즉위를 찬성한다는 분위기를 띄우기 위하여 공자를 만나 협조를 받으려고 한 것이다.

그러나 이 장의 해석에 관해서는 '여소부자予所否者'를 어떻게 보느냐에 따라 공자의 말은 상당히 의미가 달라진다.

첫째 설은 공자가 남자南子를 만나고 나서 불미스런 일이 없었다는 뜻으로 '내게 불미스런 바가 있었다면 하늘이 나를 싫어할 것이다'라고 공자가 맹세했다는 것이고
둘째 설은 공자가 '내가 남자南子를 만나지 않았다면' 즉 공자가 나쁜 소문이 날까 두려워 '남자를 아예 만나지 않았다면 하늘이 나를 싫어할 것이다'라고 보는 설이다.

즉, 부否라는 글자를 '남자와 불미스런 일을 하지 않았다'라는 뜻으로 보는 설이 첫째 설의 입장이고, 부否를 '남자와 만나지 않는다'라는 뜻으로 보는 설이 둘째 설의 입장이다. 그러나 부否를 '남자와 만나지 않

는다'라는 뜻으로 새긴다면 공자는 그 말을 남자와 만나기 전에 했어야 상식적이다.

이 장은 우선 첫 줄의 '자견남자子見南子'로 볼 때 공자가 남자를 만나고 난 후의 이야기이다. 만나기 전이라면 '자욕견남자子欲見南子'이라고 해야 할 것이다. 남자는 이미 음탕하다고 나라 안팎에 소문난 여인이다. 그러한 남자南子를 공자가 만나고 난 후에 "내가 그 여인을 만나지 않았다면 하늘이 나를 싫어할 것이다." 라고 말하는 것은 공자에게 어울리지 않는다.

단순히 문맥만으로 보면 둘째 설도 전혀 엉뚱한 설이라고는 할 수는 없다. 그러나 이 장에서의 공자의 '여소부자予所否者'는 "내가(남자와 만나는 중에) 불미스런 일을 했다면, 하늘이 나를 싫어할 것이다" 라는 첫째 설이 무난하며 공자에게 어울리는 맹세라고 생각된다.

제28장

공자께서 말씀하셨다.
"중용의 덕 됨됨이는 지극하구나! 그러나 사람 중에 이를 오래 지니는 자가 드물구나."

> **原文**
> 子曰 : "中庸之爲德也, 其至矣乎! 民鮮久矣."
> 자 왈　　중 용 지 위 덕 야　기 지 의 호　민 선 구 의

中庸(중용) 지나치거나 모자람이 없이 알맞은 상태로 항상 변함없이 올바른 이치 | 爲德(위덕) 덕의 됨됨이 | 其(기) 아마도 | 至(지) 지극하다 | 矣乎(의호) 감탄의 뜻을 나타내는 어기사 | 鮮(선) 드물다 | 久(구) 오래

해설

'중中'은 지나치지도 모자라지도 않는 것을 뜻하며, '용庸'은 공평하고 떳떳함을 뜻한다. 논어에서는 이 장과 제20편 요왈堯曰 제1장에서 요임금이 순임금에게 왕위를 물려주면서 '진실로 그 중용을 잡으라(윤집기중允執其中)'에서 다시 중용을 언급한다.

중용은 공자에게만 중요한 덕이 아니라 그리스의 플라톤이나 아리스토텔레스 역시 마땅한 정도를 초과하거나 미달하지 않고 그 중간을

찾는 것을 참다운 덕이라 하여 중용을 중시하였으며, 불교의 중도中道도 역시 유사한 뜻을 지니고 있어 동서양을 막론하고 그 중요성을 부각했던 미덕 중 하나다.

책으로서의 『중용』은 공자의 손자인 자사子思가 저술한 책이라 한다. 『중용』은 원래 오경五經의 하나인 예기禮記 49편 중에서 서른한 번째의 편인 중용편을 말하는데, 보통 송나라 때 주자가 이를 논어, 맹자, 대학과 함께 사서四書로 부르며, 성리학의 중요한 교재 중 하나로 했다고 알려졌다.

『중용』은 요컨대 인간의 본성을 성실로 보고 사람이 어떻게 이 본성으로 돌아갈 수 있는가에 관한 책이라고 할 수 있다. 그러나 이러한 『중용』이 예기로부터 독립하여 단행본으로 취급된 시기는 불분명하여 후한이나 위진 남북조시대까지 소급된다고 한다.

그러나 당나라 때 이고李翶라는 사람이 『중용』에 관한 주석서를 낸 것으로 볼 때 당나라 때에는 이미 『중용』이 예기로부터 독립하여 다루어졌다는 것을 알 수 있다.

제29장

자공이 "만약에 어떤 사람이 백성들에게 널리 은혜를 베풀고 많은 사람을 구제한다면 어떻습니까? 어질다고 일컬어지겠습니까?" 라고 묻자, 공자께서 말씀하셨다.

"어찌 어질다고 할 뿐이겠느냐? 반드시 성인聖人이라고 일컬어질 것이다. 요순 같은 임금도 아마 그런 일은 어려워했을 거다. 무릇 인仁이라는 것은 자기가 서고 싶은 자리에 남을 세우며, 자기가 이르고자 하는 경지에 남을 이르게 하며 가까운 데서 능히 깨달음을 얻는 것이니 이런 것을 인仁을 행하는 방법이라 할 수 있다."

原文

子貢曰 : "如有博施於民而能濟衆, 何如? 可謂仁乎?"
자공왈   여유박시어민이능제중 하여   가위인호

子曰 : "何事於仁, 必也聖乎! 堯舜其猶病諸, 夫仁者,
자왈   하사어인 필야성호 요순기유병저 부인자

己欲立而立人, 己欲達而達人. 能近取譬, 可謂仁之方也已."
기욕립이립인 기욕달이달인 능근취비 가위인지방야이

如(여) 만약에 | 博施(박시) 널리 베풀다 | 而(이) ~ 하고, 앞과 뒤의 문장을 연결하는 접속사 | 濟衆(제중) 민중을 구제하다 | 何如(하여) 어떠한가? | 乎(호) 순수한 의문을 표시하는 어기사 | 何事於仁(하사어인) 어찌 인에 한정된 일이겠느냐? | 何(하) 어찌 | 於(어) ~에 | 乎(호) 감탄의 의미를 나타내는 어기사 | 其猶病諸(기유병저) 아마 마땅

히 그것에 대하여 어려워하다 | 其(기) 아마 | 猶(유) 마땅히 | 病(병) 어려워하다 | 諸(저) 그에 대하여, 於之와 같다. 여기서 之는 博施於民而能濟衆을 말한다 | 夫(부) 대체로, 발어사로 별다른 뜻이 없음 | 己(기) 자신 | 人(인) 다른 사람 | 能近取譬(능근취비) 능히 가까운 데서 깨달음을 얻다 | 譬(비) 통상은 '비유하다'라는 뜻이나 여기서는 '깨닫다'라는 뜻 | 方(방) 방법 | 也已(야이) 문장 끝에서 판단적인 뜻을 나타내는 어기사

해설

공자의 인仁은 사람으로서 가져야 할 인간에 대한 덕목이다. 그것은 자식에 대해서는 자애로, 부모에 대해서는 효로, 친구에게는 신으로, 임금에게는 충성으로, 연장자에게는 경敬으로 각기 나타나는 것이며 보편적으로는 예禮로 표현되는 것이다.

그러므로 공자는 인에 대한 안연의 물음에 대하여 '나를 이겨서 예로 돌아가라'라는 극기복례克己復禮라고 했으며 구체적으로는 '예가 아니면 보지 말며, 예가 아니면 듣지 말고, 예가 아니면 말하지 말며, 예가 아니면 움직이지 말라.(비례물시非禮勿視 비례물청非禮勿聽 비례물언非禮勿言 비례물동非禮勿動)'한 것이다.

공자의 인仁은 누구나 도달할 수 있는 마음의 경지이지만 누구라도 계속해서 거기에 머물러 있기는 어려운 경지이기도 하다. 그러므로 인仁은 의나 예 그리고 지, 신의 바탕에 해당하는 마음의 경지이며 결코 여타 덕목과 나란히 서는 덕목은 아니다.

따라서 맹자가 인을 의에 붙여서 인의仁義로 칭한 것은 인을 그저 인

자하다든가 사람에 대한 사랑 정도의 덕목의 하나로 격하시킨 일이며 이는 나아가 한나라 때에 인의예지신仁義禮智信이라는 오상五常의 하나로 만들어 공자의 인仁 개념을 축소한 단서를 만들어 준 것이다.

박시博施란 널리 은혜를 베푼다는 뜻이며 그리고 제중濟衆는 환난이나 질병 등 고통으로부터 사람들을 구한다는 뜻이다. 도가나 불교에서는 흔히 박시나 제중 등 큰 공덕을 쌓아도 그러한 공덕은 무슨 경을 사람들에게 알려주는 것만은 못하다는 등의 이상한 논리로 사람에게 베푸는 공덕을 낮게 평가하는 경우가 많다.

그러나 공자는 만약에 어떤 사람이 백성들에게 널리 은혜를 베풀거나 환난이나 질병 등 고통으로부터 사람들을 구제한다면 그 사람은 '어진 사람일 뿐만 아니라 성인이다.'라고 솔직하게 칭찬하여 그러한 행동을 높이 평가한다. 지극히 타당한 자세이며 공자의 휴머니즘적 면모를 여실히 보여준다.

'능근취비能近取譬'란 '가까운 곳에서 먼 진리를 깨닫는다'라는 것으로 '나를 보고 남을 안다'라는 뜻으로도 풀이할 수 있다. 내가 하고 싶은 것을 유추하여 다른 사람의 하고 싶은 바를 깨달을 수 있다면 그것이 바로 인으로 가는 길이라는 것이다(인지방仁之方).

제7편
술이(述而)

【제7편 술이(述而)】

제1장

공자께서 말씀하셨다.
"나는 서술할 뿐 지어내지는 않는다. 옛것을 믿고 좋아하니 내가 가만히 우리 노팽[92]에 비해 본다."

原文 子曰 : "述而不作, 信而好古, 竊比於我老彭."
　　　　자 왈　　술 이 부 작　신 이 호 고　절 비 어 아 노 팽

述(술) (들은 것이나 읽은 것 등을) 서술하다, 전하다 | 作(작) 만들다, 창작하다 | 竊(절) 통상은 '훔치다'라는 뜻이나 여기서는 '나 혼자 마음속으로'라는 뜻 | 比(비) 비교하다 | 我(아) 우리, 친근함을 표시함

해 설

공자는 시경과 서경, 춘추 등 문헌을 정리했을 뿐 따로 창작하지는 않았다고 한다. 공자의 이러한 '서술할 뿐 지어내지 않는' 자세는 후세 유학자들이 자신의 새로운 생각을 논어, 중용 등 기존 경전을 해석하

---

92 노팽(老彭) : 은나라의 어진 대부로 옛날이야기를 즐겨했다고 한다. 대부에게는 정치를, 선비에게는 관리 노릇하는 방법을, 그리고 서민에게는 기술을 가르쳤다고 하며 공자는 이러한 노팽에 대하여 자신의 선조가 옛 은나라를 이은 송(宋)나라 출신이므로 은나라 사람에게 특별한 친밀함을 느껴 우리 노팽이라고 하였다고 한다.

는 형태로 밝히는 전례가 되었다.

그러나 서술 가운데도 창작이 있다. 공자가 인仁을 극기복례克己復禮로 풀이한 것이나 맹자가 인仁과 의義를 합쳐 인의仁義로 사용한 것은 해석이 아니라 창작이며, 송대의 주돈이, 정호·정이 등이 이理와 기氣에 새로운 의미를 부여하여 주자로 하여금 성리학으로 발전시키게 한 것도 서술이 아니라 창작으로 보아야 한다.

노팽老彭이라는 인물에 대하여는 은나라의 현명한 대부라는 설 이외에도 노자를 가리킨다는 설도 있고 요 임금의 신하로서 700년을 살았다는 팽조彭祖를 가리킨다는 설도 있으며 노자와 팽조를 함께 지칭한다는 설도 있다.

그러나 노자는 실존 여부가 불확실하며 설사 있었다고 해도 공자 당시에 주나라의 왕실 도서관장을 하던 나이 든 선배 학자이다. 이러한 노자를 공자가 '우리 누구'라는 친근한 호칭으로 부르기는 어렵다고 보아 취할 수 없는 설이다.

그리고 팽조라는 설에 대해서도 팽조는 전설에 따르면 이때 거의 800살에 가까운 대선배로 공자와는 무관한 사람인데 이 팽조를 '우리 누구'라는 친근한 호칭으로 부른다는 것 역시 상식적이지 않다.

따라서 노팽은 은나라의 현명한 대부로서 옛것을 좋아하여 즐겨 사람들을 그 직분에 맞게 가르친 사람으로서 공자 당시의 사람들은 누구라고 친근하게 여겼던 사람이었다고 보는 설이 가장 무난하며 타당하다고 본다.

제2장

공자께서 말씀하셨다.
"묵묵히 외우고 배우는데 싫증 내지 않으며, 가르치는데 게으르지 않은 것 말고 내게 무엇이 있는가?"

原文

子曰 : "默而識之, 學而不厭, 誨人不倦, 何有於我哉?"
자 왈   묵 이 지 지 학 이 불 염 회 인 불 권 하 유 어 아 재

識(지) 기록하다, 기억하다 | 厭(염) 싫어하다 | 誨(회) 가르치다 | 倦(권) 게으르다 | 何有(하유) 무엇이 있는가 | 於(어) ~에게 | 哉(재) 의문의 뜻을 나타내는 어기사

해설

묵默은 마음으로 묵묵히 외운다는 것이다. 외우는 순간에 말을 하게 되면 마음이 흐트러짐으로 이를 피하자는 것이다. 불교에서도 묵언수행默言修行이라하여 아무런 말도 하지 않고 하는 수행을 하는데 이는 말을 함으로써 짓게 되는 여러 가지 죄업을 피하고, 스스로 마음을 정화하기 위한 것이라고 한다.

외우고 배우는데 싫증 내지 않으며, 가르치는데 게으르지 않은 것에 대하여는 공자는 그렇다고 말할 수 있는 정도이지만 그것 외에는 없다

는 겸손의 의미로 말한 것이다. 공자가 생각하는 학문의 과정은 아마도 보고 듣고 배우고 그중에 중요한 것은 머릿속에 외워두고, 그것을 다른 사람에게 가르쳐 준다는 것일 것이다.

　공자의 개인적인 수행과정은 이처럼 단순 명료하다. 송대의 성리학은 사물의 이치와 그 이치가 내 본성에 이미 들어있다고 하여 그 이치를 이理라고 하여 이를 깨닫는 방법을 격물치지[93]格物致知나 거경함양[94]居敬涵養 등으로 설명하지만 거창하고 장황하기만 할 뿐 구체적인 내용이 손에 잡히지 않아 아무래도 공자의 이 장의 학문 방법에 관한 설명만도 못하다고 생각된다.

93　격물치지(格物致知) : 사물의 이치를 연구하여 지식을 확실히 한다는 뜻으로 신유학에서 이理를 깨닫는 방식
94　거경함양(居敬涵養) : 경敬에 머물며 본성을 기른다는 뜻으로 특히 마음을 집중하는 것을 의미

제3장

공자께서 말씀하셨다.
"덕을 닦지 않고, 배운 것을 다시 익히지 않으며 옳은 것을 듣고 실천하지 않는 것과, 잘못을 고치지 않는 것, 그것들이 내가 근심하는 바다."

原文

子曰 : "德之不修, 學之不講, 聞義不能徙, 不善不能改,
자 왈   덕 지 불 수 학 지 불 강 문 의 불 능 사 불 선 불 능 개
是吾憂也."
시 오 우 야

修(수) 닦다, 수련하다 | 講(강) 연구하다, 다시 밝히다 | 徙(사) 옮기다 | 改(개) 고치다 | 是(시) 이, 이것

해설

공자의 이러한 근심들은 누구라도 할 수는 있지만 실제로는 하지 않는 것들이다. 공자의 위대성은 누구도 할 수 없는 것을 행하는 데 있는 것이 아니라, 누구나 할 수는 있지만 행하지 않는 것을 행하는 데 있다.

그러므로 공자의 성스러움은 인간적이고 세속적인 데에 있다. 공자는 기적을 행하지도 않았고, 또 행하려고도 하지 않았다. 공자의 관심

은 항상 사람이라면 누구나 마음만 먹으면 행할 수 있는 일에 있었다.

팔일편 24장에서 의儀 땅의 봉인封人이 공자를 만나고 난 다음에 '하늘이 공자로 하여금 장차 목탁이 되게 하실 것이다.'라고 한 것은 공자가 사람들에게 누구나 할 수 있는 일을 깨우쳐 줄 것이라는 점 때문일 것이다.

공자가 말하는 덕德은 사람이 행해야 하는 기본적인 행동 준칙을 말한다. 구체적으로는 인, 의, 예, 지의 형태로 나타날 수 있지만 모름지기 이 덕을 스스로 항상 갈고 닦아서 새롭게 해두지 않으면 어느새 옅어지고 희미해져서 자신도 알아보기조차 힘들어진다고 생각한 것일 것이다.

제4장

공자께서 집에 한가로이 계실 때는, 자상하게 되풀이해서 말씀하시고 얼굴빛은 온화하고 즐거우셨다.

原文

子之燕居, 申申如也, 夭夭如也.
자 지 연 거 신 신 여 야 요 요 여 야

燕居(연거) 하는 일없이 집에 한가히 있음 | 申申(신신) 말을 되풀이하면서 자상하다 | 夭夭(요요) 얼굴빛이 온화하고 즐겁다

해설

공자는 동네 사람들이 모이는 향당에 있을 때도 말을 잘하지 못하는 사람처럼 조심하였고 조정에서는 말은 잘했으나 삼갔다. 그러나 집에서 제자들과 함께 있을 때는 제자들이 잘 알아들을 수 있도록 거듭 되풀이하여 말하면서(신신申申) 자상했다는 말이다. 신신申申에는 신신당부申申當付에서 보듯이 말을 되풀이한다는 의미가 있다.

요요夭夭는 평화롭다, 즐겁다, 무성하다는 뜻이다. 이 장은 공자가 공무가 없을 때 집에서 한가하게 지낼 때의 모습을 나타낸다. 공자는 공적인 일이 없을 때는 이처럼 편안하게 지냈다. 일이 있을 때나 없을 때

나 항상 남에게 보란 듯이 엄숙한 표정과 근엄한 말로 위엄을 가장하는 것은 후세 도학자들의 모습이며 이는 유학과 공자에 대한 가식적 이미지에서 나타난 가장이다.

제5장

공자께서 말씀하셨다.
"심하구나, 나의 노쇠함이여! 오래됐구나, 내가 다시 꿈에서 주공[95]을 보지 못한 것이!"

原文
子曰 : "甚矣吾衰也! 久矣吾不復夢見周公!"
자 왈　　심 의 오 쇠 야　구 의 오 불 복 몽 견 주 공

甚(심) 심하다 | 矣(의) 상태의 변화를 나타내는 어기사. 이때 보어를 矣의 앞에 두면 그 보어를 강조하는 효과가 있다 | 久(구) 오래되다

해설

주공은 주무왕周武王의 아우로 무왕이 죽고 조카인 어린 성왕이 즉위하자 섭정으로 주나라를 다스리다가 성왕이 장성하여 권력을 돌려준 것으로 알려져 있으나 주공이라는 호칭을 보아서는 자신이 직접 왕이나 왕과 다름없는 위치에서 나라를 통치하다가 성왕이 장성하자 자리를 물려주었다는 설도 유력하다.

95　周公(주공) : 주나라를 세운 주문왕의 넷째 아들이고, 은나라를 쳐서 멸망시킨 주무왕의 이복동생이다. 성은 희(姬)이고, 이름은 단(旦)이다.

주공은 훗날 식읍으로 지금의 산동성 곡부曲阜에 공작으로 봉해져 제후국인 노나라의 시조가 되었다. 그러나 주공이 직접 영지인 노나라에 가지는 않았고 그의 맏아들인 백금伯禽이 노공魯公으로 처음 노나라에 부임하였다.

주공이 성왕을 대신하여 주나라를 7년간 다스리면서 신흥국인 주나라의 정치·사회 제도를 확고히 하여 그가 정비한 통치조직과 문물제도는 주나라의 황금시대를 열었다는 평가와 함께 후대 왕조들의 모범이 되었으며, 공자를 비롯한 유학자들의 세계관에서는 주공은 가장 이상적이고 완벽한 인간 즉, 성인聖人을 대표하는 존재였다.

유교의 성인은 신의 계시를 받거나 혹은 엄청난 진리를 깨닫고 보통 사람들이 할 수 없는 초인적인 기적을 행하는 사람이 아니라 주공처럼 자신이 깨달은 바를 바탕으로 다른 사람의 삶에 구체적이고 실질적인 도움을 주는 사람이다.

이런 점이 다른 종교와 유교의 성인의 다른 점이기도 하다. 대승불교가 중국에 들어와서 비로소 '위로는 깨달음을 구하고(상구보리上求菩提), 아래로 중생을 교화한다(하화중생下化衆生).'라고 하여 중국적인 정서에 어느 정도 부합하려 했다는 것도 이런 관점으로 이해해야 한다.

중국의 정서에 비추어 볼 때 깊은 산속에서 깨우침을 얻어 홀로 삶의 고통을 벗어났어도, 다른 사람들을 함께 자기의 경지로 이끌고 가지 않는다면 아무리 자기의 깨우침이 훌륭하고 대단하더라도 그것은 별로 가치가 없는 일이라고 생각되기 때문이다.

제6장

공자께서 말씀하셨다.
"도에 뜻을 두고, 덕에 근거하면서, 인에 의지하여 예藝에 노닌다."

> **原文**
> 子曰 : "志於道, 據於德, 依於仁, 游於藝."
> 자 왈　　지 어 도　거 어 덕　의 어 인　유 어 예

據(거) 근거하다 | 依(의) 의지하다 | 游(유) 노닐다 | 藝(예) 선비가 배워야 할 여섯가지 기예, 즉 예(禮, 예의), 악(樂, 음악) 사(射, 활쏘기), 어(御, 마차몰기), 서(書, 서예), 수(數, 수학)

해설

도는 우주와 인간 세상을 모두 관통하는 원리로서 어떤 상황이나 시스템이라도 반드시 있어야 할 당위적인 요소를 말한다고 하면, 이러한 도가 실체화하여 구체적으로 나타난 것을 덕이라고 할 수 있다. 덕은 다양한 모습으로 나타나는데 그 중요한 모습의 하나가 '사랑'을 핵심 요소로 하는 인仁이다.

공자는 도와 덕, 그리고 인에 의지하면서 선비가 배워야 할 여섯 가지 기예, 즉 예(禮, 예의), 악(樂, 음악) 사(射, 활쏘기), 어(御, 마차 몰기), 서

(書, 서예), 수(數, 수학)를 마치 놀이하듯이 배우면서 즐겨야 한다고 말하는 듯하다.

논어에서 도나 덕, 인과 같은 관념적인 용어들을 '향한다'라는 지志, '근거한다'라는 거據, '의지한다'라는 의依, '노닌다'라는 유游와 같은 동사들과 함께 한문 특유의 운율로 나열하는 경우, 그 정확한 의미는 사실상 알기 어렵고 대략 어떤 뜻일 것이라고 추정할 수밖에 없다.

말은 말하는 사람의 처지나 구체적인 상황에 따라서, 같은 말이라도 얼마든지 다르게 해석될 수 있기 때문이다. 따라서 이 장의 말에 대해 지나치게 단정적인 의미로 규정한다든가 대단한 의미로 해석하여 공자를 신성시하고자 하는 것은 현실과 다른 해석으로 유학을 대중으로부터 멀어지게 하는 원인이 된다고 생각한다.

제7장

공자께서 말씀하셨다.
"속수 이상의 예물을 가지고 오는 사람을 나는 아직 가르치지 않은 적이 없다."

> **原文**
> 子曰: "自行束脩以上, 吾未嘗無誨焉."
> 자 왈   자 행 속 수 이 상   오 미 상 무 회 언

自(자) ~부터 | 行(행) 행하다 | 束脩(속수) 열 조각의 마른 고기로, 예물 가운데 가장 약소한 것이다 | 束(속) 묶음 | 脩(수) 육포 | 嘗(상) 일찍이 | 誨(회) 가르치다

해설

속수란 육포 10장을 묶은 것을 말한다. 따라서 '자행속수이상自行束脩以上'은 '육포 10장을 묶은 예물을 가져오는 사람부터'라는 의미로 보는 것이 보통이다.

그러나 이 속수를 한나라 때는 15세가 되면 행하는 속대束帶 즉, 허리띠를 하는 것으로 보아 속수를 15세의 나이를 뜻한다고 보았다. 그렇게 본다면 이 장은 '15세 이상만 되면 누구라도 가르쳤다.'라는 전혀 다른 의미가 된다. 이 책에서는 통설에 따라 공자는 속수 이상의 예를 취

한 사람은 누구라도 가르쳤다는 의미로 푼다.

속수는 입학을 위해 스승과 제자가 만나는데 필요한 예물이었다. 당시에는 그러한 상징으로서의 예물이 없으면 남녀가 만나서 부부가 되지도 못했고 스승과 제자로서 만날 수도 없었다. 따라서 속수의 예물은 오늘날 학교나 학원의 입학금이나 수업료 같은 개념보다는 인사의 한 형태라고 생각해도 무방하다.

공자는 출신 계급과 문벌, 출신 지역을 묻지 않고 누구든 원하는 사람에게 배움을 베풀었다. 공자의 이러한 열린 교육 자세는 지식과 지식인을 존중하는 동아시아 문화 형성에 지대한 영향을 미쳤으며 공자의 가장 위대한 공헌 중 하나라고 해도 과언이 아닐 것이다. 오늘날 동아시아 지역이 유럽과 북미와 버금가는 경제적 문화적 역량을 지니게 된 것은 지식을 존중하는 이러한 문화 전통에 힘입은 바가 크다고 본다.

제8장

공자께서 말씀하셨다.

"배우려는 이가 의문으로 가득 차 있지 않으면 열어주지 않고, 표현하려 애쓰지만 안되어 답답해하지 않으면 일깨워 주지 않고, 모서리 한 개만 들어주면 나머지 세 개의 모서리를 들어 답하지 않으면, 반복해 주지 않는다."

原文

子曰 : "不憤不啓, 不悱不發, 擧一隅不以三隅反,
자 왈　　불 분 불 계　불 비 불 발　거 일 우 불 이 삼 우 반
則不復也."
즉 불 부 야

憤(분) 분노, 여기서는 '의문 등이 왕성하다, 가득 차다'라는 뜻 | 啓(계) 열다 | 悱(비) 표현하려고 애쓰다 | 發(발) 일깨우다 | 隅(우) 모퉁이 | 反(반) 대답하다, 반응을 보이다 | 復(복) 반복하다

해설

공자가 위령공편 39장(15-39장)에서 '가르침이 있을 뿐 차별은 없다.'라는 유교무류有敎無類를 외친 것은 출신이나 빈부의 차 등 외적인 조건에 의해 가르침에 차별을 두지 않는다는 뜻이지 결코 개인의 능력이나 그 열의에 이르기까지 차별하지 않는다는 것은 아니다.

이 장에서 보듯이 공자는 특히 배우고자 하는 열의를 중요하게 생각하여 스스로 노력하지 않는 사람에게는 공자는 가르침을 베풀지 않으며 의문을 가져서 해답을 얻으려는 열의가 있는 사람에게만 가르쳐 주고 말로 표현이 잘 안 되어 답답해하는 사람에게만 일깨워 준다는 것이다.

하나를 가르쳐 주면 나머지는 스스로 생각하고 유추해서 그 해답을 찾을 정도가 아니면 반복해서 가르치지 않는다는 것이 공자의 교육 원칙이라 할 수 있다. 그러나 공자도 교육으로 모든 사람을 다 가르쳐서 발전시킨다고 하지는 않는다.

양화편 2장(17-2장)에서 "오직 가장 지혜롭거나 가장 어리석은 부류의 사람만이 바뀌지 않는다."(유상지여하우불이唯上知與下愚不移)에서 보듯이 지나치게 뛰어난 사람이나 수준이 아주 낮아 어리석은 사람은 교육으로도 바뀌지 않는다고 한다.

제9장

공자께서는 상을 당한 사람 옆에서는 배불리 먹지 않았다.

原文
子食於有喪者之側, 未嘗飽也.
자 식 어 유 상 자 지 측   미 상 포 야

側(측) 옆 | 未嘗(미상) 일찍이 없었다 | 嘗(상) 일찍이 | 飽(포) 배부르다

해 설

공자는 남의 슬픔에도 동참했다는 뜻이다. 남이야 슬프든 말든 내 실속만 챙긴다는 몰염치는 애초에 공자에겐 없었다. 공자의 인仁은 '충서忠恕'라고 말할 수 있다고 했는데 '충서'란 결국 내 마음을 너와 함께한다는 뜻이다.

그러므로 공자는 상을 당해 슬퍼하는 사람 옆에서 함께 그 슬픔을 나누는 것이 우선이었을 것이다. 인간관계의 근본은 사람 사이의 공감이며 공자는 이를 '인仁'으로 표현했다. 그것이 상대방과의 관계에 따라 때로는 충으로 때로는 효나 제悌로 나타나는 것이다.

제10장

공자께서는 상가에서 곡哭을 한 날에는 노래를 부르지 않으셨다.

原文
子於是日哭, 則不歌
자 어 시 일 곡   즉 불 가

於(어) ~에 | 是(시) 이, 이것. 여기서는 '어떤' 이라는 뜻 | 哭(곡) 상가(喪家)에서 곡을 하다

해 설

곡哭은 상가喪家에서 소리내어 우는 것이고 읍泣은 소리죽여 우는 것이다. 지금은 상주도 거의 곡을 하지 않고 따라서 문상객도 상가에서 곡을 할 기회가 없지만, 우리나라에서도 수십 년 전만 하더라도 문상가면 반드시 문상객도 상주와 함께 곡을 하는 것이 예의였다.

공자가 문상가서 곡을 한 날은 노래를 부르지 않았다는 이야기는 상주의 슬픔을 생각하는 공자의 인仁이 나타나는 대목이지만 또 한편으로는 슬픔은 대체로 일정 시간 지속되는 성실성이 있어야 한다는 것을 의미한다고도 볼 수 있다.

공자가 곡을 한 날은 노래를 부르지 않았다는 말을 뒤집어 보면 공자는 문상 간 날 외에는 대체로 노래 부르는 날이 많았다는 말이 된다. 후세 유학자들의 근엄하고 체통을 차리는 모습과 비교하면 공자는 노래를 부르는 등 무척이나 편하고 자유롭게 살았던 것으로 생각된다.

제11장

공자께서 안연에게

"등용되면 행하고, 버려지면 감추어두는 것은 오직 나와 너만이 그럴 수 있을 거다." 라고 하시자, 자로가 "선생님께서 삼군을 지휘하신다면 누구와 같이하시겠습니까?" 하고 물었다. 공자께서 대답하셨다. "호랑이를 맨손으로 때려잡고, 걸어서 강을 건너다 죽어도 후회하지 않는 자와는 나는 함께 하지 않겠다. 일에 임해 반드시 두려워하고, 계획을 잘 세워 일을 이루는 사람과 함께 할 것이다."

原文

子謂顔淵曰: "用之則行, 舍之則藏, 惟我與爾有是夫!"
자 위 안 연 왈   용 지 즉 행 사 지 즉 장 유 아 여 이 유 시 부

子路曰: "子行三軍, 則誰與?"
자 로 왈   자 행 삼 군 즉 수 여

子曰: "暴虎馮河, 死而不悔者, 吾不與也. 必也臨事而懼,
자 왈   포 호 빙 하 사 이 불 회 자 오 불 여 야 필 야 임 사 이 구
好謀而成者也."
호 모 이 성 자 야

謂(위) 이르다, 일컫다 | 用(용) 등용되다, 쓰여지다 | 舍(사) 버리다 | 藏(장) 감추다 | 惟(유) 오직 | 爾(이) 너 | 是(시) 이, 이것 | 夫(부) 감탄의 뜻을 나타내는 어기사 | 子行三軍(자행삼군) 선생님이 삼군을 지휘하다 | 行(행) 지휘하다 | 暴(포) 통상은 '난폭하다'라는 뜻이지만 여기서는 '맨손으로 치다'라는 뜻으로 '포'로 읽는다 | 馮(빙) 걸어

서 물을 건너다 | 悔(회) 뉘우치다, 후회 | 臨(임) 임하다 | 懼(구) 두려워하다 | 謀(모) 꾀하다, 계획하다

해설

'등용되면 행하고, 버려지면 감추어 둔다(용지즉행用之則行, 사지즉장舍之則藏).'라는 말은 아마도 공자 이전에 이미 전해온 말인 듯하다. 그런데 '행하고 감추어둔다.'라는 말에는 목적어가 없다. 목적어에 해당되는 말이 '자신의 의무'라고 하는 설도 있고 '주장'이라는 설도 있지만 대체로 '도道'를 말한다고 보는 것이 무난하다.

등용되었는데도 도를 행하지 않는 사람은 부귀를 위해 도를 버리는 자이며, 버려졌는데도 도를 감추지 못하는 사람 역시 도보다 부귀에 미련을 가진 자일 것이다. 선비가 도가 통하는 세상을 만나면 벼슬을 하여 도를 행하고, 도가 통하지 않는 세상을 만나면 도를 감추고 물러나 은둔한다는 자세이다.

그러나 공자의 이러한 자세는 후세의 유학자들이 올바르지 않은 세상 즉, 도가 통하지 않은 세상을 만나면 이를 힘써 바로 잡으려 하지 않고 저마다 보신을 위해 고향이나 산림으로 은둔하는 빌미가 되었다. 따라서 일본에 의해 조선이 망했을 때 선비들은 이를 도가 통하지 않는 세상이라고 보고 수많은 사람이 은둔을 택했을 뿐, 일제의 통치에 대해 항의하거나 저항하는 사람이 거의 없었다.

자로는 용기는 있지만 단순한 성격의 소유자다. 공자가 안연과 함께

자기들만 통한다고 이야기하자 자신의 용맹을 다시 한번 공자에게 상기시키는 장면이다. 그러나 공자는 용기만 가지고 일을 행하는 사람은 함께 하지 않을 것이라고 잘라 말하고 있다.

포暴는 '맨손으로 친다'라는 뜻이며 포호暴虎는 '호랑이를 맨손으로 때려잡는다'라는 뜻으로 원래는 힘이 대단히 센 장사라는 의미인데 여기서는 '지략이 부족하여 무조건 힘에 의존한다'라는 경멸의 뜻을 담고 있다. 그리고 빙하馮河 역시 '배나 뗏목 없이 맨몸으로 강을 건넌다'라는 뜻으로 '무모하다'는 뜻으로 쓰고있다.

제12장

공자께서 말씀하셨다.
"부자가 구해서 될 수 있는 것이라면 설령 채찍을 잡는 천한 사람이라도 나는 역시 되겠지만, 만약 구해서 되는 일이 아니라면 내가 좋아하는 바를 따르겠다."

原文

子曰 : "富而可求也, 雖執鞭之士, 吾亦爲之. 如不可求,
자 왈   부 이 가 구 야 수 집 편 지 사 오 역 위 지 여 불 가 구
從吾所好."
종 오 소 호

可求(가구) 구해서 된다면 | 雖(수) 비록 | 執鞭之士(집편지사) 채찍을 잡는 사람 | 如(여) 같다. 여기서는 '만약에' 라는 뜻 | 所好 좋아하는 바, 所 뒤에 동사를 붙여 명사형이 된다

해설

이 장은 공자가 부에 대해 어떻게 생각했나를 밝힌 중요한 장이다. 논어는 공자 사후 거의 손자 세대 이후의 사람들이 공자의 어록들을 정리한 것이다. 따라서 대체로 그럴듯하고 모범이 될 만한 공자의 어록들을 중심으로 논어가 편찬되었을 것이다.

그러나 이 장처럼 부자가 될 수 있다면 '채찍을 잡는 천한 사람'이라도 되겠다는 말은 공자의 이미지나 품격을 높이는 말은 아닌데도 불구하고 이 말이 논어에 남아 있는 것은 이 말은 틀림없는 공자의 육성이며 또한 여러 사람이 공자가 이렇게 말하는 것을 들었다는 증거가 된다.

공자 역시 보통 사람처럼 부자가 되고 싶었다는 것이다. 이 장에서의 공자의 이미지는 후세 유학자들이 공자를 극도로 높이 받들어 공자가 고귀하고 이익에 초연한 성인의 이미지가 된 것과는 전혀 다른 모습을 보여준다. 왜냐하면 공자 역시 부자가 될 수 있다면 채찍을 잡는 천한 일이라도 마다하지 않겠다고 말하고 있기 때문이다.

여기서 채찍을 잡는 사람이 어떤 사람이냐에 대해서는 몇 가지 논의가 있다. 우선 귀인을 마차에 태우고 다니며 말을 채찍질하는 마부를 생각할 수도 있고, 귀인이 가는 길에 조금 앞서 걸으며 채찍질을 하며 길을 틔우는 사람도 될 수 있고, 때로는 시장에서 노점상 등을 단속하는 시장 감독자 역시 채찍을 잡는 사람이라고 할 수 있다.

그러나 공자가 말하는 채찍을 잡는 사람이 구체적으로 이 중에서 어떤 사람을 지칭하느냐 하는 것은 중요하지 않다. 그중 어떤 사람을 지칭했다고 볼 수도 있지만 모두 다 통틀어서 말했다고 할 수도 있기 때문이다.

제13장

공자께서 신중하게 하신 것은 제사를 위한 재계와 전쟁, 그리고 질병이었다.

> **原文**
> 子之所愼 : 齊, 戰, 疾.
> 자 지 소 신   재 전 질

所愼(소신) 신중한 바, 조심하는 바 | 齊(재) 통상은 '제'로 읽고 '가지런하다'라는 뜻이나 여기서는 제사를 지내기 전에 몸과 마음을 깨끗이 한다는 뜻으로 '재'로 읽고, '재계(齋戒)하다' 뜻으로 봄

해 설

고대인에 있어서 신에 대한 경배나 전쟁 그리고 전염병 같은 질병은 모두 인간의 생존과 직결되는 중요한 일이었다.

신은 농사의 풍흉과 기후 등 천재지변 등으로 사람을 풍요롭게 하기도 하고 돌이키기 어려운 재앙으로도 몰고 갈 수도 있는 존재로 생각하였기 때문에 신에 대한 경배는 대단히 중요한 일이었고 지역에 따라서는 흉년이 들거나 천재지변으로 큰 피해가 나면 그해의 신에 대한 제사를 집행한 사람에게 그 책임을 물어 처벌하는 곳도 있었다.

전쟁 역시 중대한 일로서 큰 전쟁에서의 패배는 병사나 장군 등 전쟁 당사자의 운명뿐만 아니라 나라의 일반 백성의 목숨과 재산, 그리고 생존 기반마저 위협하는 중대한 일이므로 그 결정에 신중하지 않을 수 없으며 은나라의 갑골문에서도 전쟁이나 제사에 대해 점을 친 사례가 가장 많이 발굴되는 것은 역시 전쟁이 미치는 영향의 지대함을 단적으로 나타내고 있다고 봐야 한다.

그리고 전염병과 같은 질병에 대해서도 특별히 주의가 요구되었다. 물은 인류에게 필수 불가결한 것이어서 주요한 문명이 모두 큰 강을 끼고 있지만 중요한 것은 세계 4대 문명을 이룬 큰 강은 모두 사막과 같은 건조지대에 있거나 아니면 건조지대에 아주 가까운 강이라는 사실이다.

즉, 갠지스나 메콩, 아마존, 도나우, 양쯔강 등은 대단히 큰 강임에도 인류의 초기 문명이 발생하지는 않았다. 이런 강들은 대체로 습한 지역에 있으므로 원시인류는 이런 기후에서 생기는 대규모 전염병을 막기 어려웠기 때문이다. 인류는 전염병을 피하려면 건조하고 메마른 기후나 환경이 유리하다는 사실을 일찍부터 알고 있었다. 전염병 역시 인간의 생존조건을 위협하는 큰일이었다.

공자 역시 신을 위한 재계와 사람들의 생사를 좌우하는 전쟁, 그리고 질병에 대해서는 신중해질 수밖에 없었을 것이다. 예기에는 공자가 그렇게 신중하게 한 결과 '나는 전쟁을 하면 이기고, 제사를 지내면 복을 받았다'라고 했다고 한다. 그러나 공자가 실제로 한 말은 아닐 것이다.

제14장

공자께서 제나라에서 『소韶』[96]를 들으시고 감동하여 석 달 동안 고기 맛을 모르셨다. 그리고 말씀하셨다. "음악이 이런 경지까지 이를 줄은 생각하지 못했다."

原文

子在齊聞 『韶』, 三月不知肉味.
자 재 제 문   소   삼 월 부 지 육 미
曰 : "不圖爲樂之至於斯也."
왈   부 도 위 악 지 지 어 사 야

韶(소) 순(舜)임금 때의 악곡. 원래 뜻은 '아름답다' | 圖(도) 계산하다, 생각하다 | 爲樂(위악) 음악의 연주

해설

공자의 남다른 음악 사랑과 감상 수준을 엿보게 한다. 공자의 학맥을 이었다는 맹자나 그 후 송나라의 정호, 정이나 주자를 비롯한 후세 성리학자 누구도 공자 수준의 음악을 말한 사람이 없다. 유학이 딱딱한 인성론이나 이기론같이 형이상학 일변도로 흘러간 것은 노래를 듣고 시를 평하던 초기 공자학단의 낭만이 사라져버린 것과 깊은 연관이 있다.

---

96 소(韶) : 순(舜)임금 때의 악곡 이름.

『사기』에 따르면 공자가 서른다섯 살 되던 해에 노나라의 소공이 계평자를 공격하다 도리어 삼환의 공격을 받아 제나라로 망명하였는데 이때문에 나라가 소란스러워서 공자도 제나라로 가서 고소자高昭子의 가신이 되었다고 한다. 공자가 『소』를 들은 것은 이때의 일이다. 여기서 석 달이란 꼭 3개월이라는 말이 아니라 상당히 오랜 기간이라는 뜻이다.

원래 『소韶』라는 음악은 순임금의 후예인 진陳나라에 전승되어 오다가 진나라의 공자 완完이 제나라로 망명하면서 비로소 제나라에도 알려졌다고 한다. 그러나 이는 구전된 설화일 뿐 완이라는 사람이 아니더라도 소韶는 이미 제나라에 널리 퍼져있었다는 설(정약용)도 있다.

음악의 발달은 그 나라 문화 수준이 높아져야 하고 문화가 높아지려면 당연히 국민의 생활 수준, 즉 경제 사정이 좋아야 한다. 국민 생활이 도탄에 빠졌는데 음악이나 미술 등 예술만 기형적으로 발달하는 경우는 드물다.

현대에 들어와서도 영국의 비틀즈, 미국의 마이클 잭슨, 마돈나 일본의 엑스 재팬 그리고 우리나라의 BTS 등 세계적인 스타가 나오는 시기는 그 나라의 경제 상황이 좋아져서 거기서 품어져 나오는 문화적 역량과 밀접한 관련이 있다. 따라서 경제가 파탄이 난 베네수엘라나 아프가니스탄, 북한 등지에서 돌연 세계적인 가수가 나타나기는 어렵고 실제 그런 사례도 없다.

따라서 공자가 제나라에서 『소韶』를 듣고 감동할 수 있었던 것은 제나라에 원숙하고 노련한 악공들이 있었고 이들을 지원할 수 있는 역량이 있었기 때문일 것이다. 당시 제나라는 관중의 개혁으로 경제 상황이 풍족해졌고 이를 기반으로 풍부한 문화적 역량을 갖추고 있었던 것이다. 음악 등 예술에 있어서도 역시 개천에서 용이 나오기는 어렵다.

15장

염유가 "선생님은 위나라 임금[97]인 출공을 도와줄까?" 라고 묻자, 자공이 "그래, 내가 한번 물어보마." 하고는 들어가서 공자에게 "백이 숙제는 어떤 사람들입니까?" 라고 물었다.

공자께서 "옛날의 어진 사람들이지." 라고 하셨다. 자공이 다시 "원망했습니까?" 하니, 공자께서 "인仁을 구하다가 인仁을 얻었는데 무슨 원망이 있었겠느냐?" 하셨다. 자공이 나와서 염유에게 "선생님은 아마 위나라 임금을 돕지 않을걸세." 라고 했다.

原文

冉有曰 : "夫子爲衛君乎?"
염 유 왈　　부 자 위 위 군 호

子貢曰 : "諾, 吾將問之."
자 공 왈　　낙　오 장 문 지

入, 曰 : "伯夷叔齊, 何人也?"
입　왈　　백 이 숙 제　하 인 야

子曰 : "古之賢人也."
자 왈　　고 지 현 인 야

---

97 위나라 임금(衛君) : 위령공衛靈公의 손자인 출공出公을 말한다. 위령공의 태자인 괴외蒯聵가 송나라에 사신으로 갔다가 송나라 출신이자 위령공의 부인인 남자南子가 대부인 송조宋朝와 불륜 관계라는 소문을 듣고 이를 크게 부끄럽게 여겨 돌아와 남자를 죽이려다가 실패하여 진晉나라로 달아났다. 후에 영공이 죽자 남자南子가 괴외의 아들 첩輒을 즉위시켰는데, 이가 바로 출공(出公)이다. 괴외가 위나라로 돌아와 임금의 자리에 오르자 출공은 노나라로 망명을 했다. 염유와 자공이 궁금했던 것은 이 출공(出公)을 도와줄 것인지에 대한 공자의 생각이었다.

子貢曰 : "怨乎?"
자 공 왈   원 호

子曰 : "求仁而得仁, 又何怨?"
자 왈   구 인 이 득 인 우 하 원

出, 曰 : "夫子不爲也."
출   왈   부 자 불 위 야

諾(낙) 대답하다, 여기에서는 '예'라고 대답하는 말 | 將(장) 장차 | 怨(원) 원망하다 | 乎(호) 의문의 뜻을 나타내는 어기사 | 而(이) 순접관계를 나타내는 접속사 | 又(우) 또

해 설

백이와 숙제는 자신이 택한 도덕적인 원칙을 지키다가 죽었으니 아무런 원망을 남기지 않았을 것이라는 공자의 말에서 자공은 위출공衛出公이 아버지 괴외蒯聵의 자리를 차지하는 무리를 저질렀으니 그 자리에서 물러나는 것이 순리라는 공자의 뜻을 추정한 것이다. 따라서 공자는 출공을 돕지 않을 것이라고 보았다.

즉, 자공은 공자가 출공을 위나라 임금으로 세운 남자南子를 만나는 등 외관상 출공을 도울 것 같은 모습을 보인 적도 있었지만 결국은 출공의 지위 보전을 위한 지원을 하지 않을 것이라고 본 것이다.

공자는 출공의 아버지인 괴외가 원래 위나라의 태자였으므로 괴외가 위나라 임금 자리에 돌아오겠다는 의사를 밝힌 이상 아들인 출공은 아버지 괴외를 위해 임금 자리에서 물러나 주는 것이 원칙이라고 본 것 같다.

출공이 순순히 물러나지 않자, 괴외는 진晉나라의 도움을 얻어 환관

라羅, 혼량부渾良夫, 누이 공백희孔伯姬와 함께 당시 위나라의 집정대부 공회孔悝를 협박해 자기편으로 삼고 마침내 출공을 노나라로 내쫓고 위나라 장공莊公이 되었다. 자로가 죽은 것도 이때의 일이다.

그런데 위장공은 인성에 문제가 많은 사람인 듯하다. 즉위하자마자 궁으로 들어가서 아버지인 위령공의 부인인 남자南子를 직접 죽이더니, 자신의 즉위에 큰 공을 세운 혼량부에게 거사 전에는 죽을죄가 있더라도 세 번은 용서하겠다고 약속해놓고 나중에는 죽을죄가 네 가지라 하여 혼량부도 죽여버렸다.

또, 진晉나라의 도움으로 임금이 되었지만, 막상 임금이 된 후에는 진나라의 요구를 무시했는데 이에 화가 난 진나라가 군대를 보내어 위나라 수도를 포위하자 신하들이 장공을 견 땅으로 몰아내고 일단 위령공의 손자인 공자 반사班師를 세워서 정무를 보게 하고 진나라와 강화했는데 진나라 군대가 물러나자 장공은 다시 견 땅에서 도성으로 돌아와 임금 자리에 올랐다.

어느 날 장공이 성루에 올라 사방을 둘러보다가 멀리 융주(戎州, 하남성 난고현에 있던 융인 거주지)를 보고 "우리 위나라는 희성姬姓의 나라라며 어찌 오랑캐인 융인戎人이 저곳에 사느냐?" 며 군사를 보내 융주를 없애버리도록 했다.

또한, 장공은 기술자들인 장인들을 오랫동안 혹사시켜 장인들의 원성을 받아왔는데 이 와중에 집정대부인 석포石圃를 쫓아내려 하자 석포가 선수를 쳐서 장인들과 합세해 반란을 일으켰다. 장공이 대궐의

문을 모두 닫아걸고 석포에게 강화를 요청했으나 석포가 이를 받아들이지 않자 장공은 하는 수 없이 북쪽 담장을 넘어 도주하려다가 떨어져 종아리뼈가 부러졌다.

이때 소식을 들은 융인들도 공격해오니 장공이 달아나다 융인인 기씨己氏의 집에 숨었다. 그런데 장공은 지난날 기씨 처의 아름다운 머리카락을 잘라다가 자기 아내인 여강呂姜의 가발을 만든 악연이 있었는데 마침 장공은 이 기씨의 집에 숨어든 것이다.

장공이 기씨에게 발각되자 급히 가지고 있던 벽옥을 내보이며 "나를 살려주면 이 벽옥을 네게 주마." 하자 기씨가 "너를 죽이면 벽옥이 어찌 다른 곳으로 달아날 수 있겠느냐?" 하며 장공을 죽이고 벽옥을 가졌다. 위나라에서는 위양공의 손자인 반사班師를 세웠으나 이번에는 제나라가 위나라를 쳐서 반사가 포로로 잡혀가서 장공의 동생인 위군기衛君起를 임금으로 세웠다가 나중에 석포가 위군기를 몰아내고 제나라로 달아난 출공을 복위시켰다. 장공은 고작 3년간 임금 자리에 있었다.

제16장

공자께서 말씀하셨다.
"거친 밥 먹고 물 마시고 팔 베고 누우니, 즐거움 또한 그중에 있네. 그릇된 부귀는 내게는 뜬구름 같은 거니까."

原文
子曰 : "飯疏食飲水, 曲肱而枕之, 樂亦在其中矣,
자 왈　반 소 사 음 수　곡 굉 이 침 지　낙 역 재 기 중 의
不義而富且貴, 於我如浮雲."
불 의 이 부 차 귀　어 아 여 부 운

飯(반) 먹다 | 疏(소) 통상은 '소통하다'라는 뜻이나 여기서는 '거칠다'라는 뜻 | 食(사) '밥'이란 뜻으로 '사'로 읽음 | 曲(곡) 굽히다 | 肱(굉) 팔뚝 | 枕(침) 베개로 베다 | 且(차) 또 | 浮雲(부운) 뜬구름

해설

이 장은 우리나라 판소리나 민요에도 '나물 먹고 물 마시고 팔 베고 누웠으니'라는 가사가 인용(백구가 등)되어 있을 정도로 우리나라에도 일찍이 알려져 사랑받아온 구절이다. 공자 역시 부귀영화를 마다하지는 않으나 그것이 의로운 방법으로 얻는 게 아니라면 관심조차 갖지 않겠다는 의지의 표현이다.

'거친 밥'이라는 것은 채식이라는 설도 있으나 굳이 그렇게 단정적으로 볼 필요는 없을 것이다. 채식을 포함하여, 보리나 기장으로 된 잡곡밥도 '거칠다'라고 표현했을 수도 있으니 반드시 거친 밥=채식이라고 할 필요는 없다고 본다.

어쨌든 공자의 이러한 검소한 생활 태도는 후세에 지대한 영향을 미쳐 유학자들 특히 유학적인 소양을 가진 관료들이 지나치게 재물을 축적하거나 사치한 생활을 하는 것을 바람직하지 못한 것으로 생각하는 단서가 되었다. 그렇다고 모두 그렇게 검소한 생활을 한 것은 아니지만.

제17장

공자께서 말씀하셨다.
"내게 몇 년의 시간을 더해주어 50세에 주역을 공부할 수 있었다면 큰 과오는 없었을 것이다."

原文 子曰: "加我數年, 五十以學『易』, 可以無大過矣."
자 왈　　가 아 수 년　오 십 이 학　역　　가 이 무 대 과 의

加(가) 더하다 | 以(이) 순접관계를 나타내는 접속사 역할로 而와 같다 | 過(과) 잘못 | 矣(의) 상황의 변화를 나타내는 어기사

해설

공자는 51세가 되는 해에 중도中都라는 곳의 읍장(宰)을 지냈고 이어서 52세에 사구司寇로서 대부의 자리에 올라 정치 일선에서 활약하다가 55세에 노나라를 떠나 열국 편력을 시작하여 68세에 비로소 노나라로 다시 돌아왔으므로 공자는 50대에는 주역을 공부하기가 어려웠다.

주역은 내용이 방대하고 심오하여 시간이 많이 소요되므로 공자는 이 장에서 '50세에 주역을 공부할 수 있었다면(오십이학역五十以學易), 공부를 몇 년 더 할 수 있었을 것이므로 좋았을 것이다.'라는 뜻의 말인

듯하다.

그런데 '오십이학역五十以學易'을 '내가 50년을 주역을 공부하는데 쏟을 수 있다면'으로 해석하는 견해도 있는데 주역이 아무리 중요하다 하더라도 고대인들의 평균 수명이 30~40세에도 못 미쳤음을 고려할 때 공자가 50년 동안 주역을 공부했으면 좋겠다고 해석한 것은 지나치다고 본다.

역易의 기본은 양陽과 음陰이다. 천지 만물은 모두 양과 음으로 되어 있는데 예를 들면, 하늘은 양이고 땅은 음이며, 해는 양, 달은 음, 그리고 남자는 양이고 여자는 음이 되는 것처럼 모든 사물과 현상들을 양과 음, 두 가지로 구분하여 그것들이 위치나 기세에 따라 끊임없이 서로 작용하여 변화한다는 것이 주역의 원리이다.

봄에는 양기가 점점 성해지다가 여름이 되면 양기가 극에 달하고, 가을이 되면 양기가 수그러들고 음기가 차오르다가 겨울이 되면 음기가 극에 이르러 점점 수그러들면서 봄이 오기 시작하듯이 계절이 가고 오는 현상은 끊임없이 변하나 그 원칙은 영원불변한 것이며, 이 원칙을 인간 문제에 적용시켜 비교·연구하면서 풀이한 것이 역이다.

음(--)과 양(—)이 아래와 위로 두 개씩 짝을 지어 사상四象을 만들고, 세 개씩 짝지어 건乾, 태兌, 이離, 진震, 손巽, 감坎, 간艮, 곤坤 등 8괘를 만들게 된다. 건乾은 하늘·아버지·건강을 뜻하고, 태兌는 연못·기쁨을, 이離는 불·아름다움을, 진震은 우레·움직임을, 손巽은 바람·장녀, 감坎은 물·함정, 간艮은 산·그침, 곤坤은 땅·어머니·순종을 뜻한다.

그러나 8괘만 가지고는 천지자연의 현상을 다 표현할 수 없어 8괘를 각각 두 개씩 짝지어 64괘를 만들고 이를 설명한 것이 바로 주역의 경문이다.

8괘의 그림

제18장

공자께서 표준말을 하신 것은 『시경』과 『서경』을 읽을 때와 의례를 집전하실 때인데, 그때에는 모두 표준말을 쓰셨다.

> **原文**
> 子所雅言,『詩』,『書』, 執禮, 皆雅言也.
> 자 소 아 언   시   서   집 례   개 아 언 야

雅(아) 표준, 항상 | 執禮(집례) 예식을 집행함 | 皆(개) 모두

해설

이 장에서는 '아언雅言'을 어떻게 보느냐에 따라 설이 엇갈린다. 첫째는, '아언'을 항상 또는 자주 하는 말로 보는 설이고, 둘째는 '아언'을 표준말로 보는 설로 나누어진다. 첫째 설에 따라 아언을 항상 또는 자주 하는 말로 본다면, 이것은 '집례執禮' 즉, '예를 집행한다.'라는 경우에 적용해볼 때 문제가 생긴다.

즉 공자가 '예禮에 대하여 자주 이야기했다'라는 것은 문제가 없지만 '예를 집행(집례)하는 데 대해서 자주 이야기했다'라는 것은 틀린다. 실제로 논어에서 공자는 예禮에 대해서는 자주 언급했지만, 집례에 대해서는 자주 이야기는커녕, 집례라는 용어 자체도 여기서만 언급되고 있

어 집례를 공자가 자주 이야기했다는 것은 틀린 이야기다.

논어는 공자와 그 제자들의 말이나 대화를 여러 사람이 오랜 세월 동안 여러 사람이 논증하여 만들어진 책인데 논어에서 거론되지 않는 '집례'를 '공자가 자주 이야기했다'라고 주장하는 것은 글자 하나에만 매몰되어 전체를 못 보았거나 사실과 관계없이 자기주장에만 몰두하는 것으로 잘못된 해석이라고 생각된다.

더구나 '자주 말한다'라는 뜻이 되려면 보통 '자주 아雅'를 뒤에 붙여 '언아言雅'의 형태로 하지 '아언雅言'으로 하지는 않는다는 점에서 볼 때 이 장의 아언은 둘째 설에 따라 '표준말'로 보는 것이 타당하다. 더군다나 『시』를 낭송하거나 『서경』을 읽어주거나 많은 사람이 모인 장소에서 의례를 집행할 때 모든 사람이 잘 알아듣도록 표준말을 썼다는 것은 정황상으로도 잘 어울린다.

또, 논어에서는 공자의 식습관, 잠 등 생활의 세세한 부분까지 언급하고 있는데 공자가 어떤 경우에 표준말을 썼다는 것도 이 장에서처럼 언급되는 것이 자연스럽다.

제19장

섭공[98]이 공자에 대해 자로에게 물었으나 자로는 대답하지 않았다. 그러자, 공자께서 말씀하셨다.
"너는 어찌 '그 위인은 마음이 끓어오르면 밥 먹는 것도 잊어버리고, 즐거워서 근심도 잊어버리며 늙음이 곧 닥치는 것도 모르는 사람이다.'라고 말해주지 않았느냐?"

> **原文**
> 葉公問孔子於子路, 子路不對.
> 섭 공 문 공 자 어 자 로 자 로 부 대
> 子曰. "女奚不曰, 其爲人也, 發憤忘食, 樂以忘憂,
> 자 왈   여 해 불 왈 기 위 인 야 발 분 망 식   낙 이 망 우
> 不知老之將至云爾."
> 부 지 로 지 장 지 운 이

於(어) ~에게 | 不對(부대) 대답하지 않다 | 女(여) 너, 汝와 같다 | 發憤(발분) 학문 등 열정이 끓어오르다 | 憤(분) 분노하다, 마음이 끓어오르다 | 樂以(낙이) 즐거움으로써, 以樂의 도치형태 | 老之將至(로지장지) 늙음이 곧 닥치다 | 云爾(운이) 그러할 뿐이다.

해설

섭공葉公은 춘추시대 초나라 사람인 심제량沈諸梁으로 대부 심윤술의

---

98 섭공(葉公) : 초나라 사람으로 이름은 심제량(沈諸梁)이고, 자는 자고(子高)이다.

아들로 봉해진 땅이 섭읍葉邑이었기 때문에 섭공으로 불린다. 초나라는 원래 중원 밖에 있는 오랑캐의 나라였으므로 주나라 왕 즉, 중원에 있는 천자의 신하가 아니므로 초나라의 임금은 주나라로부터 봉작을 받지 않고 스스로 주나라 왕과 나란히 자신도 왕이라고 칭했다.

그리고 초나라 왕의 입장에서는 자신이 왕이므로 자신이 임명한 지방의 행정책임자도 공公으로 불러야 격에 맞게 된다. 따라서 섭읍葉邑의 수장은 섭공이 되는 것이다. 그러나 주나라 왕이 볼 때는 초나라는 왕도 자기 멋대로 지어 부르는 참칭僭稱에 해당되고 그 아래에 초나라 일개 지방 읍의 책임자가 제후 중에서 왕 다음가는 공公으로 부르는 것도 역시 참칭이다.

따라서 섭공은 초나라에서만 통하는 관직명이다. 노나라였다면 섭葉의 읍재邑宰로 불렸을 것이다. 섭공 심제량은 상당한 견식을 갖춘 인물로 훗날 초나라 궁중에서 일어난 반란을 진압하여 초나라의 최고 관직인 영윤令尹에 오르게 된다.

공자는 참으로 배우고 공부하는 것을 즐겼던 것 같다. 학문에 대한 열정이 끓어오르면 밥 먹는 것도 잊어버리고, 즐거워서 근심도 잊어버리며 늙음이 곧 닥치는 것도 모를 정도로 몰두하는 사람인 것이다. 그래서 공자는 자기를 가리켜 10호 정도의 작은 마을에도 자기 정도의 성실한 사람은 있겠지만 배우기를 자기만큼 좋아하는 사람은 아마도 없을 것이라고 했다.

제20장

공자께서 말씀하셨다.
"나는 태어나면서부터 아는 사람이 아니고 옛것을 좋아하고 애써 그것을 구하려는 사람일 뿐이다."

> **原文**
> 子曰:"我非生而知之者, 好古, 敏以求之者也."
> 자 왈 아 비 생 이 지 지 자   호 고   민 이 구 지 자 야

生而知之(생이지지) 나면서부터 알다 | 敏以(민이) 애써서, 힘써서. 以敏의 도치형태이다

해 설

공자는 자신이 아는 것 역시 오로지 노력과 배움의 결과에 불과하고 태어나면서 안다는 등의 기적 같은 것이 아니라고 한 것이다. 따라서 제자들도 "응당 열심히 노력해서 배워라." 라는 뜻이다. 공자는 돌아가신 아버지의 묘를 몰라 이웃 아낙네에게 물었을 정도로 이름 없는 평민 출신이었지만 노력과 배움에 대한 열정으로 위대한 스승의 자리까지 나아갈 수 있었을 뿐이다. 그런 공자를 후세 유학자들이 '하늘이 내린 성인' 등으로 추켜올린 것은 공자의 존재의의를 심각하게 훼손한 것이라고 본다.

중국의 은殷나라는 유목문화의 특성이 남아 있고 미신적인 경향이 강했으므로 일찍이 조상신이나 하늘의 상제上帝를 믿어 신의 뜻으로 제사나 전쟁 등 중대한 일을 결정하려 했다. 따라서 신의 뜻을 알기 위해 점이라는 특수한 형식이 필요하게 되어 특히 은나라에서 거북의 껍질이나 물소의 뼈 등을 이용한 갑골문이 발달하게 된 것이다.

주나라는 농경민족으로 은나라에 비해 다분히 합리적이고 소박한 자연주의적 윤리문화가 발달하였으므로 조상신이나 하늘 신에 대해 공경하여 정기적으로 제사는 지내되 일이 생길 때마다 갑골문 따위로 점을 쳐서 신의 뜻을 물어 일을 결정하지는 않았다. 공자는 이러한 주나라의 자연신 내지는 제한적인 신 관념을 가지고 있었던 것으로 보인다.

주나라에서는 하늘은 백성의 눈을 통해 정치를 살피고 백성의 입을 통해 정치 내용을 듣는다는 사상이 정착되면서 위정자는 보이지 않는 하늘보다는 눈앞에 보이는 백성을 우선해서 섬겨야 하는 보다 진일보한 위민정치가 발전하게 되었다.

주공은 바로 이러한 위민사상의 전환점에 서 있었던 사람이었으므로 공자는 평생 주공과 주공이 이룬 정치를 그리워했고 춘추의 난세를 맞아 다시 한번 주공의 정치를 재현하려 했던 것이다.

제21장

공자께서는 괴상하거나 억지로 힘으로 하는 것, 그리고 어지럽거나 신神에 관한 것은 말씀하시지 않았다.

原文
子不語怪力亂神.
자 불 어 괴 력 난 신

怪(괴) 괴상한 일 | 力(력) 폭력적인 일 | 亂(난) 어지러운 일 | 神(신) 귀신에 관한 일

해 설

주나라는 유목민족이었던 은殷을 멸하고 성립한 농업 국가였다. 유목민족은 광대한 지역을 생활 기반으로 삼아 한 초지에서 풀을 다 뜯고 난 후에는 다시 다른 초지로 이동해야 했으므로 늘 선택의 문제가 생긴다.

어느 쪽으로 가축을 몰고 가느냐에 따라서 풍성한 초지를 만나느냐 아니냐가 정해지기 때문에 유목민들은 인간의 능력을 초월한 하늘 신이라든지 조상신에게 의지하게 되고 자주 그 의지를 묻기 위해 점을 치는 경우가 많아지는 것이다.

그러나 주나라가 자리 잡았던 중원지역은 사계절이 뚜렷하여 해마다

같은 기간에 파종, 수확 등 같은 농사일이 반복하여야 했으므로 신이나 기적 등을 바라기보다는 적절한 시기에 필요한 일을 행하는 것이 더 타당하다고 생각되었다.

주나라 초기의 문물을 이상적으로 생각하였던 공자는 당연히 짐승이 말을 하는 괴이한 일이나 힘으로 상대를 억압하는 폭력적인 일, 그리고 신하가 임금을 죽이고 자식이 아비를 죽이는 등 어지러운 일이나 신령에 관한 일 등에 대해서는 믿을 수도 없고, 사실 근거도 희박하다고 생각했으므로 말하지 않았다는 것이다.

공자는 합리적이고 이성적인 사람이었다. 괴이하거나 어지러운 일들은 대부분 사실을 과장하였거나 사실이 아닌 것이 많을 것이므로 더 이상 자신이 전파하지는 않으려 했다고 본다.

18세기 이래 중국을 통해 우리나라에 전해진 천주교는 전래 초기에는 종교가 아니라 '서학西學이나 천주학'이라 불리며 하나의 학문이나 서양 문물로 여겨졌다고 한다. 점차 천주학이 종교로 받아들여지며 주자학의 허구성이나 현실 안주적 자세의 한계성을 깨닫고 새로운 원리를 추구한 남인 중심의 재야사상가와 부패하고 폭압적인 봉건 지배체제에 고통받던 민중, 특히 남존여비 사상으로 차별받던 여성을 중심으로 널리 퍼져나가면서 18세기 말에는 교세가 더욱 확장되었다.

이에 위협을 느낀 지배계급들이 수많은 천주교인을 각처에서 학살했지만 그런 중에도 교세는 꾸준히 늘어나 심각한 사회문제가 되었다. 그러나 이처럼 심각한 사회문제를 해결할 어떠한 논의도 어떠한 결론도 조선 내부에서는 나오지 않았다.

천주교 문제가 해결된 것은 조선의 지배계급들이 그토록 배격하고 혐오하였던 양이洋夷 즉 서양 오랑캐의 하나인 영국과 1883년에 부득이 조영통상조약이라는 조약을 맺었는데 그 조약의 조문 중에 조선에서 천주교를 비롯한 모든 종교의 자유가 언급되면서부터다.

그렇게 수많은 천주교인을 죽였던 조선의 지배계급들은 조선에서 종교의 자유가 인정되는 그 시점에 이르러서도 자신들 했던 그간의 대규모 살인 행위에 대해 어떠한 반성이나 사과도 없었고, 로마의 교황청도 조선에서의 역사상 유례없이 참혹하고 잔인했던 대규모 신자 살해사건에 대해 교황청 차원에서 어떠한 반성이나 재발 방지를 위한 유감 표명도 없었다.

18세기 이래 조선에서의 대규모 천주교인 살해사건은 자신들의 지배체제 유지에 급급하여 그 체제에 위협이 된다고 생각되는 모든 이단자를 말살하려 했던 당시의 조선당국이 직접적인 책임자지만 로마 교황청도 자신들의 세력 확장을 위해 이처럼 무참한 결과를 예측했음에도 불구하고 그 말살의 원인을 제공했다는 부분에서는 완전히 자유로울 수만은 없다.

어떠한 신앙도 수많은 사람의 생명을 희생시켜가면서까지 전도해야 할 만큼 중요하지는 않다.

제22장

공자께서 말씀하셨다.

"세 사람이 함께 가면 그중에 반드시 나의 스승이 있다. 좋은 것을 택해서 따라 하고 나쁜 것을 보고는 나 자신을 바로 잡는다."

> **原文**
> 子曰 : "三人行, 必有我師焉. 擇其善者而從之,
> 자 왈   삼 인 행 필 유 아 사 언 택 기 선 자 이 종 지
> 其不善者而改之."
> 기 불 선 자 이 개 지

焉(언) 거기에는. 於之와 같음 | 擇(택) 고르다 | 其(기) 그, 그것. 여기서는 삼인을 말함 | 從(종) 따르다

해 설

공자의 사상은 순수한 지적 호기심에서 출발하여 객관적인 진리를 발견하고자 하는 것이 아니라 살아가는 데 필요하고 절실한 지혜를 발굴해 내는데 주안점을 둔 것이다. 후스(胡適)의 말대로 '삶의 문제를 근본적으로 파악해서 그 해결책을 모색하는' 중국 철학의 유구한 전통 속에 존재하는 것이다.

그러므로 공자의 가르침은 삶에 관한 구체적이고 현실적인 지침이

지, 사물이나 인간에 대한 논리적인 본질에 관한 이야기가 아니다. 이에 비해 플라톤을 비롯한 그리스 철학은 여유 있는 환경과 발달한 경제 여건을 배경으로 '우주는 어디서 왔으며 무엇으로 되어 있는가?' 등의 실체론과 이를 어떻게 인식하며 그 인식은 실체를 얼마나 반영하는가 등의 인식론을 발달시킨 것이다.

따라서 이 장에서 보듯이 공자의 가르침은 늘 우리 가까이에서 취할 수 있는, 생각해 볼 수 있는 것들이 많다. 즉, 사람은 대부분 본받을만한 장점과 고쳐야 할 단점을 가지고 있는 것이다. 장점만 모두 가지고 있는 사람이 없듯이 단점만 모두 가지고 있는 사람도 드물다. 공자는 가까이 있는 사람 중에서도 그 장점과 단점을 눈여겨보아 장점은 따라 하고 단점은 자기도 고쳐야 한다는 것이다. 공자의 가르침은 이처럼 가까이 있다.

제23장

공자께서 말씀하셨다.
"하늘이 내게 덕을 내려주셨는데 환퇴[99]가 나를 어쩌겠는가?"

原文
子曰: "天生德於予, 桓魋其如予何?"
자 왈   천 생 덕 어 여 환 퇴 기 여 여 하

生(생) 여기서는 주다, 내렸다는 뜻으로 씀 | 其(기) 반문의 어기를 강조하는 어기사 | 如~何(여~하) ~을 어떻게 하는가? | 予(여) 나

해 설

공자가 말한 '덕德'이란 무엇일까? 도가에서는 '덕'이란 우주와 사람을 꿰뚫는 보편 원리인 도가 구체적으로 모습을 드러내는 것을 덕이라고 한다. 예를 들어 도에 따라 농사를 열심히 지어 가을에 수확한다면 그것이 덕이라 할 수 있고 무지한 사람을 성심으로 가르쳐 그 사람이 드디어 깨우쳐서 가르친 이에게 진심 어린 고마움을 표한다면 도가 덕으

---

99 桓魋(환퇴) : 공자 시대 송나라의 대부(大夫). 성(姓)은 상(向)씨여서 상퇴(向魋)라고도 하고 송나라 환공(桓公)의 후예이기 때문에 환퇴라고도 한다. 공자가 송나라에 가서 제자들과 함께 큰 나무 아래에서 예를 익히고 있는데, 환퇴가 공자를 죽이고자 하여 그 나무를 뽑았다고 한다. 공자의 제자인 사마우(司馬牛)의 형이기도 하다.

로 나타난 것이라고 할 수 있다.

그러나 공자가 하늘이 내게 부여한 덕이란 것은 공자가 자각한 천명 天命을 의미한다고 보아야 할 것이다. 하늘은 스스로 그 뜻을 세상에 펼칠 수 없으니 오직 사람을 통해서 하늘은 그 뜻을 세상에 펼치게 된다. 그 뜻이 바로 하늘이 부여한 명령, 즉 천명이다.

공자는 천명, 즉 자신이 세상에서 이루어내야 할 사명을 '세상에 인仁을 펴는 것'이라고 보았다. 사람 간에는 물론, 우주 만물에 널리 통용되어야 할 사랑이 인仁인 것이다. 그 인으로 부모를 공경하며 형제간에 우애를 지키고 임금을 섬기고 나아가서는 백성을 다스리는 것이 공자가 생각하는 이상적인 세상의 모습이었을 것이다.

하늘이 공자에게 그런 천명을 주었다면 그 천명을 이룰 수 있도록 하늘이 공자를 보호할 것이라는 믿음을 공자가 가졌다고 생각된다. 그러니 '환퇴 따위의 보잘것없는 자가 하늘의 보호를 받는 내게 무슨 해를 입힐 수 있겠느냐?' 하는 것이 공자의 말뜻일 것이다.

공자가 어떤 종교적인 신앙을 가졌다 하기보다는 옛날 사람들도 대부분 하늘이라든가 우주에는 어떤 신명이나 섭리가 있다고 생각을 한 것이 보통이며 그것은 아마도 오늘날 각종 종교의 신앙심보다는 약한 원시적이고 기복적인 신앙 형태였을 것이라고 생각된다.

제24장

공자께서 말씀하셨다.
"너희들은 내가 무엇을 숨긴다고 여기는가? 나는 너희에게 숨기는 것이 없다. 나는 너희들과 함께하지 않은 것이 없다. 그것이 바로 나다."

原文

子曰 : "二三子以我爲隱乎? 吾無隱乎爾,
자 왈   이 삼 자 이 아 위 은 호   오 무 은 호 이
吾無行而不與二三子者, 是丘也."
오 무 행 이 불 여 이 삼 자 자   시 구 야

二三子(이삼자) 너희들 | 以~爲(이~위) ~을 ~라고 여기다 | 乎爾(호이) 문장 끝에서 탄식의 뜻을 나타내는 어기사 | 不與二三子(불여이삼자) 너희들과 함께 하지 않는 | 者(자) ~하는 것 | 是(시) 이, 이것

해 설

공자의 투명한 생활 태도를 보여준 것이다. 즉, 제자들이 보고 느끼는 대로 함께 생활할 뿐이지 어떠한 것도 제자들 모르게 행하는 것이 아무것도 없다는 것이다. 이것은 후세의 많은 종교 지도자들이 보여주는 기적적이거나 영적인 능력 과시와는 전혀 다른 모습이다. 공자는 제자들이 보는 그대로의 사람인 것이다.

공자의 가르침은 처음부터 경험이 가능한 것이며 삶과 구체적으로 관련된 것이므로 그 가르침을 이해하거나 체득하는 데 있어서도 서양 철학처럼 개념화나 관념화를 통해 사변적으로 접근할 필요도 없었고, 인간의 능력을 벗어난 초인적인 영감을 필요로 하는 것도 아니었다.

제25장

공자께서는 네 가지를 가르쳤는데
바로 글, 행동, 충성과 믿음이다.

原文

子以四教 : 文, 行, 忠, 信.
자 이 사 교　　문　행　충　신

以(이) 教의 목적어인 四를 가리키는 전치사 | 文(문) 고대로부터 전승된 문물제도, 경전 등 | 行(행) 문의 실천 | 忠(충) 자신에 대한 성실성 | 信(신) 타인에 대한 성실성, 신뢰

해설

'문文'이란 선왕들이 남긴 경전이나 문물제도 같은 것이며 '행行'은 이러한 경전의 뜻을 행동으로 실천하는 것이다. 즉 집에 들어오면 효도하고 밖에 나가면 남에게 공손한 것을 말한다. '충'은 대체로 자신에 대한 성실성이며 '신信'은 타인에 대한 성실성이라고 할 수 있다.

공자의 가르침은 공자가 스스로 창안해 낸 것이 아니라 공자 이전에 이미 중원지역에 광범위하게 통용되었던 바람직한 가치관들을 공자가 정리하여 이를 제자들에게 가르친 것이라고 본다.

즉, 공자보다 100여 년 앞선 송양공宋襄公이 초나라와 싸울 때 중원의 인의仁義를 오랑캐에게 보여준다는 의미로 인의라는 글자를 크게 써서 깃발로 사용하였고, 그 후의 진문공晉文公 역시 의義나 신信, 예 등을 백성들이나 병사들에게 가르쳤다는 사실을 놓고 볼 때 공자는 이러한 전승들을 정리하고 연결하여 개념화하는 역할을 했다고 생각한다.

제26장

공자께서 말씀하셨다.
"성인을 내가 만나볼 수 없다면, 군자라도 만나봤으면 좋겠다."

| 原文 | 子曰 : "聖人, 吾不得而見之矣! 得見君子者斯可矣!"
자 왈   성 인 오 부 득 이 견 지 의   득 견 군 자 자 사 가 의 |

得而(득이) ~ 할 수 있다 | 斯(사) 이것

해 설

성인은 도를 체득하여 가장 이상적이고 가장 높은 경지에 이르러 덕으로써 천하를 교화하는 사람이다. 유교에서 말하는 성인은 천주교의 성인이나 불교의 부처와 같이 인간의 한계를 뛰어넘어 군림하는 것이 아니라 스스로 배움을 통해서 자각하고 이를 널리 많은 사람에게 알려 도움을 주는 사람을 뜻한다.

따라서 성인은 통상적으로 어떤 특정한 경지를 정하고 그 경지에 오르면 붙여주는 자격이 아니라 유교에서는 끊임없이 사람들과 부대끼며 사람들을 이끌어 도움을 주는 역할을 해야 성인이 되는 것이다. 그러므로 성인은 만나기가 극히 어려우니 그 성인의 경지에 도달하기 위해서 끊임없이 노력하는 군자라도 만나봤으면 하는 것이 공자의 뜻이다.

후세 유교에서는 성인은 우선 공자 이전의 큰 성인이라는 뜻에서 주공을 원성元聖이라고 하고, 공자는 지극한 성인이라는 뜻에서 지성至聖이라고 하며, 기타 안회는 복성復聖, 증자는 종성宗聖, 공자의 손자인 자사는 술성述聖, 그리고 맹자는 아성亞聖이라고 하여 6인을 꼽기도 한다.

주자학을 공자·맹자의 정통이라고 보는 견지에서 정한 것이므로 큰 의미는 없다고 본다. 자공이나 자로 같은 공자의 큰 제자를 빼고 존재감이 희박한 증자나 자사를 성인으로 거론하는 것만 봐도 이 성인론은 편파적이라는 인상을 지우기 어렵다.

제27장

공자께서 말씀하셨다.
"선한 사람을 만나볼 수 없다면, 변함없는 마음을 가진 사람이라도 만나 봤으면 좋겠다! 없으면서 있는 체하고 비었으면서도 가득 찬 체하며 가난하면서도 부유한 체하는 사람은 변함없는 마음을 가지기 어렵다!"

原文

子曰: "善人, 吾不得而見之矣! 得見有恒者斯可矣!
자 왈   선 인 오 부 득 이 견 지 의 득 견 유 항 자 사 가 의
亡而爲有, 虛而爲盈, 約而爲泰, 難乎有恒矣!"
망 이 위 유 허 이 위 영 약 이 위 태 난 호 유 항 의

斯(사) 이것 | 有恒者(유항자) 변함없는 마음을 가진 사람 | 恒(항) 항상 | 亡而爲有(망이위유) 없으면서 있는 체하다 | 爲(위) ~체 하다. 僞와 같다 | 盈(영) 차다, 가득하다 | 約(약) 통상은 '검약하다'라는 뜻이나 여기서는 '가난하다'라는 뜻 | 泰(태) 통상은 '크다'라는 뜻이나 여기서는 '부유하다'라는 뜻

해설

이 장의 선인善人에 대하여 단순히 착한 사람이 아니라 '자기 행동에 악함이 없어 최고 경지의 선善에 이른 사람' 혹은 '성인에 버금가며 보통 보기 어려운 사람'을 말한다는 견해도 있으나 문맥상 선인은 '변함없는

마음을 가진 사람'보다 나은 정도를 뜻하므로 보통 말하는 '선량한 사람'을 뜻한다고 보는 것이 옳다.

　공자는 14년간 타국을 유랑하면서 수많은 고통을 겪었으며 많은 사람에 대해 기대했다가 또 그만큼 실망도 했을 것이다. 앞 장에서 공자는 "성인을 만나볼 수 없다면 군자라도 만나봤으면 한다." 라고 하다가 이 장에서는 다시 군자보다도 격이 떨어지는 선량한 사람조차도 만나기 어려우니 "있으면 있다 하고 없으면 없다" 라고 솔직히 말할 수 있는 "변함없는 마음을 가진 사람이라도 만나 봤으면 좋겠다." 라고 탄식하는 것이다.

　오늘날에도 정치인이 신뢰성이 가장 떨어지는 사람들이라는 인식이 보통인데 공자가 여러 해 동안 구직활동 중에 만났던 사람들도 대체로 정치인이거나 그 주변의 사람들이었을 것이라고 보면 그중에서 공자는 "선량한 사람은 고사하고 그저 앞뒤가 일관된 솔직한 사람이라도 만났으면 한다." 는 것이 공자의 솔직한 심정이었을 것이다.

제28장

공자께서는 물고기를 낚시로 잡지 그물[100]로 잡지는 않으셨으며, 주살로 새를 잡을 때도 둥지에서 잠자는 새는 잡지 않으셨다.

原文

子釣而不綱, 弋不射宿.
자 조 이 불 강   익 불 사 숙

釣(조) 낚시 | 綱(강) 벼리(그물 코를 꿴 굵은 줄) | 弋(익) 주살(화살 맨 끝에 줄을 연결한 것) | 宿(숙) 자다

해 설

강綱이란 굵은 줄에 길게 그물을 연결하여 강이나 시냇물을 가로질러 설치하여 지나가는 물고기가 그물에 걸리게 하는 어법이다. 이에는 그물의 그물코를 어떻게 하느냐가 관건이 되는데 그물코를 되도록 작게 하고 그 그물을 두 개를 겹쳐서 2중으로 한 것을 2중 자망이라 하며 그물을 세 개를 겹치게 하면 3중 자망이 된다.

---

100 그물(綱/강) : 어업에서 綱(강)이라는 어법은 연승이라 하여 먼바다에서 굵은 줄에 낚시를 잇달아 연결하여 오징어 등 대규모로 군집을 이루어 바다를 회유하는 어종을 잡는 방법이다. 공자 시대에 이러한 선박이나 어업기술이 없었을 것이므로 주자의 설명대로 단순히 그물을 연결한 형태로 보이지만 이마저도 쉽지 않다고 보아 이 책에서는 다산의 설을 취한다.

3중 자망은 치어를 비롯하여 모든 고기가 다 걸리게 되어 어족자원의 씨를 말리게 되므로 우리나라 대부분 지역에서는 불법어업으로 규정하여 금지하고 있다. 그런데 이렇게 강綱을 사용하는 어법은 전문적이고 대규모의 어법으로 공자 시대에서도 이런 어법이 있었는가는 의문이다.

따라서 다산은 이 장의 강綱은 일반적으로 그물을 뜻하는 망網을 잘못 쓴 것이라고 한다. 앞의 '물고기를 낚시로 잡는다'라는 말과 연결시켜 본다면 그다음에는 '그물로 잡지 않는다'라는 말이 나오는 게 자연스럽다고 생각된다.

공자가 둥지에서 잠자는 새를 잡지 않은 것은 둥지의 새는 쉬고 있다고 볼 수도 있지만, 새끼를 품고 있는 새일 수도 있어 공자는 그런 새를 잡지 않았다는 뜻으로 본다. 새끼를 키우는 짐승에 대해서도 공자는 연민을 느끼는 것이다.

제29장

공자께서 말씀하셨다.
"대체로 잘 모르면서 지어내는 사람이 있는데 나는 그렇지 않다. 많이 듣고 그중에 좋은 것을 따르고, 많이 보고 기억해 두는 것이 아는 것 다음은 간다."

原文

子曰 : "蓋有不知而作之者, 我無是也, 多聞,
자 왈   개 유 부 지 이 작 지 자   아 무 시 야   다 문
擇其善者而從之. 多見而識之, 知之次也."
택 기 선 자 이 종 지   다 견 이 지 지   지 지 차 야

蓋(개) 대개, 아마도 | 擇(택) 택하다 | 從(종) 따르다 | 識(지) 기록하다, 기억하다

해 설

첫째 줄의 작지자作之者에서 작作을 '창작하다, 지어내다'로 보지 않고 '행동하다'로 보는 견해가 있다. 그렇게 된다면 첫째 줄은 '대체로 잘 모르면서 행동하는 사람이 있는데'로 해석되어 뜻은 통한다.

그러나 중간에 있는 '많이 듣고 그중에 좋은 것을 따르고, 많이 보고 기억해 두는' 것은 지식의 차원이지 행동의 차원이 아니기 때문에 여기서의 작作 역시 '지어내다'라고 보는 것이 무난하다고 생각한다.

예로부터 중국인들은 행동할 때 심사숙고하는 것이 버릇이 되어 자기의 속내를 드러내지 않은 채 냉정하고 신중하게 행동하는 것이 보통이다. '잘 모르면서 행동하는 사람이 있다.'라는 것은 일반적인 경우라고 보기 어렵다.

또한, 술이편 제1장에서도 '서술할 뿐 지어내지는 않는다(술이부작述而不作).'라고 하여 여기서도 역시 작作을 '창작하다, 지어내다'로 보고 있으므로 이 장에서도 작作을 같이 '지어내다'라고 해석하는 것이 무난하다고 본다.

제30장

호향[101] 사람들과는 더불어 말하기가 어려웠는데, 그 마을의 아이가 와서 공자를 뵈니 제자들이 의아하게 여겼다. 이에 공자께서 말씀하셨다.

"사람이 나아가는 데 함께해야지, 퇴보하는 데 함께 해서는 안 된다. 아이에게 어찌 심하게 할 수 있나? 사람이 자신을 깨끗이 하고 나아가면 그 깨끗함에 함께 하고, 그 지나간 것에 연연하지는 마라."

原文

互鄕難與言. 童子見, 門人或.
호 향 난 여 언 동 자 견   문 인 혹

子曰: "與其進也, 不與其退也, 唯何甚? 人潔己以進, 與
자 왈   여 기 진 야 불 여 기 퇴 야   유 하 심   인 결 기 이 진   여

其潔也, 不保其往也."
기 결 야 불 보 기 왕 야

難與言(난여언) 더불어 말하기가 어렵다 | 或(혹) 이상하게 생각하다 | 與其進(여기진) 발전하는 것은 함께하다 | 與(여) 함께하다 | 唯(유) 사실로, 정말로 | 潔(결) 깨끗하다 | 保(보) 유지하다, 연연해하다 | 往(왕) 이미 지나간 일

---

[101] 互鄕(호향): 위(衛)나라 호현(壺縣)에 있던 마을로 추정. 천민들의 집단 거주지였다는 설도 있음

해 설

　호향에 대해서는 몇 가지 설이 있다. 우선, '사람들이 나빠서 착한 이야기는 서로 하기 어려웠다.'라는 설(주희)이 있고, 두 번째는 '자기들끼리 통하는 말만 쓰므로 시대에 맞지 않았다'라는 설(정현), 그리고 세 번째는 '악한 풍속이 점점 전염되었다.'라는 설(다산) 등이 있으나 모두 개운치 않은 해석이라고 본다.
　어떤 설을 취하든 한 마을 사람들이 전부 나쁘다든가, 전부 말이 통하지 않는다든가 또는 악한 풍속이 전염되었다는 것은 통상적으로 일어나는 일은 아니다. 따라서 호향은 천민들의 집단거주지이므로 주변 사람들이 천민인 호향 사람들과 말을 섞는 것을 꺼렸다는 이야기가 가장 타당성과 개연성이 높다고 본다.

　공자는 일찍이 사람을 만나고 가르치는데 신분이나 지역에 차별을 두지 않았다. 사람은 모두 가르칠 수 있고 잘못은 누구나 고칠 수가 있다는 것이 공자의 교육에 대한 근본적인 생각이므로 호향이 비록 천민들의 집단거주지로 사람들의 신분이 천하다고 하더라도 배워서 발전하고자 하면 그 뜻을 도와주어야 한다는 것이 공자의 생각이고 또한 공자의 탁월한 점이다.
　공자의 이러한 생각은 후세 유학자들에게 계승되지 못하고 한漢 제국이 성립되자 겉으로는 공자의 가르침인 유가를 표방하고 속으로는 순자荀子를 거쳐 한비자, 상앙 등에 의해 발전되어온 법가가 채택되어 백성을 그 출신 계급별로 분리 통치하여 교육은 물론 인재 등용에 있어서도 공공연하게 신분에 의한 차별이 행해져 이 신분 차별 제도는 이후 동아시아 사회 발전에 커다란 장애 요인이 되었다.

제31장

공자께서 말씀하셨다.
"인仁이 멀리 있다고 생각하느냐? 내가 인을 행하고자 하면 인은 곧 내게로 온다."

原文
子曰 : "仁遠乎哉? 我欲仁, 斯仁至矣."
자 왈   인 원 호 재   아 욕 인   사 인 지 의

乎哉(호재) 乎는 의문의 뜻을 나타내고, 哉는 반문의 뜻을 덧붙인다. | 斯(사) 이, 이것

해 설

인仁이란 결국 다른 사람에 대한 사랑이다. 내가 그 사랑을 진심으로 행하고자 하면 어디에서나 행할 수가 있으니 결국 내가 하고자 하는 마음 먹기에 달려있다는 뜻이며 인이란 실천에 의해서만 체득되므로 말보다 행동이 앞서야 한다는 것이다.

우리가 어떤 현실에 처하든지 인을 행하려 한다면 언제나 인을 행할 수 있다. 공자에게서 현실은 외면하거나 무시해야 할 장이 아니라 시시각각으로 사람이 반드시 추구해야 하는 가치, 즉 인을 행해야 할 장이며 그 행함으로써 인간의 이상은 실현될 수 있는 것으로 보았다.

공자에게서 인仁이란 모든 덕성이 포괄되어 완성된 개념이었지만 맹자에게서 인은 다른 덕목, 즉 의義나 예禮, 지智와 병행하는 덕목의 하나에 불과했으므로 맹자는 군자가 갖추어야 할 덕목을 인의예지라 하고 이를 줄여 인의仁義라고 표현하였다.

제32장

진사패[102]가 "소공[103]이 예를 안다고 할 수 있는가요?" 라고 물으니 공자께서 "알지요." 하시고 나가셨다. 진사패가 무마기[104]에게 인사하고 다가가서 "내가 들으니 군자는 편들지 않는다고 했는데, 군자도 역시 편을 드는가요? 소공은 오나라 왕실에서 부인을 얻으면서 성이 같은 것을 감추기 위해 그 부인을 오맹자[105]라고 불렀습니다. 소공이 예를 안다고 한다면 누구를 예를 모른다고 하겠습니까?" 라고 말했다. 무마기가 공자에게 이 말을 알려주니, 공자께서 말씀하셨다.

"나는 다행이다. 내게 잘못이 있으면 사람들이 반드시 내게 알려주니."

---

102 진사패(陳司敗) : 진(陳)나라 초(楚)나라에서 법을 집행하는 관직. 다른 나라의 사구(司寇)에 해당한다. 陳司敗(진사패)가 제나라의 대부로 司敗(사패)가 이름이라는 설도 있다.
103 소공(昭公) : 노소공을 말한다. 기원전 542년, 아버지 양공의 뒤를 이어 즉위하여 소공 25년(기원전 517년), 계손씨 일족인 계공약(季公若)이 계손씨의 총수 계평자에게 원한을 품자, 함께 계씨를 공격해 계평자의 아우 계공지(季公之)를 죽이고 계씨의 집으로 쳐들어가 계평자를 몰아붙였다. 그러나 숙손씨가 계씨를 구원하여 관군을 치니 관군은 쫓겨났고, 관망하고 있던 맹손씨도 이를 도와 소공의 군대를 공격했다. 이에 소공은 제나라로 달아나 죽을 때까지 노나라로 돌아올 수 없었다. 이 장에서 보는 바와 같이 부인을 같은 희(姬)씨인 오나라에서 맞아들여 문제가 되었다.
104 무마기(巫馬期) : 성이 무마(巫馬)이며 이름은 시(施)이다. 노(魯)나라 사람으로 공자보다 30세 아래이다. 자는 자기(子期)이다. 『여씨춘추』에 의하면 부지런히 노력하는 것으로 유명한데 단보(單父)에서 재(宰) 벼슬을 할 때 별이 떠 있을 때 일하러 가고 다시 별이 뜨면 돌아왔을 정도로 열심히 하여 단보가 크게 잘 다스려졌다고 한다.
105 오맹자(吳孟子) : 노소공(魯昭公)이 오(吳)나라에 장가들면서 부인인 오희(吳姬)를 오맹자라 하여 동성인 것을 숨겼다.

原文

陳司敗問 : 昭公知禮乎?
진 사 패 문   소 공 지 례 호

孔子曰 : "知禮." 孔子退.
공 자 왈   지 례   공 자 퇴

揖巫馬期而進之曰 : "吾聞君子不黨, 君子亦黨乎? 君取於吳,
읍 무 마 기 이 진 지 왈   오 문 군 자 부 당   군 자 역 당 호   군 취 어 오

爲同姓, 謂之吳孟子, 君而知禮, 孰不知禮?"
위 동 성   위 지 오 맹 자   군 이 지 례   숙 부 지 례

巫馬期以告.
무 마 기 이 고

子曰 : "丘也幸, 苟有過, 人必知之."
자 왈   구 야 행   구 유 과   인 필 지 지

揖(읍) 인사하는 예(禮). 두 손을 맞잡아 얼굴 앞으로 들어올리고 허리를 앞으로 공손히 구부렸다가 몸을 펴면서 손을 내림 | 進(진) 다가서다 | 黨(당) 무리 | 取(취) 여기서는 '아내를 맞다'라는 취(娶)와 같다 | 爲同姓(위동성) 같은 성임을 감추다. 여기서 爲는 거짓 위(僞)와 같다 | 孰(숙) 누가 | 以告(이고) 그 말을 고하다. 以와 告사이에 之가 생략됨 | 苟(구) 만약에

해설

이 문답은 공자가 유력 중에 진陳나라에 갔을 때 오늘날 법무장관에 해당하는 사패라는 관직에 있던 관리와 한 것으로 보인다. 이때는 비록 노소공은 죽고 없었지만, 공자는 남의 나라 관리 앞에서 자기 나라 임금을 욕하는 것은 예가 아니라고 생각하여 '소공이 예를 아느냐?'라고 진사패가 물었을 때 부득이하게 '예를 안다'라고 대답한 것이다.

당시에는 같은 성을 쓰는 사람끼리는 우리나라에서 동성동본은 결혼하지 않은 관례처럼 지켜지고 있어 설사 임금이라 하더라도 그것을

어기기가 어려웠다. 그런데 부득이하게 노소공이 오나라 왕실의 딸과 결혼하게 되자 그 아내 이름은 오나라에서 온 희姬성의 여자란 뜻인 오희吳姬라고 불러야 하나 이를 오맹자로 바꾸어 불러서 같은 희姬성임을 숨기고자 한 것이다.

원래 오나라의 시조는 주周나라의 태백泰伯이다. 태백은 주나라 임금인 단보亶父의 장남으로 태어났으나 아버지인 단보가 셋째아들인 계력季歷의 아들 창昌(후에 주나라 문왕)이 나라를 크게 일으킬 것으로 보고 계력에게 임금 자리를 물려주고 싶어 하는 것을 알고 아버지의 뜻을 따라 동생인 우중을 데리고 양쯔강 남쪽으로 내려가서 오나라를 세웠다. 그러므로 오나라 임금의 성도 주나라 왕실의 성과 같은 희姬이다.

한편, 노나라도 주무왕의 동생이자 문왕의 손자인 주공이 봉해진 나라이므로 그 후손이 되는 노나라 임금들은 당연히 주나라와 같은 희姬성이 된다. 그러므로 노나라 임금과 오나라 공주는 같은 성이 되어 혼인하는 데 문제가 되는 것이다.

제33장

공자께서 노래를 잘 부르는 사람과 같이 있을 때면 반드시 노래를 다시 부르게 하시고는 그 노래를 따라 부르셨다.

原文
子與人歌而善, 必使反之, 而後和之.
자 여 인 가 이 선 필 사 반 지 이 후 화 지

人(인) 다른 사람 | 而(이) ~하면, 순접의 접속사. 而 다음에 '그 사람이 잘 부르면 (其人歌善)'이 되어야 하나 (其人歌)가 생략되었다고 봐야함 | 反之(반지) 그 노래를 반복하다 | 和之(화지) 그 노래를 따라 부르다

해설

공자는 음악을 좋아했다. 제나라에 갔을 때「소韶」라는 음악을 듣고는 석 달 동안 고기 맛을 몰랐다고 하고 노나라 악관의 우두머리인 태사와 음악에 관하여 이야기한 내용이 논어에 나오기도 한다. 또한, 상가에 가서 곡을 한 날은 노래를 부르지 않았다고 한 것으로 보아 상가에 가지 않는 날은 흔히 노래를 불렀다는 말로 생각된다.

공자는 문화의 총체가 예禮에 있다고 본다면 그 예는 음악에 의해 완성된다고 보았다(태백편 8장 참조). 공자는 음악이 없는 사회는 예가 완성되지도 않은 사회이며, 조화로운 사회가 아니라고 본 것 같다.

그런데 송·명대의 주자학은 예를 매우 엄격하게 해석하여 노래 부르는 따위의 일은 배우나 광대가 하는 일이라고 여겨 선비는 이를 하지 않는 것으로 여겼다. 이러한 주자학을 받아들인 조선에서도 역시 노래 부르는 일은 양반이 할 일이 아니라고 보아 음악은 궁중의 아악이나 서민들의 속악이라는 민요만 몇 편 전해질 뿐으로 제대로 된 음악의 발전은 없었다.

오늘날에도 북한이나 중동의 일부 이슬람 국가 같이 극도로 이념이 편중된 사회는 민중의 자유로운 예술 표현을 통제하여 음악의 발전 또한 극히 제한적일 뿐만 아니라 억압적이고 획일적인 권력의 통제로 다른 문화예술의 발전도 보잘 것 없고 경제발전도 이루어지지 않아 설혹 일시적인 경제적 성과를 보는 경우가 있다 하더라도 장기적이고 지속적인 경제발전은 기대하기 어렵다.

제34장

공자께서 말씀하셨다. "학문을 하는 데 있어서 내가 어찌 남만 못하다 하겠느냐만, 군자의 길을 몸소 실천하는 데에는 나는 아직 이르렀다고 할 수 없다."

> **原文**
> 子曰 : "文, 莫吾猶人也. 躬行君子, 則吾未之有得."
> 자 왈   문 막 오 유 인 야. 궁 행 군 자,   즉 오 미 지 유 득

文(문) 여기서는 학문을 배우고 익히는 일 | 莫(막) 의문사로 '어찌 ~ 아니겠느냐' | 猶(유) 같다 | 躬行(궁행) 몸소 실천하다 | 躬(궁) 몸소 | 則(즉) 즉, 앞의 躬行君子(궁행군자) 전체를 하나의 구로 받음 | 未之有得(미지유득) 그것을 가지고 있지 못하다

해설

공자 같은 성인이라도 학문을 배우고 익히는 것은 몰라도 그 학문을 현실에서 실천하는 것은 역시 쉽지 않다는 말이다. 익힌 학문을 실제 생활에서 올바르게 실천하는 것은 선비이며, 거기서 나아가 훌륭하고 이상적으로 실천한다면 그 사람은 군자라 일컬을 것이다.

그리고 나아가 학문으로 천하의 백성을 어려움에서 구제하고 이롭게 하여 모든 사람을 잘살게 하는 사람이 있다면 이 사람이 곧 성인이다.

즉, 학문을 하여 그것을 실생활에서 어떻게 실천하고 얼마나 여러 사람에게 도움을 주느냐에 따라 일반 유학자 즉 선비와 군자 그리고 성인으로 나누어지는 것이다.

송나라나 조선시대의 이른바 주자학은 실천을 등한시하고 오로지 주야로 자신의 심성 수양에만 몰두한 나머지 현실정치나 사회적으로는 아무런 도움이 되지 않는 공리공담으로 많은 인재들로 하여금 헛되고 무익하게 시간과 정력을 낭비하게 하였다.

명나라 때의 이탁오李卓吾는 "나는 주자가 일찍이 훌륭한 모략이나 책략을 가지고 임금을 만나 아뢰었다는 말을 들은 적이 없고 고작 내시에 대해 어떻다는 말만 했다고 하는데 내시가 과연 그렇게나 급한 현안이란 말인가?" 라고 한탄했으며,

또, 주자에게 성리학의 단서를 마련해 줘서 정자程子로 존경받았던 정이천程伊川 역시 북송의 젊은 황제인 철종을 만나 고작 "나뭇가지를 꺾지 말고 천심을 체득하여 인仁을 좋아하라" 라는 하나 마나 한 조언을 하였으며 그 제자인 윤돈尹燉이 그를 제사 지내는 문장에서 '스승을 배반하지 않았다는 말은 있어도 세상을 이롭게 하는 문제에 대해서는 어떤 말도 하지 않았다.' 할 정도로 정이천의 학문 역시 현실적으로 백성들에게 어떤 이득도 주는 학문이 아니었던 것이다.

제35장

공자께서 "성인이나 인자라면, 내가 어찌 감히 그렇다고 하겠느냐? 그러나 배우는데 싫증 내지 않고 가르치는데 게으르지 않다는 정도에는 그렇다고 할 수 있을 뿐이다." 라고 말씀하시자, 공서화[106]가 말했다.
"바로 그것이 제자들이 배우지 못한 점입니다."

原文

子曰: "若聖與仁, 則吾豈敢? 抑爲之不厭, 誨人不倦,
자 왈   약 성 여 인 즉 오 기 감 억 위 지 불 염 회 인 불 권
則可謂云爾已矣."
즉 가 위 운 이 이 의
公西華曰: "正唯弟子不能學也."
공 서 화 왈   정 유 제 자 불 능 학 야

若(약) 만약에, ~로 말하자면 | 豈(기) 어찌 | 抑(억) 그러나, 또한 | 爲之(위지) 배우는데 있어 | 厭(염) 싫증을 내다 | 誨(회) 가르치다 | 倦(권) 게으르다 | 云爾(운이) 이러할 뿐이다. 단정적인 뜻을 나타내는 어기사 | 已矣(이의) 할 따름이다. 단정적인 뜻을 나타내는 어기사 | 正唯(정유) 바로 그렇다. 이때 唯는 是와 같이 '그렇다, ~이다'라는 뜻

---

106 공서화(公西華): 공자의 제자인 공서적(公西赤)을 말한다. 자는 자화(子華)이며 노나라 사람으로 공자보다 42세 적다.

해 설

　선비는 학문을 배우고 익혀 인仁에 이르고 그 익힌 바를 실제로 정치에 적용하여 모든 사람을 이롭게 하여 드디어 성聖에 이르는 데서 완성되는 것이다. 그러므로 증자가 말한 대로 그 길은 죽는 날까지 행해도 끝나지 않는, 멀고도 어려운 일인 것이다.

　공자는 스스로 수양하여 인에 이르기도 어렵거니와 모든 사람을 이롭게 하는 성聖에 이르는 것은 더욱 어려운 일이므로 내가 어찌 감히 된다고 하겠느냐? 하고 겸손하지만 배우는데 싫증 내지 않고 가르치는 데 게으르지 않다는 정도는 노력하면 될 수도 있는 일이므로 그것은 그렇다고 할 수있다고 한다.

　그렇지만 공서화는 '배우는 데 싫증 내지 않고 가르치는 데 게으르지 않다'라는 것도 쉽지 않아 제자들은 따라가기 어렵다고 한다. 그러므로 배운 바대로 실제 정치 현장에서 실행하는 일은 더더욱 어려운 일이다.

　그런데 배우고 익힌 바를 실제 정치에 실행하는 방법은 두 가지가 있다. 하나는 자신이 직접 나서서 정치에 적용하는 수가 있고 둘째는 자신이 제자들을 가르쳐 그 제자들로 하여금 정치 현장에서 그 가르침 받은 바를 행하는 것이 될 수도 있다.

　그러므로 선비의 도에 있어서는 자신이 직접 학문을 배우고 익히는 것만큼 제자들을 가르치는 것도 중요한 일이었다. 조선 중기의 조식曺植은 여러 차례 벼슬을 거절하고 숨어서 학문에만 전념하자 많은 제자들이 모여들기 시작하여, 1561년에는 지리산 덕천동으로 옮겨 산천재山天齋를 짓고 제자들을 가르치는 데 전념하였다.

1567년 5월에는 당시의 임금인 명종이 불렀어도 나아가지 않다가, 같은 해 8월에 조식을 상서원 판관에 임명하여 두 차례나 부르자 겨우 입조해서는 나라의 태평하거나 어지러워지는 것에 대한 의견과 학문의 도리만을 논하고 다시 낙향하였다. 조식은 비록 정치 일선에서 활약하지 않았지만, 제자들인 곽재우郭再祐나 정인홍鄭仁弘, 김효원金孝元 등은 임진왜란을 전후하여 의병장이나 관료로 큰 활약을 한 바 있다.

진주를 중심으로 의병으로 떨쳐 일어나 일본군이 호남지방을 공략하지 못하도록 막아서서 이순신의 수군 본영을 보호하여 항쟁의 불씨를 지켜낸 데엔 그들의 피와 땀이 있었다.

제36장

공자의 병이 깊어져서 자로가 기도할 것을 청하자, 공자께서 "그런 것이 있느냐?"고 물었다. 자로가 "있습니다. 뇌誄라는 글에 '너를 위해 하늘과 땅의 신에게 기도한다.'라고 했습니다." 하자, 공자께서 말씀하셨다.
"그런 기도라면 내 이미 한 지 오래다."

原文

子疾病, 子路請禱, 子曰 : "有諸?"
자 질 병   자 로 청 도   자 왈   유 저

子路對曰 : "有之, 『誄』曰 '禱爾於上下神祇'"
자 로 대 왈   유 지   뇌 왈   도 이 어 상 하 신 기

子曰 : "丘之禱久矣."
자 왈   구 지 도 구 의

疾病(질병) 疾은 외부적인 질환에 그쳐 상대적으로 가볍고, 病은 疾이 내부화하여 상대적으로 악화된 것을 말함. 따라서 疾病(질병)은 병이 깊어졌음을 의미 | 禱(도) 기도하다 | 有諸(유저) 그런 일이 있는가, 諸는 之乎와 같다. 之는 지시대사로 請禱(청도, 기도를 청하다)를 가리키며 乎는 감탄의 뜻을 가진 어기사 | 誄(뇌) 돌아가신 분의 덕행과 공적을 칭송하는 글 | 上下神祇(상하신기) 위로는 하늘의 신과 아래로는 땅의 신 | 祇(기) 땅의 신

해 설

공자에게는 하늘과 땅의 이치가 사람의 이치와 다를 것이 없으므로 평

소 생활 자체가 하늘과 땅의 신명에 부합하였으므로 아프다고 해서 따로 기도를 드릴 필요가 없다고 생각한 것이다. 그러므로 자로가 기도할 것을 청하자 병이 들었을 때 하는 무슨 특별한 기도가 있느냐를 물었는데 자로가 하늘과 땅의 신에게 비는 것이라고 하자 그렇게 하늘과 땅의 신에 하는 기도라면 자신은 늘 하고 있다고 공자가 대답하는 장면이다.

하늘과 땅의 신명이 내리는 복을 받기 위해서는 평소 생활하는 가운데 그러한 복을 받을 수 있도록 자신에게 성실하고 남에게는 그 성실에서 우러나는 덕을 베풀어야 하는 것이다. 평소에 아무런 복 받을 일이라고는 하지 않는 사람이 필요할 때만 신에게 복 달라고 기도만 하면 그 신이 즉각 복을 준다면 그 신이야말로 이상하고 황당한, 수준 미달의 신이 아닌가?

그러므로 공자의 가르침에 기초한 유학은 '평소에 사람으로서 할 일을 다 하고 결과에 대해서는 하늘의 명을 기다린다.'라는 진인사대천명 盡人事待天命을 주장하여 일의 결과에 대하여 우연이나 신의 도움 특히, 기적을 바라지 않는다는 것이 원칙이다.

구한말의 고종은 무당이나 역술가를 좋아했다. 특히 말년에는 정환덕이라는 역술가를 불러 그에게 종묘사직이 편할지 아닐지, 그리고 국가가 보존될지 망할지를 물었다고 한다. 공자는 자신의 병에 대해서도 따로 기도하지 않았으며 점을 치지도 않았다. 그런데 백척간두의 나라를 책임진 임금이 아무리 급하고 답답하다 하더라도 나라가 갈 길을 일개 점쟁이에게 묻는 무계획, 무원칙을 보여주었으니 그가 이끄는 나라가 망하지 않는 게 오히려 이상한 일이었을 것이다.

원래 고종은 정책의 기본 방향 등에 대한 중대사를 결정할 때도 자신이 결정하는 법이 없었다. 항상 자기 생각은 젖혀두고 흥선대원군이나 명성황후 그리고 신하들의 의견을 따랐으며 명성황후가 일본 공사의 야밤 습격으로 칼에 난자되어 죽자, 자기도 그렇게 죽을지도 모른다는 두려움으로 일국의 왕이 부끄러움도 모르고 외국인 선교사를 매일 저녁 자기 방에 불러, 함께 지내며 목숨을 구걸하는 따위의 치졸함을 보여주었으니 이후 그런 위정자가 이끄는 조선의 장래는 보나 마나 뻔한 것이 되었다.

제37장

공자께서 말씀하셨다.

"사치스러우면 공손해지지 않고, 검소하면 완고해진다. 나는 공손하지 않은 것보다는 차라리 완고한 것이 낫다고 본다."

原文

子曰 : "奢則不孫, 儉則固. 與其不孫也, 寧固."
자 왈   사 즉 불 손 검 즉 고 여 기 불 손 야 영 고

奢(사) 사치 | 不孫(불손) 공손하지 않다 | 固(고) 완고하다 | 與其A 寧B(여기A 영B) A하는 것보다는 B하는 것이 낫다

해설

공자는 이 장에서 사치스러움의 폐단과 검소함의 폐단을 지적하고 있다. 많은 사람이 지위가 높아지고 권력이 강해지면 물질적인 풍요가 뒤따르게 되어 스스로 자존심이 높아지고 오만해져서 점차 자기가 이렇게 혜택받는 것이 당연하다고 생각하여 사치스러워지기 쉽다.

사치스러워지면 그 사치를 증폭시키기 위해 남의 것을 빼앗아도 도덕적인 죄책감이 희박해지고 주변 사람들에게 함부로 대하게 되어 점점 남들의 원망을 사게 된다. 자신의 생활은 사치스러워지고 남의 원망

은 아무렇지도 않게 생각되면서도 점점 더 큰 명예나 권력이 눈앞에 아른거릴 때 파국은 이미 아주 가까이 온 것이다.

그런 사람에게 파국은 느닷없이 닥치며 모든 것을 한꺼번에 앗아가 버려 두 번 다시 원래의 자리로 돌아갈 가능성이 사라져버리는 것이다.

반면에 너무 절약하고 검소하게 살다 보면 타인과의 관계 유지에서 오는 소비를 줄이게 되고 점차 자기만의 논리적 세계에 빠져들기 쉽다. 이렇게 되면 남들이 보기에는 완고한 것처럼 보이게 된다. 이것 역시 바람직한 상태라고 볼 수는 없으나 적어도 남에게는 큰 피해를 주지는 않는다는 점에서 공자는 '차라리 검소하여 완고한 것이 사치스러워서 공손해지지 않은 것보다는 낫다고 본다.'라고 하는 것이다.

제38장

공자께서 말씀하셨다.
"군자는 편안하고 너그러우며, 소인은 항상 근심한다."

> **原文**
> 子曰 : "君子坦蕩蕩, 小人長戚戚."
> 자 왈   군 자 탄 탕 탕   소 인 장 척 척

坦(탄) 너그럽다, 편하다 | 蕩蕩(탕탕) 넓다, 관대하다 | 長(장) 늘, 항상 | 戚戚(척척) 근심하다

해 설

군자는 항상 도를 생각하며 자신이 가진 것에 만족하기 때문에 늘 편안하고 너그러운 데 반해 소인은 항상 얻을 것을 생각하거나 가진 것을 잃지 않으려 하기 때문에 늘 근심과 걱정이 많다는 뜻이다.

위령공편(15편)에서 공자는 군자에 대해 여러 가지로 정의한다. 우선 "군자는 의로움을 바탕으로 하고 예로써 행하며, 겸손하게 말하고 믿음으로 일을 이루어낸다(18장)." 하고 뒤이어 "자신의 능력 없음을 걱정하지, 사람들이 자신을 알아주지 않음을 걱정하지 않는다(19장)." 하였으며, 또 "세상을 떠난 다음에 자신의 이름이 일컬어지지 않을 것을 걱정

한다(20장)."고 하였다.

계속해서 공자는 "군자는 자기에게서 찾고, 소인은 남에게서 찾는다(21장)." 하고, "긍지를 가지지만 남과 다투지 않고, 무리를 짓되 파당을 이루지는 않는다(22장)."고 하였으며 또한 "말로써 사람을 천거하지는 않지만, 사람 됨됨이 때문에 그 사람이 한 말을 버리지도 않는다(23장)."고 하였다.

요컨대 군자란 유가에서 말하는 이상적인 인간으로서 인과 의를 갖추고 널리 학문을 닦아 예로 절제하면서 자기 인격을 발전시켜 나가는 사람이므로 작은 재물이나 이름 따위에 연연하지 않는 사람을 말한다.

제39장

공자께서는 온화하되 엄숙하셨고, 위엄이 있으시되 사납지 않으셨으며, 공손하되 편안하셨다.

> **原文**
> 子溫而厲, 威而不猛, 恭而安.
> 자 온 이 려 위 이 불 맹 공 이 안

溫(온) 온화하다 | 而(이) 역접의 접속사 | 厲(려) 높다, 엄숙하다 | 威(위) 위엄 | 猛(맹) 사납다 | 恭(공) 공손하다 | 安(안) 편안하다

해설

공자는 온화함과 엄숙함이 잘 조화되어 있었다. 위엄이 있지만, 위엄이 지나쳐 사나워 보이지 않았고 공손하되 비굴하지 않다는 것은 중용을 말하며 남이 보기에 편안하였다는 뜻이다. 중용中庸에서 중은 양극단의 중간을 뜻하고, 용은 지나치거나 모자람이 없는 상태라고 할 수 있다.

그러므로 중용은 쉽게 말해서 '적당하다'라는 것이다. 온화함과 엄숙함의 사이에서 적당히 처신해야 '온화하되 엄숙'할 수 있고, 역시 위엄과 사나움의 사이 어딘가에서 적당해야 '위엄이 있되 사납지 않을' 수 있는 것이다.

중용은 중국만의 사상은 아니다. 아리스토텔레스 역시 '관대함은 인색과 낭비의 사이에 있고, 용감함은 무모함과 비겁함의 사이에 있다'라고 하여 중용의 미덕을 말한다. 어떠한 덕성이든 모든 지나친 것은 잘못된 것과 다름이 없다.

명나라 건문제의 숙부인 연왕이 반란에 성공하여 북경의 자금성을 점거하여 당시의 건문제의 사부로서 뛰어난 학자였던 방효유方孝孺를 살려서 신하로 쓰려고 방효유를 불러 자신의 즉위 조서를 쓰게 하였다. 방효유는 조서를 쓰라고 붓을 받자 서슴없이 '연나라 도적이 황제 자리를 도둑질하려 한다.'라는 뜻으로 '연적찬위燕賊篡位'라고 썼다. 분노한 연왕이 방효유의 9족을 멸하겠다고 하니 방효유는 "9족이 아니라 10족이라도 좋다." 라고 되받아쳤다.

방효유는 자신의 충성심 과시를 위하여 자신의 친족은 물론 외가, 처가의 각 3족은 물론 자신의 친구, 제자 등 친족이 아닌 이른바 10족의 친지들까지 모조리 죽게 하였는데 이들을 일일이 방효유에게 보이고 방효유의 눈앞에서 참수하였다고 하는데 그 수가 무려 847명이었다고 한다.

한 사람에 대한 분노 때문에 847명의 무고한 사람을 죽인 연왕도 사람 같지 않은 짓을 한 것이지만 방효유 역시 자신의 충성심 유지를 위하여 그렇게 많은 사람을 죽게 한 것은 역시 잘못된 것이다. 아무리 충성심이라도 이렇게 극단으로 치우친 것은 충성심이라고 할 수 없다.

제8편
태백(泰伯)

【제8편 태백(泰伯)】

제1장

공자께서 말씀하셨다.

"태백[107]은 아마도 지극한 덕을 지녔다고 할 만할 것이다. 세 번이나 천하를 양보했는데도 사람들은 그 양보에 대하여 칭찬할 수도 없었다."

原文

子曰 : "泰伯其可謂至德也已矣. 三以天下讓,
자 왈　　태 백 기 가 위 지 덕 야 이 의　　삼 이 천 하 양
民無得而稱焉."
민 무 득 이 칭 언

其(기) 아마도, 어쩌면의 뜻으로 어기사 | 也已矣(야이의) 단정적인 뜻을 나타내는 어기사 | 三以(삼이) 세 번이나, 以三에서 三을 강조하기 위한 도치형 | 讓(양) 사양하다 | 得(득) 알다 | 稱(칭) 칭찬하다 | 焉(언) 그에 대하여, 於之(어지)와 같다

해 설

태백이 세 번 천하를 양보한 것이 무엇인가에 대해서는 세 가지의 설

---

107 태백(泰伯) : 주(周)나라의 태왕(太王) 고공단보와 그의 정실부인 태강(太姜)과의 사이에서 태어난 장남이다. 태왕은 태백, 중옹(仲雍) 그리고 셋째아들 계력(季歷)을 두었는데 계력의 아들 창(昌, 훗날의 주문왕)에게 덕이 있음을 알고 왕위를 계력에게 물려주려 했다. 이를 안 태백은 왕위를 계력에게 양보하고 동생 중옹(仲雍)과 함께 남쪽으로 내려가 오(吳)나라의 시조가 되었다.

이 있다.

첫째 설은 아버지인 태왕이 죽었을 때 고의로 즉각 돌아오지 않아 동생인 계력에게 장례를 먼저 주관할 기회를 준 것, 그리고 돌아와서도 상주喪主를 양보해 계력으로 하여금 상주가 되게 한 것과 주나라를 떠나 오나라로 내려가서 머리를 자르고 몸에 문신하여 태왕의 후계자가 되는 것을 스스로 양보한 것 등이 세 번 양보한 것이라는 설(정현)과

둘째 설은 계력에게 왕위를 양보하고, 그 아들인 문왕이 왕이 되게 하였고, 마침내 무왕이 천하를 가지게 한 것이 세 번 양보라는 설(범녕, 고염무)이며,

셋째 설은 태왕이 죽었을 때 계력이 태백에게 왕위에 오르도록 권했으나 세 번이나 이를 사양했다는 설(오씨춘추) 등이다.

그러나 이 설들에 대하여 평가할 문헌도 없고, 논거도 명확하지 않아 어느 설도 액면 그대로 받아들이기는 어렵다. 다만 논리적으로 가장 가능성이 큰 것은 형의 양보를 알게 된 계력이 미안한 마음으로 다시 태백에게 왕위를 맡도록 했으나 태백이 이에 응하지 않은 정도가 아니었나 싶다.

그리고 여기서 세 번이란 꼭 3번을 말하는 것은 아니고 몇 번 사양하여 그 뜻을 분명히 했다는 뜻이다. 한자에서 삼三이나 구九, 백百, 만萬 등은 가능한 한 많은 수라는 뜻이지 글자 그대로의 숫자를 의미하는 것은 아니다. 예를 들어 백성百姓이나 만세萬歲 등이 그 예이다.

원시 씨족사회에서는 왕이라는 것은 수고로울 뿐 후세에서 말하는 특권은 별로 없었다. 확실히 백성을 위해 복무하는 공복이었다. 신라시대에도 초기에는 임금이 될 후보들에게 떡을 물게 하여 떡에 이빨 금이 많은 사람을 임금으로 뽑았다는 설화 역시 당시 임금이 후세의 임금에게서 보듯이 사람을 죽이고 살리는 특권은 없고 책임과 부담만 있었기 때문에 서로 사양한 것이 아니었을까?

오늘날 각종 친목회의 총무나 회장 자리도 서로 맡으려 하지 않는 것도 사실상 별다른 이득도 없으면서 번거롭기만 하다는 이유 때문일 것이다. 앞으로 국회의원이나 지방의회 의원 등도 현재의 보수나 특권을 대폭 줄여버리면 좀 더 깨끗하고 사명감 가진 참신한 인재들이 정치에 진출하여 우리나라 정치가 보다 더 맑아질 것이 아닌가 한다.

제2장

공자께서 말씀하셨다.

"공손함이 지나쳐 예를 잃으면 고달파지고, 신중함이 지나쳐 예를 잃으면 나약한 것이 되고, 용감함이 지나쳐 예를 잃으면 난폭해지고, 올곧음이 지나쳐 예를 잃으면 남을 헐뜯는 것이 되니, 군자가 가까운 사람부터 후하게 대접하면 백성들에게 어진 기풍이 일어나고, 예전부터 있던 신하들을 버리지 아니하면 백성들이 야박해지지 않는다."

> **原文**
>
> 子曰: "恭而無禮則勞, 愼而無禮則葸, 勇而無禮則亂,
> 자왈   공이무례즉로   신이무례즉사   용이무례즉란
> 直而無禮則絞, 君子篤於親, 則民興於仁, 故舊不遺,
> 직이무례즉교   군자독어친   즉민흥어인   고구불유
> 則民不偸."
> 즉민불투

恭(공) 공손하다 | 勞(로) 고달프다 | 愼(신) 신중하다, 조심스럽다 | 葸(사) 두려워하다, 나약하다 | 亂(란) 어지럽다, 난폭하다 | 絞(교) 비방하다 | 篤(독) 도탑다, 두터이 하다 | 故舊(고구) 예전부터 있던 신하, 관리들 | 遺(유) 버리다 | 偸(투) 야박하다, 각박하다

해설

이 장에서 말하는 예禮는 절제를 의미한다. 즉 적당한 선에서 절제하는 것을 의미하며 중용과도 통하는 말이다. 공손함이나 신중함, 그리고 용감함과 올곧음은 모두 사람에게 대단히 훌륭한 덕목이지만 그것들도 지나치면 차라리 없느니만 못한 악덕이 될 수도 있음을 경계한 말이다.

이 장에서의 군자란 백성을 다스리는 위치에 있는 위정자를 말한다. 특히, 한 지방을 다스리는 데는 우선 민심을 사는 일이 중요하다. 이 장은 공자 가르침의 핵심 즉, 자신의 덕을 닦고 백성을 다스리는 방법에 대해서 말하고 있다.

그리고 낯선 지역을 다스리는 데는 우선 가까이 대면하는 사람들, 즉 친지親知들을 후하게 대하여 그 소문이 널리 퍼지게 하고 예전부터 그 지역에서 일하던 관리들을 바꾸지 않고 그대로 써서 민심을 안정시키는 것도 중요하다는 것이다.

그러나 국내의 상당수 책이 여기의 '친親'을 친족이라 하고, '고구故舊'를 옛날 친구라고 번역하고 있는데 이는 대단히 잘못된 해석이라고 본다. 만약에 어떤 지방관이 낯선 지방에 처음 부임해 와서는 자기 친척들을 오롯이 모셔 와서 후하게 대접하고, 그 위에 자기 옛날 친구들을 버리지 않고 데리고 와서는 역시 후하게 대접하는 것을 지역 사람들에게 보여준다면 지역 민심은 그 지방관을 손가락질하며 차갑게 돌아설 것이며, 이 지방관의 시책에 호응은 커녕 한 가닥 기대마저 접어버리고 말 것이다. 공자가 이처럼 당연히 하지 말아야 할 행동을 제자들에게 하라고 권할 턱이 있는가?

따라서 여기의 '친親'은 자기 친척이 아니라 그 지방에서 자기 주변에 있는 '가까운 부하'를 말하며 '고구故舊'도 자기의 '옛날 친구'가 아니라 '예전부터 그 지방에서 근무하던 부하'를 가리킨다고 봐야 한다.

제3장

증자가 병이 들어 문하의 제자들을 불러서 말했다.
"내 발을 살펴보고 내 손을 살펴보아라! 『시경』에서 말하듯이 나는 '벌벌 떨고 조심하고 움츠리면서 마치 깊은 연못 옆에 서 있듯이, 얇은 얼음을 밟듯이' 지내왔다. 이제 나는 그것을 면했음을 알겠구나. 애들아!"

原文

曾子有疾, 召門弟子曰 : "啓予足, 啓予手! 『詩』云
증자유질 소문제자왈   계여족 계여수   시 운
'戰戰兢兢, 如臨深淵, 如履薄氷.' 而今而後, 吾知免夫, 小子!"
전전긍긍 여림심연 여리박빙   이금이후 오지면부 소자

啓(계) 열다, 살펴보다. 여기서는 '이불을 제쳐서 ~을 살펴보다'라는 뜻임 | 詩(시) 여기서는 시경(詩經)을 뜻함 (시경의 소아 · 소민(小雅·小旻)편) | 戰戰兢兢(전전긍긍) 戰戰은 겁을 먹고 벌벌 떠는 것이며 兢兢은 조심해 몸을 움츠리는 것 | 如(여) 같다 | 臨(림) 임하다, 직면하다 | 深(심) 깊다 | 淵(연) 연못 | 履(리) 밟다 | 薄(박) 엷다 | 而今而後(이금이후) 지금 이후

해 설

논어는 전체 20편에서 제2편인 위정편에서 제 8편인 태백 편까지를 통상 '하간칠편河間七編'라고 하여 공자 사후 주로 노나라에 남아 있던 제자들이 편찬한 공자 어록이라한다. 당연히 노나라 출신이었던 증자가 중심

이 되었으므로 내용 중에 증자에 관한 이야기가 많이 수록되어 있다.

증자는 무엇보다도 자신을 조심스레 단속하는 것을 중시하였으므로 이 장에서도 증자가 세상을 떠날 때가 되어 제자들에게 자기 손과 발을 펴보라 하여 손발이 잘리는 형벌을 받지 않았음을 확인시키고 제자들에게도 평소에 몸가짐을 조심해서 형벌을 받지 않도록 제자들에게 경고하고 있다.

이 장뿐만 아니라 논어에 있는 증자의 말은 대부분 자기 몸을 단속하고 삼가라는 말이다. 따라서 남송의 섭적葉適은 증자는 공자의 큰 도를 깨닫지 못했다고 했다. 공자는 수기안인修己安人, 즉 '스스로 몸을 닦아 널리 사람을 편하게 하라'라고 가르쳤는데 증자는 자신을 단속하는 가르침의 초보만을 전하고 널리 인仁으로 사람을 편하게 하는 데 관한 공자의 가르침은 펴지 못했다는 지적이다.

증자의 공자에 대한 관계는 바울의 예수에 대한 관계와 유사한 면이 있다고 한다. 바울이 예수의 폭넓은 사랑과 휴머니즘적 가르침을 바울은 유대식 율법주의와 교조주의로 축소했다는 지적을 받듯이 증자 역시 공자의 폭넓은 사랑과 인간미를 엄숙한 자기 절제와 유교적 교조주의로 축소해 버렸다.

제4장

증자가 병이 들어 맹경자[108]가 병문안을 왔을 때, 증자가 말했다. "새가 죽을 때는 그 소리가 슬프고, 사람이 죽을 때는 그 말이 착하다 했습니다. 군자가 귀하게 여겨야 할 도道가 셋이 있는데, 자세를 난폭하거나 거만하지 않도록 해야 하는 것과 안색을 바로 하여 믿음을 주도록 하는 것, 그리고 말을 할 때는 천박하거나 사리에 어긋나는 말을 하지 않도록 하는 것입니다. 제사 등 사소한 일 등은 실무자에게 맡기십시오."

原文

曾子有疾, 孟敬子問之. 曾子言曰 : "鳥之將死, 其鳴也哀.
증 자 유 질   맹 경 자 문 지   증 자 언 왈   조 지 장 사   기 명 야 애
人之將死, 其言也善. 君子所貴乎道者三. 動容貌, 斯遠暴慢矣.
인 지 장 사   기 언 야 선   군 자 소 귀 호 도 자 삼   동 용 모   사 원 폭 만 의
正顔色, 斯近信矣. 出辭氣, 斯遠鄙倍矣. 邊豆之事,
정 안 색   사 근 신 의   출 사 기   사 원 비 패 의   변 두 지 사
則有司存."
즉 유 사 존

問(문) 병문안하다 | 將(장) 장차 | 鳴(명) 울음 | 容貌(용모) 몸가짐, 자세 | 斯(사) 이 것, 지시대명사 | 暴(폭) 난폭하다 | 慢(만) 거만하다 | 辭氣(사기) 말씨 | 鄙(비) 비루하

---

108 맹경자(孟敬子) : 노나라 삼환의 하나인 맹손(孟孫)씨의 대부로 이름은 중손첩(仲孫捷). 맹무백(孟武伯)의 아들이다.

다, 천하다 | 倍(패) 위배하다 | 邊豆(변두) 제기, 여기서는 '사소하고 전문적인 일'을 말함 | 有司(유사) 실무 담당자

해 설

이 장에서 증자가 맹경자에게 말하는 도道란 다름이 아니라 사람을 대할 때의 순서에 따라 그 예의를 말한 것에 불과하다. 즉 사람이 만날 때는 우선 상대방의 태도를 보고, 다음에 안색을 살피고 난 다음에 말을 나누게 된다. 증자는 그렇게 사람을 만나는 순서에 따라 각각 유의할 점을 순서대로 말했을 뿐이다.

이 장에서 원遠은 원래 글자는 '멀리'라는 뜻이지만 여기서는 '하지마라'라는 뜻으로 사용하고 있고, 근近 역시 원래 글자는 '가까이'라는 뜻이지만 여기서는 '하라'라는 뜻으로 쓰고 있다. 역시 증자의 말답게 몸을 삼가서 신중하게 처신하는 데 주력하라는 조언이다.

노나라의 정치를 실질적으로 담당하고 있는 삼환의 하나인 맹경자에게 유언으로 백성이나 나라를 어떻게 하라는 조언은 없고 오직 그 몸가짐이나 안색, 말을 어떻게 하느냐 하는 것만을 말해주고 있을 뿐이다. 이렇게 고루하고 좁은 안목을 가진 증자의 제자들이 논어의 절반 이상을 실질적으로 편찬하게 된 것은 공자에게는 일종의 불운이었다고 본다.

공자가 죽은 뒤 증자는 노나라의 수사洙泗에서 후진을 교육하여 70여 명의 문인을 배출했다. 그중 공자의 손자인 자사에게 그의 학맥이 이어지고 자사의 문인에게서 맹자가 나왔는데 후에 송나라 대의 주자학자들은 증자를 종성宗聖으로 받들어 공자의 제자인 안회顔回, 자사, 그리고 맹자와 함께 유교 오성五聖의 한사람으로 존경하였다.

제5장

증자가 말했다.

"유능하면서도 그렇지 않은 사람에게 묻고, 학식이 많으면서도 적은 사람에게 물으며, 있으면서도 없는 듯이 하고, 가득 차 있으면서도 텅 빈 듯이 행동하며, 남이 자기를 거슬리게 해도 보복하지 않는 것, 이런 것에 예전에 내 친구가 일찍이 힘쓴 적이 있었다."

原文

曾子曰: "以能問於不能, 以多問於寡, 有若無, 實若虛,
증자왈   이능문어불능   이다문어과   유약무   실약허
犯而不校, 昔者吾友嘗從事於事矣."
범이불교   석자오우상종사어사의

若(약) ~와 같다 | 校(교) 보복하다 | 昔者 예전에, 者는 조사로 시간을 나타내는 今, 昔 뒤에 붙어 상태를 나타냄 | 嘗(상) 일찍이 | 吾友(오우) 내 친구, 통상 안연(安淵)을 말한다고 본다 | 於(어) ~에, ~에서

해설

이 장에서 '유능하면서도 그렇지 않은 사람에게 묻고, 학식이 많으면서도 적은 사람에게 물으며, 있으면서도 없는 듯이 하고, 가득 차 있으면서도 텅 빈 듯이 행동하며, 남이 나를 거슬리게 해도 보복하지 않는,

예전에 내 친구'는 안회를 말한다고 하는 것이 보통이다.

장자에서 안회를 여러 차례 인용하는 것도 안회의 이러한 겸손하면서도 세속에 초연한 이미지를 빌려 온 것이다. 노자의 도덕경이나 장자의 편찬자들은 익히 알려진 논어의 문구나 등장인물들의 이미지를 상당수 활용하고 있다.

안회의 출생과 사망년도에 대해서는 사마천의 사기와 논어의 내용이 서로 달라 해석상 문제가 생긴다. 우선, 사기에 따르면 안회는 노나라 사람으로 공자보다 30세가 적다고 한다. 즉, 안회는 BC 521년 태어나서 만 29세, 우리식 나이로는 30세가 되는 BC 492년에 백발이 되어서 일찍 죽었다고 한다. 다른 자료에서는 안회의 죽음을 BC 491년으로 잡고 있는데 이렇게 하면 31세에 죽는 것이 된다.

어쨌든 사기에서 안회가 죽었다는 BC 491년 전후는 공자가 60세로 진陳나라에 체류할 때이며 아들 공리가 아직 살아 있을 때이다. 따라서 이것은 선진편 8장(11-8장)에서 안회의 아버지 안로가 공자에게 안회의 곽 마련을 위해 공자의 수레를 팔자고 청하고, 이에 대해 공자가 아들인 "공리가 죽었을 때도 관만 했지 곽을 마련하지는 않았다." 라고 답하는 이야기와는 날짜나 정황이 전혀 맞지 않는다.

안회가 죽은 것은 공자가 노나라로 돌아오고 난 후에 아들인 공리가 죽고 난 다음이라고 봐야 하므로 이는 공자가 70세 되던 BC 482년 전후라고 보는 것이 이치상 합당하다. 그러나 사기에서 기록된 안회의 출생년도로 계산해보면 이때 안회의 나이는 우리식으로 마흔 살이 된다.

공자 시대에 마흔 살 정도는 오래 살았다고는 할 수는 없을지라도 적어도 공자가 노나라 임금에게 '불행히도 명이 짧아 일찍 죽었다'(옹야편 3장, 6-2장)라고 할 정도는 아니라고 해야 하고, 안회보다 16세나 어려 당시 24세에 불과한 증자가 마흔 살의 안회를 '내 친구'라고 하는 것 등도 상식에 맞지 않는다.

따라서 이 모든 혼돈과 모순은 사기에 기록된 안회의 출생년도의 오류에서 비롯된 것이라고 생각한다. 즉, 안회의 출생년도는 BC 521년이 아니라 그보다 10년 늦은 BC 511년인 것이다. 그렇게 되어야 안회는 서른 살에 죽은 것이 되어 '불행히도 명이 짧아 일찍 죽었다'(옹야편 3장, 6-2장)는 공자의 말도 무리가 없고, 이 장에서 증자가 안회보다 6살이 어린 게 되어 내 친구라는 말도 그런대로 수긍이 된다.

결론적으로 안회는 공자가 노나라에 돌아온 후 공자가 우리 나이로 70세 되던 기원전 482년, 30살의 나이로 일찍 죽었다고 보아야 한다. 즉, 공자와 안회는 나이 차이가 40살 나는 것이 맞으며, 안회와 증자는 6살의 나이 차이가 나는 것이다. 그렇게 본다면 모든 것이 순조롭게 설명된다.

제6장

증자가 말했다.

"키가 여섯 자인 어린 임금을 부탁할 수 있고, 백 리에 달하는 나라의 운명을 맡길 수 있으며, 큰일에 임해 그 절개를 빼앗을 수 없다면, 군자인가? 군자일 것이다!"

> **原文**
>
> 曾子曰: "可以托六尺之孤, 可以寄百里之命,
> 증자왈   가이탁육척지고   가이기백리지명
> 臨大節而不可奪也, 君子人與? 君子人也!"
> 임대절이불가탈야   군자인여   군자인야

托(탁) 부탁하다 | 六尺(육척) 당시에 1척은 23cm 정도이므로 6척은 138cm 정도의 아이를 말한다 | 孤(고) 고아, 여기서는 어린 임금 | 寄(기) 맡기다 | 節(절) 절개, 절조 | 奪(탈) 빼앗다 | 與(여) 반문의 뜻을 나타내는 어기사 | 也(야) 단정적인 의미를 나타내는 어기사

해설

당시의 한 자는 요즘의 23cm 정도이므로 여섯 자는 오늘날 대략 138cm 정도이다. 따라서 키가 여섯 자인 고아(육척지고六尺之孤)란 왕이 죽고 그 자리를 이은, 어린 아들을 뜻한다.

주나라 무왕이 죽자 동생인 주공이 어린 조카인 성왕成王을 보살폈고, 촉의 제갈량이 후주를 보살폈듯이 임금의 가까운 신하나 친척으로 어린 임금을 보살피고 대신 나라를 다스리다가 임금이 성인이 되면 권력을 돌려주고 자신은 신하의 자리로 물러나는 일은 결코 쉽지 않은 일이었다. 오히려 명나라의 영락제나 조선의 세조처럼 어린 조카를 죽이고 자신이 대신 임금 자리를 차지해 버리는 일이 더 흔했다.

'백리지명'에서 '백 리'란 사방이 백 리 정도 되는 제후국을 말한다. 주나라와 같은 천자 나라가 아니라 중간 크기의 제후국의 운명을 맡겨도 될만한 기량을 가졌다는 의미이다.

즉, 군자란 어린 임금을 보살펴서 한 사람 몫을 하는 어른이 될 때까지 사심 없이 보좌할 수 있는 신의가 있고 중간 크기의 제후국을 다스릴 수 있는 기량이 있으며 목숨이 위태로운 큰일에 처해서도 그 절개를 지킬 수 있어야 그 사람이 군자라는 뜻이다.

증자가 생각하는 군자는 신의와 능력과 절개를 두루 갖추어야 군자라고 할 수 있다는 뜻이다. 공자의 인과 덕을 갖춘 군자와는 어딘지 다르다.

제7장

증자가 말했다.

"선비는 넓고 굳세지 않으면 안 된다. 임무는 무겁고 갈 길은 멀다. 인仁을 그 임무로 하니 어찌 무겁지 않겠는가? 죽어야만 끝나니 어찌 멀다고 하지 않겠는가?"

原文

曾子曰: "士不可以不弘毅, 任重而道遠. 仁以爲己任,
증자왈　　사불가이불홍의　임중이도원　인이위기임
不亦重乎? 死而後已, 不亦遠乎?"
불역중호　사이후이　불역원호

不可以不(불가이불) ~하지 않으면 안된다 | 弘(홍) 넓다 | 毅(의) 굳세다 | 任重(임중) 임무가 무겁다 | 仁以(인이) 인으로써, 以仁 이어야 하나 도치되어 仁이 강조됨 | 不亦~乎?(불역 ~호?) 또한 ~하지 않은가? | 死而後已(사이후이) 죽은 뒤에 끝나다 | 而(이) 순접의 접속사. 여기서는 以와 같다 | 已(이) 끝나다

해설

여기서 '넓다'라는 것은 도량이 넓은 것을 말하고, '굳세다'라는 것은 의지가 굳세다는 것을 말한다. 선비는 '인仁'이라는 임무를 행해야 하는데 증자가 말하는 '인'은 그 목표를 향하여 일생을 노력해야 닿을 수 있는 것이므로 그 임무는 멀고도 무겁다.

그러나 공자가 중요시한 '인'이란 어디까지나 널리 사람, 나아가서는 사회와 국가와의 관계에서 그 참된 의의가 드러나는 덕목이지 결코 골방이나 깊은 산속에서 홀로 앉아 깨우치는 어떤 종교적인 득도의 경지가 아니다. 인이란 결국 사람에 대한 사랑이며 그 참된 뜻은 어디까지나 쓰임에 있는 것이지 인을 알고 그것을 부르짖는 것만으로는 의미가 없는 것이다.

후세 증자의 학맥을 이었다는 송대 주자학에서는 이러한 공자의 실천적인 면이 무시되고 현실을 벗어나 사람의 본성이나 우주의 이치에 관한 이기론이나 사단칠정론 같은 비현실적 이론이나 마음의 수양에만 만족하는 한편, 현실정치와는 동떨어진 사소한 왕실 내의 장례 예절로 파당을 이루어 서로 싸우는데 몰두하니 이는 공자가 해서는 안 될 일이라고 가장 경계했던 것들이었다.

따라서 백성을 위한 계책이나 나라의 힘을 부강하게 하는 대책을 내는 선비는 드물었고 오히려 그런 대책을 내는 사람을 소인이라 하여 배척하니 마침내 나라의 곳간은 바닥이 드러나고 백성들의 삶은 갈수록 피폐해져서 마침내 굶주린 백성들이 나라에 가득 차고 외적이 침입해 와도 맞서 싸우는 자도 없는 지경에 이르러도 그 많은 주자학자들중에 제대로 된 대책 하나 말하는 자가 없었다. 그나마 양심 있는 자들은 오로지 임금에게 하나 마나 한 '하늘의 이치에 따른 마음 수양' 따위만을 권하다가 나라가 마침내 망하게 되면 애달픈 자결로써 평소의 내적 수양을 표현하려 애썼을 뿐이다.

공자의 가르침은 항상 배움으로 단련하여 그 내적 수양을 널리 백성과 나라를 위해 쓰는 것인데, 침략자들이 총과 대포를 앞세워 백성과 나라를 압박해 오는 위기에 처하여 주자학은 도교나 불교 등 평소 백해무익한 이단이라고 공격하던 것들과 마찬가지로 나라의 위기와 백성에게 닥친 재앙을 구하는 데 아무런 도움이 되지 않았으니 주자학은 결국 공자의 가르침을 욕보인 허학虛學이었던 것이다.

제8장

공자께서 말씀하셨다.
"시로 일어나고 예에 서며, 음악으로 이룬다."

原文
子曰 : "興於詩, 立於禮, 成於樂."
자왈   흥어시 입어례 성어악

興(흥) 일다, 시작하다 | 於(어) ~에, ~로써 | 立(입) 서다 | 成(성) 이루다

해 설

시로써 감흥을 일으키고 예로써 자신을 단속하여 절제함으로써 바로 설 수 있으며 음악으로 뜻을 융화하여 더 높은 덕의 경지로 나아간다는 공자의 지극히 개인적인 경험이라고 생각되는 구절이다.

공자 당시의 시는 황하 중류인 중원의 각 지방에서 전승되어 온 민간 가요인 국풍國風과 왕실의 연회나 의식에서 불려지던 아雅, 그리고 종묘 등에서 제사 지낼 때 불렸던 노래인 송頌의 가사집이며 시기적으로는 주나라 초기부터 춘추시대 초기까지의 노래로 한나라 때에는 이를 『시경』이라 하여 현재는 305편이 남아 있다.

국풍에는 주나라 초기의 문왕의 어머니를 노래했다는 주남과 소남 외에도 위풍衛風, 진풍陳風, 제풍齊風, 정풍鄭風 등 각 나라별로 위정자나 탐관오리의 잘못된 정치를 풍자하거나 남녀 간의 사랑, 혹은 부역에 나간 사람이 무사히 고향으로 돌아가기를 기원하거나 돌아가신 부모님에 대한 그리움 등 다양한 내용의 노래가 수록되어 있다.

아雅는 주로 왕정의 흥망성쇠를 노래한 것으로 소아와 대아가 있다. 소아는 주나라 정치가 쇠미해져서 옛 서울인 호경으로 돌아갈 수 없음을 슬퍼하는 등 현실을 비관하는 시가 많다. 이에 비해 대아는 왕이 임석한 조회 등 의식에서 사용하던 노래로 문왕을 비롯하여 무왕, 선왕宣王 등 성왕의 덕을 찬양하는 찬송가이다.

한편, 송頌에는 주송周頌, 노송魯頌, 상송商頌이 있는데 모두 제사 지낼 때 조상들의 은덕을 찬송하는 것이다. 주송은 문왕을 비롯한 주나라 선왕들의 은덕을 기리는 내용이며, 노송은 후직의 후손으로서 노나라 임금의 늠름함과 밝음의 덕을 노래한 것이고 상송은 은나라 탕왕이 너그러움으로 백성을 다스려 나라가 안정되었음을 찬양하는 노래이다.

음악은 고대로부터 중요한 의사소통의 한 형태이다. 특히 신과 조상에 대한 제례시 음악은 신과 인간을 소통시키는 도구로서 역할을 하였다. 지금부터 4만 년 전인 후기 구석기시대의 유물에 새의 뼈와 상아로 만든 피리가 출토되는 것으로 보아 인간은 선사시대부터 이미 음악을 인간과 인간은 물론 인간과 신과의 소통에도 음악을 사용한 것이다.

공자는 이러한 음악을 위시한 예술이야말로 사람의 모든 덕을 완성해 주는 도구라고 생각하였지만, 공자 이후 어느 유학자도 음악이 덕을 완성해 준다고 한 사람이 없었을 뿐만 아니라 아예 음악이라는 말조차 거론하는 사람도 없어 음악은 공자의 가르침에서 완전히 잊혀진 부분이 되었다.

시를 읊조리고 노래를 흥얼거리는 공자에게서 시를 빼앗고 노래를 멈추게 한 후에 근엄하고 목석같이 딱딱한 성인聖人의 가죽을 덮어씌워서 사당 한가운데에 장엄하게 모셔다 둔 것이 후세 유학자들이 공자에게 한 짓이었다. 그것은 아마도 공자가 원하기는커녕 어쩌면 가장 싫어할 대접이라고 생각된다.

제9장

공자께서 말씀하셨다.
"백성을 따르게 할 수는 있어도 이치를 알게 할 수는 없다."

> **原文**
> 子曰: "民可使由之, 不可使知之."
> 자 왈   민 가 사 유 지   불 가 사 지 지

使(사) 하게하다 | 由(유) 좇다, 따르다 | 知(지) 알다

해 설

여기서 백성이 '이치를 안다'라는 것은 백성들이 통치행위에 따라야 하는 이유, 즉 통치행위의 정당성을 아는 것을 말한다. 공자는 위정자가 어느 정도는 백성들에게 통치행위의 이유를 알려줄 수는 있지만, 모든 통치행위를 다 알려주고 백성들의 동의를 다 얻기는 어렵다고 한다.

그러나 이 장에서의 논점은 백성들이 원하는 대로 하는 것이 아니라 백성들에게 통치행위의 이유나 정당성을 공개적으로 알려주는 것이며 이는 민주주의 사회에서는 주권재민의 원칙상 당연한 절차라고 해야 할 것이다.

그러나 공자의 시대에서는 임금과 귀족이 있어 백성들과 차별적 지위나 특권을 누리는 것이 당연시되어 대부분 행위가 그 세부적인 이유를 밝히지 않고 비밀리에 이루어졌지만, 오늘날 민주주의 사회에서는 모든 통치행위는 당연히 국민 앞에 공표되고 그 행위의 이유도 밝혀져야 한다.

그러나 일의 성격에 따라서는 때로는 국민 다수의 뜻에 어긋나지만, 위정자로서 반드시 해야 할 일은 해야 한다. 그것이 정치의 어려움이다. 만약에 모든 통치행위를 백성들이 원하는 대로만 한다면 그것은 소위 말하는 포퓰리즘이 되며 포퓰리즘이 반드시 나쁘다고는 할 수 없지만 많은 경우에 나라를 돌이킬 수 없는 위기로 몰고 갈 수도 있는 것이다.

제10장

공자께서 말씀하셨다.
"용맹을 좋아하고 가난을 싫어하면 난을 일으키고, 사람을 어질지 않다고 너무 심하게 질책하면 그 역시 난을 일으킨다."

原文
子曰 : "好勇疾貧, 亂也. 人而不仁, 疾之已甚, 亂也."
자 왈   호 용 질 빈 난 야 인 이 불 인 질 지 이 심 난 야

疾(질) 통상은 '질병'이란 뜻이나 여기서는 '미워하다'라는 뜻 | 亂(난) 어지럽히다, 난을 일으키다 | 已甚(이심) 너무 심하다 | 已(이) 너무

해설

가난한 사람은 흔히 자신이 가난한 이유를 자기 능력이나 노력 부족에서 찾지 않고 집안의 가난함이나 나쁜 운 탓으로 돌리기 쉽고 따라서 가진 자들을 시기하고 남을 원망하기 쉽다. 그래도 가난한 사람 대부분은 자신의 처지를 체념하고 살게 되지만 용맹이 지나친 사람은 자신의 처지에 불만을 품고 난을 일으키게 된다는 말이다.

어질지 못하다고 사람을 너무 나무라면 그 사람은 스스로 고치기보다는 자신을 나무라는 사람을 원망하게 되고 저항하게 되어 역시 난을

일으키게 된다는 말이다. 이 장 역시 어떤 합리적인 이유나 논리를 말하고 있다기보다는 공자가 자신이 살아오면서 얻은 경험을 말하고 있다

제11장

공자께서 말씀하셨다.
"설혹 주공과 같은 훌륭한 재능을 가졌다 하더라도, 만약 교만하고 인색하다면 그 나머지는 볼 것도 없다."

原文

子曰 : "如有周公之才之美, 使驕且吝, 其餘不足觀也."
자 왈   여 유 주 공 지 재 지 미   사 교 차 린   기 여 부 족 관 야

如(여) 만약에 | 有(유) 있다 | 使(사) 통상은 '하게하다'라는 뜻이나 여기서는 '만일, 가령~ 하다면' 등 가정의 뜻으로 쓰임 | 驕(교) 교만하다 | 且(차) 또 | 吝(인) 인색하다 | 其餘(기여) 그 나머지 | 足(족) 충분하다, ~할 만하다

해설

사람이 교만하면 자존심이 강한 사람들은 그를 싫어하여 곁에 있지 않을 것이며, 사람이 인색하면 가까이 해봐야 이득이 없다고 여겨 역시 사람들이 다가가지 않을 것이다. 그러므로 사람이 교만한 데다 인색하면 그 주변에 다가갈 사람들이 없으므로 아무리 그 사람의 재능이 뛰어나도 주변에 사람이 없어 재능도 소용이 없게 되는 것이다.

한고조 유방劉邦은 BC 207년 10월, 항우보다 한발 앞서 십만 병력을

이끌고 함양에 입성하여 진시황의 손자인 진왕秦王 자영의 항복을 받아 관중을 점령하게 된다. 이 소식에 분노한 항우는 초나라 정예 40만 병력으로 자칭 백만 대군이라 일컬으며 함양성 동쪽의 홍문鴻門에 진을 쳤다. 그 압도적 군세에 겁이 난 마흔 살의 유방이 스물다섯 살 나는 항우에게 머리를 숙이고 사과하는 형식으로 홍문으로 찾아간 것이 저 유명한 홍문의 연회(홍문지회鴻門之會)이다.

이때 정예병력 40만을 가진 항우 쪽에서는 상대를 충분히 죽일 수도 있었지만, 항우의 우유부단함으로 유방은 가까스로 목숨을 건져 후일을 기약할 수가 있게 되었다. 항우는 이 만남에 이어 즉각 함양성에 입성, 이미 유방에게 항복하여 유명무실한 진왕 자영을 죽이고 아방궁과 부속 건물을 불 지르는 만행을 저지른 후에 자신을 서초西楚 패왕霸王이라 칭한다.

항우는 본래 초나라 명장 항연項燕의 손자로 대대로 초나라 명문가의 자손으로 8년 동안 70여 차례나 싸우면서 단 한 번도 패한 적이 없다고 스스로 말하며 부하들의 진언을 무시할 정도로 교만했으며 부하가 공을 세워 땅을 나누어 주는 봉작封爵을 해야 할 경우에도 그 봉작 서류에 찍을 도장이 망가지도록 만지작거리며 주저할 정도로 인색했다고 한다. 그 결과 항우 주변에는 항우를 진심으로 믿고 따르는 신하가 거의 없었다.

항우가 훗날 주변 사람들에게 외면받고, 해하垓下에서 유방과 한신이 이끄는 한나라군에 포위되어 단 28기만이 탈출하여 끝내 오강烏江에서 함께 있던 부인을 죽이고 자신도 자결할 정도로 비참한 종말을 맞게 된 것도 결국 그의 교만함과 인색함에서 유래되었다고 할만하다.

제12장

공자께서 말씀하셨다.
"삼 년을 배워서 벼슬길에 나아가 녹봉을 받을 생각을 하지 않는 것은 쉽게 가질 수 있는 마음가짐이 아니다."

> **原文**
>
> 子曰 : "三年學, 不至於穀, 不易得也."
> 자 왈　　삼 년 학　부 지 어 곡　불 이 득 야

至(지) 이르다, 미치다 | 穀(곡) 곡식. 여기서는 관리가 되어 '나라로부터 받는 녹봉'이라는 뜻 | 得(득) 얻다, 가지다

해설

공자에게 배우는 목적은 대체로 관직을 얻기 위한 것이므로 육예, 즉 예禮·악樂·사射·어御·서書·수數 등을 삼 년 동안 배우면 대체로 관리로서의 기본적인 소양을 갖추었다고 보아 관직으로 나가는 것이 보통이나 이에 이르러서도 관직으로 나갈 생각을 하지 않는 것은 쉽게 가질 수 없는 훌륭한 마음가짐이라는 것이다.

공자학단보다 백여 년 뒤에 플라톤도 아테네 교외에 아카데미아라는 학교를 설립한다. 아카데미아에서는 철학, 수학, 기하학, 천문학, 음

악 등을 가르쳤는데 학생들은 수업료는 내지 않았으며, 교육비용은 모두 후원자들의 기부금으로 충당했다고 한다.

아카데미아도 역시 가문이나 신분을 묻지 않고 입학을 허가하였으며 심지어 여자들도 입학할 수 있었다. 그러나 공자학단이 공자 사후에 와해 된 것과는 달리 아카데미아는 플라톤의 사후에도 꾸준히 존속하여 AD 529년 동로마 황제인 유스티니아누스 1세가 아카데미아의 교육내용이 기독교 사상과는 배치되는 이교라는 이유로 학교를 폐쇄할 때까지 무려 900여 년을 존속하였다.

그러한 아카데미아가 그리스 세계가 필요로 하는 보편적인 미래인력을 육성하는 것을 목적으로 했다면 공자학단은 당시 각 제후국에서 필요로 하는 중견 관리를 육성하는 것을 목적으로 한 것이었다.

제13장

공자께서 말씀하셨다.

"독실하게 도를 믿고 배우기 좋아하며, 목숨을 걸고 훌륭한 도를 지킨다. 위험한 나라에는 들어가지 않고 어지러운 나라에는 머무르지 않으며 천하에 도가 있을 때는 나타나고 도가 없으면 숨는다. 나라에 도가 있는데 가난하고 천하면 부끄러운 일이지만, 나라에 도가 없는데도 부유하고 귀하다면 역시 부끄러운 일이다."

原文

子曰: "篤信好學, 守死善道. 危邦不入, 亂邦不居.
자 왈　　독 신 호 학　수 사 선 도　위 방 불 입　난 방 불 거
天下有道則見, 無道則隱. 邦有道, 貧且賤焉, 恥也. 邦無道,
천 하 유 도 즉 현　무 도 즉 은　방 유 도　빈 차 천 언　치 야　방 무 도
富且貴焉, 恥也."
부 차 귀 언　치 야

篤(독) 독실하다 | 危(위) 위험하다 | 邦(방) 나라 | 亂(난) 어지럽다 | 則見(즉현) ~ 한다면 나타나다 | 見(현) 나타나다 | 隱(은) 숨다 | 貧且賤(빈차천) 가난하고 또 천하다

해 설

'위험한 나라에는 들어가지 않고 어지러운 나라에는 머무르지 않으며'라는 구절을 보아 이 말은 아마도 공자가 여러 나라를 편력할 때 한

말인 듯하다. 어차피 나라를 돌아다니는데 하필이면 위험한 나라나 어지러운 나라에 들어가거나 머무를 필요는 없다는 말이다.

공자는 후세 유학자들처럼 관직이나 임금에 대한 충성에 목을 매는 부류와는 확연히 다르다. 나라에 도가 있으면 관직을 맡아 열심히 하고, 무도한 자가 나타나 임금 자리를 도둑질하는 세상이 되면 그냥 벼슬을 버리고 은퇴해버리면 그만이다는 입장이다. 굳이 억지로 충성하려다가 본인은 물론 가족까지 죽음으로 몰아넣는 것은 공자의 처신이 아니다.

그런데 공자의 '도가 없으면 숨는다.'라는 태도는 후세에 나라가 큰 어려움이 닥쳤을 때 유학자가 적극적으로 나서서 문제를 해결하거나 온몸으로 불의에 항거하는 것보다는 홀로 은둔해버리거나 기껏해야 임금에게 상소하는 등 소극적인 자세로 일관하게 하는 근거로 작용하게 된 것이다.

여기에 효경에서 말하는 '몸은 물론 털이나 피부조차도 부모에게서 받은 것이므로 함부로 손상해서는 안 된다(신체발부수지부모身體髮膚受之父母)'에까지 이르면 소극적인 보신주의가 극에 이르게 되어 오히려 나라를 위해서 자기를 희생하는 행위가 오히려 어리석고 불효한 행위로 치부되는 거꾸로 된 가치관이 형성되는 것이다.

제14장

공자께서 말씀하셨다. "그 자리에 있지 않으면, 그 정치를 논하지 않는다."

> **原文**
> 子曰: "不在其位, 不謀其政."
> 자왈　부재기위　불모기정

謀(모) 모색하다, 상의하다

해 설

오늘날 민주주의를 표방하는 모든 나라는 국민 누구라도 자유로이 정치에 대하여 의견을 말할 수 있고 또 비판도 할 수 있다. 민주주의 국가에서 국민이란 통치권을 포함한 행정권은 물론, 입법권과 사법권 등 모든 국가권력의 근본적이고 최종적인 결정 주체이기 때문이다.

따라서 국민은 누구라도 정치권을 포함한 국가의 모든 분야에 대하여 자유로이 비판할 수 있으며, 국민의 비판이 허용되지 않는다면 그 나라는 민주주의를 취한다고 볼 수 없다. 오늘날 수많은 개발도상국에서 여러 가지 그럴듯한 구실로 실질적으로 국민의 언론·출판의 자유를 제한하고 있는데 이러한 나라들은 국호를 어떻게 갖다 붙이든 민주주의 국가가 아니다.

　이 장에서 공자의 말은 민주주의 국가에서는 맞지 않는 말이다. 민주주의 국가에서는 그 자리에 있지 않더라도, 얼마든지 그 정치를 논할 수 있고 또 논하여야 한다. 오히려 그러한 논의를 하지 못하도록 차단하면 그 정치체제는 독재체제이다.

　그러나 범위를 축소하여 정부 부처 내에서나 회사 조직 내에서는 다른 부처나 다른 부서의 일에 대하여 이러니저러니 평가하고 논의하는 것은 쓸데없는 입씨름 거리만 만들어 내고 별다른 실익이 없으므로 새겨볼 만한 말이 될 것이다.

제15장

공자께서 말씀하셨다.
"태사 지摯[109]가 『관저』[110]의 마지막 합주 부분인 난亂을 시작하자, 그 소리가 큰 바다의 물결처럼 넘실넘실 내 귀에 넘쳐났다."

原文
子曰: "師摯之始, 「關雎」之亂, 洋洋乎盈耳哉!"
자 왈   사 지 지 시   관 저   지 란   양 양 호 영 이 재

師(사) 노나라 악관의 우두머리인 태사(太師)의 줄임말 | 亂(란) 관저의 마지막 합주 부분 | 洋洋(양양) 큰 바다의 한없이 넓은 모양 | 乎(호) 감탄의 뜻을 나타내는 어기사 | 盈(영) 채우다, 가득하다 | 哉(재) 감탄의 뜻을 나타내는 어기사

해설

공자의 음악 사랑과 감상의 수준이 여실히 드러나는 대목이다. 공자는 예禮의 완성을 '음악'이라고 보았다. 즉, 공자는 예禮라는 사람과 신, 자연 간의 모든 의식, 절차의 최종적이고 궁극적인 모습이 음악의 형태

---

109 사지(師摯) : 노나라의 악관의 우두머리인 태사 지(太師 摯)를 말한다. 후에 노나라의 정치가 더욱 혼란해지자 제(齊)나라로 갔다고 한다.
110 관저(關雎) : 『시경』국풍(國風)중 주남의 첫 번째 작품의 이름. 關關雎鳩,在河之洲. 窈窕淑女,君子好逑로 시작되며 '숙녀는 군자가 바라는 좋은 짝이다'로 시작하는데 주나라 문왕과 그 왕비의 덕을 찬양하는 곡이라고 하는데 확실하지는 않다.

로 나타난다고 보았던 것이다. 만약에 공자가 오늘날의 연극이나 영화라는 종합예술을 접할 수 있었다면 예의 완성을 어떻게 정의했을까가 궁금해진다.

우리나라 대다수 책에서는 첫 문장인 '사지지시師摯之始'의 '시始'를 태사 지가 '악관을 처음 시작했을 때'로 본다. 그러나 그렇게 본다면 그다음 문단이 이상하다. 즉, 태사 지가 악관을 처음 했을 때는 『관저』의 마지막 합주 부분이 좋았는데 요즘은 그렇지 못하다는 이야기가 된다.

대체로 음악, 특히 합주는 많이 연주해보면 할수록 더 표현이 능숙하고 풍부해져서 듣는 이에게 더 감동적인 것이 상식이다. 그러므로 이 장은 위의 문장과 같이 공자가 태사 지가 연주한, 『관저』의 마지막 합주 부분에 대한 감동을 집약해서 표현한 것이라고 보는 것이 자연스럽다.

즉, 태사 지가 시경 「관저」의 백미라 할 수 있는 '난亂'의 합주를 시작했을 때, 그 '우렁차고 멋진 합주의 음률이 큰 바다 물결처럼 내 귀에 넘실거렸다'라고 공자가 말한 것으로 본다면 아주 자연스럽다. 공자는 아마도 그렇게 말한 것일 것이다.

제16장

공자께서 말씀하셨다.
"광적이면서도 정직하지 않고, 미련하면서도 성실하지 않으며, 어리석은데도 믿음성도 없는 것은 나도 이해할 수가 없구나."

原文
子曰 : "狂而不直, 侗而不愿, 悾悾而不信, 吾不知之矣."
자 왈　　광 이 부 직　통 이 불 원　공 공 이 불 신　오 부 지 지 의

狂(광) 통상은 '미치다'라는 뜻이나 여기서는 '한곳에 열정적이다.'라는 뜻 | 直(직) 정직하다 | 侗(통) 미련하다 | 愿(원) 성실하다 | 悾悾(공공) 어리석다 | 之(지) 앞의 말 전체를 가리키는 지시대명사 | 矣(의) 단정적인 의미를 나타내는 어기사

해 설

광狂이라는 말에 대해서는 사람에 따라 '고지식하다', '방자하다' 그리고 '큰소리친다'라는 등 여러 가지 뜻으로 풀이하고 있다. 그러나 요즘은 오히려 광적이라는 표현을 많이 쓰기도 하고 뜻도 대체로 '한 분야에 집착해서 열정적으로 몰두한다.'라는 의미로 쓰고 있다.

광적이면 대체로 다른 생각 없이 한 분야에만 몰두하게 되므로 솔직하게 되는 것이 보통이고, 미련하면 이 또한 다른 생각을 갖지 않고 묵

묵히 자기 일에는 성실한 것이 보통이며, 사람이 어리석으면 잔머리를 굴리지 않고 곧이곧대로 살게 되어 믿음성만은 갖는 것이 보통이다.

그러므로 이렇게 보통의 사례와는 다르게 '광적이면서도 정직하지 않고, 미련하면서도 성실하지 않으며, 어리석은데도 믿음성도 없는' 등 이례적으로 단점만을 가지고 있는 것을 두고 공자 자신도 '이해할 수가 없다'라고 탄식하는 장면이다.

어떤 상황에서 공자가 이런 말을 하게 된 것인지는 지금은 알 수 없지만, 아마도 여러 제후국을 편력하는 고달픈 역정 중에 사람들의 이해하기 힘든 행동들을 보고 공자가 깊이 실망한 끝에 나온 말로 생각된다.

제17장

공자께서 말씀하셨다.
"배울 때는 못 미칠까 하여 열심히 하고, 배운 다음에는 잊어버릴까 마땅히 두려워해야 한다."

原文

子曰: "學如不及, 猶恐失之."
자 왈   학 여 불 급   유 공 실 지

如(여) 같다 | 猶(유) 통상은 '오히려'라는 뜻이나 여기서는 '마땅히'라는 뜻 | 之(지) 그 것, 여기서는 學의 내용

해 설

다산은 이 장의 '못 미친다.'라는 것은 마치 '도시의 관문이 닫히는 시간까지 그 문에 도착하지 못할까 걱정하며 달려가는 것을 말한다.'라고 한다. 그렇게 조바심내며 열심히 공부해야 한다는 것이다.

유학의 가장 큰 특징 중 하나는 이렇게 배움과 그 결과인 지식을 중요시하는 것이며 이러한 지식 중시 풍조는 한나라 이후 중국을 비롯한 우리나라, 베트남 등 유학을 받아들인 동아시아 사회의 중요한 특징이 되었으며 이것이 과거제도를 통하여 선발된 문신 중심의 통치체제가 자연스럽게 정착되는 원인이 되었다.

이와는 달리 일본은 1192년 무사들의 우두머리인 미나모토 요리토모(源賴朝)가 쇼군(將軍)으로서 왕이 있는 교토와는 별도로 자신의 본거지인 가마쿠라(鎌倉)에 가마쿠라 막부를 세워 막부정치를 시작한 이래, 1603년 도쿠가와 이에야스가 에도막부를 세울 때까지 일본은 문신이 아니라 막부의 막료와 지방에 있는 무사 출신의 영주들에 의해 통치되었다.

특히 1464년 무로마치 막부(室町幕府)때의 오닌(應仁)의 난 이래 많은 영주들은 더 이상 쇼군의 통제를 받으려 하지 않았고 영주들도 자신이 자리를 비운 사이에 영지를 대신 다스려온 슈고다이(守護代)등 유력한 가신들이나 고쿠진(國人)이라 불리던 지역 토호에 의해서도 영지를 빼앗기는 등 일본은 오랫동안 무력 제일주의가 만연했다.

이런 분위기 속에 왕 주변에서 명목뿐인 높은 벼슬을 가지고 경전이나 시문을 읊조리는 문신들의 사회적 평가는 형편없이 낮아 오늘날 중앙부처의 차관급에 해당하는 문신인 쥬우나곤(中納言)이 길거리에서 걸식하고 총리급의 문신인 간바쿠(關伯)가 겨울옷이 없어 추위에 떠는 등 비참한 지경이어서 공자의 가르침이 사회적으로 삶의 지침이나 기준이 되지 못하고 오로지 창칼과 이를 사들일 재력 등 무력에 의해 집단과 사람이 평가되는 풍조가 일반적이었다.

일본에서 그나마 유학 즉 성리학이 본격적으로 연구되기 시작한 것은 에도막부가 성립된 17세기 이후에 승려 출신의 유학자인 후지와라 세이카(藤原惺窩)가 유교를 막부와 결합시키는 계기를 마련하고 그 제자인 하야시 라잔(林羅山)이 막부에 중용된 이후부터이다. 이마저도 19세기 중반의 메이지 유신으로 중단되어 버렸으니 일본에서 공자의 가르침인 유학이 민중 속에 보편화될 수 있는 시간은 그리 길지 않았다.

제18장

공자께서 말씀하셨다.

"높고 크구나! 순과 우[111]임금이 천하를 가지고도 그에 관여하지 않았음은!"

> **原文**
>
> 子曰: "巍巍乎! 舜禹之有天下也而不與焉!"
> 자 왈   위 위 호 순 우 지 유 천 하 야 이 불 여 언

巍巍(위위) 높고 크다 | 有天下(유천하) 천하를 가지는 일 | 也(야) 음절을 조정하는 어기사, 여기서는 앞문장의 끝맺음을 나타내다 | 而(이) 순접관계를 나타내는 접속사 | 不與(불여) 관여하지 않다 | 焉(언) 거기에 대해, 於之와 같다. 之는 순과 우임금이 천하를 가지는 일(舜禹之有天下)를 가리킴

해설

논어에도 도가적인 사고방식과 유사한 부분이 적지 않다. 일이 순리대로 이루어지기 위해서는 천하를 가진 임금이라도 신하들의 업무에 일일이 간섭해서는 안 된다는 것이다. 도가의 무위자연無爲自然 사상과 흡사한 부분이다.

---

111 순과 우(舜禹) : 순임금과 우임금. 순임금은 요堯의 아들이 아니었지만, 덕행이 뛰어나 왕위를 물려받았고, 우임금도 순舜의 아들이 아니었지만, 황하의 치수 능력을 인정받아 왕위를 물려받았다.

공자는 순과 우임금이 천하를 가지고도 정치에 일일이 관여하지 않은 것이 높고 크다고 한다. 관여하지 않는다는 것은 아마도 적재적소에 유능한 인재를 배치한 후에 그 인재들이 일을 행함에 있어 구체적인 부분에 대해 일일이 간섭하지 않았다는 것이다. 그러나 애초에 유능한 인재를 적절한 지위에 배치하는 것은 일 중에 가장 큰 일이라고 볼 수 있다.

유능한 인재를 발탁하여 적소에 배치하여 그 능력을 마음껏 발휘할 수 있도록 하고 비록 그 결과가 나쁘더라도 그 결과에 대한 책임은 어디까지나 임금이 지게 되는 것이다. 만약에 그 결과에 대해서도 아무런 책임을 지지 않는다면 그것은 칭찬받을 일이 아니라 비난받아 마땅한 것이다.

제19장

공자께서 말씀하셨다.

"위대하구나, 요堯의 임금 됨됨이여! 높고 크구나, 하늘만이 큰데, 오직 요만이 그 하늘을 본받았구나! 너무도 넓고 커서, 사람들은 칭찬조차 할 수가 없네! 높고 크구나, 그 성공이여! 빛나구나! 그 문물제도여!"

原文

子曰: "大哉堯之爲君也! 巍巍乎, 唯天爲大, 唯堯則之!
자 왈   대 재 요 지 위 군 야   위 위 호   유 천 위 대   유 요 칙 지

蕩蕩乎, 民無能名焉! 巍巍乎其有成功也!
탕 탕 호   민 무 능 명 언   위 위 호 기 유 성 공 야

煥乎其有文章!"
환 호 기 유 문 장

哉(재) 감탄의 뜻을 나타내는 어기사 | 爲君(위군) 임금됨 | 則(칙) 통상은 '즉'으로 읽고 '즉, ~하면'이라는 뜻이나 여기서는 '본받다'라는 뜻으로 '칙'으로 읽음 | 蕩蕩(탕탕) 넓고 크다 | 名(명) 여기서는 '칭찬하다'라는 뜻 | 有(유) 명사 앞에 붙은 접미사로 특별한 뜻이 없음 | 煥(환) 빛나다 | 文章(문장) 문물 제도

해 설

요는 전설상의 오제五帝의 한 사람인 제곡帝嚳의 아들로 아버지의 뒤를 이어 천자가 된 고대의 이상적인 성군으로 고대 신화학자에 따르면

원래 요는 빛의 신이었다고도 한다. 요는 총명하고 인정이 깊었으며 하늘을 공경하고 사람을 사랑하는 정치로 백성들의 깊은 존경을 받았다.

요는 검소하여 초가집에서 살았고 벽에는 석회를 바르지 않았고 현미와 채소를 주로 먹었으며 겨울에도 사슴 가죽 한 장으로 추위를 견뎠으며 옷은 너덜너덜 해어지지 않으면 새 옷으로 갈아입지 않았다고 한다.

또한, 요는 자기의 다스림에 독단이 있어서는 안 된다고 생각하여 대궐 입구에 큰 기둥을 세우고, 커다란 북을 달았다. 그 북을 '감히 아뢰는 북(감간고敢諫鼓)'이라 이름 짓고 누구나 임금의 다스림에 잘못이 있으면 북을 쳐서 의견을 말하도록 하였다.

요는 단주丹朱라는 아들이 있었으나 덕이 없고 소송을 좋아한다고 하여 배척하고, 효성이 지극한 순舜을 등용하여 섭정을 맡겨 시험해보고 모든 점에서 훌륭하다는 판단이 서자 마침내 순에게 천하를 물려주었다.

공자는 자신이 처한 시대의 혼란을 해결하기 위해 정치적으로 가장 안정되고 문물이 융성했던 주나라 초기의 문물제도, 즉 주공이 만든 주례周禮로 돌아갈 것을 주장했으며, 또한 이상적인 덕을 가진 성왕으로 요순을 지목하고 요순의 덕을 본받을 것을 주장한 것이다.

제20장

순임금은 다섯 명의 신하가 있어 천하를 다스렸다. 무왕이 말했다. "내게는 유능한 신하 열 명이 있다." 공자께서 말씀하셨다. "인재 얻기가 어렵다는데, 그렇지 않은가? 요와 순임금 이래 무왕 때가 가장 인재가 많았다지만 부인을 빼면, 아홉 명뿐이었다. 천하의 삼 분의 이를 차지하고서도 복종하여 은나라를 섬겼으니 주나라의 덕이야말로 가히 지극한 덕이라고 이를 수 있을 것이다."

原文

舜有臣五人而天下治. 武王曰 : "予有亂臣十人."
순 유 신 오 인 이 천 하 치   무 왕 왈   여 유 난 신 십 인
孔子曰 : "才難, 不其然乎? 唐虞[113]之際, 於斯爲盛,
공 자 왈   재 난 불 기 연 호   당 우   지 제 어 사 위 성
有婦人焉, 九人而已. 三分天下有其二, 以服事殷.
유 부 인 언   구 인 이 이   삼 분 천 하 유 기 이   이 복 사 은
周之德, 其可謂至德也已矣."
주 지 덕   기 가 위 지 덕 야 이 의

---

112 唐虞(당우) : 요堯임금은 상고시대 도당씨陶唐氏 출신이므로 성을 붙여 당요唐堯라고 하고 순舜임금은 우씨虞氏의 부족장으로 요堯의 뒤를 이어 왕위를 이었으므로 우순虞舜이라고도 부른다. 훗날 당요唐堯와 우순虞舜, 두 사람을 병칭할 때 요순이라고 부르는 것이 보통이지만 두 사람을 성씨로써 '당우唐虞'라고도 부른다.

亂臣(난신) 잘 다스리는 신하 | 才難(재난) 인재 구하기의 어려움 | 然(연) 그러하다 | 際(제) 통상은 '사이'라는 뜻이나 여기서는 '끝, 이후'라는 뜻으로 쓰임 | 斯(사) 이, 이때 | 焉(언) 그것에는, 於之와 같다 | 而已(이이) 어기사로 '~ 일 뿐이다'의 뜻 | 以(이) 전치사로 '으로써'의 뜻. 뒤에 목적어에 해당하는 之가 생략되어 있음. 즉, 以之가 되는데 여기서 之는 '三分天下有其二'를 가리킴 | 其(기) 아마도 | 也已矣(야이의) 문장 끝에서 단정적인 뜻을 나타내는 어기사

해설

난亂은 '다스린다'라는 의미로 '난신亂臣'이란 나라를 다스릴 수 있는 유능한 신하라는 뜻이다. '당우지제唐虞之際'는 요순시대 이래로 현시점까지를 말한다. 당唐은 요임금이 도당씨陶唐氏의 부족장이었으므로 부족 명으로 요임금을 칭하고 있는데 부족 명을 붙여 요임금을 당요唐堯라고 부르는 경우도 있다.

한편, 우虞는 순舜임금이 우씨虞氏의 부족장으로 역시 부족 명으로 순임금을 칭하고 있는데 부족 명을 붙여 순임금도 우순虞舜이라고도 부른다. 순임금은 요의 뒤를 이어 부족 연맹의 수령을 지냈으므로 당우는 즉, 요순을 합쳐서 말하는 것이다.

특히 요임금과 순임금은 공자가 가장 이상적이라고 생각하는 고대의 성왕聖王들이었다. 이순신 장군은 위로 희신羲臣·요신堯臣이라는 두 형과 아우 우신禹臣이 있어 모두 4형제였다. 장군의 부친은 형제들의 이름으로 돌림자인 신臣자 위에 중국의 고대 성왕들인 삼황오제三皇五帝 중에서 복희씨伏羲氏와 요堯, 순舜, 우禹의 이름을 차례로 따서 형제들의 이름을 지었다.

순신舜臣이란 이름도 태평성대를 일궈낸 순임금과 같은 성군을 만나 평화롭게 살아갔으면 했던 아버지의 바람을 나타낸 이름이었지만 뜻밖에도 이순신 장군은 우리 역사상 일찍이 없었던, 참혹하기 짝이 없는 임진왜란이라는 혹독한 전란의 시대를 살았으니 아이러니라고 할 수밖에 없다.

본문에서 '천하의 삼 분의 이를 차지하고서도 복종하여 은나라를 섬겼다'라는 것은 주나라 문왕의 신중하고도 겸손한 자세를 칭송한 것이다. 문왕은 세금을 감면하여 백성들의 부담을 줄였으며 관문을 개방하여 상업의 발전을 도모하였다.

또 범죄 처벌을 당사자로 한정하고 그 가족을 연좌하지 못하게 하는 등 백성들의 생활을 안정시켜 내실을 다진 다음, 은나라 서쪽에 있던 우虞와 예芮나라의 분쟁을 해결하고 북으로는 견융, 서쪽으로는 밀수密須를 공략하였으며 동쪽으로는 기耆와 한邗을 정벌하고 도읍을 서쪽인 기岐에서 보다 동쪽에 있는 풍豊(지금의 섬서성 호현 동북)으로 옮겨 사실상 천하의 삼 분의 이의 영토를 차지하고도 몸을 굽혀 은나라를 섬기는 신중함을 보였다.

당우지제唐虞之際에서 제際는 '~이후'라고 해석하여야 한다. 그렇게 되면 '당우지제, 어사위성, 유부인언, 구인이이(唐虞之際, 於斯爲盛, 有婦人焉, 九人而已).'의 해석은 '요와 순임금 이래 무왕 때가 가장 인재가 많았다지만 부인을 빼면, 아홉 명뿐이었다.'가 된다.

제21장

공자께서 말씀하셨다.

"우임금은 내가 흠잡을 것이 없구나. 자신은 변변찮은 음식을 먹으며 조상신에 대한 제사는 효성을 다했고, 거친 옷을 입으면서도 예복과 면류관은 아름다움을 다했고, 궁궐은 누추하게 하면서도 논밭 사이의 도랑에는 온 힘을 다했다."

原文

子曰 : "禹, 吾無間然矣. 菲飮食而致孝乎鬼神,
자 왈   우 오 무 간 연 의   비 음 식 이 치 효 호 귀 신
惡衣服而致美乎黻冕, 卑宮室而盡力乎溝洫.
악 의 복 이 치 미 호 불 면   비 궁 실 이 진 력 호 구 혁
禹, 吾無間然矣."
우 오 무 간 연 의

間(간) 통상은 '사이, 틈'이라는 뜻이나 여기서는 '흠, 하자'라는 뜻 | 菲(비) 변변찮다 | 而(이) 순접관계를 나타내는 접속사 | 致孝(치효) 효성을 다하다 | 乎 여기서는 동작의 대상을 나타내는 전치사로 쓰임. ~에게 | 致美(치미) 아름다움을 다하다 | 黻冕(불면) 예복과 면류관(冕旒冠) | 卑(비) 낮다, 누추하다 | 溝洫(구혁) 논밭 사이의 도랑

해설

우禹 임금은 전설상 삼황오제의 하나인 전욱顓頊의 손자이며, 곤鯀의 아들이라 한다. 요임금에게서 곤은 황하의 홍수관리를 맡았으나 9년이

지나도록 홍수관리에 성과가 없어 우산羽山으로 추방당한 뒤에 죽고 순임금은 곤의 아들인 우에게 황하의 홍수관리를 명령하였다.

우는 황하의 홍수관리를 위하여 13년간이나 집에도 들어가지 않고 지세를 조사하여 물이 순조롭게 흐르는 방법에 대해 중점적으로 노력한 끝에 마침내 황하의 치수 관리에 성공하고 이에 따라 황하 유역에 넓고 기름진 옥토마저 생겨나서 크게 인망을 모으자 순임금으로부터 천하를 물려받아 안읍安邑에 도읍하였으며 천하를 9주州로 나누고 나라에 바치는 공물과 세금을 정하였다.

우 임금 때에 수레가 처음 만들어지고 우물과 술도 처음 만들어졌다고 한다. 우임금도 우물을 처음 만든 익益이라는 사람이 덕이 있어 자신의 왕위를 물려주려고 하였으나 우의 사후에 그 공덕을 추모한 제후들의 추대로 우의 아들인 계啓가 왕이 되었으며, 이때부터 왕의 자리가 세습화하여 하夏왕조가 시작되었다.

우 임금 역시 순이나 요처럼 정치는 하늘로부터 명을 받아 백성을 위하여 자신을 희생하는 거룩한 도덕적 행위의 일종으로 생각하였다. 그러므로 백성은 그러한 천명을 받은 자의 행위에 의해 수혜를 받는, 어디까지나 수동적인 지위를 벗어날 수가 없었다. 유교의 정치에 대한 이러한 인식의 한계 때문에 유학이 그 도덕적 우수성에도 불구하고 끝내 주권재민이라는 근대적 정치사상으로 발전하기 어려웠다.

제9편
자한(子罕)

【제9편 자한(子罕)】

제1장

공자께서는 이익에 대해서는 거의 말씀하시지 않으셨고,
천명이나 인과 함께한다고 하셨을 뿐이다.

原文
子罕言利, 與命與仁.
자 한 언 리   여 명 여 인

罕(한) 드물다 | 命(명) 운명, 천명

해설

군자는 성왕의 도를 좇아 자신을 닦아서 널리 백성을 위해 쓰고자하므로 당연히 이익에 대해서는 거의 말하지 않으며 오로지 하늘의 명(天命)과 인仁과 함께 하고자 하는 것이 보통이다. 그러나 이 장에 대해서 국내의 대부분 책은 "공자는 이익과 운명, 인에 대해서는 드물게 말했다." 라고 쓰고 있다.

논어에서 공자는 이익에 대해서는 드물게 말했다고 볼 수 있지만, 명命에 대해서는 이십 차례 이상 말하고 있고, 인仁은 무려 백번 넘게 말하고 있는데 어떻게 '드물게 말했다'라고 할 수가 있는가?

공자는 기회 있을 때마다 천명을 말했고 삶의 목표가 인에 이르고 인에 머무는 것이라고 하였으므로 이 장은 "자한언리, 언여명여인(子罕言利, 言與命與仁)." 와 같이 여명 앞에 언듬이나 그와 유사한 의미의 어떤 글자가 탈락되었다고 생각할 수 있다. 따라서 그렇게 된다면 "천명과 인과 함께 한다고 하셨다." 라는 의미가 되어 논리적으로 무리가 없게 된다.

공자가 이익을 드물게 말한 것은 공자 당시 중원 사회는 아직도 농경사회였으므로 상업의 발달이 본격화되지 않았으며 외국과 교역도 할 수 없는 고립된 사회였으므로 주로 재화의 유통에서 나오는 '이익'을 말할 형편이 되지 않았기 때문이 아닌가 한다.

제2장

달항[113] 마을 사람들이 말하기를 "공자님은 대단하다! 그런데 널리 배워 알면서도, 한 가지도 최고라고 이름난 것은 없구나." 하니 공자께서 이를 듣고 문하의 제자들에게 말씀하셨다.
"내가 뭘 잡아 전공으로 해야 할까? 마차 몰기로 할까? 활쏘기로 할까? 마차 몰기로 해야겠다."

原文

達巷黨人曰 : "大哉孔子! 博學而無所成名."
달 항 당 인 왈   대 재 공 자   박 학 이 무 소 성 명
子聞之, 謂門弟子曰 : "吾何執? 執御乎? 執射乎?
자 문 지 위 문 제 자 왈   오 하 집   집 어 호   집 사 호
吾執御矣."
오 집 어 의

黨(당) 500호가 사는 마을 | 博(박) 넓다 | 成名(성명) 명성을 얻다 | 執(집) 한 가지를 전공하다 | 射(사) 활쏘기 | 御(어) 마차몰기

해 설

달항은 아마도 공자가 거처했던 마을이었던 것 같다. 공자는 많이 알아 유식하다고는 하나 무엇을 특히 잘하는지를 궁금하게 생각했던

---

113 達巷(달항) : 공자 당시 노나라의 마을 이름. 현재 어디인지는 불분명하다.

마을 사람들에 대하여 공자가 농담조로 이야기하는 장면이다.

여기서 '집執'은 어떤 일에 전문적으로 종사하는 것을 말한다.

공자는 마을 사람들의 이야기를 듣고 그렇다면 자신이 육예 중에서도 가장 낮은 단계라고 생각되는 마차 몰기의 전문가라도 되어 볼까 라고 말한 것이다. 여기서 공자의 말을 '탄식했다'든가 '마차 몰기로 이름을 내기를 원했다'라고 풀이하는 것은 모두 지나치다.

공자는 위정편 12장(2-12장)에서 "군자는 그릇이 되어서는 안 된다."라고 하여 군자는 스스로 덕을 닦아 널리 백성을 위해 쓰는 것을 목표로 하므로 많은 사람을 상대로 다양한 상황과 여러 가지 대안을 포괄, 종합적인 판단을 할 수 있는 관리능력을 길러야 하는 것이다. 따라서 한 가지 특수 기능의 전문가, 즉 그릇이 되어서는 안 된다고 한 것이다.

그러므로 공자는 이 장에서처럼 마을 사람이 뭐라고 한들 어떤 특수한 분야에 전문가가 되는 것은 생각조차 하지 않았을 것이므로 제자가 전해온 마을 사람들의 말을 가벼운 농담으로 응수하고 있다고 봐야 한다.

제3장

공자께서 말씀하셨다.

"삼베 모자를 쓰는 것이 예이다. 그런데 요즘은 명주 모자를 쓰는데, 검소하다고 생각되므로 나도 여러 사람이 하는 대로 따르겠다. 대청 아래에서 절하는 것이 예이다. 그런데 요즘은 대청에 올라가서 절하는데 그것은 교만한 것이므로 비록 여러 사람이 하는 방식에는 어긋나지만 나는 대청 아래에서 절하는 방식을 따르겠다."

原文

子曰 : "麻冕, 禮也. 今也純, 儉, 吾從衆. 拜下, 禮也.
자왈   마면 예야 금야치 검 오종중 배하 예야
今拜乎上, 泰也, 雖違衆, 吾從下."
금배호상 태야 수위중 오종하

麻冕(마면) 삼베로 짠 모자 | 麻(마) 삼, 삼베 | 冕(면) 면류관(임금이 제복에 맞춰 쓰던 모자), 모자 | 純(치) 검은 비단, 명주 | 衆(중) 여러 사람 | 拜下(배하) 대청 아래에서 절하다 | 乎(호) '~에서' 라는 뜻의 전치사 | 拜上(배상) 대청 위에서 절하다 | 泰(태) 통상은 '크다' 는 뜻이나 여기에서는 '교만하다'라는 뜻 | 雖(수) 비록 | 違(위) 어긋나다 | 從下(종하) 대청 아래에서 절하는 예를 따르겠다

해설

예禮에 있어 공자는 물질이나 절차 자체보다는 예의 근본정신을 중요시한다. 즉, 공자는 삼베 모자를 쓰는 것이 예에 맞는다고 생각하지만, 요즘은 그보다 싼 명주 즉, 생사生絲로 짠 모자를 쓰는데 이것은 예의 정신에 문제 되지 않고 오히려 검소하다는 장점이 있으므로 다른 사람들처럼 명주로 짠 모자를 쓰겠다고 한다.

그러나 임금이나 웃어른을 대할 때는 대청 아래에서 인사하는 것이 상대에게 존경을 표하는 예라 고 생각하므로 대청에 올라가서 인사하는 것은 상대를 깎아내리고 나를 올리는 무례함을 보이는 것이므로 이는 예의 근본정신에 어긋나므로 비록 다른 사람들의 행태와는 다를지라도 자신은 대청 아래에서 인사하는 것을 그대로 유지하겠다는 말이다.

공자의 가르침은 기득권 옹호, 과학 기술의 천시, 남존여비 등 수많은 전근대적인 약점에도 불구하고 오늘날까지 그 가르침의 핵심이 면면히 전해오는 것은 이 장에서 보듯이 누구도 부인하기 어려운 합리성이 있기 때문일 것이다.

공자의 사상 철학이 비록 오늘날의 자본주의와 민주주의 사회를 불러오지는 않았지만 어떤 사회이든 인간에 대한 경의와 합리성이 존중되는 사회라면 공자의 핵심 사상은 사회를 발전시키고 내실화하는 데 좋은 거름이 될 것이라고 본다.

제4장

공자께서는 네 가지를 금하셨다. : 매사를 자의恣意로 하지 않았고, 반드시 한다는 것이 없었으며, 고집을 피우지 않으셨고, 나를 내세우지 않으셨다.

原文

子絶四 : 毋意, 毋必, 毋固, 毋我.
자 절 사　　무 의　무 필　무 고　무 아

絶(절) 끊다, 결코 하지 않다 | 毋意(무의) 자의(恣意)로 하지 않다 | 毋(무) 없다, 無나 不과 같다 | 必(필) 반드시 하다 | 固(고) 고집 | 我(아) 나, 나를 내세우다

해 설

공자가 금기로 한 네 가지를 한마디로 한다면 '사심私心을 갖지 않았다'라는 말이 될 것이다. 사심을 가지면 자기 맘대로 일하려 하거나, 상황의 변화에 따르지 않고 꼭 무엇을 하려 하거나(必), 고집을 피우게 되는 것이다. 결국 사심을 갖고 나를 앞세우려 하기 때문이다.

즉, 사심을 갖지 않고 나를 앞세우려 하지 않으면 자의恣意도 없을 것이며, 반드시 해야 할 것도 없고 고집이나 나의 이익도 없어져 그러한 것들을 일에 있어서 우선적 원칙이나 표준으로 삼지 않게 되는 것이다.

도가는 유가의 목적성이나 인위를 공격하지만, 여기서 한 공자의 말은 그런 도가의 공격을 무색케 한다. 사심을 갖지 않고 나를 앞세우려 하지 않는 것은 도가의 무위자연無爲自然의 입장과 사실상 차이가 없다고 보아야 한다.

도덕경을 썼다는 노자는 공자보다 연상의 인물로 통상 알려져 있지만 도덕경의 내용으로 봐서는 도덕경이 논어보다 앞선 시대에 성립되었다는 사실은 믿기 어려우며 대체로 공자 사후 100여 년이 지난 전국시대 중기 이후의 저술이라고 생각된다.

따라서 도덕경의 많은 부분에서 논어의 흔적과 그 영향이 남아 있으며 이 장 역시 주된 생각이 도덕경에 흘러 들어갔다고 생각해도 큰 무리는 없을 것이다.[114] 도덕경 제 7장에서 "성인은 그 몸을 뒤에 둠으로써 오히려 남보다 앞서 있게 되고 몸을 버림으로써 오히려 몸을 보존할 수가 있는 것은 자기의 사심을 버렸기 때문이 아니겠는가? 그러므로 성인은 오히려 자기를 완성할 수 있는 것이다(是以聖人後其身而身先/시이성인후기신이신선, 外其身而身存/외기신이신존, 非以其無私邪? 故能成其私/비이기무사야? 고능성기사)." 라고 하고 있는데 역시 논어의 이 장의 영향을 추측할 수가 있다.

---

114 졸저 『쉽고 정확한 노자도덕경』제7장 천장지구. p41 참조

제5장

공자께서 광匡[115] 땅에 억류되자, 말씀하셨다.
"문왕[116]은 이미 죽었지만, 그가 남긴 문文은 여기에 있지 않은가? 하늘이 장차 이 문文을 없애버리고 후세 사람들로 하여금 이 문에 참여하지 못하도록 한다면 모를까, 하늘이 이 문을 없애려 하지 않는다면, 광 사람들 따위가 나를 어쩌겠는가?"

原文

子畏於匡, 曰: "文王旣沒, 文不在玆乎? 天之將喪斯文也,
자 외 어 광 왈   문 왕 기 몰 문 부 재 자 호   천 지 장 상 사 문 야
後死者不得與於斯文也.
후 사 자 부 득 여 어 사 문 야
天之未喪斯文也, 匡人其如予何?"
천 지 미 상 사 문 야   광 인 기 여 여 하

畏(외) 두려워하다, 위협하다, 여기서는 '억류되다' | 旣(기) 이미 | 沒(몰) 죽다 | 文(문) 문화나 문물, 제도 전반을 총칭해서 말함 | 玆(자) 여기 | 將(장) 장차 | 喪(상) 없다, 없애다 | 後死者(후사자) 공자 이후에 죽는 사람, 즉 공자의 후예 | 與(여) 참여하다 | 其(기) 음절을 조정하기 위한 어기사 | 如~何: ~을 어떻게 하겠는가

---

115 광(匡) : 공자 당시 정(鄭)나라에 있던 읍의 이름.
116 문왕 : 주(周)나라의 기초를 닦은 명군. 이름은 창(昌). 은(殷)나라 말기에 서쪽 변두리인 기산(岐山)에 근거를 두고 크게 덕을 베풀고 점차로 인근의 적국들을 격파하여 영토를 넓히고 수도도 현재의 시안(西安) 남서부의 호경(鎬京)으로 옮겼다. 점차 제후들의 신뢰를 얻어 천하의 3분의 2의 제후가 모두 창(昌)을 따르게 되었다. 문왕의 사후 아들인 무왕(武王) 발(發)이 즉위, 은나라를 멸하고 주왕조를 창건하였으며, 부왕 창에게 문왕(文王)이라는 시호(諡號)를 추존(追尊)하였다.

해설

광匡은 춘추시대 정나라에 있던 읍의 이름이다. 노나라 계손씨의 집사인 양호陽虎가 광을 침공했을 때 포악한 짓을 많이 하여 이곳 사람들이 양호에게 깊은 원한을 품고 있었는데 마침, 양호와 비슷하게 생긴 공자가 양호와 함께 침공했던 안각顏刻이 공자의 제자가 되어 공자와 같이 왔으므로 광 사람들이 공자 일행을 양호 일행으로 오인하여 공격하려 했던 것이다.

이러한 위급한 상황에 처한 공자가 광 사람들의 위협에 굴하지 않고 중원 문명의 전승자로서 자부심과 사명감을 확연히 드러내는 장면이다. 공자는 자신이 주 문왕 이래 면면히 내려오는 문명을 대표한다는 기개를 보이는 반면, 한편으로는 이 문명을 무시하며 오히려 말살하려는 세태를 한탄하며 오직 하늘만이 자신이 전하려는 문명을 지킬 수 있으리라는 절망감도 함께 배어 나온다.

공자가 말하는 하늘은 신으로서의 성격과 자연적 이치로서의 성격을 함께 갖춘 중간자적인 존재라고 할 수 있다. 그러므로 공자에게 하늘은 오늘날 기독교의 하나님처럼 천지 만물을 창조하고 세상만사를 주재하여 언제든지 기도하고 간구해도 되는 절대자는 아니지만, 그렇다고 단순히 어떤 조건이 구비되면 당연히 어떤 결과가 나오는 자연적이고 과학적인 이치에 불과한 것만은 아닌, 영적인 성격도 갖춘 존재이다.

은나라에서 하늘은 우주를 총괄하고 세상만사를 주재하는 절대자이므로 제사와 전쟁 등 모든 큰일에 대해 그 뜻을 물어봐야 하는 존재지만 공자 때의 하늘은 그런 절대자는 아니라 해도 여전히 사람의 일에 어떤 합리적인 의지를 갖고 그 의지를 이루려고 하는 존재로 믿어졌다고 본다.

제6장

태재[117]가 자공에게 "선생님은 성자聖者가 아닐까? 어쩌면 그리 재능이 많은가?" 라고 물으니 자공이 "참으로 하늘이 그분을 성자로 만들려니, 그래서 재능이 많은 것입니다." 공자께서 그 말을 듣고 말씀하셨다.

"태재가 나를 아는구나! 내가 젊었을 때는 천했기 때문에 속되고 하찮은 일을 잘할 수밖에 없었다. 군자가 굳이 여러 가지를 잘할 필요가 있나? 없을 거다."

原文

大宰問於子貢曰 : "夫子聖者與, 何其多能也?"
태 재 문 어 자 공 왈　　부 자 성 자 여　하 기 다 능 야

子貢曰 : "固天縱之將聖, 又多能也."
자 공 왈　　고 천 종 지 장 성　우 다 능 야

子聞之, 曰 : "大宰知我乎! 吾少也賤, 故多能鄙事,
자 문 지　왈　　태 재 지 아 호　오 소 야 천　고 다 능 비 사

君子多乎哉? 不多也."
군 자 다 호 재　부 다 야

夫子(부자) 대부(大夫) 벼슬을 지낸 사람을 높여 부르는 말. 공자가 노나라의 대부를 지냈으므로 여기서 대부란 공자를 지칭 | 與(여) 문장 끝에서 반문의 뜻을 나타내는 어기조사 | 其(기) 음절을 조정하는 어기조사 | 固(고) 참으로 | 縱(종) 부추기다, 하게

---

117 태재(大宰) : 오나라와 송나라에 있었던 국정을 총괄하는 최고 관직. 이때 大는 태로 읽는다.

하다 | 又(우) 또 | 少(소) 젊다 | 鄙事(비사) 속되고 하찮은 일 | 乎哉(호재) 의문을 나타내는 어기사인 乎와 哉가 합쳐져서 반문의 뜻을 나타냄

해 설

태재大宰란 당시에 오나라나 송나라에서 국정을 총괄하는 관직으로 요즘의 국무총리에 해당한다. 자공은 제나라가 노나라를 치려 할 때, 제나라의 남쪽에 있던 오나라로 하여금 제나라를 공격하게 하여 제나라가 노나라를 공격할 여력이 없도록 하려고 오나라에 가서 여러 차례 오나라의 태재였던 백비伯嚭와 만났으므로 이 장의 태재란 오나라의 백비를 말한 것으로 보인다.

백비는 원래 초나라 출신으로 간신에 의해 아버지가 처형되자 오나라로 도망쳐서 오자서伍子胥를 만나게 된다. 오자서는 백비의 유능함을 알아보고 오왕 합려에게 백비를 추천하여 백비는 이때부터 오왕 합려를 섬기게 되었다. 후에 백비는 손무, 오자서 등과 함께 군대를 이끌고 자신의 조국인 초나라의 수도 영郢을 함락, 초나라를 멸망 직전까지 몰고 갔으나 진秦나라가 초나라에 원군을 보내고, 또한 오나라에 내란이 발발하여 하는 수 없이 회군하였으나 어쨌든 그 공으로 백비는 오나라 최고 관직인 태재가 되었다.

오왕 부차夫差 2년에 오나라는 오왕 합려를 죽게 한 원수인 월나라에 대승하여 월왕 구천을 항복시켰는데, 이때 백비는 월나라의 책사인 범려의 뇌물을 받고 오왕 부차를 설득하여 구천을 살려두게 하였고 이에 반대하는 오자서를 참소하여 죽여 버렸다.

그 후 월왕 구천은 복수를 위해 21년 동안 쓸개를 핥으면서 군사를 조

련하고 산업을 일으키며 내정을 정비, 마침내 두 차례에 걸쳐 오나라를 침공하여 오나라를 멸망시켰는데, 구천은 오나라를 정벌하자 그간 뇌물을 받고 자신과 내통해 온 백비와 그 일족을 모두 죽여 버렸다.

이 장에서 공자는 자신이 젊었을 때는 '천했다'라고 말하고 있어 『사기』에서 '숙양흘叔梁紇이 안씨顏氏의 딸과 야합野合하여 니구산에서 기도를 드리고 공자를 낳았다.'라는 기록은 큰 의문을 남긴다. 숙량흘의 아들이지만 서출庶出이어서 본가에서 인정받지 못해 가난할 수는 있었겠지만, 상당한 명망을 가진 숙량흘의 아들이 스스로 '천하다'라는 표현을 쓰는 것은 이치에 맞지 않는다. 다시 말하지만 공자의 아버지는 이름이 밝혀지지 않은 공씨孔氏였을 뿐 숙량흘은 아니었을 가능성이 매우 크다.

제7장

뢰[118]가 말했다 공자께서 말씀하시기를
"나는 관직에 등용되지 않았기 때문에 잔재주가 많았다.'라고
하셨다."

> **原文**
> 牢曰 : "子云 : '吾不試, 故藝.'"
> 뢰 왈   자 운   오 불 시 고 예

試(시) 임용되다 | 藝(예) 재주가 있다

해 설

공자는 귀족 출신도 아닌데다 아버지를 일찍 여위는 바람에 가난하여 어릴 때는 상갓집을 다니면서 곡도 하고 장례 일도 봐주면서 생계를 이어갔던 것으로 보인다. 『사기』에 의하면 공자의 아버지가 죽었을 때 노나라의 동쪽에 있던 방산防山에 묘를 썼는데 어머니는 공자에게 그 묘를 알려주지 않았다.

---

118 뢰(牢) : 이름은 금뢰琴牢. 위衛나라 사람으로 공자의 제자로 추정된다. 자는 자개子開, 자장子張 또는 금장琴張이라고 한다. 사기의 「중니제자열전」에는 이름이 없으나 『춘추좌씨전』에는 공자가 금장을 지도했다는 기록이 있어 금뢰를 공자의 제자로 볼 수 있으며, 중국의 당, 송, 명나라 등에서도 늘 공자의 제자로 보아 추존追尊하였다. 실제로 공자가 이 정도로 자신의 약점을 털어놓을 수 있었던 것으로 보아 금뢰는 공자가 상당히 신뢰했던 제자였던 것으로 추정된다.

아마도 공자의 어머니는 공자를 부계의 친척들에게 떳떳이 밝힐 수조차 없었던 상황이었던 것 같다. 따라서 공자는 어릴 때 부계 친척과는 전혀 왕래하지 않고 외가 사람들에게 의존하여 생활했을 것으로 보인다.

또, 『사기』에는 공자는 어릴 때부터 제기를 늘어놓는 놀이를 했다고 하는데 이것은 공자의 외가 쪽 사람들이 주로 장례나 제사에 관한 의례를 도우며 생계를 유지하는 사람들이었다는 추측을 가능하게 하며

왕숙의 『공자가어』에 따르면, 공자는 어머니가 돌아갔을 때 아버지의 묘를 찾아 부모를 합장하여 넉 자 높이(약 120cm)로 봉분을 쌓고 봉분의 모양을 도끼같이 만들었는데 그 이유로 "지금 나는 동서남북 사방을 떠도는 사람이므로 봉분에 표를 하지 않을 수 없다(금구야今丘也, 동서남북지인東西南北之人, 불가이불식야不可以弗識也)". 라고 했다고 한다.

이러한 일을 종합해 볼 때 공자는 어릴 때는 외가 사람들과 함께 상가喪家를 찾아 여러 곳을 떠도는 일을 하다가 스무 살 무렵부터는 계손씨의 집안일을 하게 되어 계씨의 창고나 마구간지기 등 천한 일을 많이 하게 되었으므로, 자연히 귀족 출신인 다른 대부와 달리 실무에 밝고 잔재주가 많았다는 이야기다.

제8장

공자께서 말씀하셨다.

"내가 아는 게 있나? 아는 게 없어. 어떤 촌사람이 내게 뭔가 물어왔을 때 나는 텅 비어 아무것도 아는 건 없지만, 질문의 시작과 끝을 두드려서 답을 찾는 데 온 힘을 다한다."

> 子曰 : "吾有知乎哉? 無知也. 有鄙夫問於我, 空空如也,
> 자 왈   오 유 지 호 재   무 지 야   유 비 부 문 어 아   공 공 여 야
> 我叩其兩端而竭焉."
> 아 고 기 양 단 이 갈 언

乎哉(호재) 의문의 뜻을 나타내는 어기사인 乎와 哉가 겹쳐 강한 의문의 뜻을 나타냄. ~ 할 리가 있겠는가? | 有(유) 어떤 | 鄙夫(비부) 촌사람 | 鄙(비) 촌, 두메, 비루한 | 空空(공공) 텅 비어 아무 것도 없음 | 如(여) ~같다 | 叩(고) 두드리다, 묻다 | 其兩端(기양단) 그것의 양쪽 끝, 여기서는 '질문의 시작과 끝'을 뜻함 | 竭(갈) 다하다 | 焉(언) 그에 대하여, 於之와 같다

해 설

공자가 어떤 질문에 대해 답을 하는 기본적인 원칙은 위정편 제17장 (2-17장)에서 보듯이 "아는 것은 안다고 하고, 모르는 것은 모른다." 라고 하는 것일 것이다. 공자는 겸손했다. 자신은 태어나면서부터 아는 사람은 아니라고 생각했고 배워서 아는 사람이지만 그렇게 배워도 자

신이 안다고 할 수 있는 것은 많지 않다고 생각했다.

그것이 첫째 줄의 '내가 아는 게 있나? 아는 게 없어(오유지호재吾有知乎哉?무지야無知也.).'이다. 이 장의 '촌사람'이란 공자에게 질문할 수도 있는 평범한 사람이라는 의미이다. 따라서 그가 하는 질문의 내용도 그렇게 전문적이고 복잡한 것은 아니니까 질문의 내용을 잘 파악하다 보면 자연히 그에 대한 답도 할 수 있을 것이라는 의미를 어느 정도 함축하고 있다.

'텅 비어 아무것도 없다'라는 공공여야空空如也에 대해서는 질문을 하는 촌사람이 '아는 것이 없어 텅 비어있다'라는 설과 공자 자신이 '아는 것이 없어 텅 비어있다'라는 설로 나누어진다. 그러나 촌사람이 '아는 것이 없어 텅 비어있다'라고 보는 설은 굳이 공자가 그렇게 상대를 얕볼 이유가 없으며, 만약 그렇다면 뒤에 나오는 '질문의 시작과 끝을 두드리고' 같은 절차 자체도 필요 없을 가능성이 크다.

공자는 아는 것이 없어 텅 비어있지만, 질문하는 상대를 가리지 않고 겸허한 자세로 질문의 내용을 신중하게 파악하고 그에 합당한 답을 성의를 다해 모색한다고 하는 것이다.

제9장

공자께서 말씀하셨다.
"봉황도 오지 않고 황하에서 그림도 나오지 않으니, 나도 끝났구나!"

> **原文**
> 子曰 : "鳳鳥不至, 河不出圖, 吾已矣夫!"
> 자 왈　　봉 조 부 지　하 불 출 도　오 이 의 부

鳳(봉) 전설상의 새로 흔히 봉황鳳凰이라 한다. 상서로움을 상징하며 수컷은 봉鳳, 암컷은 황凰이라 한다 | 河(하) 황하黃河 | 出圖(출도) 황하에서 주역의 팔괘八卦 그림을 짊어진 용마龍馬가 나오다 | 已(이) 끝나다 | 矣夫(의부) 감탄의 뜻을 나타내는 어기사인 夫를 어기사 矣가 강조하고 있다

해 설

봉황은 전설상의 상서로운 새다. 덕이 있는 천자가 나라를 다스려 도가 통하는 세상이 되었을 때 봉황이 나타난다. 중국 고대 전설상의 제왕인 황제黃帝시절이나 순임금 때 봉황이 날아와 춤을 추었고, 주나라 문왕 때는 기산岐山에서 봉황이 울었다고 한다. 이처럼 봉황은 성군聖君의 덕치의 상징이다.

또, 중국의 전설상의 제왕인 복희伏羲 때에는 황하에서 주역의 기본이 되는 팔괘八卦를 그린 그림을 짊어진 용마龍馬가 나왔다고 한다. 즉, 성인이 천명을 받으면 하늘에서 이를 축하하기 위하여 황하에서 주역의 팔괘의 그림을 짊어진 용마가 나오는 것은 모두 다 성인이 세상에 그 뜻을 펼치려 할 때 보이는 상서로운 조짐들이다.

공자는 노나라에서의 짧은 벼슬살이를 그만두고 다른 나라에서 정치에 대한 뜻을 펼치고자 14년이나 각 나라를 떠돌며 자신을 써 줄 사람을 찾았으나 써주기는커녕 자기의 뜻을 겉으로나마 동조해주는 군주조차도 없었다.

공자는 이 장에서 자기 뜻을 알아주지 않는, 도가 사라진 세상에 대해 막막한 절망감을 토로하고 있다. 공자는 '나를 써주는 사람이라면' 누구라도 좋다고 할 정도로 절박하게 자신을 고용해 줄 군주를 찾았지만 결국 실패했다.

공자가 이처럼 뜻을 펴기 위해 동분서주할 당시 이미 천하는 약육강식이 일상화되어 각국은 한시라도 빨리 부국강병의 실질적인 방안을 찾는 데 골몰할 수밖에 없었다. 이때는 법가적 통치방식의 유용성이 점차 인정되고 있었으므로 공자의 '자기를 닦아 백성을 평안케 한다.'라는 통치방식은 부국강병에 혈안이 된 군주들에게는 너무 시간이 많이 소요되고 효과도 불확실한 방안이었을 것이다.

제10장

공자께서는 부모상을 당해 상복을 입은 사람이나 관리의 옷이나 모자 차림을 한 사람 그리고 앞을 못 보는 사람을 보면, 상대가 아무리 나이 어린 사람이라 해도 반드시 일어나셨으며, 그 앞을 지나갈 때는 종종걸음으로 빨리 지나가셨다.

原文 子見齊衰者, 冕衣裳者與瞽者, 見之, 雖少必作, 過之必趨.
자 견 자 최 자 면 의 상 자 여 고 자 견 지 수 소 필 작 과 지 필 추

齊衰(자최) 상복 | 冕衣裳者(면의상자) 정규 모자와 윗저고리, 바지를 갖춰 입은 관리 | 冕(면) 관리의 정규 모자 | 衣(의) 윗저고리 | 裳(상) 바지나 치마 | 瞽(고) 소경, 장님 | 少(소) 젊다 | 趨(추) 종종걸음 치다

해 설

자최齊衰는 거칠고 굵은 삼베로 짠 옷의 밑단을 감치기를 해서 만든 상복으로 어머니나 할머니, 증조부모 등 직계존속의 상을 당한 사람이 입는 상복이다. 그리고 이보다 더 거칠고 입기 불편한 상복인 참최斬衰의 상복은 아버지나 할아버지의 상을 당한 사람이 입는 상복으로서 자최보다 더 중한 상을 당했다는 의미가 있다.

참최斬衰의 상복은 거칠고 굵은 삼베를 그대로 잘라서 천의 끝부분을 감치기를 하지 않고 그대로 둔 채로 상복을 지은 것을 말한다. 이 장에서 자최의 상복에는 그보다 중한 참최斬衰의 상복도 당연히 포함한다.

조선왕조에서는 참최斬衰나 자최齊衰의 상복을 입는 경우가 대단히 복잡하고 어려워 조선 말기에 이르러서도 '양아버지는 돌아가시고 친아버지는 살아계시는데 친할아버지가 돌아가실 경우, 손자가 입어야 하는 상복은 어떤 것인가?' 따위에 대해 양반들끼리 논쟁은 끝이 없었다.

각자가 논거를 들어 정당성을 주장하게 되는데, 이런 논쟁이 가문 안에서 벌어질 경우는 친척끼리 반목해 버리면 그만이지만 왕실에서 벌어져 신하들끼리 편을 갈라 논쟁을 벌일 경우, 논쟁에서 패할 경우는 관직에서 쫓겨나는 것은 물론, 목숨이 위태로운 경우도 있었다. 소위 예송禮訟논쟁이다.

역사상 예송논쟁은 효종(재위 1649~1659년) 때에 서인과 남인 사이에 집중되어 일어났는데 이는 단순히 무슨 상복을 얼마 동안 입을 것인가 하는 문제를 둘러싼 당파 싸움이 아니라, 왕권과 당시의 사대부를 중심으로 하는 신권臣權간의 싸움도 포함되어 일어났던 것이다.

즉 효종은 인조의 둘째 아들이므로 장남의 예를 따를 수 없다는 서인의 주장은 왕도 사대부와 같은 예를 작용하여야 한다는 생각이 반영된 것으로, 신권을 강화하려는 입장이었다.

반면 효종이 비록 둘째 아들이지만 장남인 소현세자를 대신하여 왕이 되었으므로 효종은 장남의 예를 따라야 한다는 남인의 주장은 왕족의 예는 사대부의 예와 달리 특별하게 취급하여 왕권을 신권에 비해 강화하려는 입장에 있었던 것이었다.

예송논쟁의 최후의 승자는 서인들이었고 그들의 주장인 신권 강화는 서인의 주류를 승계한 노론의 입장이 되어 훗날 안동김씨 등의 세도정치를 거쳐 대원군 때에 이르기까지 조선 정치의 주류 세력이 되었다.

공자는 다만 상복을 입은 사람에게는 경건하게 그 슬픔을 함께하고, 관리의 공적 업무수행에 대해 경의를 나타냈으며 장애인에게는 고통과 불편함에 동정하는 마음을 가져 상대가 아무리 나이 어린 사람이라 해도 반드시 일어나고 그 앞을 지나갈 때는 종종걸음으로 빨리 지나감으로써 경의를 나타냈을 뿐이다.

유가의 예가 훗날 무수한 사람들을 죽이고 일국의 정치를 농단하는 명분 싸움의 단서가 되었다는 사실을 공자가 알게 되면 어떤 심정이 될까가 궁금하다.

제11장

안연이 '아!' 하고 탄식하며 말했다.

"우러러보면 더욱 높아지고, 뚫으려 하면 더욱 단단해지며, 앞에 있다고 해서 바라보면, 홀연히 뒤에 계시는구나. 선생님은 사람을 차근차근히 잘 이끌어 가시며, 학문으로 나를 넓히시고, 예禮로써 나를 제어하시니, 그만두고 싶어도 그만둘 수가 없구나. 내 능력은 이미 다 써버렸는데, 선생님은 더 높이 서 계신듯하니 아무리 쫓아가려 해도 쫓아갈 수가 없구나."

原文

顔淵喟然歎曰: "仰之彌高, 鑽之彌堅, 瞻之在前, 忽焉在後.
안 연 위 연 탄 왈   앙 지 미 고   찬 지 미 견   첨 지 재 전   홀 언 재 후
夫子循循然善誘人, 博我以文, 約我以禮, 欲罷不能. 旣竭吾才,
부 자 순 순 연 선 유 인   박 아 이 문   약 아 이 례   욕 파 불 능   기 갈 오 재
如有所立卓爾, 雖欲從之, 末由也已."
여 유 소 립 탁 이   수 욕 종 지   말 유 야 이

喟(위) '위!'라고 감탄하는 소리 | 然(연) ~하면서, 접미사 | 歎(탄) 탄식하다 | 仰(앙) 우러러보다 | 彌(미) 더욱 | 鑽(찬) 뚫다, 파고들다 | 瞻(첨) 바라보다 | 忽(홀) 홀연히, 문득 | 焉(언) 접미사. 忽뒤에 붙어 '홀연히' 라는 뜻 | 循循(순순) 차례차례, 질서정연하게 | 博(박) 넓히다 | 約(약) 제어하다 | 罷(파) 그만두다 | 竭(갈) 다하다 | 如有(여유) 마치 ~이 있는 것 같다 | 卓(탁) 높이 서다 | 爾(이) 그러하다 | 雖(수) 비록 | 末(말) 없다 | 由(유) 따르다 | 也已(야이) ~할 따름이다. 단정의 뜻을 나타내는 어기사

해 설

안연은 『사기』의 '중니제자열전'에서나 『공자가어』의 '칠십이제자해七十二弟子解' 등 문헌에서 공자의 제자 중에서 언제나 가장 먼저 언급되는 공자의 수제자다. 안연의 아버지인 안로顏路 역시 공자의 제자였는데 특히 안로는 공자가 향리에서 처음 사숙을 열었을 때부터 제자로 들어왔고 알려진 공자의 제자 중에서는 가장 나이도 많다.

안로顏路는 일찍부터 공자를 따라다녔다고 생각되는데 아들인 안연이 죽었을 때 곽을 살 돈이 없자, 공자에게 공자가 타고 다니던 수레를 팔아서 곽을 살 돈을 마련하자고 청할 정도로 가까운 사이였고 공자와는 흔히 말하는 스승과 제자 사이 이상의 관계였음을 짐작하게 한다.

아마도 안로는 공자의 어머니인 안징재顏徵在의 일족으로 공자에게는 외가의 친척이었기 때문에 어렸을 때부터 인근에서 공자와 함께 자란 사이였을 가능성이 크다. 그래서 아들인 안연도 어린 나이임에도 불구하고 공자와 함께 열국을 편력할 때 공자의 가장 가까운 심부름꾼으로 데리고 가도록 했을 것으로 생각된다.

안연은 이에 따라 공자의 제자 겸 비서로 공자의 최측근에 있었으며 제자들의 이야기를 공자에게 전하고 한편으로는 공자의 뜻을 제자들에게 전하는 역할도 했을 것으로 추측되는 데 이러한 안연의 역할에 대하여 『공자가어』에서는 공자가 "내가 안회를 얻은 다음에는 문인들이 날마다 더 모여들고 더 친해졌다." 라고 할 정도로 친근감을 보여주고 있다.

'위喟'는 '위!'하고 감탄하는 소리이다. 다만 우리말 감탄사에는 '위!'라는 게 없으므로 '아!'라고 표현한 것이다. 안연이 찬탄한 것은 공자 자체일 수도 있고 공자의 도일 수도 있다. 그러나 내용 중에 '바라볼수록 높아지고, 앞에 있다고 보면 홀연히 뒤에 있다'라고 한 것으로 볼 때 이는 공자 자체를 말한다고 보는 것이 자연스럽다. 도가 어찌 앞에 있다가 홀연히 뒤에 있을 수 있겠는가?

제12장

공자께서 병이 심해지자 자로가 문인들로 하여금 공자의 가신 노릇을 하게 했다. 병이 차도가 있어 공자께서 말씀하셨다.
"자로가 거짓을 행한 지가 오래되었구나! 가신이 없는 데도 있는 것처럼 하니 내가 누구를 속이겠는가? 하늘을 속이랴? 또한, 나는 가신의 손에서 죽기보다는 너희들 손에서 죽는 것이 더 낫다. 내 비록 큰 장례를 받지는 못하더라도 길거리에서 죽기야 하겠느냐?"

原文

子疾病, 子路使門人爲臣. 病間,
자 질 병   자 로 사 문 인 위 신   병 간
曰: "久矣哉由之行詐也! 無臣而爲有臣, 吾誰欺? 欺天乎?
왈   구 의 재 유 지 행 사 야   무 신 이 위 유 신   오 수 기   기 천 호
且予與其死於臣之手也, 無寧死於二三子之手乎!
차 여 여 기 사 어 신 지 수 야   무 녕 사 어 이 삼 자 지 수 호
且予縱不得大葬, 予死於道路乎?"
차 여 종 부 득 대 장   여 사 어 도 로 호

疾病(질병) 疾은 상대적으로 가벼운 질환이며 病은 疾이 내부화하여 위중해진 상태를 말함. | 使(사) 하게하다 | 間(간) 차도가 있다 | 矣哉(이재) 상황의 변화를 나타내는 어기사 矣에 감탄의 뜻을 나타내는 哉가 붙어 상황의 변화를 감탄하는 뜻을 나타낸다 | 行詐(행사) 거짓을 행하다 | 吾誰欺(오수기) 내가 누구를 속이겠는가, 誰欺는 欺誰의 의문사로 인한 도치형태 | 誰(수) 누구 | 且(차) 또 | 予(여) 나 | 與其A ~無

寧B (여기 ~무녕) A하는 것보다는 B하는 것이 더 낫다 | 二三子(이삼자) 너희들 | 縱(종) 비록 | 大葬(대장) 큰 장례 | 乎(호) 반문의 뜻을 나타내는 어기사

해 설

    이 장의 에피소드는 아마도 공자가 노나라에 돌아온 이후의 일로 생각된다. 공자는 비록 노나라에서 사구 벼슬을 지내 대부의 경력은 있지만, 당시로는 벼슬을 떠나 현직 대부는 아니었으므로 당연히 가신이 없었다. 그러나 공자의 충직한 제자인 자로는 가신 없이 치르는 공자의 장례가 혹여나 큰 인물의 장례로서는 소홀함이 있을까 염려하여 공문의 제자들로 하여금 가신 역할을 하게 하여 장례를 준비했던 것이다.

    다행히 공자의 병이 차도가 있어 공자가 자로의 장례 준비상황을 듣고 이 장의 말을 하게 된 것이다. 사기에 의하면 공자의 제자는 3천여 명에 이르렀다고 하는 데 이는 아마도 누적 인원수를 말하는 것 같다. 당시의 주거시설 등의 상황이나 특히 안연의 죽음에서 곽을 살 돈이 없어서 공자의 수레를 팔아 돈을 마련하는 문제 등에 대한 논의로 보아 공자의 말년 시기에도 실제로 수학 중인 제자는 그렇게 많지 않았던 것으로 보인다.

제13장

자공이 "여기에 아름다운 옥이 있다면, 가죽으로 싸서 함에 넣어 그것을 숨겨두겠습니까? 아니면 좋은 장사꾼을 찾아서 그것을 팔겠습니까?" 라고 물으니, 공자께서 말씀하셨다.
"팔아야지! 팔아야지! 나는 장사꾼을 기다리고 있단다."

原文

子貢曰 : "有美玉於斯, 韞匵而藏諸? 求善賈而沽諸?"
자공왈   유미옥어사 온독이장저 구선고이고저

子曰 : "沽之哉! 沽之哉! 我待賈者也."
자왈   고지재   고지재   아대고자야

斯(사) 여기 | 韞(온) 가죽으로 싸다 | 匵(독) 함, 궤짝 | 藏(장) 감추다 | 諸(저) 그것+의문형으로 之乎와 같다 | 賈(고) 상인, 장사꾼 | 沽(고) 팔다 | 哉(재) 감탄의 뜻을 나타내는 어기사

해 설

공자는 안으로 덕을 쌓고 그 덕을 밖으로 널리 사람들에게 펴는 것을 생애의 목표로 삼았다. 이런 점에서 홀로 세상과의 관계를 끊고 깨끗하고 인위가 없는 청정무위淸淨無爲의 세계에서 도를 즐기는 장자류의 도가나 역시 출가하여 홀로 깨달음에 이르는 것을 목표로 하는 불교, 특히 소승불교와는 확연히 다르다.

그러므로 이 장에서 그 덕을 아름다운 옥에 비유한 자공의 질문에 대하여 서슴지 않고 "팔아야지! 팔아야지! 나는 장사꾼을 기다리고 있단다." 라고 답한다. 공자는 자신이 닦은 덕을 정치를 통해 백성에게 고루 혜택을 돌리는 것이 바람직하다고 여긴 것이다.

송·명대의 주자학은 천지 만물을 주재하는 원리로서 이理를 상정하고 '사물의 이치에 관한 탐구한다'라는 격물치지格物致知와 '마음을 흩트리지 않고 한곳에 집중'하는 거경함양居敬涵養 등 내적인 수양만을 극도로 강조하였을 뿐 그러한 수양을 외적으로 쓰는 데 대해서는 거의 말하지 않았다.

공자는 노나라를 떠난 이래로 항상 자신의 이상을 펼치기 위해 관직을 맡으려 했지 후세 주자학자같이 고의로 벼슬을 사양한 적이 없다. 주자학은 이理가 우주를 움직이고 생명을 창조하는 권능을 독자로 할 수 있느냐 혹은 기를 통해 그와 같은 일을 행하는 기준에 불과한 것인가에 대해 열을 올렸지, 누구 하나 나라와 백성에 유익한 방책을 이야기하는 사람이 없었다.

조선조 5백 년 동안 주자학은 세상을 움직이는 주도적 관학의 위치를 한 번도 타 학문에 내준 적이 없었지만, 주자학자 가운데 나라와 백성을 위한 방책을 말한 사람은 오로지 율곡 이이 정도였으며 이이가 임진왜란에 앞서 십만양병설을 주장하지만, 당시 조정은 평화로운 때에 그 같은 군대를 키우는 것은 민심을 흉흉하게 할 뿐이라고 이를 묵살해 버리고 말았으니 조선 초의 극히 짧은 기간을 제외하고 주자학이 수백 년간 조선의 국가나 사회에 공헌한 것은 사실상 아무것도 없었다고 볼 수 있다. 이토록 쓸모없는 학문이 그렇게나 오랫동안 한 국가의 유일한 학문으로 압도적인 지지를 받은 것은 세계적으로도 보기 드문 예라고 생각된다.

제14장

공자께서 구이九夷의 땅에 살고 싶다고 하자, 어떤 사람이 "그곳은 누추해서 어떻게 살겠습니까?" 하니, 공자께서 말씀하셨다. "군자가 사는데 무슨 누추함이 있겠는가?"

原文

子欲居九夷. 或曰: "陋, 如之何?"
자 욕 거 구 이   혹 왈   루 여 지 하
子曰: "君子居之, 何陋之有?"
자 왈   군 자 거 지 하 루 지 유

九夷(구이) 아홉 송속의 동쪽 오랑캐. 九는 많다는 뜻이며 반드시 아홉을 의미하지는 않는다 | 或(혹) 어떤 사람 | 陋(루) 궁벽하다, 낙후되다 | 如~何(여~하) 어떻게 하는가 | 之(지) 그것. 여기서는 앞의 九夷를 지칭함 | 何陋之有(하루지유) 원래는 何有陋이나 陋를 강조하기 위해 앞에 두고 구조조사 之를 그 사이에 두어 有가 뒤에 오는 도치형태가 됨

해 설

구이九夷는 동쪽에 사는 아홉 종족의 오랑캐를 말한다. 공자 당시의 '동쪽'이란 중원에서 동쪽이라는 뜻으로 오늘날 산둥반도를 포함, 대체로 요하 지역까지를 지칭하는 것이고, 또 여기서 '아홉'이란 '많다'라는 뜻이지 반드시 9개를 의미하지도 않는다.

한漢나라 이래로 많은 사람이 이 아홉 종족을 규명하고자 하여 심지어는 현토, 낙랑, 고려 등을 열거하는 사람도 있는데, 이는 모두 훨씬 후대에 한나라가 한사군을 설치한 이후에 생긴 명칭이므로 공자가 말했던 구이는 아니다.

또, '군자가 산다'라는 데 대하여 이 '군자'란 바로 은나라 말기의 현자인 기자箕子를 가리키며 그런 현자가 살면서 오랑캐의 백성들을 교화하였으니 지금은 구이라도 문명이 낙후되지 않았을 것이라고 풀이하는 설이 있다(何異孫, 李尙迪).

그러나 이 장에서 공자가 '군자가 산다'라고 한 말은 공자 자신과 같은 사람이 구이의 땅에 가더라도 그곳 사람들을 교화하여 문명화시킬 수 있다는 자신감을 표출한 것이지 옛날의 기자가 가서 이미 문명화시킨 구이의 땅으로 자신도 가야겠다는 말은 아니다.

'기자가 동이로 갔다'라는 기자동래설箕子東來說은 공자보다 훨씬 후대에 생겨난 이야기로 공자 때는 그저 기자는 주나라 무왕의 치세를 피하여 은의 유민을 이끌고 북으로 갔다는 정도로만 알려져 있었으며 기자동래설 자체가 없었다. 따라서 한나라 이후의 생긴 기자동래설을 이 장에서 공자가 구이에 살고 싶다는 말과 결부시킨 것은 명백한 난센스다.

기자동래설이 말하는 당시의 한반도를 포함한 요동 이동지역은 출토되는 청동기도 중국과는 크게 다른 지역이어서 기자 등이 중국 문명을 이 지역에 전파한 사실을 인정받기 어려우며 더구나 사마천의 『사기』이전에는 기자동래설은 어떠한 기록에도 나타나지 않는다는 점 등을 볼 때 기자동래설은 한 대 이후에 조작된 것이며 역사적 사실은 아니라고 생각되고 있다.

또, 구이가 기자에 의해 문명화되었다면 이 장의 대화에서처럼 굳이 '구이'라든가 '누추하다'라고 하지도 않았을 것인데 공자가 '구이'라고 하자 어떤 사람이 '누추하다'라고 한 것은 역시 구이지역은 문명화가 되지 않은 땅이라는 의미이므로 이 말 역시 기자가 그곳에 가서 사람들을 개화시켰다는 사실을 부정하고 있다고 보아야 한다.

결국, 구이라든가 기자동래설 따위는 황하를 중심으로 고립된 초기 문명을 이룬 한족들이 훗날 자신을 높이고 주변 민족을 업신여겨 만들어 낸 고질적 병적 허세의 하나일 뿐이라고 생각된다.

제15장

공자께서 말씀하셨다.
"내가 위나라에서 노나라로 돌아온 이후로 음악을 바로 잡았는데, 『아雅』와 『송頌』이 각기 자기 자리를 잡게 되었다."

原文

子曰 : "吾自衛反魯, 然後樂正, 『雅』·『頌』 各得其所."
자 왈   오 자 위 반 노 연 후 악 정   아   송   각 득 기 소

自(자) ~으로부터 | 反(반) 돌아오다 | 然後(연후) 그 뒤에 | 雅(아) 시경의 한 부분으로 왕실·귀족의 의식이나 향연에 연주되던 악곡 | 頌(송) 시경의 한 부분으로 종묘제례악 | 其所(기소) 자기의 자리

해설

공자가 말하는 '악樂'은 모두 시경의 시를 가사로 하고 거기에 곡을 붙인 것으로 주나라가 힘이 있을 때는 매년 나라에서 노래를 채집하는 관리를 전국에 파견하여 민간에서 유통되는 노래와 가사를 채집하여 정리하였으며, 또한 가사만 있고 곡이 없는 것은 나라에서 곡을 붙여 역으로 유통시키기도 했다고 한다. 이렇게 정리되어 오늘날까지 남아 있는 것이 『시경』이다.

『시경』의 '아'는 공식적인 연회에서 주로 쓰는 의식가인데 내용은 주로 왕정의 흥망이나 기타 정사에 관한 대소사를 읊고 있으며, '송'은 종묘의 제사에서 쓰는 악시樂詩로 주로 선왕의 공적을 칭송하는 내용이다. 공자가 『아雅』와 『송頌』을 정리했다고 한것은 그것들이 『풍風』에 비해 상대적으로 내용정리나 자료수집등이 용이하였으므로 먼저 정리를 할수 있었다고 보아야 할 것이다.

공자는 태백편 8장(8-8장)에서 "시로 일어나고 예에 서며, 음악으로 이룬다(흥어시興於詩, 입어례立於禮, 성어악成於樂)."이라고 할 정도로 시와 음악을 중시하였다. 특히 『아』, 『송』은 연회나 제사 등 국가적인 중요 의전과 직접 관계되는 조정의 '시'로 이것들이 자기 자리를 잡도록 했다는 것은 예를 제정하고 음악을 만든 주공周公의 사업을 계승하여 그 체제를 정비했다는 의미이다.

제16장

공자께서 말씀하셨다.

"조정에 나가면 공경들을 모시고 집에 돌아오면 아버지와 형을 모시며, 장례에는 감히 힘쓰지 않음이 없고 술은 뒷날 고생하지 않을 정도로 마시는 것 외에 내게 뭐 별다른 것이 있는가?"

> **原文**
> 子曰 : "出則事公卿, 入則事父兄, 喪事不敢不勉, 不爲酒困,
> 자 왈　　출 즉 사 공 경　입 즉 사 부 형　상 사 불 감 불 면　불 위 주 곤
> 何有於我哉?"
> 하 유 어 아 재

公卿(공경) 노나라의 임금인 노공(魯公)과 최상위 고관인 卿을 통칭하는 말이나 여기서는 '조정의 높은 고관들'이라는 뜻 | 勉(면) 힘쓰다 | 困(곤) 괴로워하다 | 於(어) ~에게

해설

공자의 가르침은 항상 생활 속의 규율과 일상에 있다. 그다지 신비로운 것도 없고 어쩌면 통속적이라고 해도 좋을 삶의 모든 현장이 바로 공자의 가르침이 실천될 수 있는 성스러운 장소가 된다. 사람들은 공자 가르침의 의미를 자신의 생활 밖에서 또는 어떤 장엄하고도 특수한 경우에서 실현될 것이라고 착각한다.

그러나 공자는 자신의 가르침이 일상생활에서 공경公卿이나 부형父兄등 윗사람 존대하여 예의를 지키고 장례에 힘쓰고 술을 지나치게 마시지 않는 등 분수에 넘치지 않는 일을 하는 것 외에 특별한 것이 없음을 밝히고 있다.

공경公卿은 노나라 군주를 제외하고 조정에 있는 공자의 상관이라는 설도 있으나 굳이 노나라 군주를 제외할 합당한 이유가 없다고 생각되므로 여기서는 노나라의 임금인 노공魯公은 물론, 조정에서 최상위 고관인 경卿을 함께 통칭하는 말로 '조정의 높은 고관들'이라는 일반적인 뜻으로 보는 것이 무방할 것이다.

그리고 이 장의 부형父兄도 또한 자신의 아버지와 형은 물론, 친족 중에 연장자도 널리 포함하는 개념으로 본다.

제17장

공자께서 냇가에서 말씀하셨다.
"가는 것이 이와 같구나! 밤낮으로 쉬지 않는구나."

| 原文 | "子在川上, 曰 : "逝者如斯夫! 不舍晝夜."
자 재 천 상 왈   서 자 여 사 부   불 사 주 야 |

川上(천상) 냇가에서 | 逝(서) 가다 | 者(자) ~하는 것, ~하는 사람 | 夫(부) 강한 감탄의 뜻을 나타내는 어기사 | 舍(사) 통상은 집이란 뜻이나 여기서는 '쉬다'라는 뜻. 捨와 같다 | 晝夜(주야) 낮과 밤

해설

이 장은 시대에 따라 유학자들이 각기 자신의 사상적 입장을 반영, 다르게 해석한 대표적인 구절이다. 우선, 한漢나라 이전의 맹자, 순자나 한무제 때의 동중서 등은 공자가 냇물처럼 세월도 쉬지 않고 흐르니 제자들이 끊임없이 덕성과 학문을 닦아나가도록 촉구한 것이라고 해석한다.

그러나 위진 남북조시대에 들면 당시에 유행하던 도가의 영향을 받아 이 장 공자의 말은 속절없이 흘러가는 세월에 공자 자신이 나날이 늙어감에 안타까워하며, 인생무상을 탄식하는 보통 인간의 모습을 그린 것이라고 보았다.

그러나 이러한 해석들은 송 대에 들어 주자의 신유학에서는 전혀 다른 해석을 하게 된다. 주자에 있어 끊임없이 흐르는 냇물은 면면히 이어지는 도체道體의 운행을 말하며 이에 따라 이 장은 쉬지 않고 학문과 수양에 매진해야 하는 군자의 본분을 뜻하는 것으로 해석하는 것이다.

주자는 우주에 산재해 있는 이理는 주변 사물에 대한 궁극적인 탐구로 깨달을 수 있다고 하는데 왕양명은 이에 반대, 사물이 아니라 깨달음의 주체인 사람 자체의 내면 탐구에 의해 그 양지良知를 밝힘으로써 이理에 대한 깨달음에 이를 수 있다는 입장을 취한다.

왕양명은 주자와는 달리 '끊임없이 흐르는 냇물'은 면면히 이어지는 도체道體의 운행이 아니라, 그것을 바라보는 사람의 활발하며 막힘이나 끊임이 없는 마음의 흐름으로 본다. 이러한 마음의 흐름은 곧 천지의 흐름과 일치할 수 있어서 천지 만물을 한 몸으로 여길 수 있게 된다. 왕양명에 있어서는 이 경지야말로 수양으로 다다를 수 있는 최고의 경지이며, 곧 성인의 경지인 것이다.

우리나라의 대표적 실학자인 다산은 '흐르는 냇물이 면면히 이어지는 도체의 운행'을 말한다는 주자에 대하여 '천도의 운행이란 순환하여 가면 되돌아오지 않음이 없지만, 냇물은 한번 가면 되돌아오지 않는 것이므로 이는 같은 것이 아니다'하고 대체로 이 장의 뜻은 '물은 흘러가 쉬지 않으니 군자는 이를 본받아 덕으로 나아가고 스스로 힘써 수양하되 쉬지 않아야 한다'라는 한나라 이전의 초기 유학자와 같은 의미로 공자의 가르침으로 풀고 있다.

문장의 첫머리인 '천상川上'은 냇물 위라는 뜻이 아니라 냇가라는 뜻이며 이 경우 상上은 '~가'라는 의미이다.

제18장

공자께서 말씀하셨다.
"나는 여색을 좋아하듯이 덕을 좋아하는 사람을 아직 보지 못했다."

原文 子曰 : "吾未見好德如好色者也."
자 왈　　오 미 견 호 덕 여 호 색 자 야

好德(호덕) 덕을 좋아하다 | 如(여) 같다 | 好色(호색) 색을 좋아하다

해 설

『사기』 공자세가에는 공자가 위衛나라에 한 달가량 있을 때 위령공이 부인과 함께 수레를 타고 환관 옹거雍渠를 곁에 태우고 나가며, 공자는 다음 수레로 오게 하면서 거들먹거리며 시가지를 지나갔는데 이에 공자는 "나는 여색을 좋아하듯이 덕을 좋아하는 사람을 아직 보지 못했다."라고 말했다고 한다.

공자는 이 일을 수치스럽게 여기고 곧 위나라를 떠나 조曹나라로 갔다고 한다. 공자가 살던 춘추시대에도 제후나 주변 인물들 중에는 여러 가지 남녀 간의 불미스러운 일로 세간에 물의를 일으키는 일이 많았다.

공자보다 한 세대 앞 사람인 진령공陳靈公은 대부 하어숙의 미망인인 하희夏姬와 사통하다가 하희의 아들인 하징서에게 살해당했으며, 제양공齊襄公은 누이인 문강文姜과 사통하다가 문강이 노환공魯桓公에게 시집간 뒤에 부부가 함께 제나라에 왔을 때 제양공이 다시 문강과 사통하자 노환공이 이를 알고 격분했는데, 이를 전해 들은 제양공은 연회 중에 역사力士를 시켜 술에 취한 노환공을 죽여 버렸다.

제장공齊莊公 역시 당시 제나라의 권신인 최저崔杼의 후처 당강棠姜을 농락하다가 최저에게 살해당했고, 위령공의 부인인 남자南子가 대부인 송조宋朝와 간통한다는 소문을 들은 위령공의 세자 괴외가 남자를 죽이려다 실패해 송나라로 달아났는데 이 사건은 뒷날 위나라 군주 승계를 둘러싸고 기나긴 진통을 겪게 된 시발점이 되었다.

한편, 오왕 부차도 월왕 구천이 보낸 서시의 아름다움과 재주에 빠져 나랏일을 제쳐두고 함께 놀며 이를 꾸짖는 충신 오자서를 자결하게 하는 등 방만한 정치를 하다가 결국 몰래 부국강병책으로 힘을 키워온 월왕 구천에게 나라는 망하고 자신도 목숨을 잃는, 혹독한 결과를 초래하고 예나 지금이나 색을 좋아하듯이 덕을 좋아하는 일을 잘 일어나기 어려운 일인듯 하다.

제19장

공자께서 말씀하셨다.

"산을 만드는데 비유한다면, 내가 한 삼태기의 흙을 덜 붓고 그만둔다면, 그것은 내가 그만둔 것이다. 또, 평지를 만드는데 비유한다면, 비록 한 삼태기의 흙이라도 내가 붓기 시작했다면, 나는 그만큼 나아간 것이다."

原文

子曰 : "譬如爲山, 未成一簣, 止, 吾止也. 譬如平地,
자 왈   비 여 위 산 미 성 일 궤   지   오 지 야   비 여 평 지
雖覆一簣, 進, 吾往也."
수 복 일 궤   진   오 왕 야

譬如(비여) 비유하면 ~와 같다 | 爲山(위산) 산을 만들다 | 簣(궤) 삼태기(흙이나 거름을 나르는 농기구. 칡이나 짚으로 엮어 만듦) | 覆(복) 뒤집다, 붓다 | 往(왕) 가다

해설

선비가 공을 이루는 데 끝까지 최선을 다해야지 마지막 노력을 게을리하여 여태까지 쌓아온 공을 헛되이 해서는 안 되며, 또 아무리 힘들고 어려운 일이라도 첫걸음을 내디디면 그만큼 앞으로 나아간 것이라는 말이다.

'산을 만드는데 한 삼태기의 흙을 덜 붓고 그만둔다.'라는 말은 『서경』 주서 여오편에서 먼저 언급되고 있다. 즉, 주 무왕이 상나라의 폭군 주왕紂王을 없애고 천하를 안정시켰을 때 서쪽의 여旅라는 나라에서 '오獒'라는 큰 개를 무왕에게 바쳤다.

'오'는 키도 크고 사람의 말도 알아들었으므로 무왕은 이 신기한 개를 애지중지했다. 이에 동생인 소공召公이 무왕이 개에 빠져 정치를 등한시하지 않을까 하여 충고하는 글을 올렸는데 이 글에서 '아홉 길 높은 산을 만드는 데 흙 한 삼태기가 없어 공을 헛되이 해서는 안 됩니다(위산구인 공휴일궤爲山九仞 功虧一簣).'라는 문장이 나온다.

아마도 이 장에서 서두에 나오는 공자의 말은 『서경』의 이 부분에서 나온 것으로 생각된다. 논어에서 공자가 한 말로 나오는 것 중 상당수는 공자가 처음 한 말이 아니라 이처럼 오래전부터 노나라 지역에 전해져 내려오던 격언이거나 당시에 유행하는 말로 생각된다.

제20장

공자께서 말씀하셨다.
"말해주면 실천에 게으르지 않은 이는 아마도 안회일 것이다."

> **原文**
> 子曰 : "語之而不惰者, 其回也與!"
> 자 왈　　어 지 이 불 타 자　기 회 야 여

惰(타) 게으르다 | 其(기) '아마도'라는 뜻의 어기사 | 回(회) 안연(安淵)을 말함 | 也與(야여) 추측이나 감탄의 뜻을 나타내는 어기사

해 설

안회의 부지런한 정진에 대한 공자의 찬사다. 논어 전편에 걸쳐 안회의 훌륭함에 대한 공자의 칭찬은 대단히 많지만, 그 훌륭함은 언제나 공자의 말속에만 있을 뿐 안회가 이룬 실질적인 훌륭함이 무엇인가에 대해서는 논어 자체는 물론 다른 문헌에서도 찾기 힘들다.

공자의 가르침은 크게 스스로 수양하여(수기修리), 널리 백성을 평안케 하는 것(안인安人)이라고 할 때 공자의 제자도 안회, 증삼, 자하 등 노나라 출신으로 전자의 수양을 중시하는 그룹과 위衛, 진陳 등 다른 나라 출신으로 자공, 자장 등 후자의 널리 백성을 평안하게 하는 정치를

중시하는 그룹으로 나누어진다.

　논어의 앞부분에는 노나라 출신들이 남긴 어록인 노론魯論이 중심이 되어 있으므로 노나라 출신인 증자에 관한 글과 같은 노나라 출신인 안회를 이 장에서처럼 공자가 칭찬하는 말이 특히 많이 수록되어 있다.

제21장

공자께서 안연을 평하여 말씀하셨다.
"애석하구나! 나는 그가 나아가는 것만 보았지, 멈추어 있는 것을 보지 못했다."

原文 子謂顏淵曰: "惜乎! 吾見其進也, 未見其止也."
자 위 안 연 왈   석 호   오 견 기 진 야   미 견 기 지 야

謂(위) 논평하다 | 惜(석) 애석하다, 아깝다

해 설

앞의 장과 유사한 안연에 대한 찬사이지만 안연의 구체적인 덕행에 대해서는 남아 있는 것이 없다.

다만, 유학이 한漢제국을 대표하는 이데올로기가 된 이래 안연은 오랫동안 공자의 수제자로 그 덕행이 성인 공자에 버금간다는 의미로 아성亞聖으로 불리워졌다. 후에 송의 주자에 의해 맹자가 재발견되고 맹자가 공자를 잇는 유학의 정통으로 인정되자 이후 맹자를 아성亞聖으로 부르기 시작하고 이에 따라 안연은 성인 공자를 꼭 닮았다는 의미로 복성復聖이라고 바뀌어 불리워졌다.

제22장

공자께서 말씀하셨다.
"싹이 돋았으나 꽃을 피우지 못하는 사람이 있구나! 또, 꽃을 피웠으나 열매를 맺지 못하는 사람도 있구나!"

> **原文**
> 子曰: "苗而不秀者有矣夫! 秀而不實者有矣夫!"
> 자 왈   묘 이 불 수 자 유 의 부   수 이 부 실 자 유 의 부

苗(묘) 모종, 싹 | 秀(수) 꽃 | 矣夫(의부) 감탄의 뜻을 나타내는 어기사 | 實(실) 열매

해 설

싹이 돋았으나 꽃은 피우지 못하는 사람이란 학문의 기초는 닦았으나 높은 수준에는 이르지 못한 사람을 뜻하고, 꽃을 피웠으나 열매를 맺지 못하는 사람이란 학문에 있어서는 높은 수준에 달했다고 하나, 그 학문을 실제 생활에서 구현하여 많은 사람에게 좋은 영향을 주는 결과에는 이르지 못한 사람을 말한다고 본다.

비록 열매를 맺지는 못하였지만, 꽃이 눈부시게 피어 사람을 탄복하게 한 것은 아마도 안회를 말하는 것이리라. 공자는 안회의 대성을 기대하였지만 안회는 그러한 공자의 기대를 저버린 채 요절했다. 안회가

공자보다 오래 살아서 공자의 뒤를 수습할 수 있었더라면 논어는 좀 더 풍성한 공자의 언행을 담았으리라고 생각된다.

그러나 공자는 꽃과 열매를 빌어 제자들의 품성과 나중의 성과를 설명하고자 했지만, 공자의 이러한 설명과는 달리 대체로 식물에서는 꽃이 화려하게 피는 것일수록 열매는 대단치 않은 것이 보통이며, 또 열매가 유용한 것일수록 그 꽃은 대단치 않은 것이 보통이다. 이런 점에서 사람과 식물의 생애를 같은 프로세스로 보고 그대로 비교하는 것은 어색하다.

제23장

공자께서 말씀하셨다.

"후배들을 두려워할 만하다. 어찌 나중에 오는 사람이 지금 사람만 못하다고 하겠는가? 그런데 마흔이나 쉰이 되어도 그 사람에 대해 들리는 바가 없다면 그 사람 역시 두려워할 만한 이가 못 된다."

> **原文**
>
> 子曰: "後生可畏, 焉知來者之不如今也?
> 자 왈   후 생 가 외   언 지 래 자 지 불 여 금 야
> 四十五十而無聞焉, 斯亦不足畏也已."
> 사 십 오 십 이 무 문 언   사 역 부 족 외 야 이

後生(후생) 나중에 태어난 사람, 후배 | 畏(외) 두려워하다 | 焉知(언지) 어찌 알겠느냐 | 聞(문) 소문, 명성 | 焉(언) 문장 끝에 강조의 뜻을 나타내는 어기사 | 斯(사) 이, 이것

해설

공자는 후배들이 얼마나 발전할지 모르므로 선배들이 오히려 두려워해야 한다고 했을 뿐이다. 나이가 많거나 혹은 어떤 조직에 먼저 몸담았다는 이유로 연하나 후배들 위에 군림하는 소위 장유유서長幼有序는 공자의 가르침과는 아무 관련도 없지만, 후세의 유교에서 자유로운 토론문화를 저해하고 연장자 갑질의 근거로 악용되는 경우가 많았다.

장유유서長幼有序는 한漢 무제 때의 동중서董仲舒가 주장한 삼강오상설三綱五常說 중 하나로 공자와는 무관하지만 동중서 이래 유교를 구성하는 틀 중 하나가 되어 중국뿐만 아니라 우리나라에서도 오랫동안 기본적인 사회질서로 생각되어 왔다.

삼강三綱은 세 가지 큰 줄기의 윤리라는 뜻으로 우선 임금과 신하 간의 도리(군위신강君爲臣綱)와 어버이와 자식 간의 도리(부위자강父爲子綱), 그리고 남편과 아내 사이의 도리(부위부강夫爲婦綱)를 가리킨다. 쉽게 말하자면, 앞사람이 뒷사람보다 우월하며 특히 뒷사람은 앞사람에게 충성이나 효도, 정절의 의무를 질 것을 강조하는 것이 삼강의 큰 뜻이다.

오상五常은 오륜五倫이라고도 하며 『맹자』에 나오는 말로서 '부모는 자녀에게 인자하고 자녀는 부모에게 존경과 섬김을 다하며(부자유친父子有親), 임금과 신하의 도리는 의리에 있고(군신유의君臣有義), 남편과 아내는 분별 있게 각기 자기의 본분을 다하고(부부유별夫婦有別), 연장자와 연소자 사이에는 차례와 질서가 있어야 하며(장유유서長幼有序), 친구 사이에는 신의가 있어야 한다(붕우유신朋友有信).'는 다섯 가지 유교적 윤리를 일컫는다.

이 중에서 '연장자와 연소자 사이에는 차례와 질서가 있어야 한다.'라는 장유유서는 집안과 집 밖의 양쪽에 해당되는 것으로, 집안에서는 형제간의 순서를 말하고, 사회생활에서는 주로 연장자와 연소자의 순서나 직위상의 순서를 말한다. 오륜은 송 대의 주자에 의해서 특히 강조되었는데, 오륜이 우리나라에 알려진 것은 주자학이 전래 되었던 고려 충렬왕 이후부터이다.

그러나 실질적으로 장유유서의 폐해가 나타난 것은 일본군대 내에서 선임이 후임을 괴롭히는 관례가 일제 강점기에 군대뿐만 아니라 여러 조직에 도입·고질화하여 흔히 유교의 대표적인 폐습의 하나로 지목되고 있다. 그러나 공자는 장유유서를 말하지 않았고 맹자 역시 처음 장유유서를 말한 뜻도 이렇게 윗사람이 아랫사람을 괴롭히고 언로를 막는 형태로는 생각하지 않았을 것이다.

맹자의 장유유서는 손윗사람, 특히 노인에 대한 공경과 적절한 우대를 말한 것이지 무조건 나이가 많다고 혹은 조직에 먼저 들어왔다고 나이 어린 사람이나 후배들에게 아무렇게나 대해도 된다는 것은 아니다. 설사 그런 것들이 공자의 가르침이라도 현재의 시각으로 정당성이나 유용성을 따져 당장 폐기하거나 바르게 고치는 것이 옳다.

제24장

공자께서 말씀하셨다.

"올바르고 훌륭한 말을 어찌 따르지 않겠느냐만 그 말에 따라 스스로 고치는 것이 중요하다. 부드럽게 조언하는 말이 어찌 좋지 않겠느냐만 그 의미를 찾는 것이 중요하다. 좋아하기만 하고 그 의미를 찾지 않고, 따르기만 하고 스스로 고치지 않는다면, 나도 그 사람은 어떻게 할 수가 없구나."

原文

子曰 : "法語之言, 能無從乎? 改之爲貴. 巽與之言,
자 왈　　　법 어 지 언　능 무 종 호　개 지 위 귀　손 여 지 언
能無說乎? 繹之爲貴. 說而不繹, 從而不改,
능 무 열 호　역 지 위 귀　열 이 불 역　종 이 불 개
吾未如之何也已矣."
오 미 여 지 하 야 이 의

法語(법어) 올바르고 훌륭한 말 | 從(종) 따르다 | 乎(호) 추측의 뜻을 나타내는 어기사 | 改(개) 고치다 | 巽與(손여) 부드럽게 조언하다 | 說(열) 기쁘다 | 繹(역) 찾아내다 | 未如之何(미여지하) 그것을 어떻게 할 수가 없다 | 如~何(여~하) ~을 어떻게 하다 | 也已矣(야이의) 단정적인 의미를 나타내는 어기사

해 설

법어라는 말은 불교가 중국이나 우리나라에 들어온 이후에 법문이

라는 말과 함께 불교의 고승들의 훌륭한 말을 지칭하는 것으로 쓰이게 되어 통상 불교 용어로 알려졌지만 실은 논어에서 나온 말이다.

옳은 말을 좋아는 하지만 그 말에 따라 자기 잘못을 고치지 않은 것은 옛날이나 지금이나 똑같이 사람들의 병폐다. 공자는 항상 우리 주변에서 일어날 수 있는 일상적이고 구체적인 사항에 있어 우리가 흔히 범할 수 있는 잘못과 그것을 고쳐나가는 문제를 말하지, 거창하게 우주의 본질이나 보편적 인간이 모두 추구해 나가야 할 바른 이치 즉, 성性이나 이理같은 추상적인 주제를 거의 말하지 않았다.

옳은 말이라도 그 말에 따라 현재의 습관이나 태도를 바꾸는 것은 사실은 쉽지 않다. 출신 지역이나 신분, 성향에 상관없이 널리 능력 있는 사람을 발탁하여 제 지리에 등용한다는 원칙은 구한말 이래 끊임없이 반복되는 말이지만 아직도 각종 인사에서 적재적소의 원칙이 제대로 이행되고 있다고는 보기 어렵다.

제25장

공자께서 말씀하셨다.

"성실함과 신의를 가장 먼저 내세우고, 자기만 못한 사람을 벗하지 말며 잘못이 있으면 고치는 것을 꺼리지 마라."

原文

子曰: "主忠信, 毋友不如己者, 過則勿憚改."
자 왈　　주 충 신　무 우 불 여 기 자　과 즉 물 탄 개

主(주) 주로 하다 | 毋(무) 없다. 無와 같다 | 過(과) 잘못, 과오 | 勿(물) 말다 | 憚(탄) 꺼리다

해 설

이 장은 학이편 8장(1-8장)의 후반부와 같은 내용이다. 충忠 이라는 한 자는 원래 어떤 구역의 가운데에 깃발이 꽂혀있는 모양(中)과 마음(心)이 합쳐진 글자의 모양을 하고 있다. 즉, 어느 쪽으로도 기울어지지 않아 균형이 잡힌 마음, 즉, 사심이 없이 근본에 충실한 마음이라는 뜻이다.

그러므로 충忠은 자신과 주변 사람에 대해서는 정성스럽고 성실한 마음을 가리키는데, 특히 임금에 대하여는 신하나 백성된 본분本分, 즉 충성을 말하는 것이 된다. 이 장에서는 임금과의 관계를 말하는 것은

아니므로 일반적인 '성실함'으로 보아야 한다.

공자는 임금에 대한 충忠이라고 해도 후세 사람들이 말하는 목숨을 바치는 따위의 충성을 말하지 않았으며 오늘날 회사에 대한 직원의 성실함 정도의 윤리를 말하였을 뿐이다. 조금이라도 임금과 생각이 맞지 않거나 자신을 제대로 대우하지 않는 경우라면 즉시 떠나버리면 그만인 것이다. 이것은 맹자 역시 마찬가지였다.

충성이라 하여 신하가 임금에게 매달려 애걸복걸하고 임금의 총애에 목숨을 걸어 죽음조차도 사양치 않는 극단적인 애정 논리로까지 발전한 것은 한 제국 이후 유학이 제국의 지배통치 원칙이 된 이후의 결과물이다.

제26장

공자께서 말씀하셨다.
"삼군을 이끄는 장수는 빼앗을 수는 있어도, 한 사람의 뜻은 빼앗지 못할 수가 있다."

原文
子曰 : "三軍可奪帥也, 匹夫不可奪志也."
자 왈   삼 군 가 탈 수 야   필 부 불 가 탈 지 야

三軍(삼군) 당시의 1군은 12,500명임. 삼군은 많은 수의 군사를 뜻함 | 奪(탈) 빼앗다 | 帥(수) 장수, 우두머리 | 匹夫(필부) 한사람 | 志(지) 뜻, 마음

해 설

이 장의 해석에 관하여 대부분의 국내 서적은 "삼군을 이끄는 장수는 빼앗을 수는 있어도, 한 사람의 뜻은 빼앗을 수 없다." 라고 하여 마치 한 사람의 마음을 빼앗는 일이 대군을 지휘하는 원수를 사로잡는 일보다 어려운 것처럼 풀이하고 있다. 그렇게 푼 뜻은 이해할 수는 있지만 엄밀하게 말하자면 상식에 어긋난다.

공자 당시의 일군은 대략 12,500명 정도여서 삼군의 장수라면 이라면 적어도 5만에 가까운 군사를 지휘하는 장군이다. 그런 장군이라면

주변에 상당수의 친위대와 근접 경호대로 보호되고 있어 교전 결과 결정적인 패퇴에 이르게 하지 않고서는 그 장군만을 사로잡는다는 것은 불가능할 정도로 대단히 어려운 일이다.

그러므로 경우에 따라 '한 사람의 뜻이라도 빼앗지 못할 수도 있는 것'이지 언제나 "삼군을 이끄는 장수는 빼앗을 수는 있어도, 한 사람의 뜻은 빼앗을 수 없다." 라고 단정하는 것은 지나친 해석이다.

이 장의 뜻은 삼군의 장수를 사로잡는 어려운 일이라도 이는 어디까지나 일의 성패가 객관적인 사실에 달려있으므로 완전히 불가능한 건 아니라 할 수 있지만, 한 사람의 뜻은 그 사람이 죽음으로서 뜻을 지키겠다고 마음먹으면 그 뜻을 막지 못할 수도 있다는 말이다.

제27장

공자께서

"해진 헌 솜옷을 입고, 여우나 담비 털옷을 입은 사람들과 나란히 서도 부끄러워하지 않을 사람은 아마도 자로일게다! 남을 해치지 않고 남의 것을 구하지도 않으니 어찌 착하다 하지 않겠는가?" 하시니, 자로는 늘 그 말을 외웠다. 공자께서 말씀하셨다. "그 도리가 어찌 완전히 착하다고 할 만한가?"

原文

子曰: "衣敝縕袍, 與衣狐貉者立, 而不恥者, 其由也與!
자 왈   의 폐 온 포 여 의 호 학 자 립 이 불 치 자 기 유 야 여
不忮不求, 何用不臧?"
불 기 불 구 하 용 부 장
子路終身誦之, 子曰: "是道也, 何足以臧?"
자 로 종 신 송 지 자 왈   시 도 야 하 족 이 장

衣(의) 입다 | 敝(폐) 해지다 | 縕(온) 헌 솜 | 袍(포) 솜옷 | 衣狐貉(의호학) 여우와 담비털 옷을 입다 | 狐(호) 여우 | 貉(학) 담비, 오소리 | 其(기) 어기사로 '아마도'라는 뜻 | 由(유) 자로(子路)를 말함. 자로의 이름이 중유(仲由) | 也與(야여) 판단적인 어기사 也와 추측의 뜻을 나타내는 어기사 與와 합해져 가벼운 추측의 뜻을 나타냄 | 忮(기) 해치다 | 何用(하용) 무엇으로, 何以와 같음 | 臧(장) 착하다, 좋다 | 終身(종신) 늘 | 誦(송) 외우다 | 足以(족이) ~하기에 풍족하다

해 설

　　내가 도덕적으로 떳떳하고 자부심이 있으면 아무리 고관대작이나 부귀영화를 누리는 사람들과 함께 있어도 주눅 들거나 기죽지 않는다는 말이다. 그래서 자로는 비록 누추한 헌 솜옷을 입고 있어도, 부정한 방법으로 좋은 모피 옷을 입은 사람들과 나란히 서도 떳떳하다는 것이다.

　　그러나 나쁜 일을 행하지 않으므로 떳떳하다는 것은 착함을 이루는 데 있어 최소한의 필요조건이지 착함을 완전하게 이루는 충분조건은 아니다. 후반부에서 공자는 자로가 그 필요조건만을 가지고 자만하는 것을 경계하고 있다.

　　공자는 옷에 대하여 크게 비중을 두지는 않았던 것 같다. 『공자가어』에는 공자가 노나라로 돌아와 애공을 만났을 때 애공이 "선생께서 입으신 옷이 유가의 복장입니까?" 하니 공자는 "어릴 때 노나라에 있을 때는 봉액逢掖이라는 옷을 입었고, 나중에 송나라에 있을 때는 장보관章甫冠을 썼습니다. 제가 듣기에는 군자는 배우는 일을 널리 할 뿐 옷은 그 마을의 습관에 따를 뿐입니다. 이 옷이 유가의 복장인지는 저도 모릅니다."라고 했다.

제28장

공자께서 말씀하셨다.

"날씨가 추워진 뒤에야 소나무와 잣나무가 뒤에 시드는 것을 알 수 있다."

原文

子曰: "歲寒, 然後知松栢之後彫也."
자 왈　　세 한　연 후 지 송 백 지 후 조 야

歲寒(세한) 날씨가 추워지다 | 然後(연후) 그러한 뒤 | 松(송) 소나무 | 栢(백) 잣나무 | 彫(조) 통상은 '새기다'이나 여기서는 '시들다'라는 뜻

해설

이 장이 특히 유명하게 된 것은 추사秋史 김정희金正喜의 『세한도歲寒圖』때문이다. 김정희는 55세 되던 해에 윤상도[119]의 옥사에 연루되어 제주도로 귀양 갔는데 마침 아내도 죽고 반대파의 탄압은 갈수록 기승을 부리고 있어 김정희가 다시 중앙정계에 복직될 가능성은 거의 없어졌

---

[119] 윤상도(尹尙度): 순조 때의 문신으로 1830년 순조의 아들인 효명세자의 무능과 호조판서 박종훈, 전 유수 신위, 어영대장 유상량(柳相亮) 등을 탐관오리로 탄핵하는 상소를 올렸다가 군신 사이를 이간한다는 이유로 추자도에 유배되었으나 1840년(헌종6) 효명세자의 아들인 헌종이 즉위하여 재차 신문, 아들인 윤한모(尹翰模)와 함께 능지처참 되었다. 김정희는 윤상도가 쓴 상소문의 초안을 잡아주었다는 혐의로 제주도로 귀양을 가게 된 것이다.

으므로 서울 사람들과의 관계도 대부분 끊어져 홀로 제주도에서 적막한 유배 생활을 이어가고 있었다.

이때 스승의 사정을 아는 제자 이상적李尙迪이 역관으로 청나라에 가게 되어 그곳에서 청 말의 대학자인 위원魏源이 청나라 명사들의 글을 모아 편찬한 『황조경세문편皇朝經世文編』이라는 귀한 책을 구해 스승 김정희에게 보내 주었다.

김정희가 그 책을 받아보고 제자 이상적에 대한 고마움으로 논어의 이 장의 말을 유추하여 그린 그림이 바로 『세한도』인데, 우리나라 국보 제180호로 지정되어 있다. '형편이 좋으면 모두가 다 일가 같지만, 형편이 어려워지면 모두가 남이 된다.'라는 말이 있듯이 추운 겨울과 같은 어려운 여건에 처해서야 사람의 따뜻하고 참된 정이 드러날 수가 있다는 의미다.

여기서 '후後'는 사실상 '불不'이라는 뜻이다. 표현을 완곡하게 하기 위해서 후後자를 불不자 대신으로 썼을 뿐이다. 중국에서는 대체로 소나무나 잣나무로 강인한 선비의 정신을 표현하나 우리나라에서는 주로 소나무와 대나무로 선비 정신을 표현한다.

제29장

공자께서 말씀하셨다.

"지혜로운 사람은 미혹되지 않고 어진 사람은 근심하지 않으며 용감한 사람은 두려워하지 않는다."

原文
子曰 : "知者不惑, 仁者不憂, 勇者不懼."
자 왈　　지 자 불 혹　인 자 불 우　용 자 불 구

惑(혹) 미혹하다 | 憂(우) 걱정하다 | 懼(구) 두려워하다

해 설

옹야편 22장(6-22장)에서도 "지혜로운 이는 물을 좋아하고, 어진 이는 산을 좋아한다. 지혜로운 이는 동적이고, 어진 이는 정적이며, 지혜로운 이는 즐기며, 어진 이는 오래 산다(지자요수知者樂水,인자요산仁者樂山. 지자동知者動,인자정仁者靜. 지자락知者樂,인자수仁者壽.)."라고 하여 이 장과 비슷한 글이 있다.

지혜롭다면 일의 선후와 사물의 이치를 충분히 알 수 있으므로 미혹에 빠지지도 않으며 빠질 일도 없다. 그러므로 지혜로운 이는 이치에 따라 행동하며 그 행동은 물이 흐르는 것처럼 합리적이며 막힘이 없다.

그러므로 항상 흐름을 타며 능동적이며 선제적이다.

어질다면 모든 것을 내 입장으로 미루어 아니까 걱정하지도 않고 걱정할 필요가 없다. 그러므로 산처럼 고요히 앉아있으며 함부로 움직이지 않아 정적이다. 지혜롭고 어질다면 진정한 용기는 그 속에 있다. 그러므로 그런 용기를 가진 사람은 두려움이 없다는 것이다.

참된 지혜나 인仁을 가진 사람은 용기도 함께 갖는다. 지혜나 인仁, 용기는 사실상 하나로 통하므로 예로부터 참된 도인이나 선비들은 높은 벼슬이나 금은보화를 통한 회유는 물론 창이나 칼로 하는 위협쯤은 우습게 여길 수 있었다.

제30장

공자께서 말씀하셨다.

"함께 배울 수는 있어도 함께 도道로 가지 못할 수도 있고, 함께 도道로 가더라도 함께 서 있지 못할 수도 있으며, 함께 서 있더라도 함께 자유로이 임기응변하지 못할 수가 있다."

> **原文**
>
> 子曰: "可與共學, 未可與適道. 可與適道, 未可與立.
> 자 왈   가 여 공 학 미 가 여 적 도   가 여 적 도 미 가 여 립
> 可與立, 未可與權."
> 가 여 립 미 가 여 권

與(여) 더불어, 함께 | 適(적) 가다 | 立(립) 서다 | 權(권) 방편, 임기응변, 융통성

해설

이 장은 학문과 그 실현의 단계를 설명한 것이다. 함께 한 스승을 모시고 공부를 할 수는 있어도 스승이 가르치는 올바른 도道의 길로 가지 못하는 경우도 생기며, 함께 도의 길로 가더라도 도의 올바른 원칙에 굳건히 서서 그 실천에 임하지 못하는 사람도 있다. 도를 알고 깨달았다 할지라도 도의 실천은 또 다른 문제인 것이다.

명대의 왕양명은 도를 깨닫는다고 할지라도 실천하지 않는다면 그

사람은 도를 깨달았다고 할 수 없다고 한다.

도의 마지막 단계인 권權, 즉 권변權變은 도를 실천하는 데 있어 융통성의 문제이다. 우리가 흔히 말하는 삼강오륜 등 유교의 모든 가르침은 현실적용 단계에서는 문제점이 생길 수 있다. 즉, 남녀유별이니 하여 평소 남녀 간에는 서로 최대한 예를 갖추어야 하지만 홍수가 나서 물에 떠내려가는 사람이 있다면 남녀를 불문하고 손을 잡는 것은 당연하고 심지어는 머리채라도 잡아당겨 목숨을 구하는 것이 바로 권변이다.

그러나 이 권변을 자의적으로 상당한 조건의 제한 없이 맘대로 쓴다면 그것은 권변이 아니라 권한의 남용이 되며 도를 벗어나는 것이 되는 것이다. 도의 원칙과 그 권변 즉, 융통성 있는 적용은 조화를 이루어야 한다. 원칙을 기본으로 하되 아주 특별한 조건이나 때에 한하여 극히 제한적으로 상황에 맞는 융통성이 발휘될 수 있다고 할 수 있다.

그러나 언제나 권변, 즉 융통성이 발휘된다면 그것은 원칙이 없는 것이며 도가 아니다. 오늘날 수많은 유력 정치인들이 융통성을 맘대로 해석하여 이번만 혹은 자신만 예외로 생각하여 한순간에 어이없이 모든 것을 잃거나 심지어 생명조차 잃게 되는 원인이 되기도 한다.

일반적으로 도는 예외 없이 적용되어야 한다. 다만 극히 제한적인 경우에 권변이 논의될 수 있을 뿐이다. 저질의 인물일수록 남에게는 엄격한 도덕 잣대를 들이대어 공격하지만 정작 자신은 융통성이나 불가피성을 주장하여 하늘 아래 못하는 일이 없는 경우가 많다.

제31장

"산앵두나무 꽃이 펄럭이며 나부끼면, 네가 어찌 그립지 않겠는가? 하지만 집이 너무 멀구나!" 공자께서 말씀하셨다.
"생각이 없는 것이지, 어찌 길이 먼 것이 이유가 되겠느냐?"

原文

"唐棣之華, 偏其反而! 豈不爾思? 室是遠而!"
　당 체 지 화　편 기 반 이　기 불 이 사　실 시 원 이
子曰: "未之思也, 夫何遠之有?"
자 왈　　미 지 사 야　부 하 원 지 유

唐棣(당체) 산앵두나무(진달래목 진달래과의 낙엽 관목) | 偏(편) 나부끼다 | 其(기) 음절을 조정하는 어기사 | 反(반) 뒤집히다 | 而(이) 감탄의 뜻을 나타내는 어기사 | 豈(기) 어찌 | 爾(이) 너 | 夫(부) 발어사로 뜻이 없음 | 何遠之有(하원지유) 어찌 멀다는 것이 있단 말인가. 何有遠에서 遠을 강조하기 위해 有 앞에 두고 구조조사 之를 그 사이에 넣음

해설

한漢나라 이래로 많은 사람이 논어의 이 장을 제대로 해석하려 했지만 모두 완벽하게 해석하지는 못하고 있다. 아마도 원문 중에 잘못된 글자나 빠진 글자가 있기 때문이라고 생각된다. 이 장은 대체로 '인仁이란 멀리 있는 것이 아니며, 정말 인을 생각한다면 인은 늘 가까이 있는 것이다'라고 해석하는 것이 보통이다.

그렇게 되면 이 장은 술이편 31장(7-31장)에서 말한 "인仁이 멀리 있다고 생각하느냐? 내가 인을 행하고자 하면 인은 곧 내게로 온다(인원호재仁遠乎哉? 아욕인我欲仁, 사인지의斯仁至矣)."라는 것과 비슷해진다.

그러나 이 장에서 공자는 "사람을 그리워하는 데 있어 정말로 문제는 그리운 마음이 얼마나 절실한가에 달려있지, 그 사람과 나와의 물리적 거리는 문제가 아니다."라는 뜻으로 말했다는 통상적인 해석도 가능하다. 공자라고 어떻게 항상 인仁만 생각하고 인만 말하고 다녔겠는가?

아마도 '산앵두나무 꽃이 펄럭이며 나부끼는' 광경은 이 시의 작자가 멀리 있는 어떤 사람과의 추억이 있는 장면일 것이다. 그 꽃이 나부끼던 날에 함께 했던 추억을 생각하니 더욱 네가 그립다는 말에 대해,

공자는 '마음이 있으면 천 리 길도 내 코앞처럼 느껴지고 마음이 떠나면 한자리에 있어도 천 리 밖에 있는 것처럼 멀어져 보이는 것이 보통 사람의 마음이다. 따라서 마음이 멀어져 있음을 곧바로 말하지 않고 어떻게 길이 먼 것으로 돌려 말하느냐?'라고 비평한 것일 뿐이라는 것이 통상적인 해석자의 입장이다.

원래 "산앵두나무 꽃이 펄럭이며 나부끼면, 어찌 네가 그립지 않겠는가? 하지만 집이 너무 멀구나!"라는 글은 공자가 『시경』의 시를 인용한 것이지만 현재의 『시경』에는 그런 시가 없다. 또, '산앵두나무 꽃이 나부끼며 펄럭이는' 것을 형제나 부부 사이가 나빠져서 반목하고 있는 것을 가리킨다는 설도 있지만, 이는 지나치게 '산앵두나무 꽃'이라는 말 자체에 집착된 자의적인 해석이라고 본다.

제10편
향당(鄕黨)

【제10편 향당(鄕黨)】

제1장

공자님이 마을에 계실 때는 정성스럽고 겸손하셔서 마치 말씀을 잘하시지 못하는 것 같았고, 종묘나 조정에 계실 때는 분명하게 말씀은 하셨지만, 다만 삼가셨을 뿐이다.

| 原文 | 孔子於鄕黨, 恂恂如也, 似不能言者. 其在宗廟朝廷,
공 자 어 향 당   순 순 여 야   사 불 능 언 자   기 재 종 묘 조 정
便便言, 唯謹爾.
변 변 언   유 근 이 |

鄕黨(향당) 500호를 1黨, 25黨(12,500호)이 1鄕이나 여기서는 단순히 '마을'이라는 뜻 | 恂恂(순순) 정성스럽고 겸손하다 | 宗廟(종묘) 역대 군주의 위패를 모신 사당 | 便便(변변) 분명하게 말하다 | 唯(유) 다만 | 謹(근) 삼가다 | 爾(이) '~할 뿐이다'라는 뜻의 어기사로 然과 같다

해 설

공자는 마을에서 사적으로 사람들을 사귈 때는 손윗사람을 공경하고 아랫사람에게도 겸손하여 나서지 않고 오히려 말을 아끼는 편이었으나 종묘나 조정 등 공적인 자리에서는 오해가 생기지 않도록 말은 분명하게 하되 신중했다는 뜻이다.

논어의 열 번째 편인 이 향당편은 노나라와 제나라에 활동했던 제자

들이 각각 자신들에게 전승되었던 공자의 일상생활 기록을 서로 교환, 보충하여 만든 편이라고 한다. 아마도 이 장처럼 공자가 자신이 살던 마을에서의 거동은 노나라에서 전승되었던 것으로 보인다.

통상 우리나라 사람들은 이 장의 공자 언행과는 반대로 행동하는 것이 보통이다. 사적으로는 말이 많은 사람들도 공식적으로 의견을 수렴하는 자리에서는 오히려 입을 다물고 말을 아껴 다양한 의견들을 모아 쟁점을 분명히 하는 것을 어렵게 한다.

그러나 공식적인 자리가 끝난 다음에는 뒤늦게 가까이 있는 주변 사람들에게 결정에 관련된 불만을 토로함으로써 이미 결정된 일의 추진을 어렵게 하거나 쓸데없는 언쟁으로 감정의 골만 깊어지게 하는 경우가 많다.

제2장

공자님은 조정에서 하대부와는 솔직하고 즐겁게 말씀하시고, 상대부와는 온화하고 공손하게 말씀하셨으며, 임금님이 계실 때는 삼가고 공손하였으며, 조심하여 망설이는 듯이 말씀하셨다.

原文

朝, 與下大夫言, 侃侃如也. 與上大夫言, 誾誾如也. 君在,
조   여 하 대 부 언   간 간 여 야   여 상 대 부 언   은 은 여 야   군 재
踧踖如也, 與與如也.
축 적 여 야   여 여 여 야

侃侃(간간) 솔직하고 즐겁다 | 侃(간) 화평하게 즐기다 | 誾誾(은은) 온화하고 공손하다 | 踧踖(축적) 삼가고 공손하다 | 踧(축) 삼가다 | 踖(적) 공손하다 | 與與(여여) 조심하고 망설이다, 위의가 알맞다

해설

말하는 상대나 장소에 따라 말하는 태도를 달리하는 것은 고대로부터 내려오는 예법이며 공자는 이러한 예법에 충실했음을 보여준다. 『공자세가孔子世家』에서는 공자가 처음 벼슬길에 나서서 중도라는 지방의 재宰가 되었다고 했는데 이는 오늘날 우리나라의 읍장과 같이 읍 정도의 행정 책임자로 생각된다.

'거기서 사람을 봉양하고 장례 지내는 절차를 제정하고, 어른과 아이가 먹는 음식을 다르게 하고 힘이 센 사람과 약한 사람의 할 일을 다르게 하고, 남녀를 별도로 하고 길에 떨어진 물건이라도 자신의 것이 아니면 줍지 않게 하는 등 제도를 행한 지 1년이 지나니 서쪽 제후들이 그를 따라 했다고 한다.

당시에 노나라 정공定公이 이를 알고 공자를 사공司空으로 삼았는데 사공이 되자 공자는 토지를 성질에 따라 다섯 종류로 나누고 각각 그 성질에 합당한 곡물을 심어 제대로 자라게 하고 도랑을 파고 묘를 합치는 등의 일을 하다가 대사구大司寇가 된 것이다.

사공은 토지와 민사民事에 관한 일을 하는 자리였으며 사구는 형벌과 경찰업무를 맡는 자리였으나 그 직위의 높낮이를 불구하고 당시 노나라 국정은 삼환씨가 마음대로 하였으므로 그 실질적인 권한은 그리 크지 않았던 것으로 보인다.

또 제후의 나라인 노나라의 경우, 통상 사구에게 '대大'자를 붙여 '대사구'라고 부르지 않았다는 견해에 따르면 공자는 사공과 사구의 직책을 맡았을 뿐인데 '대사구를 지냈다'라는 것은 후세에 공자를 높이기 위해 붙여진 벼슬 이름으로 생각된다.
그리고 공자는 스스로를 '대부의 말석에 있었다'라고 표현하는 것으로 미루어 당시 노나라에서의 사공 혹은 사구 벼슬은 하대부下大夫의 벼슬이었다고 보는 것이 상식적이다. 이 장에서도 공자는 하대부와는 '솔직하고 즐겁게 말씀하시고'라고 하여 공자의 신분이 하대부였음을 추정케 한다.

제3장

임금님이 불러 손님을 접대하게 하면 안색이 변하여 발걸음을 바삐 했다. 함께 선 사람에게 읍할 때는 좌우로 손을 돌려 읍했으며, 옷이 앞뒤로 흔들리는 것이 가지런했다. 종종걸음으로 나아가실 때는 새가 날개를 편 듯했고, 손님이 가시면 반드시 임금님께 결과를 보고하여 아뢰되 "손님께서 뒤돌아보시지도 않고 가셨습니다." 라고 하셨다.

> **原文**
>
> 君召使擯, 色勃如也, 足躩如也. 揖所與立, 左右手, 衣前後,
> 군소사빈　색발여야　족곽여야　읍소여립　좌우수　의전후
> 襜如也, 趨進, 翼如也. 賓退, 必復命曰:
> 첨여야　추진　익여야　빈퇴　필복명왈
> "賓不顧矣."
> 빈불고의

擯(빈) 응대하다, 인도하다 | 勃(발) 안색이 변하다 | 如(여) ~한 듯하다 | 躩(곽) 바삐 가다 | 揖(읍) 읍하다 | 襜如(첨여) 가지런하다 | 趨(추) 종종걸음 치다 | 翼(익) 날개 | 復命(복명) 결과를 보고하다 | 顧(고) 돌아보다

해설

'함께 선 사람에게 읍할 때는 좌우로 손을 돌려 읍했으며'라는 것은 임금 앞에 늘어선 같은 신분의 사람에게는 좌우로 손을 돌려 약식으로

간단하게 인사를 했다는 뜻이다. 공자는 언제나 같은 방식을 고집하는 것이 아니라 상황에 맞게 예도 다르게 표현하고 있음을 보여준다.

손님이 가시고 나면 반드시 결과를 보고하여 아뢰되 "손님께서 뒤돌아보시지도 않고 가셨습니다." 라고 한 것은 손님을 접대한 일이 무사히 끝나서 손님이 아무런 부족함도 없이 떠났다는 뜻으로 군주가 공자에게 내린 손님 접대명령을 무사히 완수했다는 의미이다.

이 장 역시 노나라 임금이 공자에게 손님 접대의 심부름을 시켰던 사례를 말한 것으로 공자가 노나라 조정에 있을 당시에 맡았던 사공이나 사구라는 벼슬이 그다지 높지 않았음을 짐작케 한다. 그러나 어떤 학자는 '공자는 대부 밑의 사士라는 실무자였을 뿐이다'라고 주장하나 이에는 동의할 수 없다.

앞 장에서 보듯이 공자는 '하대부와 솔직하고 즐겁게 말씀하시고(간간여야侃侃如也)'라고 하여 공자는 하대부와는 거리낌이 없어 같은 신분이었음을 알 수 있다. 그리고 선진편 8장(11-8장)에서도 안연이 죽었을 때 안로가 공자의 수레를 처분하여 안연의 곽을 만들자고 청했을 때 공자는 '내가 대부의 말석에 있었기 때문에 걸어가기는 어렵다(이오종대부지후以吾從大夫之後 불가도행야不可徒行也).'라고 하여 역시 자신의 신분이 대부였음을 밝히고 있다.

공자가 대부가 아니라 그 밑의 사士였다는 주장은 아무리 현학적인 수사를 동원하고 희귀한 논거를 제시한다 해도 역시 납득하기 어려운 궤변에 불과하다고 본다. 혹 '이오종대부지후以吾從大夫之後'를 '내가 대부를 따라갔기 때문에'라고 문자 그대로 해석하여 대부 뒤를 따라가는 실무자 그룹인 사士라고 한다면 이 역시 범상치 않은 해석이다.

오늘날에도 국무회의 등 회의에 참석하는 장·차관들이 이동하는 행렬 뒤에 이어 국·과장 등 실무자가 뒤따라 이동하는 모습은 생각하기 어렵다. 당연히 시간이나 거리를 두고 별개로 이동하거나 먼저 목적장소에 가 있는 것이 보통이지 실무자가 장·차관 뒤에 줄지어 이동하지는 않는 것이 일반적이다.

더구나 신분과 위계에 더 엄격했던 공자 시대에는 대부를 따라서 가는 사람 역시 같은 신분의 대부라고 보는 게 상식적일 것이다. 다만 선두에 서는 사람들은 보통 지위가 높거나 연령이 다소 높은 사람이 서고 뒤를 따르는 이들은 앞선 사람들에 비해서는 지위가 다소 낮거나 신참일 가능성이 크다.

제4장

공자께서 궁궐 문에 들어갈 때는 몸을 굽혀 마치 문이 낮아 들어갈 수 없는 것처럼 하셨고, 궁궐 문의 가운데에 서지 않으셨으며 문지방을 밟지 않으셨다. 임금님의 자리를 지나갈 때는 안색이 변하여 발걸음을 빨리하셨고, 말씀하실 때는 마치 힘이 부족한 것처럼 말씀하셨다. 옷자락을 걷고 대청에 오르셨으며 몸을 굽혀 숨을 죽여 마치 숨을 쉬지 않는 것처럼 하셨고, 대청에서 나올 때는 계단을 하나 내려가서야 안색을 펴고 온화해지셨으며 계단을 다 내려오면 종종걸음으로 나아가시되 날개를 펴듯이 하셨다. 자기 자리로 돌아오시면 삼가고 공손하셨다.

原文

入公門, 鞠躬如也, 如不容. 立不中門, 行不履閾, 過位,
입 공 문   국 궁 여 야   여 불 용   입 부 중 문   행 불 리 역   과 위
色勃如也, 足躩如也, 其言似不足者. 攝齊升堂, 鞠躬如也,
색 발 여 야   족 곽 여 야   기 언 사 부 족 자   섭 자 승 당   국 궁 여 야
屛氣似不息者. 出, 降一等, 逞顔色, 怡怡如也. 沒階, 趨進,
병 기 사 불 식 자   출   강 일 등   영 안 색   이 이 여 야   몰 계   추 진
翼如也. 復其位, 踧踖如也.
익 여 야   복 기 위   축 적 여 야

公門(공문) 임금이 거처하는 대궐의 문. 노나라의 임금이 노공(魯公)이므로 대궐 문은 공문(公門)임 | 鞠(국) 굽히다 | 躬(궁) 몸 | 履(리) 밟다 | 閾(역) 문지방 | 躩(곽) 바삐 가다 | 攝(섭) 통상은 '다스리다'라는 뜻이나 여기서는 '옷자락 등을 걷다'는 뜻 |

제10편 향당(鄕黨) 563

齊(자) 통상은 '제'라 읽고 '가지런하다'라는 뜻이나 여기서는 '옷자락' 이라는 뜻으로 '자'로 읽음 | 升(승) 오르다 | 鞠躬(국궁) 몸을 굽히다 | 屛(병) 숨을 죽이다 | 逞(영) 펴다, 부드럽게 하다 | 怡怡(이이) 즐거워하다, 온화하다 | 沒階(몰계) 계단을 벗어나다 | 踧踖(축적) 삼가고 공손하다

해 설

공자의 조정에서의 행동은 예기禮記의 예법에 따른 것이다. 임금을 대하는 신하의 모범적인 행동양식을 보여주는 것이다. 궁궐의 문을 들어갈 때는 궁의 주인인 임금에게 경의를 표하는 의미에서 몸을 굽혀 들어가고 문의 가운데는 임금이 출입하는 곳으로서 그 가운데에 서지 않는다는 의미이다.

'문지방을 밟지 않는다.'라는 말은 성경에도 그런 구절이 있으며 오늘날 우리나라에서도 여전히 관습으로 남아있다.

대체로 건물이나 방의 안팎을 구분하는 경계가 되는 문지방을 손님이 밟는 것은 상대방에게 그러한 경계를 무시한다는 뜻으로 보일 수 있고, 또한, 문지방을 밟게 되면 나무로 된 문지방이 닳아 나중에 문을 닫을 때 틈이 생길 수도 있으며, 문지방은 바닥보다 높아서 발이 걸려 넘어질 위험도 있었기 때문에 옛날부터 관습적으로 문을 드나들 때는 문지방을 밟는 것을 금기시하였을 것으로 보인다.

대청에 올라갈 때 옷자락을 잡는 것은 옷이 길어 옷을 밟음으로써 임금 앞에서 넘어지는 모습을 보이지 않으려 함이다. 우리나라에서도 궁궐의 중전 등 귀인들은 발로 앞쪽 치마를 차면서 걸었는데 이 역시 치마가 길어 혹시 치마를 밟아 임금 앞에서 넘어지는 모습을 보이지 않으려고 그렇게 걸었던 것이다.

제5장

공자께서 규圭 패를 쥐고 계실 때는 몸을 구부려 마치 무게를 이기지 못하는 것처럼 하셨는데 위로는 마치 읍하는 것처럼 드시고 아래로는 물건을 주는 것처럼 내리셨다. 안색이 바뀌어 두려워하는 것처럼 보였는데, 발은 종종걸음을 치시되 주저하는 듯이 하셨다. 사신이 가져온 예물을 헌상하는 향례享禮 때는 안색을 편하게 하셨고, 사적인 만남에서는 기쁘고 즐거워하셨다.

原文

執圭, 鞠躬如也, 如不勝. 上如揖, 下如授. 勃如戰色,
집규 국궁여야 여불승 상여읍 하여수 발여전색
足蹜蹜如有循. 享禮, 有容色, 私覿, 愉愉如也.
족축축여유순 향례 유용색 사적 유유여야

圭(규) 천자가 제후를 봉할 때 작위를 적어서 주는 옥으로 된 패 | 戰(전) 두려워서 떨다 | 蹜蹜(축축) 종종걸음 치다 | 循(순) 통상은 '돌다'이나 여기서는 '주저하다' 라는 뜻 | 享禮(향례) 사신이 가져온 예물을 헌상하는 의식 | 容色(용색) 안색을 편하게 하다 | 覿(적) 만나다 | 愉愉(유유) 기쁘고 즐겁다

해설

규圭는 주나라 천자가 제후를 봉할 때 그 작위를 표기해 놓은 옥으로 된 직사각형 모양의 패이다. 사신이 이웃 나라를 방문할 때는 사신

이 규圭를 가지고 가게 하여 제후국 간의 공식적인 만남임을 확인하게 하였다.

일설에는 논어나 사기에는 공자가 사신으로 이웃 나라에 간 기록이 없으므로 본 장의 기록은 공자가 실제로 한 행동을 기록한 것이 아니라 공자가 제자들에게 만일 사신으로 갔을 때 어떻게 행동해야 하는가를 가르쳐 준 것이라고 한다.

그러나 공자는 사공과 사구의 벼슬을 3년간 수행했는데 논어나 사기의 짧은 기록이 공자의 3년간의 행적을 모두 다 기록한 것은 아니라고 생각되고 또한, 공자는 손님이 왔을 때 응대를 한 것으로 보아 공자 자신이 임금의 명령을 받아 사신으로 갔을 경우도 충분히 가능성이 있으므로 이 장 역시 공자의 실제 행동을 제자가 기록한 것이라고 보아도 무방하다고 본다.

더구나 이 장의 표현 역시 대단히 구체적이고 실제적이어서 공자의 행적을 누군가가 보고 논어의 기록자에게 전해준 것으로 충분히 생각할 수도 있다. 특히 규는 노나라 임금을 나타내는 명패이므로 비록 그것이 가벼운 것이라고 할지라도 공자는 무거워 이기지 못하는 것처럼 들어 공자의 임금에 대한 공경심을 잘 나타내고 있다.

제6장

군자께서는 감색과 검붉은 색으로 옷의 가장자리 선을 두르지 않으셨으며, 붉은색과 자주색으로 평상복을 짓지 않으셨다. 여름이 되면 홑으로 된 올이 가늘거나 굵은 칡 베 옷을 입었으며, 외출할 때는 반드시 겉옷을 입으셨다.

原文 君子不以紺緅飾, 紅紫不以爲褻服. 當暑袗絺綌, 必表而出之.
군 자 불 이 감 추 식   홍 자 불 이 위 설 복   당 서 진 치 격   필 표 이 출 지

紺(감) 감색 | 緅(추) 검붉은 색 | 飾(식) 옷깃이나 소매에 선을 두르는 것 | 紅紫(홍자) 붉은 색과 자주색 | 褻服(설복) 평상시에 입는 옷 | 當暑(당서) 여름을 만나면, 여름에는 | 袗(진) 홑옷(한 겹으로 된 옷) | 絺(치) 올이 가는 칡베옷 | 綌(격) 올이 굵은 칡베옷 | 表(표) 겉옷

해설

감색은 푸른색과 붉은색의 사이 색깔이고 검붉은 추緅색도 역시 붉은색과 검은색의 사이 색깔이므로 공자 당시에는 정색正色이 아닌 사이 색깔 즉 간색間色은 정통적이고 올바른 색이 아니라 하여 쓰지 않았다.

그리고 붉은색과 자주색은 여성스러운 색깔이므로 남자 옷에는 어

울리지 않는다고 쓰지 않은 것이다. 지금은 정색正色을 선호하고 간색間色을 꺼리는 취향은 없어졌다고 할 수 있으나 붉은색이나 자주색 등 밝고 화려한 색깔은 무대 의상 등 특별한 경우를 제외하고는 여전히 남자 옷에는 잘 쓰지 않는 것 같다.

또, 여름에는 칡에서 뽑은 실로 짠 칡 베옷은 홑옷이었기 때문에 살갗이 비치기 때문에 집안에서만 입을 수 있지 밖에 나갈 때는 그대로 입고 나가기가 곤란하다. 그래서 공자는 외출 시 반드시 그 칡 베옷 위에 오늘날의 재킷 같은 겉옷을 따로 입었다는 것이다.

제7장

검은 옷 위에는 새끼 양의 모피로 만든 흰 갖옷을 걸쳤고, 흰옷에는 새끼 사슴의 짙은 황색 모피 옷을 걸쳤으며, 황색 옷에는 여우 모피로 만든 갖옷을 걸쳤다. 집에서 입는 모피 옷은 조금 길게 하되 오른쪽 소매를 짧게 했다.

原文
緇衣, 羔裘. 素衣, 麑裘. 黃衣, 狐裘. 褻裘長, 短右袂.
치의 고구 소의 예구 황의 호구 설구장 단우메

緇衣(치의) 검은 옷 | 羔裘(고구) 새끼 양의 모피로 만든 갖옷 | 羔(고) 새끼 양 | 裘(구) 갖옷(짐승의 털로 안감을 댄 옷) | 麑(예) 새끼 사슴 | 狐(호) 여우 | 狐裘(호구) 여우모피로 만든 갖옷, 흰색과 황색이 섞여있음 | 褻裘(설구) 집에서 입는 모피 옷 | 袂(메) 소매

해 설

이 장의 옷에 관해서는 많은 책이 다음 두 가지 사항에 대하여 불명확한 설명으로 읽는 이를 혼란스럽게 한다.

첫째는, 구裘는 갖옷이라 하여 짐승의 모피로 만들어졌으며, 특히 겨울에 추위를 막기 위한 옷으로 두루마기 형태로 입었으며 오늘날의 겨

울 코트와 유사하게 입는 옷이라 생각하면 된다. 따라서 오늘날의 셔츠 같은 옷인 의衣를 먼저 입고 그 위에 코트 같은 구裘는 걸치게 되는 것이다. 이것을 거꾸로 설명한 책도 있어 주의가 필요하다.

둘째, 의衣와 구裘는 그 색깔을 달리해야 한다. 국내의 많은 책이 이 두 가지 의복을 같은 색으로 한다고 말하고 있어 독자들을 혼란에 빠뜨린다. 즉, 어떤 책은 검은 옷인 치의緇衣를 입은 다음에 고구羔裘를 '검은 새끼 양의 모피로 만든 갖옷'으로 보고 이를 '치의 위에 입는다'라는 잘못된 풀이를 하고 있다.

생각건대, 양은 통상 흰색이지 검은 양은 대단히 희귀한 것으로 구하기 어렵다. 그래서 어떤 책에서는 '검은 양'은 아무래도 이상하니까 고구羔裘를 '검은 염소'로 바꾸어 말한다. 양은 은나라 때부터 중국 사람들이 길러 식용하고 있었으므로 공자 시대에는 양의 털과 모피를 사용했을 가능성이 크다. 그러나 염소는 주로 중국 남부의 광둥 지방과 대만 등 남쪽에서 사육하여 한반도 등으로 전파되었다고 하므로 공자 당시 노나라를 중심으로 한 중원지방에서는 '고구羔裘'가 염소를 가리킬 가능성은 거의 없다.

또한, 의衣와 구裘는 그 색깔이 상반된다는 것은 예구麑裘에서도 확인할 수 있다. 예麑는 새끼 사슴을 말하며 새끼 사슴은 보통 짙은 황색이다. '소의素衣, 예구麑裘'에서 보듯이 흰옷인 소의에는 새끼 사슴의 짙은 황색 모피 옷인 예구麑裘를 걸치는 형식이다.

즉 흰색 옷을 입고 짙은 황색의 외투인 예구를 걸치는 것이다. 국내의 많은 책은 '소의素衣, 예구麑裘'를 '흰색 옷을 입고 흰 사슴 가죽옷을 입는다.'라고 잘못 설명하고 있는데, 흰 사슴이 어찌 사람들이 옷을 만들어 입을 정도로 흔하게 보이는 짐승인가? 다시 말하지만 예구는 새끼 사슴의 가죽으로 만든 황색 계통의 모피 옷이다.

다시 말하자면, 공자 시대에는 오늘날의 셔츠 같은 의衣를 먼저 입고 오늘날의 재킷 같은 갖옷인 구裘를 그 위에 입되, 의衣와 구裘는 그 색깔을 달리하여 입었다. 당연하지 않은가? 누가 검은 셔츠 위에 검은 재킷을 걸치고, 흰 셔츠 위에 흰 재킷을 통상적으로 입고 다니겠는가?

그리고 집에서 입는 옷은 조금 길게 하여 보온성을 높이되 오른쪽 소매를 짧게 한 것은 집안에서 일하는 데 편하게 하려는 것이다.

제8장

잠옷을 반드시 입으셨는데 길이는 몸의 한길 반으로 하셨으며, 여우와 담비의 두꺼운 모피를 깔고 앉으셨다.

> **原文**
> 必有寢衣, 長一身有半. 狐貉之厚以居.
> 필 유 침 의   장 일 신 유 반   호 학 지 후 이 거

狐貉(호학) 여우와 담비 | 厚(후) 두텁다 | 居(거) 통상은 '살다'이나 여기서는 '앉다'라는 뜻

해 설

잠자리를 편하게 하려고 반드시 잠옷을 입되 수면 중의 체온 유지를 위하여 몸보다 더 길게 잠옷을 만들었다는 뜻이다. 그리고 '반드시'라는 용어를 쓴 이유는 사계절에 걸쳐 잠옷을 입었다는 의미이며 여우와 담비의 두꺼운 모피를 깔고 앉았다고 하는 것은 특히, 겨울철의 체온 유지를 위한 것으로 보인다.

이러한 공자의 세세한 생활 습관에 관한 기록은 주로 노나라에 남아있던 공자의 제자들에게서 전승된 기록들로 생각된다. 공자에 대한 이러한 생활 기록에서는 다른 종교의 교조들처럼 신성하다든가 보통 사람의 한계를 넘어서 기적이라 할 만한 것들이 아무것도 없다. 이런 이유로 후대에 이르도록 공자는 항상 존경의 대상이었지 신앙의 대상이 되지는 않았던 것이다.

제9장

상을 마친 뒤에는 패물을 찰 수 있는 곳에는 모두 찼고 수레의 휘장이 아니라면 반드시 옷의 위 폭을 줄이게 하셨다. 새끼 양의 모피로 만든 갖옷이나 검은 관을 쓰고는 조문을 가시지 않았으며, 매월 초하루에는 반드시 조복을 입고 조회에 나가셨다.

原文

去喪, 無所不佩. 非帷裳, 必殺之. 羔裘玄冠, 不以吊. 吉月,
거상 무소불패 비유상 필쇄지 고구현관 불이조 길월
必朝服而朝.
필조복이조

去喪(거상) 상례를 마치다 | 佩(패) 차다 | 帷裳(유상) 수레의 휘장 | 殺(쇄) 통상적으로는 '살'로 읽고 '죽이다'라는 뜻이나 여기서는 '쇄'로 읽고 '옷감에 주름을 잡아 폭을 줄이다'라는 뜻 | 玄冠(현관) 검은 관 | 吊(조) | 吉月(길월) 매월 초하루

해설

예기禮記에 의하면 '옛날 군자는 반드시 허리띠에 옥을 차서, 옥과 옥이 부딪혀서 소리가 나게 했다. 다만 상을 당했을 때는 옥을 차지 않는데, 군자가 옥을 차는 이유는 옥을 덕에 비유하기 때문이다.'라고 한다.

『공자가어』에서도 자공이 공자에게 군자가 옥을 귀하게 여긴 까닭을

묻자 공자는 옥이 수가 적어서 귀하게 여기는 것이 아니고 군자는 덕을 옥에 비유하기 때문이라고 답하고 있다. 상례에 있어 패물을 차지 않는 것은 상례 중에는 곡소리 외에 패물 소리 등 다른 소리가 나지 않도록 근신해야 하기 때문이다.

공자 당시에 옷의 주름을 가늘고 촘촘히 하여 위아래가 평평하게 하는 것이 유행이었으나 공자는 그런 것이 불필요한 사치라고 생각하고 예법이 아니라고 여겨, 수레의 휘장이 아닌 한 자기의 옷은 모두 위쪽은 주름을 하여 좁히고 아래는 흩어지게 하여 위에는 좁게 했는데 이것을 제자들이 기록한 것이다.

새끼 양의 가죽으로 만든 모피 옷이나 검은 관은 공자 당시에는 평상복이므로 그런 복장으로 공자는 조문을 가지 않았다. 그러나 옷의 색깔은 별로 상관이 없었던 것으로 보인다. 중국에서는 흰색을 죽음의 색으로 봐서 꺼리나 원래 흰색은 태양을 상징하는 색이었다. 이집트, 바빌로니아 등 태양신을 숭상하는 민족들은 모두 흰색을 좋아한다. 한민족이 흰색을 숭상하는 것도 애초에는 태양신의 숭배와 관련이 있는 것이다. 고대인에게 태양은 흰색으로 빛나는 것이었다.

고구려 시조인 주몽이나 신라의 박혁거세, 가야의 김수로왕 등이 모두 알에서 깨어난 사람이라는 공통설화를 갖고 있는데, 여기서 알은 곧 태양을 상징한다. 한韓민족은 원래 태양을 숭배하는 민족이었으므로 흰색을 숭상하였고 중국의 한漢족들은 우리 민족과 같은 동방 민족과 대치하는 중에 점차 흰색을 꺼리고 경계하는 풍습을 갖게 되었으므로 흰색을 불길하다고 본 것이다. 요즘도 중국인들은 우리나라 사람이 결혼

축의금을 흰색 봉투에 넣어 혼주에게 전하는 것을 보면 아주 놀란다고 한다. 중국에서 축의금은 항상 빨간 봉투에 넣어 전하는 것이다.

매월 초하루가 되면 노나라 군주가 종묘에 초하루임을 고한 뒤에 신하들과 함께 조회를 개최하므로 공자는 그 조회에 참석한 것이다. 이때 조복이란 검은 모자와 검은 옷, 그리고 흰 치마를 말한다.

공자는 대부로 있을 때는 물론이고 나중에 관직에 있지 않았을 때도 매월 조회에는 나갔다고 봐야 한다. 만약, 벼슬을 했을 때만 조복을 입고 조회에 나갔다면 이것은 관리로서 너무나 당연한 일이므로 제자들이 굳이 이 장의 기록을 남기지 않았을 것이다.

제10장

재계할 때에는 반드시 삼베로 된 흰옷을 입었으며, 냄새나는 음식을 피하는 등 음식을 바꾸었고, 반드시 평소 거처와는 다른 거처로 바꾸어 지내셨다.

原文
齊, 必有明衣, 布. 齊必變食, 居必遷坐.
재 필유명의 포 재필변식 거필천좌

齊(재) 재계하다, 몸과 마음을 깨끗이 하다 | 明衣(명의) 수의라는 뜻도 있으나 여기서는 밝고 깨끗한 옷 | 布(포) 삼베 | 變食(변식) 술, 마늘, 파 등 냄새나는 음식을 먹지 않는 등 음식을 바꾸는 것 | 遷坐(천좌) 평소 거처하는 곳에서 거처를 바꾸는 것

해설

장차 제사를 지내려 할 때는 목욕하여 몸을 깨끗이 하고 목욕이 끝나면 삼베로 된 흰옷을 입었으며, 술을 마시지 않고 마늘이나 파 같은 냄새가 강한 음식을 먹지 않았다는 것이다. 또한, 거처도 안방에서 사랑방이나 별채 등으로 옮겨서 부인과 함께 지내지 않았음을 말한다.

이 장의 공자에 대한 기록에 비추어 유가는 본래 상가喪家에서 장례나 제사의 절차를 가르쳐 주거나 도와주면서 생계를 유지한 장례 집단

에서 출발했다는 설을 어느 정도 짐작하게 한다. 묵가는 유가의 이러한 행태를 빗대어 '사람이 죽었다는 소식을 들으면 유가는 손님이 생겼다고 기뻐한다.'라고 조롱했다.

묵자는 3년 상喪과 같이 지나치게 형식에 치우친 유가의 상례喪禮를 비판하면서 장례를 검소하고 간소하게 치를 것을 주장하고 있다. 후한 장례나 오랜 기간의 장례는 효도가 아니며, 오히려 백성들의 삶을 어렵게 하고 나라의 살림을 파탄시키는 길이라는 것이다.

그러나 후한 장례는 공자가 주장했던 바는 아니나 3년 상에 대해서는 공자는 확고한 입장이다. 생각건대 장례는 죽은 사람에 대한 경의는 있어야 하지만 남은 사람에게도 지나치게 시간과 재물의 낭비를 초래해서는 안 되므로 장례는 되도록 간소하게 끝내고, 제사도 생산 활동에 지장이 없는 편리한 시간에 지내는 것이 진정한 효라고 생각된다.

묵자가 3년이란 긴 기간 동안 상을 치르면 애도 못 낳으니 인구도 감소하고 장기적으로 생산 활동에도 막대한 지장을 초래한다는 주장을 편 것은 대단히 현실적이고 타당하다. 조선에서도 세종의 아들인 문종이나 중종의 아들인 인종 등도 각기 아버지의 3년 상을 치르다 몸을 상하게 되어 젊은 나이에 요절했다고 한다. 일국의 왕이 이 정도이니 그 나머지 사람에게 3년 상이 끼친 폐해는 이루 말할 수 없을 정도로 컸다고 생각된다. 다만 인종은 중종의 계비이자 인종의 계모인 문정왕후에게 독살당했다는 설도 있다.

제11장

밥은 곱게 찧은 정미精米로 지은 것을 좋아하셨고, 회는 잘게 썬 것을 좋아하셨다. 밥이 쉬어서 냄새가 나고 맛이 변하거나, 생선이나 육류가 상하면 드시지 않으셨다. 음식물이 색이 변하거나 냄새가 고약하고 잘 익히지 않았거나 제철이 아닌 것, 그리고 제대로 자르지 않은 것은 드시지 않으셨다. 음식에 맞는 장이 없어도 드시지 않았으며, 육류가 아무리 많아도 밥보다 많이 드시지는 않으셨다.

原文

食不厭精, 膾不厭細. 食饐而餲, 魚餒而肉敗, 不食.
사 불 염 정   회 불 염 세   사 의 이 애   어 뇌 이 육 패   불 식
色惡, 不食. 臭惡, 不食. 失飪, 不食. 不時, 不食. 割不正,
색 악   불 식   취 악   불 식   실 임   불 식   불 시   불 식   할 부 정
不食. 不得其醬, 不食. 肉雖多, 不使勝食氣.
불 식   부 득 기 장   불 식   육 수 다   불 사 승 사 기

食(사) 밥. 통상은 '식'으로 읽고 '먹다'라는 뜻이나 여기서는 '밥'이라는 뜻으로 '사'로 읽음 | 厭(염) 싫어하다 | 精(정) 쌀을 곱게 찧다 | 膾(회) 생선이나 육류를 얇게 썬 음식 | 細(세) 가늘다 | 饐(의) 쉬어서 냄새가 나다 | 餲(애) 쉬어서 맛이 변하다 | 餒(뇌) 생선이 썩다 | 敗(패) 육류가 썩다 | 飪(임) 익히다 | 割(할) 자르다 | 醬(장) 간장, 된장 등 | 食氣(사기) 밥 기운. 여기서는 밥의 양을 말한다

해설

불염不厭은 '싫어하지 않았다'라는 말이 되는데, '좋아했다'라고 직설적으로 표현하지 않고 말을 우회적으로 돌려서 말한 것일 뿐 실제로는 '좋아했다'라는 뜻이다. 옛사람들의 감정표현에 있어서 겸손함이 엿보이는 화법이다.

공자 시대에 이미 음식에 대해서 상당한 지식이 있었음을 보여준다. 이러한 음식에 대한 지식과 태도는 공자만이 아니라 당시 지식인의 음식에 대한 일반적인 지식이라고 보아도 무방할 것이다. 다만 현대 중국인들은 생선이나 육류를 날것으로 먹는 경우가 거의 없으므로 공자가 먹었다는 회가 지금 우리가 먹는 생선회나 육회와 같은 것인지는 확인하기 어렵다.

제12장

오직 술은 양을 정하지는 않으셨지만 어지러운 지경까지는 마시지 않으셨으며, 시장에서 파는 술이나 고기포는 잡수시지 않으셨고, 생강을 빠뜨리지 않고 잡수셨는데 많이 드시지는 않았다.

原文 惟酒無量, 不及亂. 沽酒市脯, 不食. 不撤薑食, 不多食.
유주무량 　 불급란 　 고주시포 　 불식 　 불철강식 　 부다식

沽(고) 팔다 | 市脯(시포) 시장에서 사온 고기 포 | 撤(철) 그만두다 | 薑(강) 생강

해설

술은 마시는 상대나 상황에 따라 마셨으므로 미리 공자 자신이 사전에 마실 주량을 정하는 딱딱한 자세가 아니었다는 것을 알 수가 있다. 그리고 당시의 사회 상황으로 보아 술이나 육포 같은 것은 충분히 비위생적인 상황에서 제조할 수가 있으므로 공자는 이를 의심하여 시장에서 산 것은 먹지 않는 신중함을 갖고 있었다고 생각할 수가 있다.

우리나라에서는 조선시대 말에 이르러서도 시장에서 파는 돼지고기를 먹고 식중독으로 죽는 사람이 있었을 정도였으므로 공자 시대에는 위생 정도가 더 말할 나위도 없었을 터이니 공자 역시 조심하였을 것이

다. 지금도 동남아 시장에서는 돼지고기 등 육류를 냉동이나 냉장 시설의 도움 없이 상온에서 진열하여 팔고 있으므로 그 위생 상태에 대해 충분히 의문을 가질 수 있다.

생강은 감기나 식중독으로 인한 복통 설사에 효과가 있어 약리작용으로 위액 분비촉진, 소화력 증진, 혈액순환 촉진 등이 유용한 식물이다. 그러나 맛이 매웠기 때문에 공자는 많이 먹지는 않았을 것이다. 어쨌든 생강은 상당히 고온에서 잘 자라는 식물인데 공자 시대의 노나라는 생강 재배가 가능한 기온이었음을 알게 한다.

제13장

나라에서 제사를 지내고 가져온 고기는 그날을 넘기지 않았다. 제사 고기는 사흘을 넘기지 않았는데, 사흘이 지난 고기는 먹지 않았다.

> **原文**
> 祭於公, 不宿肉. 祭肉不出三日, 出三日, 不食之矣.
> 제 어 공　불 숙 육　제 육 불 출 삼 일　출 삼 일　불 식 지 의

祭於公(제어공) 나라에서 제사를 지내다. 여기서는 祭肉於公(제육어공)으로 '나라의 제사에서 얻은 고기'를 뜻함 | 宿肉(숙육) 고기를 밤새 두다 | 祭肉(제육) 제사에 쓴 고기 | 出(출) 넘기다

해 설

보통, 종묘에서 지내는 나라의 제사는 제사 당일 아침에 희생물을 도축하여 제사를 지내고, 그다음 날에는 종묘의 대문에 나아가 신을 다시 불러 제사를 한 번 더 지내는데 이를 신을 찾는다는 뜻으로 색제索祭[120]라 하기도 하고, 어제에 연달아 하는 제사라는 뜻으로 역제繹祭[121]라 하기도 한다.

120　색제(索祭): 색(索)은 '찾다'라는 뜻
121　역제(繹祭): 역(繹)은 '연달아 하다'라는 뜻

색제를 하고 난 다음에 제사에 참석한 신하들에게 고기를 나누어 주는데 이 고기는 이미 어제 도축된 고기이기 때문에 집에 가져가면 그날 중으로 요리해서 먹어야 고기가 상하지 않았다고 할 수 있는데 만약 그날 밤을 넘기면 이미 고기가 도축된 지 이틀이 지났으므로 고기가 상했다고 할 수 있어 먹기 어렵다는 뜻이다.

가정에서 지내는 제사에 쓴 고기도 사흘을 넘기면 상할 수가 있으므로 사흘을 넘기지 않도록 그전에 먹었고 만약 사흘이 지났다면 먹지 않았다는 의미이다.

제14장

식사할 때는 대화를 하시지 않았고, 잘 때도 말씀하시지 않았다.

原文
食不語, 寢不言.
식 불 어   침 불 언

寢(침) 누워자다

해 설

어語는 원래 '대화한다.'라는 뜻이며, 언言은 '말한다.'라는 뜻으로 쓰나 여기서는 특별히 구분하지 않고 같은 말의 반복을 피하려고 했을 뿐이다. 공자는 먹을 때는 먹는 데 집중할 뿐이고 잘 때는 잠을 잘 뿐이지 하나의 행동을 하면서 다른 생각을 하는 것을 꺼렸다는 말이다.

오늘날에는 바쁜 일정을 소화하기 위해 조찬 간담회니 오찬 회의니 하여 밥을 먹으면서 중요한 회의를 하는 수가 있다. 그러나 대체로 회의가 중요하면 할수록 회의에 집중하게 되어 소화에 문제가 생겨 소화 불량이나 배탈이 나기도 한다.

차라리 식사 시간을 조금 줄여 빨리 먹고 난 다음에 차 마시는 시간에 회의하는 것만 못하다는 생각이 든다. 공자가 밥 먹을 때 말하지 않는다는 것은 그런 의미로 받아들이는 것이 옳다고 본다. 다만 공자가 밥 먹을 때는 말하지 않는다는 말은 중요하고 무거운 주제의 말을 하지 않았다는 뜻이지 가벼운 일상 이야기도 하지 않았다는 뜻은 아니라고 생각한다.

우리나라에서도 수십 년 전만 하더라도 밥 먹을 때는 말하지 않는 것을 예의로 여겼으나 지금은 그렇게 생각하지 않는 것 같다. 밥 먹을 때라도 가볍고 일상적인 대화는 해도 좋으며 오히려 소화를 돕는다고 생각된다. 아는 사람끼리 둘이 마주 앉아서 아무 말도 하지 않고 밥만 꾸역꾸역 먹는 것, 그것이야말로 더 어색해서 오히려 소화불량에 걸릴 것 같지 않은가?

제15장

아무리 거친 밥과 채솟국을 먹더라도 고수레는 반드시 공손하고 엄숙히 행하셨다.

原文
雖疏食菜羹, 瓜祭, 必齊如也.
수 소 사 채 갱   과 제   필 재 여 야

¹雖(수) 비록 | 疏食(소사) 거친 밥 | 菜羹(채갱) 채소로 된 국 | 瓜祭(과제) 음식을 먹기 전에 조금씩 떼어 감사의 제례을 지내는 것, 우리의 고수레와 유사 | 齊(재) 재계하다, 공손하고 엄숙하다 | 如(여) 접미사, 然과 같다

해설

'과제瓜祭'는 식사하기 전에 음식을 처음 만든 신에게 먼저 음식을 약간 바치고 감사드리는 간단한 제례의 일종이다. 우리나라의 고수레와 유사하다. 대체로 이러한 의식들은 땅의 신이나 산신에게 먼저 음식을 바침으로써 먹는 사람이 음식을 먹고 체하거나 다른 재앙을 면하게 한다는 민속신앙의 한 형태로 생각된다.

경북 안동지방의 전래속담에 따르면 고수레 혹은 고시래는 어느 마을에 의지할 곳 없는 고씨라는 노파가 살았는데 그녀는 들에서 일하는

사람들의 호의로 끼니를 이어 가며 연명했다고 한다. 세월이 흘러 고씨 노파가 죽자 들일을 하던 사람들은 죽은 고씨 노파를 생각하고 음식을 먹기 전에 첫 숟가락을 떠서 "고씨네!" 하고 허공에 던져 그녀의 혼에게 음식을 주게 되었는데 이것이 전국에 퍼져 오늘날의 고수레가 되었다고 한다.

또 어떤 곳에서는 고씨라는 부자가 평소에 많은 선행을 베풀었는데 마을 사람들이 그의 선행을 기려 음식을 먹을 때마다 '고씨가 더욱 부자가 되게 해주십시오.'라는 축원의 뜻으로 '고씨레!'라고 외친 것인 오늘날 고수레라는 풍습이 생긴 기원이라고도 한다.

다른 이야기에는 고시高矢는 단군 때에 농사와 가축을 관장하던 신장神將의 이름으로, 그가 죽은 후에도 음식을 먹을 때는 그의 공적을 기려 먼저 고시에게 '고시레!'하고 음식을 바친 뒤에 먹게 된 데서 유래한다고 한다.

남미의 페루에도 음식을 먹기 전에 약간의 음식을 던지며 축원하는 관습이 있는데 이 역시 과제나 우리의 고수레의 같은 형태의 제례 형태로 생각된다. 음식을 먹기 전에 주변에 음식을 던지는 것은 아마도 원시사회가 형성될 때 인류가 행했던 일종의 제례라고 생각된다.

제16장

자리가 바르지 않으면 앉지 않으셨다.

| 原文 | 席不正, 不坐.
석 부 정　부 좌 |

席(석) 자리

해 설

여기서 '자리가 바르지 않다'라는 것은 펴놓은 방석 등이 바르지 않다는 의미도 있고, 좌중에 지위나 나이 등을 고려하여 서열상 상하를 제대로 가려두지 않았다는 의미가 있다. 즉 그런 것들이 모두 정상적으로 되어있어야 그 자리에 앉는다는 뜻이다.

사소한 것이라도 바로 되어있어야 자리에 임한다는 공자의 엄정한 태도가 나타난다. 앉을 때의 방석도 천자는 5겹, 제후는 3겹, 대부는 2겹으로 되어있어야 각각 그 자리에 앉는다고 한다.

제17장

마을 사람들과 술을 마실 때 공자께서는 지팡이를 짚은 노인이 나가면 그 후에야 나갔다.

原文 鄕人飮酒, 杖者出, 斯出矣.
향 인 음 주   장 자 출   사 출 의

杖者(장자) 지팡이를 짚은 노인

해 설

장자杖者란 지팡이를 짚은 노인이란 뜻으로 공자가 평범한 마을 사람들과 함께하는 술자리라도 반드시 노인을 공경하여 먼저 자리에서 일어나지 않았다는 의미다.

『예기禮記』에 따르면 사람이 50세에 이르면 집에서 지팡이를 짚고 60세에는 마을에서 지팡이를 짚을 수 있고 70세면 나라 안에서 지팡이를 짚을 수 있으며 80세면 조정에서 지팡이를 짚을 수 있으며 90세가 되면 천자라도 물어볼 것이 있으면 노인을 부르지 못하고 직접 그 노인의 집을 찾아가야 한다.(오십장어가五十杖於家, 육십장어향六十杖於鄕, 칠십장어국七十杖於國, 팔십장어조八十杖於朝; 구십자九十者, 천자욕유문언天子欲有問焉,

즉취기실則就其室)

　의료기술이 발달하지 않았던 고대에는 노인이 되어 오래 사는 것이 아주 드문 일이어서 오늘날 우리가 보는 노인의 경우와는 다르지만, 노인을 공경하고 그들의 살아온 경험을 존중한다는 뜻은 옛날로 거슬러 올라갈수록 더 강렬했을 것이다.

　오늘날 인터넷으로 촉발된 정보의 홍수 시대에는 노인의 경험에 대한 자세는 옛날과 많이 달라지고 있다. 노인이 각자 살아온 경험보다 수백, 수천 배나 많고 다각적인 경험자료들을 마음만 먹으면 일시에 접할 수 있는 시대가 되었으므로 노인이라고 하여 예전처럼 젊은 세대가 경험과 지식에 있어 자신보다 미숙하다고 보는 것은 대단히 잘못된 것일 수 있으며 심지어 시대착오적일 수도 있다.

　그러나 어떤 경험들은 자료나 문헌으로 접할 수 없는 것도 있고 또한, 사람에게 자료와 문헌과는 다른 영향이나 결과를 가져올 수 있는 경험도 있으므로 노인들이 가진 경험을 모두 낡고 시대에 뒤떨어졌다고 배척하는 것 역시 인류가 이루어온 문화적 기술적 지혜의 상당수를 거부하는 것으로 이 또한 어리석은 일이라고 생각된다.

제18장

마을 사람들이 '나儺'라는 행사를 할 때면,
공자께서는 조복을 입고 동쪽 층계에 서 계셨다.

原文
鄕人儺, 朝服而立於阼階.
향 인 나   조 복 이 립 어 조 계

儺(나) 전염병을 퍼뜨리는 역귀疫鬼를 쫓는 행사 | 阼(조) 동편 층계

해 설

공자가 전염병을 퍼뜨리는 역귀疫鬼 등을 쫓는 행사인 '나儺'라는 행사에 참여한 것은 그런 무속을 믿어서라기보다는 마을 사람들이 중요하다고 생각하는 풍습에 나름대로 역할을 하여 공동체로서의 마을을 공경하고 마을 사람들에 대한 협조적인 태도를 나타내려 했기 때문이었다.

공자의 마을 행사에 대한 이러한 태도는 후세, 특히 조선 이후의 주자학자들이 마을 사람들이 대부분 즐기는 행사라 하더라도 자신들은 참여하지 않는 것은 물론, 행사 자체를 엉뚱한 이유로 반대하여 분위기를 흐렸던 것과는 크게 차이가 난다.

따라서 조선시대에는 예의와 체면을 중시한 주자학자들 덕분에 유럽이나 이웃 일본과 같이 마을 전체 사람들이 남녀노소 구분 없이 함께 즐기는 축제가 사실상 하나도 없었다. 많은 사람이 참관하는 행사라 해봐야 굿이나 제사 정도이며 그나마 적극적 참여자는 극히 소수에 불과한 것이어서 모든 마을 사람들이 참여하는 축제와는 거리가 멀다. 덕분에 우리나라 사람들은 축제는커녕 제대로 된 마을 전체의 놀이문화를 하나도 갖지 못하게 된 것이다.

제19장

다른 지방에 사람을 보내어 안부를 물을 때면 두 번 절하고 보냈다. 계강자[122]가 약을 보내자, 공자께서는 절하며 받고서는 말씀하셨다. "제가 약의 성분을 알지 못하므로, 감히 맛을 보지는 못하겠습니다."

原文

問人於他邦, 再拜而送之. 康子饋藥, 拜而受之, 曰 :
문 인 어 타 방 재 배 이 송 지 강 자 궤 약 배 이 수 지 왈

"丘未達, 不敢嘗."
구 미 달 불 감 상

問(문) 방문하다, 문안하다 | 饋(궤) 보내다 | 達(달) 알다. 여기서는 '약의 성분을 안다'라는 뜻 | 嘗(상) 맛보다

해 설

다른 지방에 문안 인사를 하러 보내는 심부름꾼에게 두 번 절하고 보내는 것은 문안받는 사람에게 절하는 것과 같다. 이것은 아마도 당시에 심부름꾼을 보내는 공통적인 예법이었던 것 같다. 또한, 당시에는 약이나 음식을 보내면 보내어 온 사자 앞에서 보내준 것을 맛을 보고 절

---

122 계강자(季康子): 공자 당시 노나라 삼환의 대표로 실권자. 노년의 공자를 위(衛)나라에서 노나라로 돌아오게 했다.

을 하고 수레를 보내면 수레를 타보고, 옷을 보내면 옷을 입고서는 사자에게 절을 하는 것이 예의였다.

계강자는 노년의 공자로 하여금 노나라에 돌아오도록 배려한 노나라의 실권자였는데 그러한 권력자가 약을 보내더라도 공자는 약의 성분을 알지 못하므로 맛볼 수 없다는 신중한 태도를 보였다. 공자의 원칙주의자로서의 면모를 알 수 있게 하는 장면이다.

이에 대하여 계강자가 약에다 독을 타지 않았나를 염려하여 맛을 보지 않았다는 설(공안국)도 있지만, 지나친 견해라고 생각된다. 공자를 노나라로 돌아오도록 한 사람이 계강자이므로 새삼 인망을 지닌 공자를 죽일 이유도 없었지만 만일 공자를 죽이려 했다면 굳이 약을 보낸다는 핑계로 그 약에 독을 타는, 비겁한 방법을 택할 필요도 없이 얼마든지 죽일 수 있었기 때문이다.

즉, 방어할 군사가 없는 공자였기에 대낮에 병사를 보내어 죽일 수도 있고 아니면 적당한 죄를 엮어 얼마든지 죽일 수도 있었다.

제20장

마구간에 불이 났는데, 공자께서 조정에서 돌아오셔서 "사람이 다쳤느냐?" 하시고는 말馬에 대해서는 묻지 않으셨다.

原文

廐焚, 子退朝, 曰 : "傷人乎?" 不問馬.
구 분   자 퇴 조 왈   상 인 호   불 문 마

廐(구) 마구간 | 焚(분) 불타다 | 退朝(퇴조) 조정에서 퇴청하다

해 설

이 장에 대해서는 "사람이 다쳤느냐?" "아닙니다." 하자, 말馬에 대해서 물으셨다("傷人乎?" "不", 問馬.).라는 해석(왕양명)도 있다. 구두점을 어디에 찍느냐에 따라 가능한 해석이라고 보며 어쩌면 더 실상을 반영한 해석이라고 볼 수도 있다.

어쨌든, 공자에게는 사람이 중요하지, 말 따위의 재물은 그다음 문제이다. 오늘날에도 화재 등 사고가 나면 언론에서도 대부분 인명 손실이 있느냐를 먼저 따지고 그다음에 피해액을 이야기하는데 지극히 올바르고 정상적인 보도 자세라고 생각된다.

제21장

임금이 음식을 내려주면 반드시 자리를 바로 하여 먼저 맛을 보셨으며, 날고기를 내려주면 반드시 익혀서 조상의 사당에 올리셨고, 산 짐승을 내려주면 반드시 그것을 키우셨다. 임금을 모시고 식사할 때는 임금이 고수레할 때 먼저 음식을 시식하셨다.

> **原文**
> 君賜食, 必正席先嘗之. 君賜腥, 必熟而薦之. 君賜生, 必畜之.
> 군 사 식   필 정 석 선 상 지   군 사 성   필 숙 이 천 지   군 사 생   필 축 지
> 侍食於君, 君祭, 先飯.
> 시 식 어 군   군 제   선 반

賜(사) 하사하다. 내려주다 | 嘗(상) 맛보다 | 腥(성) 날고기 | 熟(숙) 익히다 | 薦(천) 올리다. 여기서는 '조상의 사당에 바치다'라는 뜻 | 畜(축) 기르다 | 祭(제) 여기서는 식사 전에 간단히 감사 인사를 올리는 과제(瓜祭), 즉 고수레를 의미한다 | 飯(반) 먹다. 여기서는 '먼저 시식 한다'라는 뜻

해설

임금이 음식을 보내주면 공자가 자리를 바르게 한다는 것은 자리가 원래 바르더라도 다시 자리를 바로 고쳐 앉음으로써 임금의 은혜에 대해 감사드리고, 임금이 자신에게 내려준 음식이므로 반드시 먼저 맛을 보아 임금에 대한 공경을 표시한 다음에 다른 사람에게도 그것을 나누

어 준다는 것이다.

　날고기를 익힌다는 것은 임금이 내려준 고기가 상하는 것을 방지한다는 것이며 조상의 사당에 그것을 올린다는 것은 임금에게 고기를 하사받은 영광스러움을 조상에게 고하는 것이며 임금이 산 짐승을 내리면 반드시 기른다는 것은 임금이 내려준 산 짐승은 그것을 아끼고 사랑하여 그것이 번식하는 것을 보고 임금의 은혜를 오래도록 기억하고자 하는 것이다.

　임금을 모시고 식사할 때 임금이 고수레하는 순간에 공자가 먼저 음식을 시식한다는 것은 혹시 있을지 모르는 독을 탄 음식으로부터 임금을 보호하기 위한 것이다. 역사상 수많은 임금이 독살로 목숨을 잃었다.

제22장

병이 들어 임금이 문병을 오면 동쪽으로 머리를 두고 몸에는 조복을 덮고 허리띠는 풀어두셨다.

原文

疾, 君視之, 東首, 加朝服, 拖紳.
질 군시지 동수 가조복 타신

視(시) 보다 | 東首(동수) 동쪽으로 머리를 두다 | 加朝服(가조복) 조복을 덮다 | 拖(타) 풀어놓다 | 紳(신) 큰 띠

해설

환자가 머리를 동쪽으로 둔다는 것은 임금이 북쪽에 앉아 환자를 바라다볼 때 환자가 머리 위쪽으로부터 임금의 목소리를 들을 수 있도록 한 것이다. 병들어 누워있으면 조복을 입을 수도 없고 그렇다고 해서 평상복으로 임금을 볼 수는 없었기 때문에 조복을 몸 위에 덮고 허리띠를 늘어놓아 마치 조복을 입은 모양을 취한 것이다.

공자가 몸이 성할 때나 아플 때나 한결같이 예법을 지키려 했음을 보여준다. 예는 형편이나 상황에 따라 다소 형식은 변형할 수 있지만, 상대를 존중한다는 기본 정신은 여전해야 한다.

제23장

임금께서 명을 내려 부르면 수레에 말을 매는 것조차 기다리지 않고 가셨다.

原文
君命召, 不俟駕行矣.
군 명 소   불 사 가 행 의

俟(사) 기다리다 | 駕(가) 멍에를 걸다, 수레에 말을 매다

해 설

임금이 부르면 신하는 조정안에 있을 때는 신발을 신을 겨를도 없이 달려가고, 조정 밖에 있을 때는 수레의 멍에를 말에 거는 것을 기다리지 않고 먼저 궁 쪽으로 달려가다가 수레가 준비되어 뒤따라오면 그것을 타고 갈 정도로 지체없이 달려간다는 것이다.

심지어 위아래 옷을 바꾸어 입고도 달려가는 것이 예법이라고 한다. 오늘날에는 임금도 없고 공자 시대에는 없었던 핸드폰이 있는 등 여건이 다르지만, 여전히 공직에 종사하는 사람이라면 자신이 맡은 직무에 급한 일이 생기면 한시도 지체없이 달려가서 자신의 직무에 임해야 한다는 것은 예나 지금이나 변함없는 자세라고 생각된다.

요즘도 잘나가는 나라와 그렇지 못한 나라의 차이 중 하나가 공직자가 자신의 직무에 임하는 태도라고 생각된다. 아시아나 중남미, 유럽을 가릴 것 없이 나라 사정이 어렵다고 생각되는 나라는 대체로 나랏일을 하는 공직자가 사적인 일과 공적인 일을 구분하지 않고 당연히 열심히 해야 할 자기 일에 쓸데없이 시간을 지체하여 국민을 피곤하게 하고 나아가서는 국가적인 효율성을 떨어뜨린다.

그런 나라 중 상당수는 민원인이 줄을 서서 기다리고 있는데도 차를 마시며 옆 사람과 노닥거리다가 점심시간이라도 되면 사정없이 업무를 중단하고 사람들이 기다리건 말건 밥 먹으러 가버린다. 우리나라에서는 보기 드문 광경이다.

제24장

태묘에 들어가서는 매사를 물으셨다.

> **原文**
> 入太廟, 每事問.
> 입 태 묘   매 사 문

太廟(태묘) 노나라의 시조인 주공周公을 모신 사당

해 설

같은 내용이 팔일편 15장(3-15장)에서도 나온다. 노나라에서 주공을 모신 사당인 태묘에서 하는 의례는 모두 천자에 관한 예였으므로 하나라도 예법에 어긋나서는 안 되므로 공자는 제사를 주관하는 제관에게 일일이 물어서 확인하는 것이 당연하고도 신중한 자세라고 생각했던 것이다.

노나라가 제후국이었지만 그 시조인 주공을 모시는 제사는 천자의 예에 준하여 치러졌으므로 노나라에 있어서 제사에 관한 예법이 다른 제후국과는 비교할 수 없을 정도로 장중하고 엄격하였을 것으로 생각되고 이렇게 예법을 중히 여기는 사람들의 인식이나 태도가 훗날 예를 중시하는 공자와 그 후의 유학의 성립에 지대한 영향을 주었다고 생각된다.

제25장

친구가 죽었는데 의탁할 곳이 없자, 공자께서 말씀하셨다.
"우리 집에 빈소를 차려라."

原文

朋友死, 無所歸, 曰 : "於我殯."
붕 우 사　무 소 귀　왈　　　어 아 빈

歸(귀) 돌아가다, 의탁하다 | 殯(빈) 시신을 입관한 후 임시로 안치하다

해 설

의탁할 곳이 없다는 것은 장례를 주관하여 치를 사람이 없다는 뜻이고, 공자가 빈소를 차린다는 것은 시신을 안치한다는 것을 넘어서 사실상 장례에 관한 모든 일을 도맡아 처리하겠다는 의미이다. 공자의 인仁은 항상 일상에 있는 것이지 일상을 벗어난 이상적이고 관념적인 덕목이 아니라는 의미에서 플라톤의 이데아와는 다르다.

공자의 인은 칸트가 말하는 실천이성의 도덕적 준칙으로 누구나 지켜야 하는 입법의 원칙에 가까운 것이라고 할 수 있다. 칸트가 공리주의자가 아니듯이 공자 역시 공리주의자라고 할 수는 없다. 즉 이익이 되기 때문에 인을 행하는 것이 아니라 도덕적 준칙에 합당하기에 인을

행할 뿐인 것이다.

　오늘날 고령화 사회의 진전과 전통적인 가족의 붕괴로 1인 가정이 급속하게 늘어나고 있고 이에 따라 무연고 고독사도 점점 더 많아진다. 따라서 부득이 이러한 고독사의 뒤처리를 할 수밖에 없는 행정당국이 부득이 무연고 시신을 처리할 때의 타당한 의례와 절차에 대해 쉬쉬할 것이 아니라 사회 차원에서 공개적으로 논의해야 할 시점이라고 본다.

제26장

친구가 보낸 것이라면 아무리 수레와 말이라도 제사 고기가 아닌 한, 절하지 않았다.

原文
朋友之饋, 雖車馬, 非祭肉, 不拜.
붕우지궤 수거마 비제육 불배

饋(궤) 보내다

해설

공사가 살던 시대에는 친구 간에는 재물은 나누어 쓰는 것이 당연하다고 생각했던 것 같다. 따라서 아무리 값비싼 수레나 말이라도 친구가 보낸 것이라면 이를 사례하여 절을 하지 않았다는 것이다. 다만, 제사 지낸 고기를 보내오면 그 제사를 지낸 대상을 공경하는 의미에서 절을 했을 뿐이다.

오늘날 각박해진 인간관계 속에서는 생각하기 힘든 모습이라고 생각된다. 행복의 요소 중에 누구나 꼽는 요소가 인간관계의 원만함이다. 아무리 돈이 많고 지위가 높더라도 주변에 마음을 나눌 수 있는 친구가 없으면 우리는 그 사람을 행복하다고 하지 않는다.

그런 의미에서 공자가 살던 시대는 친구 간에 재물 따위는 내 것 네 것을 따지지 않고 필요한 대로 나누어 써도 되는, 행복한 시대였다.

제27장

잘 때는 시체처럼 반듯이 눕지 않았으며, 집에서 지낼 때는 근엄한 언행을 하시지 않으셨다.

> **原文**
> 寢不尸, 居不容.
> 침 불 시   거 불 용

尸(시) 시체. 여기서는 시체처럼 반듯하게 눕지 않는다는 뜻 | 居(거) 집에서 지내다 | 容(용) 모양을 내다, 근엄하지 않다

해 설

공자는 집에서 보내는 일상에서는 자연스럽게 행동했다는 말이다. 공자는 집에서까지 근엄한 표정을 짓고 생활하거나 자면서까지 반듯이 누워 남들이 보기에 시체인 것처럼 자지는 않았다. 공자가 말하는 인이나 예를 비롯한 덕목은 칸트처럼 현상계와 유리된 이성의 영역에서 도출되는 형식적 도덕 원칙이 아니라 사람이 살아가는 바로 이 현실, 즉 현상계에 기반을 둔 실천적인 도덕 원칙이며 행동 규범인 것이다.

논어에는 장년의 공자가 제자들과 함께 노나라를 떠나 14년간이나 제후국을 순회하여 많은 일화나 어록이 있었을 법하나 실제 그 14년간

에 있었던 일화나 어록들은 많지 않고 오히려 노나라로 돌아온 후 짧은 시기에 공자의 생활 습관이나 일화에 대한 기록이 더 많다. 이를 볼 때 논어는 역시 노나라 출신의 제자들이 남긴 기록이 큰 축이 되었음을 알 수 있다.

제28장

자최齊衰의 상복을 입은 사람을 보면 아무리 친한 사이라 하더라도 안색을 달리하셨으며, 관리의 모자를 쓴 사람이나 눈이 먼 사람을 보면 아무리 사사로이 만나는 자리라 하더라도 반드시 예의를 갖추셨다. 상복을 입은 사람이나 나라의 지도나 호적을 지고 가는 사람에게도 수레의 앞턱 나무를 잡고 절하셨다.

原文

見齊衰者, 雖狎, 必變. 見冕者與瞽者, 雖褻, 必以貌.
견 자 최 지   수 압   필 변   견 면 자 여 고 자   수 설   필 이 모
凶服者式之, 式負版者.
흉 복 자 식 지   식 부 판 자

齊衰(자최) 상복 | 狎(압) 친하다 | 冕(면) 대부의 모자 | 瞽(고) 소경 | 褻(설) 사적이다, 허물없다 | 貌(모) 모양을 갖추다 | 凶服(흉복) 상복 | 式(식) 수레의 앞턱 나무를 잡고 절을 하다 | 負(부) 지다 | 版(판) 나라의 지도나 백성의 호적

해 설

자최齊衰의 상복은 아버지나 할아버지의 상을 당하여 입는 참최斬衰의 상복의 다음 가는 상복으로 어머니의 상을 당하여 아들과 미혼의 딸이 입는 상복이며, 약간 가공한 거친 마포麻布를 사용하여 옆과 아랫단을 꿰맨 것이다.

자최의 상복을 입는 기간도 참최의 상복과 같이 3년이었으며, 오동나무로 만든 네모로 각이 진 삭장削杖이라는 지팡이를 짚었다. 이와는 달리 참최의 상복에는 저장苴杖이라는 검정빛 대지팡이를 짚었다.

공자는 부모나 조부의 상을 당하여 그러한 상복을 입은 사람에게는 고인에 대한 예의를 나타내는 뜻에서 아무리 친한 사이라 하더라도 안색을 달리 하였다는 것이다.

'수설雖褻, 필이모必以貌'에서 설褻은 사사로이 만나는 자리라는 뜻이다. 친하다거나 허물없다는 경우는 이미 앞에 압狎으로 친하다, 허물없다는 뜻으로 사용하였으므로 유사한 의미인 설褻도 같이 '친하다, 허물없다'라고 표현하는 것은 중복이 되므로 여기서는 사사로이 만난 자리라고 표현하였다.

제29장

풍성하게 잘 차려진 음식이 나오면 반드시 안색이 변하여 일어나셨고, 빠른 천둥이나 바람이 거세게 불어도 반드시 안색이 변하셨다.

> **原文**
> 有盛饌, 必變色而作. 迅雷風烈, 必變.
> 유 성 찬   필 변 색 이 작   신 뢰 풍 렬   필 변

盛饌(성찬) 풍성하게 잘 차린 음식 | 作(작) 일어서다 | 迅(신) 빠르다 | 雷(뢰) 천둥 | 烈(렬) 세차나

해 설

음식이 풍성하게 나오면 그 음식을 접대하는 주인과 음식을 준비한 사람의 노고에 감사하는 마음을 나타내기 위해서 안색을 바꾸고 일어나는 것이며, 빠른 천둥이나 바람이 거세게 부는 것은 자연이 사람에게 경고하는 것으로 보아 안색을 바꾸고 엄숙한 자세를 취했다는 것이다.

공자는 사람이나 자연이 주는 메시지에 한결같이 공경하는 마음을 표했다. 공자가 말하는 인이란 멀리 고상하게 있는 것이 아니라 사람과 자연에 대한 공경 즉, 생활 주변에서 음식 하나에도 만든 사람의 노고를 공경하고 천둥 벼락 하나에도 자연이 주는 메시지를 경건한 자세로 맞이한다는 것이다.

제30장

수레에 오르면 반드시 바로 서서 손잡이 줄을 잡으셨다. 수레 위에서는 안을 돌아보시지 않으셨고 빠르게 말씀하시지 않으셨으며 직접 손가락질하시지 않으셨다.

> **原文**
>
> 升車, 必正立, 執綏. 車中不內顧, 不疾言, 不親指.
> 승 거 필 정 립 집 수   거 중 불 내 고   부 질 언   불 친 지

升(승) 오르다 | 綏(수) 끈, 줄 | 顧(고) 돌아보다 | 疾(질) 빨리, 급히 | 親(친) 몸소, 친히 | 指(지) 손가락질

해 설

공자 때에는 마차에 좌석이 없어 모두 서서 손잡이 줄을 잡았다. 이때 공자는 마차를 모는 사람이 신경 쓰지 않도록 마차를 탈 때는 마차 안을 이리저리 둘러보지 않았고, 마차 모는 사람이 놀라지 않도록 말을 빠르게 하지 않았으며 마차 모는 사람을 혼동시키지 않기 위해서 직접 손가락질하지 않았다는 뜻이다.

공자는 어디서나 항상 상대의 입장을 세심하게 배려했다. 제자들과 이야기할 때도 제자의 성향이나 출신 등을 고려하여 이야기했으며 다

른 사람과도 항상 상대의 입장에 맞추어 말을 했던 것이다.

　이와 관련하여 예기禮記에도 이와 비슷하게 '수레 위에서는 큰기침 소리를 내지 않아 듣는 사람이 소리에 놀라지 않도록 했으며 망령되이 손가락질하지 않아 보는 사람의 손가락질에 놀라지 않도록 했으며 항상 열댓 걸음 앞을 바라보고 절을 할 때는 말꼬리 있는 부분을 쳐다보는 형태로 하고 돌아볼 때도 마차 바퀴 있는 이상을 넘지 않는다.'라고 하고 있어 공자는 당시에 이미 알려진 바, 수레 위에서의 예법을 최대한 지키려고 노력했음을 알 수 있다.

　모두 승객이 마차를 모는 사람을 놀라게 하지 않게 해서 사고를 미리 방지하려는 것이다. 오늘날에도 역시 차를 타면 운전하는 사람이 놀라지 않게 신중하게 행동하지 않으면 안 된다.

제31장

새들이 놀라서 높이 날아올라 빙빙 돌다가 다시 모이니, 공자께서
"산골 나무다리의 까투리들은 때를 잘 아는구나! 때를 알아!"
하시자, 자로가 이를 잡아 요리해 바치니 공자께서는 냄새를 세 번 맡고는 일어나셨다.

原文

色斯舉矣, 翔而後集. 曰 : "山梁雌雉, 時哉時哉!"
색 사 거 의   상 이 후 집   왈   산 양 자 치   시 재 시 재
子路共之, 三嗅而作.
자 로 공 지   삼 후 이 작

色(색) 통상은 '색깔, 안색'이라는 뜻이나 여기서는 '놀라다'라는 뜻 | 斯(사) 음절을 조정하는 어기사 | 舉(거) 일으키다, 날아오르다 | 翔(상) 빙빙 돌아날다 | 集(집) 모이다 | 梁(양) 나무다리. 산기슭이라고 보는 설도 있다(李澤厚) | 雌(자) 암컷 | 雉(치) 꿩 | 時哉(시재) 때로구나 | 共(공) 통상은 '함께 하다'라는 뜻이다 여기서는 '바치다, 올리다'라는 뜻으로 供(공)과 같다

해 설

이 장은 대단히 어려워 해석을 하는 사람마다 다르게 해석한다고 한다. 어떤 학자는 아예 해석을 하지 않기도 한다. 이 장은 원문 자체에 어딘가 빠진 글자나 잘못된 글자가 있다고 생각되고 있다. 그러므로 남은 글자로는 해석이 구구할 수밖에 없다.

우선 '색사거이色斯擧矣'에 대해서도 '자로가 안색을 바꾸면 새들이 날아올랐다'라고 보는 견해도 있다. 또, '자로공지子路共之, 삼후이작三嗅而作.'은 '자로가 꿩을 요리해서 바치니 공자가 냄새를 세 번 맡고는 일어섰다'로 보는 경우가 많으나, '자로가 손으로 꿩을 잡으려 하니 꿩들이 세 번 냄새를 맡고는 날아갔다.'라고 해석하는 견해도 있다.

그러나 자로가 무슨 특수한 능력자가 아닌 이상 '안색을 바꾸면 새들이 날아올랐다'라는 것은 보통의 상황이 아니며 또한, 아무리 자로가 무술에 능한 사람이라지만 '손으로 꿩을 잡으려 했다'는 것도 상식적이지 않고, 또 꿩이 세 번 냄새를 맡고 날아갔다는 것도 현실에서 일어나기 어려운 일이다. 따라서 본서에서는 다수설이 채택하는 견해를 따라 위와 같이 풀이한다.

아마도 공자는 꿩이 사람이 오는 것을 보지도 않고 오는 기미만 느끼고도 날아오르는 것을 보고 '꿩을 사람이 오는 때를 잘 아는구나.'라고 감탄했는데 자로가 꿩을 잡아서 요리해서 갖다 바치니 공자는 자신이 꿩 요리를 먹고 싶다는 뜻은 아니었지만, 자로의 노고를 인정하는 뜻에서 냄새만 세 번 맡고 먹지는 않았다고 해석한다.